创新管理

计划、组织、领导与控制

韦 影 盛 亚

主 编

INNOVATION
MANAGEMENT

ZHEJIANG UNIVERSITY PRESS
浙江大学出版社

图书在版编目（CIP）数据

创新管理:计划、组织、领导与控制／韦影,盛亚
主编. —杭州:浙江大学出版社,2016.10
　　ISBN 978-7-308-16150-3

　　Ⅰ.①创… Ⅱ.①韦… ②盛… Ⅲ.①企业创新—创
新管理—研究 Ⅳ.①F270

　　中国版本图书馆 CIP 数据核字（2016）第 199350 号

创新管理:计划、组织、领导与控制

主编 韦 影 盛 亚

策　　划　朱　玲
责任编辑　王元新
责任校对　董凌芳
封面设计　卓义云天
出版发行　浙江大学出版社
　　　　　（杭州天目山路 148 号　邮政编码 310007）
　　　　　（网址:http://www.zjupress.com）
排　　版　杭州中大图文设计有限公司
印　　刷　杭州杭新印务有限公司
开　　本　787mm×1092mm　1/16
印　　张　19.5
字　　数　492 千
版 印 次　2016 年 10 月第 1 版　2016 年 10 月第 1 次印刷
书　　号　ISBN 978-7-308-16150-3
定　　价　39.00 元

前　言

李克强总理在 2015 年政府工作报告中强调要将"大众创业、万众创新"作为新常态下经济发展的新引擎。此后,创新创业成为时代潮流。为顺应时代的发展,在浙江大学出版社朱玲女士的热情鼓励下,我们在《企业创新管理》(盛亚,2005)一书的基础上进行了修订,将其扩展成为适用面更广的教材,希望能为更多的受众提供企业创新管理方面的读本。

在"万众创新"的新态势下,人人都需要强化创新意识,需要全面地理解"创新"。实际上,创新不仅仅局限于技术方面,还包括组织、市场、供应等多个方面。企业是创新的主体。唯有对创新进行有效管理,企业才能真正发挥创新的主体作用。本书在《企业创新管理》一书的基础上,吸收借鉴国内外优秀创新管理教材和相关研究,进一步优化了企业创新管理的知识体系。关于本书有两点需要说明(也是本书的特色和创新点):

一是关于"创新管理"语义上的理解,目前与"创新管理"概念类似的其他概念还有"管理创新"、"创新过程管理"和"创新型管理"等。本书提出的"创新管理"的内涵是"对创新过程的管理",具体说是指为了实现创新目标,运用管理职能(计划、组织、领导、控制)对创新过程的管理。之所以强调"过程",是源于经典的管理过程划分论对管理的职能划分,即管理的计划、组织、领导和控制职能是按照管理的过程来划分的。总之,"创新管理"概念的认识应该立足于"管理"概念,"创新"或更确切地说"创新过程"只是"管理"的对象。

二是关于本书的构架。目前与本书名相同或相近的书籍很多,现有有关"创新管理"的著作主要存在着两个方面的问题:①将注意力放在"创新"或"创新过程"方面,"管理"的思想没有得到很好的体现;②虽然有些著作努力在管理方面作文章,但线索不够清晰,整体框架不成体系,"管理"的思想没有得到很好体现。事实上,熟悉管理原理的人都知道,按过程来组织管理学体系已成为学界共识,其中管理的职能贯穿于活动的全过程。

管理职能的认识最早源自于法约尔的"计划、组织、指挥、协调、控制"五大职能的观点。后人虽然对管理职能的划分各有不同的观点,但将管理职能划分为"计划、组织、领导、控制"基本形成共识。按照管理的这四个职能,创新管理的内容理所当然包括创新计划、创新组织、创新领导和创新控制。本书呈现给读者的是编者多年来对创新管理的认识和研究,在按照管理这四个职能来组织本书的内容,确保体系完整性的同时,又突出重点,体现本书的侧重点。如本书的第四章和第五章,分别是创新的外部环境分析和内部环境分析,这是构成第二篇"创新计划"内容体系不可缺少的组成部分,但在实际分析中则分别侧重于"创新的政策环境、产业环境"和"创新能力",并没有面面俱到,以免内容过于庞杂。

本书介绍和引入了大量有关创新管理的最新研究成果,如"商业模式创新"、"开放式创新"、"创新生态系统"、"全面创新管理"、"创新的二元组织"、"服务业前后台界面管理"、"企业组织理论"等。

本书的编写体例依照学习目的、引例、知识内容、本章精要、问题及讨论、案例应用的次序进行系统编写，其间穿插相关短小精悍的案例，以帮助读者更好地理解并掌握企业创新管理的知识点。其中案例应用篇幅较长，与引例相呼应，案例后面附有思考题，有助于读者进行启发式、探究式学习和基于问题的学习。

本书主要由韦影副教授统稿审校。参与本书修订和部分章节撰写工作的老师有韦影副教授（第一至三章）、徐蕾副教授（第四至六章）、李靖华教授（第七至九章）、盛亚教授（第十至十二章）、吴俊杰教授（第十三至十五章）。研究生徐彬协助进行了文字校对，丁璋承担了参考文献整理和部分图表绘制的工作。浙江大学出版社的朱玲女士对本书的修订给予了热情鼓励和大力支持。在此一并表示诚挚的感谢。

本书参考了大量的学术论著和文献资料，难免挂一漏万，在此对所引用和借鉴的所有成果的作者表示衷心的感谢。书中的疏漏和错误之处，欢迎广大读者提出宝贵意见和建议。

韦影　盛亚

2016 年 8 月于浙江工商大学

目　录

第一篇　创新管理总论

第二篇　创新计划

第三篇　创新组织

第四篇　创新领导

第一篇
创新管理总论

第一章　创新概述

学习目的

- 掌握创新的概念及不同类型
- 从系统的角度理解创新管理
- 学会识别并分析实践中的各种创新及创新系统

引　　例

2011 年 1 月 21 日,腾讯推出一款通过移动互联网发送语音短信、图片和文字,实现多人群聊的简单手机聊天软件——微信。由于在腾讯 QQ 好友关系链之上又叠加了手机通讯录关系链,用户可以在广泛的社交关系链之中,以非常低廉的成本,互相发送形式丰富多样的信息。这款产品一经推出就受到原有腾讯用户的欢迎。在微信投入市场之前,国内外已经有多款基于移动互联网的语音聊天软件,以米聊、Talkbox、Kik、WhatsApp 等为代表的应用瓜分了大部分市场份额。可是仅仅只经历了一年时间,微信就远远超越了该领域几乎所有对手。

2011 年,微信共发布了 45 个跨越不同终端的更新版本,平均 1.15 周发布一个。借助卓越的产品设计以及迅速而持续不断的版本升级,微信的各项功能不断推陈出新,极大地满足了用户借助手机进行多媒体沟通的需求。只用了 10 个月时间,微信便发展了 5000 万个注册用户。2012 年 3 月 29 日,微信注册用户已超过 1 亿,2013 年 1 月 15 日,腾讯微信宣布用户已达 3 亿。在功能体验、用户规模等方面,微信把米聊、Talkbox、Kik、WhatsApp 等同类应用远远地甩在了后面。现在,微信已经成为一个横跨语音和视频聊天、朋友圈分享、摇一摇社交、地理信息服务、公众账号及开放平台等诸多扩展的移动互联网社交大平台。微信从一个单一的产品,几乎在一瞬间就发展为一个综合性平台产品,成为腾讯公司在移动互联网时代的战略级创新产品。在公司 CEO 马化腾亲自督战之下,微信有望成就腾讯由 PC 王者向移动终端王者转型。

创新是经济社会发展的不熄引擎,也是企业可持续发展的不竭动力。当今社会科技发展日新月异,市场竞争日益加剧,企业唯有不断创新,才能赢得持续竞争优势。这对企业创新管理提出了新要求。创新理论的研究迄今为止已有 100 多年的历史,但从系统的角度研究创新问题却不到 30 年。本章首先对创新基本知识做简单介绍,然后着重根据研究创新理论的系统范式,运用系统科学中的复杂系统理论对创新系统进行研究,并依据创新的系统观分析全面创新和创新生态系统等问题。

第一节　创新的概念及内涵

创新概念的认识源自美国哈佛大学教授约瑟夫·熊彼特(Joseph A. Schumpeter)的创新概念。他在著名的《经济发展理论》一书中指出："……生产意味着把我们所能支配的原材料和力量组合起来，生产其他的东西，或者用不同的方法生产相同的东西，意味着以不同的方式把这些原材料和力量重新组合，只要是当'新组合'最终可能通过小步骤的不断调整从旧组合中产生的时候，那么就肯定有变化，可能也有增长，但是既不产生新现象，也不产生我们所意味的发展。当情况不是如此，而新组合是间断地出现的时候，那么具有发展特点的现象就出现了……当我们谈到生产手段的新组合时，我们指的只是后一种情况。因此，我们所说的发展，可以定义为新的组合。"熊彼特的这段话揭示了创新(innovation)的本质内涵——新的组合，这些新组合包括：①创造一种新的产品；②采用一种新的生产方法或新的商业方式；③开辟一个新的市场；④取得或控制原材料或半成品的一种新的供给来源；⑤实现任何一种新的产业组织方式或企业重组。自熊彼特之后，研究者从各种角度对创新问题进行了研究，创新的理论体系也逐渐完善。

虽然熊彼特最初提出的创新概念有广泛的含义，但他的注意力主要集中在技术创新上，因此人们习惯上总是将创新狭义地等同于技术创新。技术创新是指创造新技术并把它引入产品、工艺或商业系统中去，或者创造了全新的工艺技术以及对现有技术的改进；广义上理解的技术创新是指由技术变化所引起的一系列营销、管理、技术、市场和企业组织变化或产业和经济系统的演化。这种认识事实上与熊彼特最初的创新概念是一致的，即广义的技术创新概念等于熊彼特的创新概念。现在的研究者为了避免概念上的混乱，对创新进行了分类理解，从而产生了不同的创新研究学派，如经济学上通常将创新划分为技术创新和制度创新，而管理学则更多地将创新分为技术创新和管理创新(战略创新、市场创新、文化创新等)。本书是从管理学角度来理解创新概念的。因此，本书创新的概念是指企业为获取更大价值，对各要素、各环节不断地进行新的构想、新的调整和新的组合的行为及其过程。

要全面地认识创新的概念，需要从以下几方面把握。

一、创新既有突破性创新，也有渐进性创新

根据创新的程度，创新可分为渐进性创新、激进性创新和突破性创新。它们之间的差异见表1-1。从技术创新角度看，突破性技术创新是指使用新的技术概念形成新的市场联结方式，它打破了以前产业对新技术的结构性控制和支配，体现了设计概念的持久性和科学作用。例如尼龙、半导体、电子计算机、飞机行业的民航客机 DC-3 设计、IBM 计算机的 360 系统和 Windows 操作系统。渐进性技术创新表示渐进的、连续的小创新，即对现行技术和生产系统的改进，产品质量的提高与特性的改进以及企业管理的渐进性创新。如索尼公司的"随身听"。我国联想集团就是通过渐进性创新的积累而实现创新突破的，如表1-2所示。

表 1-1 不同层次创新的差异

	渐进性创新	激进性创新	突破性创新
创新范围	部门或其他组织单元的个体能力	企业范围内的核心处理过程	整个价值链,包括供应商、合作伙伴、分销商和客户
待解决的问题	小	大——重大的政治和文化问题	很大——内部和外部的政治和文化问题
风险	低、中	高	高、很高
潜在价值	低——不是战略上的核心价值	中、高——可以获得一定的价值飞跃	很高——可以保持竞争优势

资料来源:斯蒂芬·M.夏彼洛.永续创新:变革时代企业求生与制胜蓝图.高颖、陈可,译.北京:电子工业出版社,2003.

当然,对于渐进性创新和突破性创新的认识在供应商和用户之间可能会存在差异。供应商感受的渐进性创新,用户的感受却是突破性创新,这种创新产生的产品被称为影子产品,即在其他核心产品的遮盖下开发出来的,并不是企业努力的核心部分,如 3M 公司的随贴便条;反之,供应商感受的突破性创新,用户的感受可能是渐进性创新,这种创新产生的产品被称为欺骗性产品,即那些供应商具有宏伟梦想而顾客并不乐观的创新(雅基·莫尔,2002)。

表 1-2 联想集团的渐进性创新

技术能力和体系、产品开发	分化为工程化(工程和评测)和研发(研究和开发)能力(以 PC 机为例):初步的工程和评测,产品为兼容机级 PC 机(1994 年以前)——工程和评测,产品为 EGP(1995年)——开发、工程和评测,产品为功能电脑(1996 年)——研究、开发、工程和评测,产品为新概念电脑、液晶一体化电脑(1997 年以后)。 研发组织:公司直属(1994 年以前)——市场化研发下放到事业部(1994 年、1995年)——建立联想沟通市场和研发的产品部(1995 年年末)——研发团队方式(1997年)——建立联想中央研究院(1998 年)。 研发人员(电脑事业):研发和评测、技术服务队伍分离,研发人员 30 余人(1995年)——150 人(1997 年)——180 人(1999 年年初)。 产品:电脑兼容机——EGP——功能电脑——新概念电脑;激光打印机,代理销售(1997 年以前)——改良性开发,推出品牌机(1997 年、1998 年)
生产和采购(以 PC 机为例)	中小批量生产(1994 年以前)——50 万台能力、质量控制体系(1995 年、1996年)——订单+安全库存快速反应模式(1997 年)——100 万台能力、OEM 生产(1998 年)
销售	门市部销售(20 世纪 80 年代)——门市部+直销(1992 年以前)——直销+分销(1994 年以前)——以分销为主的体系,600 个经销点(1994 年始)——设立专卖店(1998 年)——2000 个经销点(1999 年年初)
基本组织结构和体系	直线制(1984 年)——直线职能制(1988 年)——产品事业部制(1993 年、1994年)——产品事业部+地区平台(1998 年)

资料来源:陈小洪,李兆熙,金占明,等.联想发展之路:渐进创新.管理世界,2000(4):186.

Christensen 将创新分为两种:破坏性创新与维持性创新。破坏性创新要么创造新市场,要么提出一种新的价值主张来重塑现有市场;维持性创新则致力于在消费者所重视的维度上对现有产品的改进，向现有市场提供更好的产品。他在其专著《创新者的窘境》中，将"破坏性创新"概念的应用从技术产品延伸到服务和商业模式等领域的创新，分析了连锁折扣商店、廉价航空、网上书店、旅游代理、在线商业教育等市场中的破坏性创新现象，并认为破坏性创新是一种不会为主流市场中的消费者所选择的创新。他指出互联网已逐渐发展为一种基础性技术，并将使颠覆许多行业成为可能，破坏性创新正发生在众多行业领域（Clayton M. Christensen，2014）。

Henderson和Clark（1990）认为创新活动所运用的新知识可能强化现有知识也可能摧毁现有知识，他们采用元件知识（显性知识）与构建知识（隐性知识）两个变量，依据创新对于现有知识破坏和强化的程度将创新活动分为渐进型创新、建构型创新、模组型创新和激进型创新四类。渐进型创新针对现有产品的元件做细微的改变，强化并补充现有产品设计的功能，至于产品架构及元件的连接则不做改变；建构型创新重新设计产品的结构以及元件的连接方式，而对产品的元件以及核心设计基本上不做改变；模组型创新针对现有产品的几种元件或核心设计做摧毁式的创新变革，对产品结构和产品之间的连接不做改变，新的元件可以同时相容于新的产品结构中；激进型创新创造出新的核心设计概念，同时所需的元件、结构及其中的连接都进行变革。这种分类将创新的类型与知识的内涵进行了整合，适合探讨知识管理方法与创新活动类型的互动关系。

二、创新具有多个侧面，包含多方面的内容

创新包括很多内容，许多研究者根据认识问题的角度不同，给出了创新的不同内容，如观念创新、技术创新、组织创新、服务创新、管理创新、市场创新、商业模式创新等。他们认为，观念创新是企业创新的前提条件；技术创新是企业创新的核心，产品创新是企业创新的成果；组织创新是企业创新的生命线；服务创新是企业创新的新内容，其本质上是一种组织创新（李靖华等，2012）；经营管理创新是企业创新的实现条件；市场创新是企业创新成功与否的检验标志；商业模式创新是企业创新的新趋势（司春林，2013）。以上诸如此类的创新既存在着元件层面的创新，也存在着集成创新。企业要实现有效的创新管理，关键点在于对创新组合进行平衡，同时使创新组合与企业的竞争力及技术、市场能力相对应（Joe Tidd等，2002）。

制造型企业的技术创新按创新对象分为产品创新和工艺创新。产品创新是指在产品技术变化基础上进行的技术创新，通常提供一种能够满足顾客需要或解决顾客问题的新产品，例如苹果公司推出的iPhone手机等（吴贵生等，2009）。工艺创新又称为过程创新，是指生产（服务）过程技术变革基础上的技术创新，通常产生生产和传输某种新产品的新方式，例如对产品的加工过程、工艺路线及设备所进行的创新（陈劲等，2013）。

当然，创新不仅仅局限于生产制造过程，越来越多的创新实践出现在服务业之中。广义上讲，服务创新是指一切与服务相关或针对服务的创新行为与活动，场景包括服务业、制造业，以及非营利性公共部门；狭义上讲，服务创新指发生在服务业中的创新行为与活动。例如，浙江泰隆商业银行推出创业通贷款业务等（李靖华等，2012）。

随着互联网经济的兴起，企业商业模式创新的重要性日益凸显。商业模式创新是指，对目前行业内通用的为顾客创造价值的方式提出挑战，力求满足顾客不断变化的要求，为顾客提供更多的价值，为企业开拓新的市场，吸引新的客户群。例如，亚马逊和当当网利用互联网销售书籍等商品（陈劲等，2013）。

奇虎 360 的商业模式创新

奇虎 360 是中国互联网安全软件与互联网服务公司,在 2008 年 7 月开始首创性地推出了永久免费的杀毒软件,这一举动在业界引起了强烈反响。此后,用户无须再去寻找试用版、破解版、盗版杀毒软件,即可享受到免费正版的杀毒服务。

据 2010 年 1 月中旬的软件市场数据统计,永久免费的奇虎 360 杀毒软件在杀毒软件市场份额稳步攀升至 33.76%,1.0 正式版发布仅一个季度便跃居行业第一,终结了瑞星杀毒软件自 2001 年起连续 9 年国内排名第一的辉煌战绩,瑞星的份额跌至 30% 以下,已经被奇虎 360 逼到了生死存亡的悬崖边缘。

奇虎 360 基于免费基础服务,采用增值收费商业模式。其核心竞争力是低营销成本和海量用户,价值主张是让网民享受永久免费的互联网安全软件,不断升级免费软件强化用户对奇虎 360 的黏性。奇虎 360 通过基础安全软件永久免费,而对增值软件、服务或广告收费来实现它的盈利模式。奇虎 360 平台开放,不仅帮用户节约了采购成本,还降低了用户安全进入互联网的门槛,赢取了用户即赢取了市场。奇虎 360 的网民覆盖率高达 75%,360 杀毒软件每天的装机量达到 200 万次,这相当于普通杀毒软件一年的装机量。

这是一个无所不能的时代,也是一个新模式不断超越旧模式的时代。一种商业模式既可以统摄未来的市场,也可以挤垮当前的市场——在我们这个现代经济社会里,这并不是一件不可能的事情。

资料来源:宁钟.创新管理:获取持续竞争优势.北京:机械工业出版社,2012.

从系统的角度看,创新系统包括技术、经济、社会三类要素,系统的输入是人才资源和技术资源,而相应的输出可以是知识或物质产品和效益。创新系统运行中未知因素较多,往往难以预测,甚至带有很大的随机性。目前人们对创新的认识一直停留在“创新是一种活动”的层面上,也有从比较复杂的层面上将创新看作是流程的一部分,即组织有一套固定的结构可以发掘问题、产生与评估想法,并针对这些想法提出具体的行动方案,进而使组织的问题获得具体且实际的解决。但这两种层面的问题在于,它们的创新行为都处于被动,并不是一种常态;除非有人一声令下,否则创新就不会出现。如果创新成为一种能力,就可以创造出无与伦比的价值。在“创新即能力”的领域中,大家不只是遇到问题时才创新,而是无时不在创新(斯蒂芬·M.夏彼洛,2003)。

总之,创新可以从多维度来认识,图 1-1 表示的是一个关于创新的三维认识模型。我们完全可以从四维、五维,甚至更高的维度来给创新进行分类。

Joe Tidd 等(2002)指出:“创新管理的内在特性表现为跨学科性和多功能性,但长期以来许多文献仅强调创新的某一维度,如研究与发展管理、新产品开发管理等。我们认为,创新管理需要一种整合观念,即将各学科、各职能进行有效整合……仅仅强调创新的某一维度是远远不够的,因为技术、市场及组织变革之间存在着互动关系。”

现代企业是开放式网络化企业,开放式网络化企业提出了未来企业十大主题:开放、集成、授权、实时、协作、责任制(承诺)、机构独立、技术专业化、友好性、空间和时间的独立性。相应地,技术上遇到的十大主题是:开放系统、互连、分布式系统、实时控制、协作处理、平等的网络协议、结构化体系、定制平台、用户友好性和全球网络。因此,进行企业的全面创新和

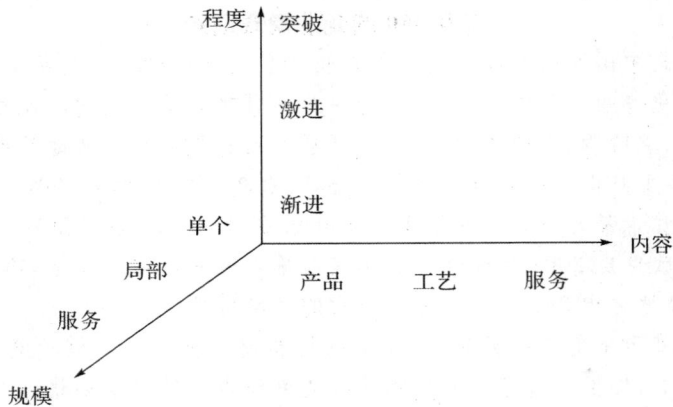

图 1-1　创新的多维性

开放式创新应该成为未来企业提升竞争优势的根本出路。

要想实现企业范围内的全面创新，必须使创新成为一种弥漫于企业各个部门、每个员工的气氛，而不是偶然发生的活动或被动的流程。正如斯蒂芬·M.夏彼洛（2003）所指出的："尽管数年来企业不断运用创新手段来提高它们的生产力，但这常常是通过单个创新实现的。创新向来都是由上而下，而不是整个组织的集体行为。公司的目标变为生产优良的机器设备，把员工变成机器人，以及优化所有的变量。"《财富》周刊曾调查列出的全美十大最令人敬仰的公司如通用电气公司、可口可乐公司、微软公司、戴尔公司、英特尔公司等都具备这样一个特点：满怀热情地将创新作为信条。

开放式创新要求企业在研发以及项目控制的过程中，同步观察市场与技术的瞬时变化，把创新发展成为一种全局性、并行性甚至是灵机一动的有趣活动。开放式创新把研发作为一个开放的系统，有价值的创意可以从公司的外部和内部同时获得，其商业化路径可以从公司内部进行，也可以从公司外部进行。这种创新认为外部创意和外部市场化渠道的作用，与内部创意及市场化渠道同样重要。项目推行可以来自内部或外部技术资源，并且新技术能从不同层面进入。除了通过公司自己的市场和销售渠道，公司的项目能够以各种方式进入市场化，比如出售知识产权或者建立风险投资公司。IBM、英特尔和宝洁都是开放式创新的典型例子。

三、创新具有多重不确定性

创新的重要特征之一是不确定性。以企业技术创新为例，其不确定性包括市场不确定性、技术不确定性和竞争不确定性。

市场不确定性涉及创新满足什么需求、未来的需求将如何变化、市场是否会采用行业标准、创新扩散的速度有多快、潜在市场有多大等问题。由于存在上述市场方面的不确定问题，因而对市场进行预测常常是不可靠的。例如，Zenith 在 1988 年预测，高清晰度电视（HDTV）在 1992 年的销售量将达到 66000 台（占所有电视机总销量的 10%），1997 年将达到 790000 台（所有销售掉的电视机都是高清晰度电视）。然而，直到 1998 年 1 月，第一台高清晰度电视才被销售掉，其节目才开始播送，而预测 1998 年的销售量是 100000 台。技术不确定性包括对以下几个问题的回答：新技术是否像所承诺的一样起作用？有副作用吗？是否可以按期完成？卖方能否提供高质量的服务？新技术的生命周期是怎样的？竞争不确定性是指竞争环境的变化，比如谁会在未来成为新的竞争对手？竞争对手将会使用什么竞争策略？将会与什么技术竞争等(雅基·莫尔,2002)。

　　当这三个不确定变量发生交互作用时,会使一项创新的不确定性程度提高,并更加复杂(见图1-2)。任锦鸾等(2003)应用研究复杂适应系统的SWARM模拟平台对创新系统的运转过程进行模拟的结果表明,创新的成功必须是不拘泥单一形式的合作,多样性的组合才会产生最大的创新空间,因此最好的创新形式就是在政府的宏观调控和提供的良好的创新环境下,各创新主体在自组织机理下,进行相对自由的合作创新。

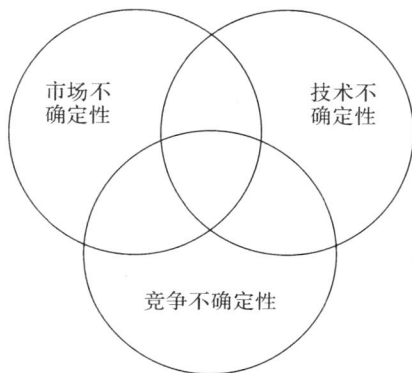

市场不确定性

技术不确定性

竞争不确定性

图1-2　企业创新的不确定性

四、创新是企业竞争优势的源泉

　　"企业长期拥有某种竞争优势的可能性已不复存在!"泰普斯科特的预言告诫人们,任何企业都不能安然地沉醉于过去的辉煌,而必须以创新姿态来适应竞争的需要。以产品创新为例,"新产品收入平均占公司收入的33％。也就是说,三分之一的公司收入来自5年前他们没有销售过的产品。在一些富有活力的行业中,这个数字是100％(新产品定义为进入市场5年或不满5年的产品)。……而这只是一个平均值,调查显示,有些公司做得远比平均值要好,他们成了标杆企业。这些22％的最优公司与余下78％的一般企业对比如下:优秀企业49.2％的销售业绩来自新产品(一般企业只有25.2％);优秀企业49.2％的利润来自新产品(一般企业为22.0％);优秀企业每3.5个创意就有1个获得成功(一般企业每8.4个创意有1个成功)"(罗伯特·G.库伯,2003)。

　　国际著名企业都把创新视为关键的竞争优势源,大多数都设有负责技术创新管理的副总裁或者直接由总裁负责。很明显的例子就是美国的微软公司和我国的方正集团。世界著名的英特尔公司是企业创新的典范,它的芯片制造厂是世界半导体行业中最先进的工厂。英特尔每年在新制造能力方面的投资数额高达20亿美元,使它的产品控制了世界微处理器市场的75％。究其根本原因就是它总保持芯片设计技术的领先地位,不断创新,从而培养了独特的技术、独特的产品和独特的营销手段。其战略最成功之处,就是不断否定自己,而不仅仅是创新领先。比如,它退出自己一手创造的集成电路市场,全力在微处理器市场上发展;当386微处理器在市场上还如日中天时,就决定以486处理器将其取代;甚至在对手刚开始转向奔腾芯片时，又准备生产下一代奔腾芯片（钱肇基，1999）。

因此，一个企业要获得持续的竞争优势必须要把自己打造成创新型企业。创新对竞争的作用在于它影响企业在现有资源、技能、知识和战略等方面的能力（见表 1-3）。以进入障碍为例，一旦创新导致实质性的新技术，进而创造全新的经验曲线时，也会使原来的进入障碍消失（迈克尔·波特，2003），即创新可以获得"先行者优势"，包括资源先取优势（有形资产、无形资产和组织能力）、成本优势（基于规模经济、范围经济及学习效应）和创造转换成本的优势（通过可感知的高品质产品和服务，建立良好的声誉或品牌形象等差异化战略，把消费者牢牢捆绑在企业所提供的产品和服务上，使消费者不易再转向后来者）（宋岚，2003）。

表 1-3　通过创新获取竞争优势

创新类型	竞争优势
新颖型创新	提供独一无二的产品或服务
能力转移型创新	重塑竞争游戏规则
复杂型创新	增高技术壁垒，提高技术学习难度
稳健设计型创新	延长现有产品及工艺生命周期，减少总成本
持续渐进型创新	持续地降低成本及改进性能

资料来源：Joe Tidd，John Bessant，Keith Pavitt. 创新管理：技术、市场与组织变革的集成. 陈劲，译. 北京：清华大学出版社，2002.

"铱星"——伟大创新的悲惨结局

2000 年 3 月 17 日，掌握当时最先进通信技术的美国铱星公司宣告破产。

铱星公司，从它的诞生到开通运营，从它的股价狂升至 70 美元，到进入破产保护程序，直到最终破产，给人们带来的思考是深远而又长久的。

1987 年，摩托罗拉的 3 位科学家提出用 66 颗卫星，在 7 个低地圆轨道上运行，把整个地球覆盖起来，让世界上任何人在任何地方、任何时间都能与任何人沟通。然而用 57 亿美元建造的 66 颗低地轨道卫星组成的铱星系统，开通营运不到 10 个月，就因为无法偿还于 1999 年 8 月 11 日到期的债务而宣布破产保护，铱星公司股票也于 3 个月后被纳斯达克交易所"停牌"。美国破产法院当时已经同意一项议案，授权 20 万美元的价格把铱星在华盛顿公司总部的家具、设备等进行出售。曾经风光一时、世人瞩目的铱星公司已走到山穷水尽的境地。

自从 1837 年莫尔斯发明电报，人类便走进了邮电通信时代。而 1898 年马克尼的第一次无线电通话，才真正开始了通信事业的新纪元。在此后的 100 多年间，通信事业才真正得以突飞猛进。但铱星公司的创新，天才般地开启了人们的思路，把人们对通信的理念又提升到更高境界。然而，市场是一个无情的杀手，即使像铱星公司这样的高科技产业，这样伟大的创新也要经过市场的检验——"最好的未必是最合适的，合适的才是最好的"。

资料来源：陈文安. 创新工程学. 上海：立信会计出版社，2000.

第二节　创新系统

一、创新研究"系统范式"的形成

随着创新研究的逐步深入,研究者发现企业的实际创新活动呈现出创新主体的复合性以及创新过程的动态化、集成化和综合化等新特征,传统的创新研究方法已经不能很好地解释出现的新现象,创新的"系统范式"研究方法也就应运而生,如图 1-3 所示。

图 1-3　创新理论的发展

资料来源:魏军.基于 CAS 的企业创新管理系统研究.杭州:浙江工商大学,2003.

创新系统研究经历着国家创新系统、区域创新系统、企业创新系统的研究过程。国家创新系统和区域创新系统理论都侧重于宏观描述,这是基于这样的前提,即创新是不同参与者和机构的共同体大量互动作用的结果(李正风等,1999)。因此,创新研究的"系统范式"并未以企业创新系统为重点,也没有重视企业创新系统的层次性。帕德莫尔建立了以企业为中心的创新系统模型,并将创新系统与产业集群联系起来。罗斯韦尔(Rothwell)和扎格维德(Zegveld)将创新的参与者(包括组织和个人)称为创新过程的"行动者(actors)"。他们强调这些行动者在未来的创新中将对技术创新过程施加更大的影响。对创新行动者的研究表明:在质量更高、效能更好、具有竞争力的低成本持续创新产生过程中,受过专门训练的人员组成的组织扩展成为创新共同体(吴永忠等,2002)。

国内学者对企业创新系统也予以了关注。张华新(2002)指出,企业创新系统是指企业内部的各种要素和关系以及外部环境因素的集合,它们相互作用于新的知识和技术创造、扩散和使用之中的有机整体。从宏观上讲,它指出了企业创新系统是一个复杂嵌合的有机整体;从微观上讲,它揭示了企业创新过程中的内在动力机制,其动力模型主要是借助于系统论、信息论、混沌理论来演绎企业创新系统的演化过程。因此,企业创新系统是由创新的信息系统、动力系统、搜寻与选择系统、过程系统、方法系统、能力系统、支持系统和外部环境等构成的有机整体,其相互作用是为了创造、扩散和使用新的知识和技术。

魏江(2000)认为企业创新系统是指支持技术创新能力提高的内部环境,由企业家精神与企业文化、企业研究与开发体系、人才与培训、资金筹集与动作四个子系统构成。任锦鸾和顾培亮(2002)认为企业创新系统由生产者、经销者、供应者和用户四个主体组成,而物流是联系各主体的主要中介。陈劲(2003)认为,企业创新系统的重点是企业创新系统内部信息和知识等的有效连接,其关键要素有企业家精神、研究和发展体系、科学教育与技术培训、创新资金和企业体制。白洞明等(2000)指出企业发展战略、外部环境、企业创新能力和创新活动本身是影响创新活动成败的重要因素。创新并非一个独立的过程,而是在外部的技术知识环境、产品市场、金融环境中由内涵丰富的技术创新能力支撑的。

创新系统研究方法呈现出一些明显的特点，艾昆斯特对此进行了概括（刘立，2001；彭宜新等，2002）：

- **以创新和学习过程作为研究的核心**　创新本质上是一个生产新知识或重新组合现有知识的活动，因此，广义上讲是一个学习过程。

- **采取整体主义和交叉学科的方法**　创新系统试图将众多对创新产生重要影响的因素都考虑进去，所以必须采取整体主义的研究方法；创新系统不仅包括经济因素，还包括组织的、社会的和政治的等多方面的因素，所以必须运用多学科来研究。

- **采取历史的眼光**　创新是一个随时间变化的过程，受诸多因素的影响，存在反馈机制，因此要考虑知识、创新、组织和制度之间的协同进化。

- **强调系统的差异，而不是系统的最优化**　创新系统的研究注重对不同实际创新系统之间差异的分析，而不是比较实际创新系统与理想的或最优创新系统之间的差距。

- **强调要素之间的相互作用和非线性机制**　所有的组织都不是在与外界隔离的环境中从事创新的，或多或少地要与其他的组织机构发生互动，这种关系常常是互惠互利的，存在着多种反馈回路。企业与其他组织之间的互动受现存法律、法规、规则、文化习俗等因素的制约。事实上，创新不仅取决于系统的构成要素，而且取决于要素之间的相互关系。

- **包含技术创新又包含组织和管理创新**　创新过程涉及许多行为者和组织机构，他们的行为并不都是受利益驱动的，组织创新就显得十分必要，制度创新也就在创新系统中处于核心地位。

- **是概念框架而非正式理论**　认识到创新系统方法尚未达到可以进行正式的或抽象的理论表述的发展阶段，因此强调对于经验的评价。

二、基于复杂性科学的创新系统观

虽然有关创新系统的研究描述了系统的某些特征，但主要关注的是结构或体制方面的因素。在宏观上尽管也提出了整体性、动态性原则，但往往很难在微观上真正将创新系统当作动力系统来处理。创新过程是一个各因素复杂嵌合、确定性与随机性并存的非线性过程。从某种意义上说，这根本就是一个混沌过程。所以，传统的创新系统定义没能在宏观和微观、有序和无序之间辩证地统一起来，更无法在实际应用中真正有效地体现出系统的动力性特征（林学达等，2002）。约翰·霍兰于 1994 年提出的复杂适应系统（complex adaptive system，CAS）理论对于人们了解和管理复杂系统提供了新的思路。

CAS 是由用规则描述的、相互作用的主体组成的系统。这些主体随着经验的积累，靠不断变换其规则来适应（约翰·霍兰，2000）。CAS 理论的基本思想是把系统中的成员称为具有适应能力的主体（adaptive agent），简称主体。所谓适应性，是指它能够与环境以及其他主体进行交互作用。主体在这种持续不断的交互作用的过程中，不断地"学习"或"积累经验"，并且根据学到的经验改变自身的结构和行为方式。整个宏观系统的演变或进化，包括新层次的产生、分化和多样性的出现，新的、聚合而成的、更大的主体的出现等，都是在这个基础上逐步派生出来的。CAS 理论的核心思想是"适应性造就复杂性"，由适应性产生复杂性，即所谓复杂适应系统是一大类十分重要的、非常常见的复杂系统。它从一个侧面概括了生物、生态、经济、社会等一大批重要系统的共同特点（许国安，2000）。

创新理论和复杂科学有着不可分割的联系。演化经济学派认为技术创新过程中既有新旧技术范式的竞争，又有各种新技术范式之间的竞争……技术创新过程是在技术范式规定下，沿技术轨道方向发展的一种强选择性的进化活动（张培富等，2000）。创新取决于在大量的潜在组合中进行选择，至于选择的机制，目前还不清楚，很多情况下是随机的，出其不意的。因此，技术创新具有自组织机制（邬焜等，2001）。

约翰·霍兰使用"涌现"概念对创新进行了分析。认为少数规则和规律生成了复杂的系统，而且以不断变化的形式引起永恒的新奇和新的涌现现象，涌现首先是一种具有耦合性的前后关联的相互作用。这些相互作用以及这个作用产生的系统都是非线性的。

涌现的本质是由小生大，由简入繁，无法预料、出其不意是涌现的一个重要方面。因此，创新主要有两步：①找到相关的积木块（基本元件或规则、机制）。②将相关积木块组合起来，形成一定的结构。当选定一系列积木块后，创新取决于在大量的潜在组合中进行选择。John Ziman 认为技术创新是一种"hit and miss processes"，是超出理性管理的。"人工制品"和生物的进化一样，"人工制品"也可以从社会环境中自然涌现，技术创新必然是一种进化过程（evolutionary process）。新奇事物的涌现具有先天的不可预测性，有利的社会环境在促进技术创新变化中至关重要（约翰·齐曼，2002）。

林学达等（2002）根据系统论和全息理论做出适当假设后，简要给出知识信息系统简化的软动力学模型。根据此模型及一些核心概念，他们研究了创新系统的复杂性、混沌、演化、形成机制和含义等，并揭示了创新行为与知识信息系统之间的内在联系。尽管软动力学方法在创新理论模型建设中还存在许多有待深入研究的问题，但作为学术研究是有意义的。

三、企业创新系统分析的新视角——全面创新

将创造知识当作任何创新系统的目标显然是不恰当的，尤其是对企业创新系统而言。众所周知，创新的价值在于实现自身的最大化扩散，而达到这个目的就必然要以具体的确定性知识为软件支撑。

营销专家希尔多·李维特（Theodore Levitt）说，创意是指产生新的想法，创新则是指落实新的想法。企业必须有办法发挥创新的潜能，并把它运用到工作的思考方式上，才能获得最后成功。许多企业的创新之所以一直低迷不振，根本上说只有两个原因，一个是员工缺乏创新的动机，另一个则是员工的创新能力被低估。要解决这些问题，就需要进行全面创新，因为"改善子系统后整个系统也跟着改善的概率只有25%，完全不受影响的概率有50%，每况愈下的概率则有25%"（斯蒂芬·M.夏彼洛，2003）。全面创新是一种跨能力的创新，是企业的核心专长，进而使企业实现永续创新。根据上文研究，我们认为应该用一种新的视角来分析企业创新系统，即基于全面创新的思想来构建企业创新系统。

（一）从投资者到利益相关者

传统意义上的创新目标是投资者利益的最大化，当我们从全面创新的角度来认识企业创新系统时，越来越需要考虑"企业应最小化利益相关者的潜在破坏、最大化其潜在利益"这个问题，这些利益相关者包括顾客、员工以及供应商、中间商、监管单位等。Rogers（1996）在全面创新系统设计中就引入了诸多利益相关者因素，许庆瑞等（2003）提出全价值链创新的概念，对用户、供应商、竞争对手等利益相关者进行了综合的创新资源分析。

盛亚等（2011）在研究 ERP 和大工程项目等复杂产品系统（CoPS）创新时，对系统集成

商、分包商和用户等利益相关者的利益和权力进行了深入分析。每个利益相关者在项目过程中的利益和权力大小不同,为有效地管理利益相关者,从而提高创新的成功率,管理者要将利益相关者的利益和权力联系起来考虑管理问题,开发出战略管理的利益相关者分析方法,赋予权力的同时要满足他们的利益要求,使利益和权力对称。

(二)从创新的行为者到创新共同体

创新不仅是企业内部许多职能部门参与的活动,而且是发生于企业内外许多机构之中的活动。创新主体应是一个由多种要素组成的系统,创新活动需要实行社会化大协作。因此,对创新主体的考察需要从各个创新行为者转移到创新共同体上来,即那些直接或间接卷入新技术商业化中的所有组织和个人,并对其结构和不同层次变量进行分析。当然,企业创新是整个企业的系统行为,需要企业全员的共同参与,但并没有因此而抹杀个人的作用(吴永忠,2002)。

(三)从系统静态效率到系统动态效率

创新不再是从一个职能到另一个职能的"序列性"过程,而越来越成为同时涉及创新构思的产生、R&D、设计制造和市场营销的"并行化"或"同步化"过程。这种快速同步处理能力,显然要求企业内部各职能部门以及企业与外部环境之间的更加密切的联系、沟通和合作。虽然其中存在着诸多的不确定性、复杂性和非线性关系,但是创新终究是一种有组织的合理性过程。动态地考察企业创新行为,确保创新过程的合理性,能最大限度地减少不确定性,实现创新的动态效率。

(四)从组织适应性到组织创造性

技术进化与生物进化有一个关键性的区别:不同的生物种类不能相互繁殖,而技术进化常常是由几种以前互补关联的技术创造性地相互结合而实现的。创新是开放型组织的系统行为,它不仅要求个人的创造性,而且需要组织有创造性。OECD报告强调:企业自身正面临着需要变成一个学习组织,为适应新的技术而不断地改进管理模式、组织结构及技术能力的形势。它们也要加入到创新网络中去。在那里,生产者与使用者之间在试验和信息交换中的相互学习将是创新的推动力。

四、创新生态系统

创新生态系统是创新研究"系统范式"的新发展。宏观上来看,从"创新系统"到"创新生态系统"的理论和实践,很大程度上与日本经济追赶和美国再度振兴相关联(曾国屏等,2013)。2004年12月,美国竞争力委员会在《创新美国:在挑战和变革的世界中实现繁荣》的研究报告中明确提出了"创新生态系统"(innovation ecosystem)的概念。该报告指出,进入21世纪以来,国际格局、创新主体、创新模式以及创新环境都出现了一些新的变化,国家之间和不同创新主体之间出现了新的竞合态势,因此,"企业、政府、教育家和工人之间需要建立一种新的关系,形成一个21世纪的创新生态系统"(杨荣,2014)。

微观来看,以苹果为标志的国外大公司获得的巨大成功,推动了企业创新生态系统研究的兴起和发展(李万等,2014)。苹果缔造了一个以iOS技术标准为平台,以iPhone为终端的多个创新主体共生共赢的一个生态系统。当诺基亚的高层将思维局限在2G时代打电话、发短信等传统"通信"业务的时候,乔布斯已经悄然创建了完全不同的手机生态系统。受此启发,全世界的手机制造商纷纷转变思路,合纵连横,参与到创建各种新型生态系统中来。结果是,除了 iOS 系统外,Android 系统也成为影响手机产业的一支关键力量,诺基亚的 Symbian 系统已经变得无足轻重(吴金希,2014)。

由此可见,企业创新的成败越来越依赖于它们所在的生态系统,企业之间的竞争演变为生态系统之争(石新泓,2006)。在不同生态系统的激烈竞争中,单个企业的创新能力将受到很大影响。而生态系统之争绝不仅是单个企业产品的发明创造、质量及竞争力的问题,其背后涉及产业的技术标准、商业模式、专利锁定、上下游产业互动、消费者体验、品牌忠诚度等相关因素(吴金希,2014)。

创新生态系统在理论研究中是一个新生的概念,概念本身来自生物学的类比,一些学者将其引入了经济管理以及社会学领域。已有研究从不同理论视角切入分析,具体而言主要包括新制度经济学理论、战略管理理论和创新管理理论三大流派。Moore 是第一个系统而又科学地论述企业生态系统的学者,他将企业生态系统定义为一种"基于组织互动的经济联合体"(梅亮等,2014),认为企业与其他组织结成松散网络,围绕产品或服务的生产相互合作、相互竞争和共同演化,以实现价值创造(赵放等,2014)。

近十年来,理论界对创新生态系统的界定主要分两类:一类是基于创新过程,Estrin 将创新生态系统界定为相互依赖的三大群落:研究、开发和应用;另一类是基于创新主体,Adner等认为创新生态系统由核心企业、上游组件供应商、客户和下游互补件供应商四大要素组成的紧密协作的互补性组织网络,如汽车作为核心产品,汽车发动机可称为组件,公路与汽油等可称为互补品,则组件与互补件的创新挑战影响核心产品的创新(欧阳桃花等,2015)。

基于创新过程或创新主体界定创新生态系统,其共同点是将它视为一个相互依赖的有机生命体,包括价值逻辑、参与者共生性和制度稳定性三个关键因素:价值逻辑将价值共同创造、分配的概念和开发包含在价值来源中,而创新是创新生态系统价值的主要来源;参与者共生性在共同演化和共生的概念基础上提出,参与者专业化协作、互补和共同演进可实现其共生和价值的创造和分配;制度稳定性体现在核心企业有效协调所有参与者进行价值创造和分享,包括政府合法性、声誉和信任等治理机制(欧阳桃花等,2015)。

以国外大公司为例,苹果、IBM、福特、沃尔玛等创新生态系统的核心企业纷纷建立自己的服务、工具、技术、价值网络平台,使得生态系统的其他组织成员参与并获得价值回报,同时强化生态系统总体的创新与生产率提升。伴随成员的共生演化,创新生态系统逐步演变为由一个参与者到为多个核心产品提供互补性资产增值并遵照统一标准的多组织社群,最终创造单一企业无法创造的价值(梅亮等,2014)。

从国内外企业创新实践来看,与单个企业创新相比,企业创新生态系统的发展趋势更重要。单个企业发展要加强对自身的战略管理,更要洞察所处创新生态系统的前途和命运,企业要在创新生态系统的大框架下对自我发展战略进行定位和再定位。组成创新生态系统各主体的角色、定位是不同的,有的承担体系架构师的责任,有的充当创新平台建设的角色,有的从事技术标准设计,有的在缝隙中生存、占据某一个生态位,这些角色的有机合作与良性竞争共同组成了某一个创新生态系统本身。各个创新主体如何利用互补性资产,各得其所,共同专业化,既积极争取自身的发展空间,提升自己的生态位,又提升整个生态系统的效率和核心竞争力,对每一个创新主体而言都是挑战(吴金希,2014)。

其中，核心企业对于整个创新生态系统的生存和发展起到关键作用，它们往往担当平台建设者和体系主导者的角色，因此，其战略取向往往左右了整个创新生态系统的发展方向。成功的创新生态系统发展的背后往往有一个深谋远虑的核心企业，如英特尔在20世纪90年代初所做的那样，它们考虑问题不仅仅从自身角度出发，而是有着强烈的生态利益共同体的思想，想方设法为整个创新生态系统的利益着想，通过公开标准接口技术、免费知识产权使用、限制自己的业务领域、优化体系治理机制等措施，大大降低了整个生态系统创新的成本，提升了平台的吸引力，促进了补足性产品生产者的发展，促进了整个创新生态系统的发展和繁荣（吴金希，2014）。

吕一博等（2015）等对iOS、Android和Symbian的开放式创新生态系统进行了深入的多案例研究，指出核心企业定向性的扫描吸收能力、整合性的协同创新能力、规范性的治理分配能力是不同创新阶段开放式创新生态系统运行的关键性驱动因素，其分别是并购战略实施、研发联合体和共享平台运行的关键核心能力。核心企业独有的变革型的能人文化、合作型的氏族文化、协奏型的共赢文化是不同创新阶段开放式创新生态系统运行的保障性驱动因素，其为并购活动、研发联盟活动和商业化平台的运行提供了文化保障。

同方威视的创新生态系统

同方威视技术股份有限公司，是一家源于清华大学，以辐射成像技术为核心，以提供自主知识产权的高科技安检产品为主要特征的安检解决方案和服务供应商。

公司成立伊始，为顺利实现成果转化，同方威视不另起炉灶建立自己的技术创新体系，而是充分利用清华大学研究团队和创新平台，将技术与人才一起移植到公司的项目开发事业中来。

在后来的发展中，该公司通过积极创建"以我为主"的创新生态系统，促进核心能力的持续提升。公司与"清华大学——同方威视核技术联合研究所"、清华大学形成了分工明确的协同研发体系。为利用社会的互补性资产，公司整合全球制造资源，建成了以北京密云总装基地为平台的虚拟全球制造网。欧洲知名企业Volvo、RS Components等公司都是其创新生态系统中的成员，对于一些非标零部件配套企业，公司与之协同创新，以满足客户多样化需求。现在同方威视已经培育了几百家共生企业，例如济宁恒松工程机械有限公司、国睿科技股份有限公司等。依靠这套虚拟制造体系，同方威视的交货期由过去的一年半缩短为6个月。

目前，同方威视已形成了六大产品系列，且多为国际市场的引领者。公司主导编制了IEC标准，成为我国在核技术领域主导完成的第一个国际标准。公司和清华大学创新团队还获得国家科技进步一等奖（2003）等多项中国最高科技奖励。

资料来源：吴金希．从"带土移植"到创建创新生态体系——基于同方威视的探索式案例研究．中国软科学，2015（4）：66-75．

就缝隙型企业而言，如何制定自己的利基战略，不在一个系统赌博，提升对其他系统的感知能力、机会抓捕能力和管理威胁的能力，对于保护自己的细分领域，摆脱系统锁定和路径依赖（path dependency）具有重要意义。在大多数高技术产业，中国企业往往都是后来者，不是平台的创建者，如何利用既有的创新生态系统，从缝隙占有者到系统的主导者，这的确是个重大挑战。过去二十多年,华为由一个本土"独狼"发展到兼顾国内外"友商"利益的创新生态系统领导者,它为中国企业提供了一个成功的样本(吴金希,2014)。

[本章精要]

1. 狭义的创新主要指技术创新;广义的创新与熊彼特的创新概念一致,指由技术变化所引起的一系列营销、管理、技术、市场和企业组织变化或产业和经济系统的演化。

2. 企业创新是指企业为获取更大价值,对企业的各要素、各环节,不断地进行新的构想、新的调整和新的组合的行为及其过程。

3. 根据创新的程度,创新可分为渐进性创新、激进性创新和突破性创新。

4. 制造型企业的技术创新按创新对象分为产品创新和工艺创新。产品创新是指在产品技术变化基础上进行的技术创新。工艺创新又称为过程创新,是指生产(服务)过程技术变革基础上的技术创新。

5. 广义上的服务创新是指一切与服务相关或针对服务的创新行为与活动,场景包括服务业、制造业,以及非营利性公共部门;狭义上的服务创新指发生在服务业中的创新行为与活动。

6. 商业模式创新是指,对目前行业内通用的为顾客创造价值的方式提出挑战,力求满足顾客不断变化的要求,为顾客提供更多的价值,为企业开拓新的市场,吸引新的客户群。

7. 开放式创新把研发作为一个开放的系统,有价值的创意可以从公司的外部和内部同时获得,其商业化路径可以从公司内部进行,也可以从公司外部进行。这种创新认为外部创意和外部市场化渠道的作用,与内部创意及市场化渠道同样重要。

8. 企业创新具有多重不确定性,技术创新的不确定性包括技术不确定性、市场不确定性和竞争不确定性。

9. 创新系统研究经历着国家创新系统、区域创新系统、企业创新系统的研究过程。

问题及讨论

1. 结合你所了解的创新实践,谈谈对狭义和广义的创新概念理解。

2. 渐进性创新、激进性创新和突破性创新的差异主要体现在哪些方面?

3. 企业创新涵盖了哪些内容?结合企业创新实践,选择一至两项内容谈谈你的认识。

4. 运用本章理论和知识,分析苹果公司的创新。

[案例应用] 腾讯微信的创新历程

与国内很多其他产品来源于欧美公司的结构性创新产品类似,微信的产品雏形始于加拿大移动 IM 服务提供商 Kik Interactive 公司的移动语言聊天产品 Kik。在中国,最早的同类应用为互动科技在 2010 年 11 月推出的"个信"。小米科技于一个月后正式推出"米聊",并一举获得千万级的用户市场规模,成为该阶段的领先产品。这种忽然诞生的业务类型威胁的不仅是依靠短信获利的电信运营商,其首当其冲的打击对象是借手机 QQ 维持移动社交市场领先的腾讯。微信于 2010 年 11 月 18 日正式立项,它的起源不是来自腾讯移动互联网主力——承担手机 QQ 业务发展的腾讯无线业务系统,而是被腾讯 QQ 邮箱的开发团队——广州研究中心(下文简称"广研")作为一个兴趣项目启动。2011 年 1 月 21 日,腾讯广研推出第一个微信苹果手机应用版本，随后几天又陆续推出了安卓和塞班系统的微信手机应用版本。微信开启了一个由非核心业务团队主导下的微创新大胆实践征程。

1.技术追赶：基础语音功能的微创新追赶

微信产品第一个版本的核心思路是"能发照片的免费短信"，虽然这和竞争对手趋于同质化的口号并未让用户感到太多的惊喜，但代表了微信启动时最初始的产品诉求。第一个版本没有受到市场的太多关注，然而这个最早版本积攒下来的少数尝试性用户却给产品带来很多宝贵的建议和反馈。在接下来3个月，微信团队根据这些用户提供的线索不断优化程序，持续改进包括收发信息速度、流量节省等产品细节内容，并根据用户最集中的需求打造新的产品功能。

2011年5月10日，微信产品第二个版本发布，借助手机QQ团队开发的语音聊天技术，首次在这个版本里推出微信语音对讲功能。这个目前为止依然被使用最多的基础功能，给微信带来了大量的新增用户。这个功能显然也并非微信独创，2011年1月Rockton公司推出的Talkbox，就已经在主打免费语音对讲。不过，就这种免费语音对讲的具体呈现方式，微信根据用户实际的使用习惯进行了大量的微创新改进。比如当距离感应器没有发生感应时，语音对讲功能就默认为扬声器播放，而只要把手机贴近耳朵，感应器就马上自动调整为听筒模式，这种细节性的改善，让用户避免了大众场合"被广播"的尴尬，方便在会议、地铁等不方便接受扬声器广播的场合进行接听。类似这样的微创新改进还有很多，这使得用户接触到的尽管还是那些底层技术支持下的基础应用，但感受到的产品体验与其他的产品相比却已经全然不可同日而语了。

2.基本超越：由强关系链拓展至弱关系链的微创新超越

真正让微信从国内Kik类软件中脱颖而出的是其再次以微创新的模式，在微信的语音服务上叠加LBS（基于地理定位技术）实现的距离社交功能。2011年8月3日，微信发布了2.5版本，在国内率先推出"查看附近的人"功能。另外，QQ邮箱的漂流瓶功能也延伸至微信。微信借助这两个应用突破熟人沟通的边界，直接进入陌生人交友的应用区间。但是国内其他技术企业也同时关注到这个类别的应用。微信2.5版推出的第二天，陌陌这款纯粹定位于LBS陌生人交友的应用也在苹果商店上线。LBS技术以及基于LBS技术实现的友邻社交应用都不是微信首创，微信只是将LBS和语音对讲打通，但微信也并不是第一个把手机语言聊天和LBS相结合的，韩国的女同性恋交友软件EL在2011年2月发布的1.5版本中就已经列出了其他用户和本用户的距离、所在城市，并按照从近到远排列，方便用户交流。

但是，微信产品所采用的模式，则是源自对前几个版本的用户洞察。微信的开发者观察到很多实实在在的陌生人需求，比如拼车上下班，用户把拼车的需求写入微信签名栏，以便让有同样需求的朋友联系自己。又如二手物品的出售，用户也可以把商品信息放到微信以便很快找到买家。微信的功能需要更加生活化，基于不同的生活需求让更多陌生人产生进一步联系。满足这种洞察和考虑，微信为用户提供了查看附近人的头像、昵称、签名及距离等功能，并由此把不认识的人圈到了一起，突破熟人的紧密关系链，进入了类似微博一样由某种共同点维系在一起的弱关系链。由此一来，微信新增好友数和用户数第一次突破QQ原有的用户群边界，并迎来爆发性增长。这种"强弱关系链"的转换，把不认识的人圈到一起，成为微信用户增长的一个重要里程碑。

3.完全超越:快速微创新实现超越

2011年10月1日,微信3.0版本率先采用"摇一摇"功能,借助动作的一致性匹配找到同时晃动手机的人,形成新的随机社交关系。2011年年底,推出的微信3.5版本采用了一个极具战略价值的功能——二维码,通过扫描或在其他平台上发布二维码名片,用户可以不断拓展微信好友。"摇一摇"和二维码功能被业界普遍认为是微信实现绝杀竞争对手的微创新,这两项功能虽然都是微信在国内产品上的首创,但仍是在一定程度上复制了国外相关产品的先进技术。比如2011年8月16日日本公司发布的语言聊天产品Line,新增"Shake it"(也是摇手机加好友)和QR码(二维码的一种)添加好友的功能。不过,这两个功能在微信上大获成功而广受用户青睐,还是因为微信在细节上比国外先行者要做得好很多。比如在"摇一摇"的第一个版本中,晃动手机之后的效果除了震动之外,听觉上是响亮的来复枪上膛声,视觉上女性用户呈现为维纳斯雕像,男性用户则是大卫雕像。

4.国际化拓展:国际化版本和广播电台接驳

中国互联网企业历史上有很多开创性的产品,无论在理念上还是在模式上均大幅度领先于欧美公司,比如百度的问答和百科。然而中国的互联网公司只是将眼光聚焦在国内市场而忽视了国际拓展的机遇,因此之前产品仅只发布中文版本,从而失去国际化的最佳契机,但是微信的规划却并非如此。微信的前3个版本都只有中文版,但到了3.5版本,微信在中文版基础之上叠加了英文、法语、德文等12种外文的国际版,目前的语种已经扩充到19种,微信与日本的Line一同位于全球4大手机即时通信工具之列。

国际版本的迭代,标志着微信在彻底稳住国内市场领先位置之后,实现了关键一步战略布局,而这种布局是依靠软件已有版本的多语言升级,以及国际用户体验的局部改善来完成的。目前,腾讯正在向各个区域市场派驻地面推广人员,但这是建立在产品本身已经在当地打开局面的基础之上。马化腾甚至认为,微信将会是其有生之年能够看到的为数不多的腾讯国际化战略成果。在这个阶段,还有一个有价值的拓展,微信首次借助语音通话的业务本质尝试叠加广播电台运营辅助模式。微信新增加的模块可以让广播电台的主持人通过一个简单的后台,随时发布语言信息并管理听众反馈的信息,实现真正的交互式电台播放。这一模块的出现,打破了以往广播台主持人那种冷冰冰的播报以及伪造听众短信的模式,开启了一种鲜活生动的互动演播。这个模块随后被大量传统广播电台所采用,主持人们积极主动地持续地告诉他们的听众:"用微信爆料更方便、安全"。这种状况像极了媒体不断引用微博内容的局面。而开心网、新浪微博、百度百科等创新惯例告诉人们,一旦传统媒体开始主动地免费宣传,该产品就已经成功了。

5.平台化创新:以微创新方式将工具变成平台

米聊的"熟人社区"最早将QQ空间那种在好友关系链上分享图片等信息的功能集成到手机上来,微信产品4.0版本精妙地构建了一个允许用户将文字、图片、音乐、视频等资讯内容基于个人的私密关系链实现小范围流转的模块,微信团队将此模块命名为"朋友圈"。"朋友圈"的模式同样也不是微信首创,微信4.0版本发布时,业界基本上一致认为这一模式是抄袭Instagram或Path,但是几乎所有人都没有发掘微信"朋友圈"里蕴藏着的微创新,也看不到这是在QQ关系链上做社交网络服务的有机尝试,以及微信如何借助各种局部的改善来规避可能极大伤害用户体验的风险。另外,业界也没有看到接口公开介入第三方内容后可能的结构性变化。当业界其他竞争者只是对其他产品的关键功能进行单纯的复制抄袭时，微信与竞争者的距离正在不断拉大。

微信"朋友圈"最早用"图片"分享作为最直接的切入点，设置巧妙且好玩，用户在微信上分享照片，进而养成了愿意分享所有一切喜欢内容的使用习惯。"朋友圈"因为好玩而迅速得以推广，大量非私密信息通过"朋友圈"得到了更大的流转空间；为了将关系链微妙的用户体验处理到位，微信团队对于原本简单的 Path 模式做了非常精细化的改造。例如对用户关系进行精密的隔离与控制，强关系链范畴内的好友才可以相互看到彼此在"朋友圈"发布的内容并且评论，不同关系链内的内容各项隔断并有准确的衔接点。在微信 4.0 版本之后，可流动的内容拓展到几乎所有手机上能够阅读的内容，一方面优质的内容借助可信度很高的微信关系链可以进行高质量的传播，另一方面，微信也通过优质的内容，让不断优化的社交关系链变得无比壮硕。

微信"朋友圈"的兴起，几乎在一瞬间消除了腾讯的两大忧患。除了米聊等同类产品的没落，腾讯另外一个竞争对手新浪微博也遭遇到重大打击。有关数据显示，2012 年全年，新浪微博的活跃度同比下滑至少 30%，而在那一年，3 亿微信用户的"朋友圈"活跃度上升到 60% 以上。很多用户前几年养成去新浪微博分享和找好玩的内容的习惯，在 2012 年变成了打开微信"朋友圈"分享和寻找好玩内容。

6. 跨界迭代扩张：迭代到更加广泛的价值空间

在第六个阶段，微信继续推出的高质量创新服务多到让人眼花缭乱。4.0 至 4.5 版本期间，微信先后推出了语音/视频通话功能、微信网页版、企业公众账户关注/信息订阅功能等。这些功能发布本质上是微信仰仗通信工具的业务基础，进入多个原本不属于腾讯公司的价值区间。微信的语音/视频功能直接颠覆的对象是电信运营商，用户不仅不需要支付短信费，也不需要再单独购买视频通话的 3G 服务。2012 年春节，通过多姿多彩图文动画形式的拜年微信信息转瞬间将拜年手机短信取而代之，收入持续增长 10 多年的中国移动在 2012 年短信收入锐减，整体业绩也步入了零增长阶段。中国移动随后借助舆论弹劾微信，并以"占用了更多的信令"为由，谋求对微信收取更加高昂的移动互联网通道费。然而从长期来看，微信网页版，基本替代了中国移动飞信，实现打通电脑和手机的功能。微信企业公众账号的推出，对新浪微博平台上的口碑营销价值链形成了巨大冲击，大批营销账号开始迁徙至微信，连新浪自己的门户（Portal）频道也开始在微信上建立推广账号。

7. 移动商业帝国初成：微信商业化时代的到来

2013 年 8 月 9 日，微信 5.0 版本正式在腾讯自由应用市场应用宝首发，尝试功能更为强大的微信商业化要求。5.0 版本围绕着一个中心点——微信商业化如何做，增加了多项新功能，同时调整了多项老功能。如何做到商业化不伤害产品，产品又能托起商业化诉求，这是对微信 5.0 的最大挑战。从微信产品在以下几个方面的尝试，可以窥探微信团队在寻找这种平衡点时所做的努力。首先是微信支付，作为 5.0 版本新增功能，微信支付支持 Web 扫码支付、App 跳转支付和公众账号支付。用户一旦绑定银行卡，以后支付不需要输入繁复信息，仅需输入微信支付密码就可以完成交易。微信支付让那些开设公众账号的商家更容易实现交易，而对商业社会规则的震撼性影响则是即将推出的直接扫码支付功能。

另外，"扫一扫"功能也得到改进，为微信的商业化想象力提供无限可能。微信 5.0 的"扫一扫"功能包括二维码、条形码、封面、街景、翻译。每个功能都可看成是某种商业化尝试。微信游戏也是微信 5.0 商业化的一种尝试。微信 5.0 的启动页是一款"打飞机"小游戏,这个选择让腾讯内部使用测试版的一些员工也感到惊讶,凸显了微信以游戏平台为开端推进商业化步骤的策略。微信游戏平台具有极大的潜力,行业前景也令人倍感乐观。首要的利好消息便是2013年8月被百度下狠心以19亿美元收购的91无线,该公司已经每月可以从移动游戏业务中获得1000万元流水,而移动(手机)游戏方兴未艾,金矿远远没有被挖掘出来。

由于微信尝试在移动平台上塑造全新的移动互联网,从微信5.0版本中人们看到了移动商业世界的价值。人们结束游戏后,还可以在微信的世界里即时通信(Instant Mess,IM)、看朋友圈、扫一扫购物等。这个完整的闭环,是腾讯的战略棋局。最后,折叠公众账号是微信公众平台去媒体化的举措。从2012年8月微信公众平台上线,到2013年6月微信产品助理总经理曾鸣提出"微信不是一个纯粹营销工具"为止,公众平台上的账号以媒体传播的方式推送消息愈演愈烈。

资料来源:罗仲伟,任国良,焦豪,等.动态能力、技术范式转变与创新战略——基于腾讯微信"整合"与"迭代"微创新的纵向案例分析.管理世界,2014(8):152-168.

思考题:

1.运用本章所学理论和知识,分析微信的创新。

2.运用本章所学理论和知识,分析腾讯开发微信的创新生态系统。

第二章　创新管理框架

学习目的

■ 从管理职能的角度理解创新管理的框架
■ 理解全面创新管理的提出及内涵
■ 了解创新管理的方法

引　例

3M 公司全称为明尼苏达矿业制造有限公司，创办于 1902 年，目前在世界各地 200 多个国家设有分部，包括 60 多个子公司。3M 公司的创新纪录在工业界名列前茅，连续数年被美国《财富》杂志评为"最受企业界钦佩"的企业，被认为是拥有最为主动的研发计划和最有能力适应未来市场竞争的企业。

3M 所从事的行业很多，其中以胶带及其相关产品业务量为最大，占其总营业额的 70%；其他营业项目包括印刷系统、研磨、釉胶、建筑材料、化学制品、保护产品、摄影产品、印刷产品、录音器材、电子产品、保健品等。其产品品种逾 6 万种，在全球设立的实验室超过 70 间，科研人员超过 6500 人，投入研究与发展的资金达总销售额的 6.5%，是一般美国公司的两倍。每年约有 500 件新产品面世。2011 年，3M 以超过 296 亿美元的营业收入位列《财富》世界 500 强第 316 位。同时，3M 也是美国道琼斯 30 种工业股票指数成分股之一。

3M 公司能够百年不衰，成长为一个具有顽强创新能力的跨国公司，关键在于其视创新为生命，正视创新的复杂性，积极进行有效的创新管理。

要对创新进行有效管理，关键在于掌握创新活动的规律，以提高创新的效率和效果。虽然创新能否有效管理还存在争议，但随着创新理论研究的深入，创新活动的规律越来越为人们所掌握，对创新进行必要的管理是完全可能的。本章根据管理的一般职能（计划、组织、领导和控制）对创新管理问题进行总体概括，从而成为本书整体构思的指导思想。本章还将讨论有关全面创新管理的几个主要观点。

第一节　创新管理内涵

创新管理的内在特性表现为跨学科及多功能性，因此，创新管理是一个困难重重而且充满不确定性的活动，需要一种整合观念，即将各学科、各职能进行有效整合。创新管理的每一相关维度都有其优势与不足：高效的研究与发展管理能够提高创新的效率，但它对于产品的市场有效性贡献甚微,从而无法保证产品获得商业成功;即使是耗资巨大、高度精密的市场研究计划也无法识别突破型的新产品及服务的市场潜力;扁平式组织结构及流线型业务过程能够提高企业延伸现有产品的效率,但它们对于快速推出创新性产品无能为力,随着技术与市场的变革,它们甚至有可能对创新起阻碍作用(Joe Tidd等,2002)。正如保罗·纽恩斯(Paul Nunes)所说:"流程的执行有时会随时间递减。相比之下,组织内的关系资源比较难抄袭,所以具有更大的竞争优势。"

一、创新管理含义

有时成功的创新是由偶然的机会带来的,有时偶然的突破能够抵偿多次失败所带来的损失。但是,如果企业想获得长期稳定的发展,就必须最大限度地摆脱运气成分。真正的成功来源于持续稳定的创新管理过程。成功是建立在企业活动的可学习性及可重复性之上的(Joe Tidd等,2002)。

关于创新管理存在着语义上的不同理解,如管理的创新、对创新过程的管理和创新型管理等。本书提出的创新管理概念是指为了实现创新目标,运用管理职能(计划、组织、领导、控制、创新)对创新过程的管理,即不仅激发新观念、新构想的产生,而且努力为这些新观念、新构想的付诸实施开辟道路。创新管理的主要研究工作是识别与创新相关的一系列联结关系:针对特定技术、市场环境中所存在的机会及约束,寻求支撑创新的有效结构与过程,即对具体情况进行具体分析(Joe Tidd等,2002)。

创新管理概念的认识应该立足于"管理"的概念,"创新"只是"管理"的对象。关于创新问题前文已经做了比较详细的叙述。目前国内有关"创新管理"的著作,存在着两个方面的问题:一是将注意力放在"创新"方面,"管理"的思想没有得到很好的体现;二是虽然有些著作努力在管理方面做文章,但管理的思路比较混乱,线索不够清晰,整体框架不成体系。事实上,熟悉管理原理的人都知道,按过程来组织管理学体系已成为学界共识,其中管理的职能贯穿于活动的全过程。

管理职能的认识最早源自法约尔的"计划、组织、指挥、协调、控制"五大职能的观点。后人虽然对管理职能的划分各有不同的观点,但将管理职能划分为"计划、组织、领导、控制"基本形成共识。按照管理的这四个职能,创新管理的内容理所当然包括创新计划、创新组织、创新领导和创新控制。我们可以按照管理的职能对创新管理列出一个详细的内容,不过本书呈现给读者的是笔者多年来对创新管理的认识和研究,既突出重点又确保内容体系的完整性,如图 2-1 所示。

二、创新管理框架——管理职能视角

(一)创新计划

创新管理的首要职能是创新的计划工作。创新计划是指企业根据对创新内外部环境的分析和企业既定目标的要求,确定创新的目标,并对未来创新活动所做的事前安排。由于创新活动的不确定性,创新的计划工作难度很大,不少创新活动无法进行事前详细的具体安排,但创新的环境分析和创新战略选择是创新计划中不可忽略的两项工作。企业结合内外部环境分析才可能对企业创新战略做出适当的选择。本书的第四章为创新外部环境分析,第五章创新能力与创新项目评价即创新的内部环境分析,第六章为创新战略选择。

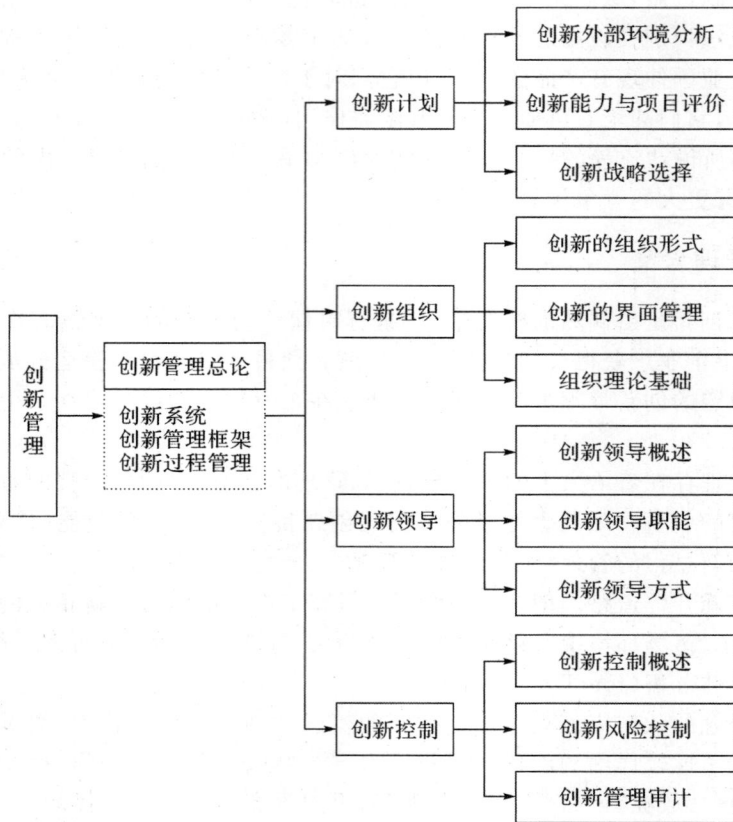

图 2-1　创新管理（本书）的总体框架

一个惯于创新的企业会时刻关注宏观环境、产业环境和竞争环境的变化，并积极促成创新来响应外部环境的变化。社会经济领域的新变化，例如，人们的信仰、期望、需求和收入的变化，会为企业带来新的机会和挑战。新的法规开辟了创新的新途径，也关闭了旧有经营方式的大门，例如，要求生产环保型产品的法规日益增多。竞争者推出的新产品也可能会构成对企业既有市场地位的重大威胁。企业只有具备较强的创新能力，才能在各种动态变化中迅速做出反应（Joe Tidd 等，2012）。创新的内外部环境分析是企业创新战略制定的基础。创新需要战略引导。中国企业要自主创新，首先要突破传统的发展模式，实现从基于引进与简单制造的经营到整合国外新兴、突破性科学技术和商业资源，创造更高附加值、更环保的产品或服务的转型（陈劲等，2013）。

（二）创新组织

管理的组织职能就是对实现企业目标的各种要素和人们在工作过程中的相互关系进行组合、配置，从而建立起一个有机整体的一种管理活动。企业的各种计划都是通过组织职能的作用来实现的。组织职能主要有两项任务：一是设计有效的组织结构；二是确保组织的高效运作。创新计划的实现同样需要发挥组织职能的作用。本书第七章分析创新的基本组织结构及其组织结构的新形式，第八章深入研究创新组织的界面管理，强调要保证创新组织的高效运作，必须解决好组织内外部各种界面问题，第九章介绍了组织理论发展的脉络和组织创新的分析思路。

要实现创新,应重视创新组织结构的优化。中国的传统企业延续的是工业社会的科层、等级制的组织结构,使得研发、生产与营销等的联系很容易被割裂,即便高强度的研发也不足以冲破部门的藩篱,市场需求与技术供给难以得到真正的匹配,科技成果转化为生产力在企业这一先进的组织中难以实现。现代创新型企业必须从根本上改革企业的组织,使之成为面向顾客的流程化组织形式,更快、更有效率地将创意孵化成可制造、有商业价值的产品(陈劲等,2013)。

(三)创新领导

在创新过程中,领导者要根据创新的目标和要求,运用激励、沟通等手段,对被领导者施加影响,以统一意志,统一行动,保证创新目标的实现。因此,在创新活动中,领导工作的主要任务是如何建立融洽的人际关系和营造良好的创新氛围,"带领"和"引导"创新团队为实现企业创新目标而努力。本书第十章分析领导者在创新过程中的角色扮演、创新人员的配备以及创新团队建设等问题,第十一章侧重研究领导者如何在创新过程中运用好激励、沟通等手段,塑造企业的创新文化,以促进创新工作的开展,第十二章介绍交易式、变革式、家长式等三种领导方式,分析这三种领导方式与创新的关系。

为创新塑造文化和提供氛围是领导的任务。创新氛围是由很多种因素集合在一起建立的,它可以影响员工的认知。例如,如果对创新没有奖励,而是对日常运作的高绩效进行奖励,那么不管其他暗示多么诱人,员工都会在尝试创新时十分谨慎和犹豫。此外,领导对创新氛围的建立不只是通过他们所说的,也通过他们所做的。通过可见的行动而不是简单的陈述,员工们开始形成具体的看法。只有当员工了解到发生在其身边以及促使他们创新的事时,他们才开始内化创新的价值观。在创新型公司,整个组织职能系统都强调创新(Pervaiz K. Ahmed等,2014)。

(四)创新控制

创新控制是指通过对创新实际绩效与创新预期目标之间差异的衡量,找出形成差距的原因,并采取措施加以纠正的一系列管理活动。由于风险性是创新的主要特征之一,因此创新活动具有高度的不确定性,这种不确定性可能来自外部环境的不确定性,创新项目的难度与复杂性,以及企业的能力与实力的有限性,从而导致创新活动延期、中止、失败或达不到预期的技术和经济指标。本书第十三章分析创新控制的概念、内涵和关键问题,以及创新评估与控制的流程,第十四章分析创新风险控制的一般性问题,第十五章则着重研究创新控制的一种新方法——创新审计。

创新有别于其他活动的最显著特点是其风险性,只要进行创新就一定蕴藏着风险。创新控制本质上就是对创新的风险控制,这种创新风险不仅会引发财务风险而导致企业发生有形的经济损失,而且会导致时间损失、机会损失、心理损失等各项无形损失。这就需要对创新进行控制,以提高创新效果。

第二节 全面创新管理

一、全面创新管理的提出

创新管理研究最初集中于技术创新管理，目前这方面的研究成果也最为成熟，内容包括技术创新的基本原理（包括技术创新概念、分类、过程和管理要素等）、技术创新决策（广义的技术创新决策贯穿于技术创新管理的各个部分，狭义的技术创新决策主要是技术创新战略制定和技术选择）、技术创新活动环节的管理（主要包括研发管理、新产品生产与营销管理和技术转移管理）、技术创新的要素管理（主要包括技术信息管理、知识产权管理和技术创新能力管理）和技术创新的组织管理（主要包括技术创新的组织和激励）等（吴贵生，2000）。陈伟的《创新管理》在国内影响很大，但其基本构架也是基于技术创新管理，内容包括创新和创新过程（主要是创新的定义和创新过程分析）、创新的战略机会分析（主要包括产品生命周期和创新的关系，技术—产业生命周期和创新的关系）、职能和联结管理（主要包括创新源管理、研发管理、营销管理、制造和经营管理、联结管理）、组织学习、产业国际竞争和技术追赶陷阱（主要包括创新和企业活力研究以及战略意图、企业核心竞争力和技术追赶陷阱的研究）（陈伟，1996）。

随着创新管理研究的深入，研究者发现必须从更广泛的视角来认识企业创新问题，Joe Tidd 等在《创新管理：技术、市场与组织变革的集成》一书中指出：创新管理的内在特性表现为跨学科性和多功能性，技术、市场和组织变革之间存在着互动关系，要实现创新过程的有效管理，必须应用整合方式来展开创新活动。Felix Janszen（2002）也认为创新的范畴包括技术、应用、组织和市场（或客户群体）四个维度，创新是诸多因素相互渗透、共同作用的结果。陈劲（2001）认为，创新管理的重点是企业创新系统内部信息和知识等的有效联结，其关键要素有企业家精神、研究和发展体系、科学教育与技术培训、创新资金和企业体制，并提出了技术创新管理的十条法则：把握创新真实内涵；理解创新内在过程；全面、有效地寻求创新源泉；提高创新战略运筹水平；不断提升创新能力；运用有效的创新组织；加强创新人才管理；创建利于创新的文化；运用创新管理工具；建立完善创新系统。

自 20 世纪 70 年代美国学者纳尔逊和温特创立创新进化论以来，技术创新和制度创新的研究就开始走向融合，人们对于创新理论的研究又开始了向熊彼特的简单创新定义回归，即创新是一个系统总体概念，包括技术上的创新，也包括组织和管理等制度上的创新。我国学者许庆瑞等在研究企业组合创新时，认为企业创新不应局限于技术创新，至少包含五方面的组合关系：产品创新和工艺创新的协调、重大创新与渐进创新的协调、创新的显性效益与隐性效益的协调、技术创新与组织文化创新的协调、企业内部独立创新与外部组织合作创新的协调等（许庆瑞，2000）。他于 2002 年 10 月在杭州举行的"21 世纪技术管理与技术创新国际会议"上提出了"全面创新管理"的概念，其含义是：①目的是赢得持续竞争优势；②致力于积累和提高核心能力；③以技术创新为核心；④以各种创新元素的系统组合创新为基础；⑤通过合适的机制与工具，使创新深入持久地贯通整个组织，通过每个人、在每个地方、在每一刻，对每个物品进行创新。他认为目前的创新管理模式分为三种级别：第一级是单一技术创新管理,第二级是组合创新管理,第三级是全面创新管理(许庆瑞,2007)。

总之,目前的创新理论已经完整地分析了创新系统和创新过程的各个要素和环节,充分认识到了职能联结、创新战略、企业文化、创新组织等方面的重要性,也初步地提出了创新系统和创新管理系统的概念,只是当前研究仍然建立在牛顿范式之上,对于创新管理系统的主体缺乏系统的分析,对于创新的复杂性不够重视。全面创新管理理论将研究视角从单独的创新要素和创新系统构件转移到整个创新系统,以及创新系统各要素之间的关系上来,将企业创新系统视为一个复杂创新体系,突出了创新系统内各要素之间的互动性(许庆瑞,2007)。全面创新管理理论是具有鲜明中国特色的技术创新管理理论体系,已受到了国内外理论及海尔、宝钢、中集、惠普等国内外知名企业的高度认同(苏敬勤等,2010)。

二、全面创新管理的内涵

全面创新管理是以培育核心能力、提高持续竞争力为导向,以价值创造/价值增加为最终目标,以各种创新要素(如技术、战略、组织、文化、制度、市场等)的有机组合与协同创新为手段,通过有效的创新管理机制、方法和工具,力求做到人人创新、事事创新、时时创新、处处创新。全面创新管理范式的内涵可进一步概括为"三全一协同",即全要素创新、全时空创新、全员创新,全面协同(许庆瑞,2007)。

(一)全要素创新

全要素创新是指创新需要系统观和全面观,需要使技术、战略、组织、文化、制度、市场等与创新绩效有密切关系的要素达到全面协同才能实现最佳的创新绩效。基于对国内外有关影响创新绩效关键要素的研究综述,郑刚(2004)总结了六大要素,即战略、技术、市场、文化、制度、组织要素,许庆瑞(2007)面向100余家大中型企业的实证分析结果也进一步验证了这六大要素对于创新绩效的重要影响。抛开技术创新的视角,从企业发展本身来看,只有持续开展全方位的创新,才能适应当今飞速变化的经济环境和日益激烈的市场竞争需求。全要素创新不仅强调其他要素创新与技术创新之间的协同,而且应该强调所有要素创新之间的交互协调,以促进企业的持续发展(苏敬勤等,2010)。

(二)全时空创新

全时空创新分为全时创新和全空间创新(全球化创新或称全地域创新)。全时创新是一种创新策略、一种思想、一种创新观念,是即兴创新、即时创新(包括快速创新)、连续(24/7,即每周7天,每天24小时)创新的有机结合。海尔集团就是全时创新的典型。2001年3月,海尔与爱立信的科技人员在全球不同地点利用时差通过24小时接力开发,仅用3个月就推出先进的蓝牙无线网络家电,比传统开发方式节省一半以上时间。全空间创新是指在全球经济一体化和网络化背景下,企业应该考虑如何有效利用创新空间(包括企业内部空间和外部空间),在全球范围内有效整合创新资源为己所用,实现创新的国际化、全球化,即处处创新(许庆瑞,2007)。

海尔的全面创新管理

海尔的全员创新：海尔员工的创新活力来自以海尔独创的 OEC 管理法和以"市场链"管理机制为核心的行之有效的一整套管理制度。通过内部"市场链"机制使得人人面对市场，从制度上激发了每一员工的创造力，使人人成为创新的 SBU（策略事业单位）。1997—2001 年，海尔共收到员工的合理化建议 13.6 万条，被采纳 7.8 万条，创效益 4.1 亿元。海尔很多部件、工序和产品都是以海尔员工的名字命名的，像保德垫圈、迈克冷柜、杨明分离法等。发明或改进创新这些部件或产品的员工，除对其发奖金，还隆重召开大会用其名字命名部件或产品。

海尔的全时空创新：海尔实施国际化战略，在信息、认证、工业设计、知识产权、新产品开发等方面积极进行网络化拓展和开发工作，实现了开发全过程的创新。海尔在欧洲、北美、亚太等地区拥有 15 个研究与开发网点、6 个设计分部、10 个科技信息点，形成了遍及全球的信息化网络。在 2001 年"全球海尔经理人年会"上，海尔美国贸易公司总裁迈克根据美国用户下午五点的抱怨突发奇想，提出能否设计一种上层为普通卧式、下层带抽屉的冷柜。冷柜产品本部得知该设想后，4 名科研人员采用同步工程，连夜奋战，仅用 17 个小时完成样机，第二天上午十点将样机交给了该用户。轰动 2001 年德国科隆家电博览会的网络家电系列，从提出创意到设计再到成品，前后不足 3 个月。日本的专家、美国的技术和法国的时装设计师对家电色彩的设计，都被海尔整合在一起，各类设计开发同步进行，大大加快了创新速度。

海尔的全要素创新：从海尔的创新实践来看，技术创新是关键，国际化战略的创新是方向，市场创新是途径，管理创新是基础，组织创新是保障，观念与文化创新是先导，制度创新是动力，协同创新是手段。

资料来源：许庆瑞，郑刚，喻子达，等.全面创新管理（TIM）：企业创新管理的新趋势——基于海尔集团的案例研究.科研管理，2003(5)：1-7.

（三）全员创新

全员创新是指创新不只是企业研发和技术人员的专利，而应是全体员工共同的行为。从研发人员、销售人员、生产制造人员到售后服务人员、管理人员、财务人员等，人人都可以在自己的岗位上成为出色的创新者。广义的全员还包括用户、供应商、股东等利益相关者（许庆瑞，2007）。对于整个企业来说，全员创新强调的人人都是创新者，具备更广泛的内涵，不但要求人人都参与或服务于技术创新，也要求人人都参与或服务于企业的其他要素创新。一方面，强调在某一部门开展某一要素创新时，部门内部人人都是创新者，不仅限于部门的领导者，部门所有人都应该参与到这一要素创新中去，成为创新发起者、决策者、实施者及辅助者中的某一角色；另一方面，强调各业务和职能管理部门员工不但要全员参与和自己部门直接相关的要素创新，而且要广泛参与或服务于其他要素创新（苏敬勤等，2010）。

（四）全面协同

全面协同是指各创新要素（如战略、组织、文化、制度、技术、市场等）在全员参与和全时空域的框架下进行全方位的协同匹配，以实现各要素无法单独实现的"2＋2＞5"的协同效应，从而促进创新绩效的提高。"全面协同"与传统意义上"协同"的区别在于两个方面。第一,涵盖的协同主体更多、相互作用关系更复杂。"全面协同"涵盖了影响创新绩效的六大关键要素,更具有全面性和系统性,其相互关系更为复杂。第二,强调了全员参与和全时空域创新的重要性,这样才能真正实现全方位的全面协同,而这是传统的"协同"概念所没有涉及的。

三、集成——一种全面创新的管理方式

"全面创新管理"概念的提出具有重要价值,但如何实现却是一个十分复杂的研究课题。为此不少学者运用"系统"、"整合"、"协同"、"集成"等思想来研究这个问题。如许庆瑞等(2004)运用了协同学理论,通过考察中兴通讯 17 年创新与发展历程,从理论和实证角度分析了企业创新协同,提出了创新协同的技术创新主导型、制度创新主导型、技术创新与制度创新共同主导型等三种模式,并构建了相应的创新协同演化模型;谢章澍等(2004)构造了全面创新管理模式,并通过海尔创新的实例说明了全面创新管理的基本内涵及其实现。

我们认为,集成是实行全面创新管理的一种有效方式。所谓集成,是指将两个或两个以上的集成单元(要素、子系统)集合成一个有机整体的行为和过程,所形成的集成体(集成系统)不是集成单元之间的简单叠加,而是按照一定的集成方式和模式进行的构造和组合,其目的在于更大程度地提高集成体的整体功能,以实现其整体功能的倍增和涌现的集成目标。也就是说,要素仅仅是一般性地结合在一起并不能称为集成,只有当要素经过主动的优化、选择、搭配,相互之间以最合理的结构形式结合在一起,形成一个由适宜要素组成的、优势互补、匹配的有机体,这样的过程才称为集成。产品创新过程中需要对营销、设计和制造等企业经营职能进行集成,从而综合运用科学的管理手段以达到产品创新的最佳目标。集成包括技术集成、信息集成和管理集成。

● **技术集成**　广义上的技术集成包括知识集成、技术集成和产品集成。知识集成是在已有知识的基础上,通过有机的组织来产生自己的知识产权。根据日本学者野中郁次郎(Nonaka)的理论,企业的知识集成分为四种形式:隐性知识的集成、显性知识的集成、隐性知识到显性知识的集成和显性知识到隐性知识的集成。在复印机被发明的时候,它所有的知识、技术都是现成的,没有人想到怎么把这些现成知识运用起来,组合成一个新产品。施乐公司解决了这个问题,就研制出了第一台复印机。

技术集成就是要培养自己的核心能力。一个公司如果单靠一般的技术创新,并不能维持长久的发展。日本的 NEC 在 20 世纪 70 年代末时在通信技术上的实力和 AT&T 相比差得很远。在这种情况下,NEC 专门集中了一些人来研究公司的发展战略,研究公司应该怎样发展才能在信息技术领域里占有重要的地位。他们对当时的整个技术发展状况做了一些分析,并得出了三条结论:第一个结论就是计算机技术的大型机时代即将结束;第二个结论是集成电路将会由大规模集成电路转向超大规模集成电路;第三个结论是他们认为交换功能将要从机械式转成数字式。他们确认了这三个发展趋向后,就决定要培养自己的核心能力。为此,他们跟全世界 70 多个信息方面的公司建立了各式各样的合作关系。通过十年的努力,到 20 世纪 90 年代初,NEC 在通信方面的销售和能力,已经超过了 AT&T,形成了自己的核心能力。

技术集成需要多种分支技术的融合,技术集成实际上就是根据企业现有的技术,抓住产品的市场特征,同时引进已有的成熟技术或参照技术资料进行学习,依据产品的特性,使各

项分支技术在产品中高度融合，在短时间内进行集成开发，以最快的时间领先进入市场，充分获得产品的市场占有率的手段和方法。体现技术集成的主要指标可分为：技术系统匹配度、技术系统冗余度、技术系统中自有核心技术比例/水平、对世界领先水平产品的技术选择水平、与同行业比的成本水平、产品主要功能与辅助功能所占比例等。其中，技术系统匹配度是指产品的各分支技术在结合后是否互相冲突和矛盾，是否发挥了整体的应有经验；技术系统冗余度是指技术系统内各分支技术集成后可放弃的技术所占的比例；企业自有核心技术是指企业依靠自身力量，通过独立的研究与开发活动而获得来源于企业内部的技术突破（陈劲，2001）。

- **信息集成**　信息集成的目标是建立产品创新的支撑系统和工作平台。它主要针对企业在设计、管理和制造过程中需要和产生的大量数据进行统一管理，达到正确、高效的数据交换和共享。信息集成的实现依赖于现代计算机技术和网络技术的发展，其核心技术在于建立信息模型和数据库管理系统（庄越等，2002）。随着计算机技术和互联网技术的迅猛发展，信息集成所要求的要素配套、制度条件、组织条件等都得到较好的满足，这将促使信息集成迅速发展（郑英隆等，2008）。

- **管理集成**　创新集成化的核心思想体现在管理集成上，创新中管理集成是以信息技术和先进的制造技术为基础，以快速创新为目标，以集成思想为指导，借助集成手段和工具，对创新过程中管理思想、手段、方法、技术、过程以及各种管理要素进行整合，从而产生一种系统的、综合的管理模式和方法的行为及过程的总称。管理集成可以分为三个层次：核心层、使能层和技术支撑层。核心层管理集成的核心内容，它包括人的集成、组织集成和知识集成；使能层是指管理集成的工具和手段，是管理集成的核心技术，包括管理模块技术、管理集成平台技术和管理集成界面管理技术；支持层是指管理集成的技术结构技术，涉及三大类技术：分散化的管理技术、信息处理技术以及先进的制造技术（李成标等，2003）。

第三节　创新管理方法

一、创新管理的 7R 方法

创新需要以一种挑剔的眼光，审视企业的各方面和各层面工作，打破平衡，以推动事物的前进和发展，包括重新思考（Rethink）、重新组合（Reconfigure）、重新定序（Resequence）、重新定位（Relocate）、重新定量（Reduce）、重新指派（Reassign）和重新装备（Retool），简称为企业创新管理的 7R 方法（斯蒂芬·M.夏彼洛，2003）。

（一）重新思考

重新思考关心的是企业工作背后的理论基础与假设，也就是"为什么"的问题，例如"事情为什么要这么做"。这样的深层次思考有利于解决企业的最根本问题。如果我们只关注事情的表面现象，对做法背后的基本假设视而不见，改变的往往是表面问题，这是创新可能遇到的最大障碍。

（二）重新组合

重新组合涉及工作中的相关活动，目标是要从与"什么"有关的问题寻找新的答案，如

"有什么活动可以删减"。重新组合的目的是分析企业所实行的步骤与活动,并判断有哪些其他做法可能也有类似的作用;这些做法大概不外乎改变步骤,或者把某些步骤整个去掉。重新组合可以说是创新的核心。

重新组合常常涉及的问题包括:活动可以整个淘汰吗? 如何在源头实施质量管理,以减少冗余? 如何消除手工劳动与不具有附加价值的工作? 如何效仿并强化其他行业的最佳作业方式?

(三)重新定序

重新定序所关心的是工作运行的时机和顺序,其创新来自提出"何时"的问题:如何预测未来的需求,以提高效率? 把活动延后能增加弹性吗? 如何同时处理多项活动,以减少所花的时间? 如何把相互牵制与依赖的次数减到最少?

(四)重新定位

重新定位注重的是活动的位置,以及进行这些活动的实体基础结构在什么地方,即"哪里"的问题:如何以模块化的方法提高弹性? 活动可以搬到更接近顾客或供应商的地方,以改善工作的整体效率吗? 活动可以搬到更接近相关活动的地方,以改善沟通的效率吗? 缩短交通往返的时间和距离可以减少循环周期吗? 如何构建虚拟组织以减少对集中化实物资产的依赖? 供应商如何帮助顾客储存货物?

(五)重新定量

重新定量涉及的是从事特定活动的频率(要做多少与多久做一次)。常常提问的问题包括:如何更有效地运用重要资源? 有没有办法靠减少信息与控制来简化运营并改善效率? 有没有办法靠增加信息来提高效率?

(六)重新指派

重新指派是指执行工作和完成任务的人,即与"谁"相关的新的答案,如现行的活动和决策能移入不同的组织吗? 工作可以外包吗? 事情可以调整为由顾客来执行活动吗? 目前由顾客执行的活动可以改由组织来执行吗? 可以由供应商或合作伙伴来执行活动吗? 企业结盟有助于形成规模经济吗? 如何靠供应链的合伙关系降低成本?

(七)重新装备

重新装备涉及的问题包括地点、距离和实体基础设施,整体目标是要尽量拉近距离,并尽量加强人员在工作中的联系。经常提问的问题包括:科技是如何让工作转型的? 如何运用资产或专长,以建立竞争优势? 如何利用操作人员的高级技能、低级技能或多重技能来改善工作?

聪明的"傻瓜"相机

在世界照相机生产中,德国一直处于领先地位。作为一种精密的光学机械产品,相机从诞生那天起,一直在透镜性能、结构和镀铬保护等工艺上兜圈子,使用者仅限于上层人士的小圈子内。

美国人乔治·伊士曼对摄影有浓厚兴趣,总是节衣缩食,购买摄影器材并不断研究改进。27岁那年,他用做工所得的全部积蓄5000美元开办了一家摄影器材公司。

他希望更多的人能买得起照相机，也希望更多的人会使用照相机。这就需要把照相机的结构简单化、售价低廉化而又保持摄影的质量。伊士曼提出了"摄影大众化"的口号，并以此作为他终生的经营哲学。他反复宣传"照相机应像铅笔一样简单，谁都可以使用"。经过7年的研制，一种大众化、简便实用的"小盒型照相机"问世了。为了能使它走向大众，走向世界，伊士曼以大胆的创造精神给它起了一个词典上没有但能叫得响的名字——柯达（Kodak），并把公司也改名为"柯达"公司。以后他根据自己的大众化哲学，组织研究人员连续攻克了软片装卸简易化、软片感度机械化、闪光装置一体化和形式小巧便携化等四个技术难关。10年默默无闻的研究，柯达终于在1963年2月的最后一天，在27个国家同时推出了更加大众化的自动化照相机而轰动了全世界。

大众化的产品要真正为大众所接受，还得向大众做广泛生动的宣传。

为了给这种自动化照相机命一个更能充分表现产品特性的名字，伊士曼最后从几个个名称中选择了一个"自动照相机"的名称，也称"傻瓜相机（Fool-proof）"，即十分简单的、十分可靠的、笨人也会使用的相机。

伊士曼以对摄影的极端热爱，还亲自为傻瓜照相机拟了一条广告宣传标语"请你按下快门，其他的事由我来"，这句诚挚、动听的广告与最能体现伊士曼的大众化哲学和自动照相机的特点，从此也成了推销界的一句名言。

资料来源：陈文安.创新工程学.上海：立信会计出版社，2000.

二、创新思维之六顶思考帽

全面创新管理理论中的全要素创新，强调的是以全面、全方位的视角来看待和开展创新。作为全面思考问题的模型，六顶思考帽有助于创新中多项活动的开展。例如，创新思维的激发，界面管理中的沟通等。

六顶思考帽是英国学者爱德华·德·博诺（Edward de Bono）博士开发的一种思维训练模式，或者说是一个全面思考问题的模型。它提供了"平行思维"的工具，避免将时间浪费在互相争执上。强调的是"能够成为什么"，而非"本身是什么"，是寻求一条向前发展的路，而不是争论谁对谁错。运用博诺的六顶思考帽，将会使混乱的思考变得更清晰，使团体中无意义的争论变成集思广益的创造，使每个人变得富有创造性。

六顶思考帽思维方法使我们将思考的不同方面分开，这样，我们可以依次对问题的不同侧面给予足够的重视和充分的考虑。就像彩色打印机，先将各种颜色分解成基本色，然后将每种基本色彩打印在相同的纸上，就会得到彩色的打印结果。同理，我们对思维模式进行分解，然后按照每一种思维模式对同一事物进行思考，最终得到全方位的"彩色"思考。

（一）六种颜色的帽子

1. 黑色思考帽

黑色是逻辑上的否定，象征着谨慎、批评以及对风险的评估，使用黑帽思维的主要目的有两个：发现缺点，做出评价。思考中有什么错误？这件事可能的结果是什么？黑帽思维有许多检查的功能，我们可以用它来检查证据、逻辑、可能性、影响、适用性和缺点。

2.白色思考帽

白色是中立而客观的,代表信息、事实和数据;努力发现信息和增强信息基础是思维的关键部分。使用白帽思维时将注意力集中在平行地排列信息上,要牢记三个问题:我们现在有什么信息？我们还需要什么信息？我们怎么得到所需的信息？这些信息的种类包括确凿的事实、需要验证的问题,也包括坊间的传闻以及个人的观点等。如果出现了意见不一致的情况,可以简单地将不同的观点平行排列在一起。如果说这个有冲突的问题尤其重要,也可以在稍后对它进行检验。

3.红色思考帽

红色使人想到热烈与情绪。红帽思维是对某种事或某种观点的预感、直觉和印象;它既不是事实也不是逻辑思考;它与不偏不倚的、客观的、不带感情色彩的白帽思维相反。红帽思维就像一面镜子,反射人们的一切感受。

4.黄色思考帽

黄色代表阳光和乐观,代表事物合乎逻辑性、积极性的一面;黄色思维追求的是利益和价值,是寻求解决问题的可能性。在使用黄色思维时,要时刻想到以下问题:有哪些积极因素？存在哪些有价值的方面？这个理念有没有什么特别吸引人的地方？这样可行吗？

5.蓝色思考帽

蓝色是天空的颜色,代表纵观全局的气概。蓝色思维是"控制帽",掌握思维过程本身,被视为"过程控制";蓝色思维常在思维的开始、中间和结束时使用。我们能够用蓝帽思维来定义目的,制定思维计划,观察和做结论,决定下一步。使用蓝色思维时,要时刻想到下列问题:我们的议程是怎样的？我们下一步怎么办？我们现在使用的是哪一种帽子？我们怎样总结现有的讨论？我们的决定是什么？

6.绿色思考帽

绿色是有生命力的颜色,是充满生机的;绿色思维不需要以逻辑性为基础,允许人们做出多种假设。使用绿色思维时,要时刻想到下列问题:我们还有其他方法来做这件事吗？我们还能做其他什么事情吗？有什么可能发生的事情吗？什么方法可以克服我们遇到的困难？绿色思维可以帮助我们寻求新方案和备选方案,修改和去除现存方法的错误,为创造力的尝试提供时间和空间。

(二)六顶思考帽的应用

颜色不同的帽子分别代表着不同的思考真谛,使用者要学会在不同的时间戴上不同颜色的帽子去思考,创新的关键在于思考,从多角度去思考问题,绕着圈去观察事物才能产生新想法。

在多数团队中,团队成员被迫接受团队既定的思维模式,个人和团队的配合度受到限制,不能有效解决某些问题。运用六顶思考帽模型,团队成员不再局限于某一单一思维模式,而且思考帽代表的是角色分类,是一种思考要求,而不是代表扮演者本人。六顶思考帽代表的六种思维角色,几乎涵盖了思维的整个过程,既可以有效地支持个人的行为,也可以支持团体讨论中灵感的互相激发。

一个典型的六顶思考帽方法在实际中的应用步骤:

(1)陈述问题事实(白帽);

(2)提出如何解决问题的建议(绿帽);

(3)评估建议的优缺点：列举优点（黄帽）、列举缺点（黑帽）；

(4)对各项选择方案进行直觉判断（红帽）；

(5)总结陈述，得出方案（蓝帽）。

[本章精要]

1.从管理职能的角度来看，创新管理包括创新计划、创新组织、创新领导、创新控制。

2.全面创新管理范式的内涵可进一步概括为"三全一协同"，即全要素创新、全时空创新、全员创新，全面协同。

3.全要素创新是指创新需要系统观和全面观，需要使技术、战略、组织、文化、制度、市场等与创新绩效有密切关系的要素达到全面协同才能实现最佳的创新绩效。

4.全时空创新分为全时创新和全空间创新。全时创新是一种创新策略、一种思想、一种创新观念，是即兴创新、即时创新、连续创新的有机结合。全空间创新是指在全球经济一体化和网络化背景下，企业应该考虑如何有效利用创新内外部空间，在全球范围内有效整合创新资源为己所用，实现创新的国际化、全球化，即处处创新。

5.全员创新是指创新不只是企业研发和技术人员的专利，而应是全体员工共同的行为。

6.全面协同是指，各创新要素（如战略、组织、文化、制度、技术、市场等）在全员参与和全时空域的框架下进行全方位的协同匹配，以实现各要素单独无法实现的协同效应，从而促进创新绩效的提高。

7.创新管理的 7R 方法包括重新思考（Rethink）、重新组合（Reconfigure）、重新定序（Resequence）、重新定位（Relocate）、重新定量（Reduce）和重新指派（Reassign）。

问题及讨论

1.从管理职能的角度谈谈你对创新管理框架的理解。

2.全面创新管理的提出，体现了对创新管理哪些特性的认识？

3.全面创新管理的内涵是什么？结合企业创新实践，选择一至两项内容谈谈你的认识。

4.选择实例，分析六顶思考帽方法在企业管理中的应用。

[案例应用]　3M 公司的创新管理

1.3M 公司的创新战略管理

首先，3M 公司将创新当作公司的根本战略，认为公司管理者的核心使命是在整个公司范围内传达这样一个理念：力求有创意和创造力。公司以创新为目标，大力投入研发资金，容忍失败，努力吸引有创新意识的员工，创造有挑战性的环境，设计宽松的组织结构，采取慷慨而恰当的激励机制，使公司上下充满创新的活力。

其次，3M 公司充分认识到创新的复杂性和动态性，实行逐步推进的创新战略。3M 公司前首席执行官 L. D. 德西蒙说："创新给我们指示方向，而不是我们给创新指示方向。"3M 在创新方面非常有耐心，不怕失败，鼓励员工冒险。3M 公司权威极高的研究带头人比尔·科因称，他的管理哲学是一种"逆向战略研究法"。3M 公司并没有先将重点放在一个特定的工业部门、市场或产品应用上，然后再开发已经成熟的相关技术，而是先从一种核心技术的分支开始，然后再为这种技术寻找可以应用的市场，从而开创一种新产业。

研究人员通常都是先解决技术问题,然后再考虑这种技术可以用在什么地方。3M 公司将创新分为"涂鸦式创新"、"设计式创新"和"指导式创新"三个阶段。这些阶段是自下而上的,首先从基层而不是从高层开始,集思广益,得到一致认可和赞许,逐渐再演变成更加深入和集中的努力。在整个过程中实现众人支持与专人负责之间的平衡,并按不同阶段逐步增加人力和资金的投入。约束随着阶段的进展逐渐加强,到了最终阶段,方法和落实由经营策略和财务状况决定。

2.3M 公司的创新文化管理

3M 公司致力于企业文化的建设,营造了良好的鼓励创新的组织氛围,形成了积极的创新文化,使创新文化成为其培养员工创新能力的良好基础。3M 公司以坚持不懈、好奇心、个人主观能动性、协作、从失败中学习等为核心价值观,鼓励员工的首创精神、营造协作的氛围、容忍失败。

对于 3M 新来的创新斗士,主管们都会给他们上一堂企业文化课,课上讲师会宣讲公司如何鼓励创新斗士勇敢创新的制度规范,并批评干扰者,为创新者开辟创新的通路,创造良好的创新氛围。接下来,3M 通过"鼓励冒险,容忍失败"的企业文化来保证创新斗士的成长。而 3M 在培养主管时非常注重领导力的培养,希望主管能为"斗士们"创造成长和自由发挥的空间。主管和经理要对手下员工的表现与发展负责,需要经常与员工进行坦率的交流。鼓励员工发挥主观能动性,为其提供创新方面的指导与自由。冒险与创新是公司发展的必然要求,要在诚实与相互尊重的气氛中对员工给予鼓励和支持。创新斗士的发明一旦成功,立刻就会受到 3M 公司英雄式的热情款待。

3M 公司推出著名的"15％规则",即允许所有的技术人员将其工作时间的 15％用于研究自己选择的课题,管理者对此无权过问。"15％规则"的真正含义是,公司对员工是信任和鼓励的,相信员工的创新能力和责任心,鼓励员工进行创新。事实上技术人员将这段时间用于访问其他的实验室,或访问客户,大部分用于帮助其他部门的同事解决问题。

公司有一句格言:"产品属于业务部门,技术属于整个公司。"公司建立"3M 论坛",鼓励技术人员进行积极的学术交流。3M 论坛就是 3M 创新活动的知识共享平台,是一个具有管理框架的大型志愿者组织,成员有数千人,每天都有各种活动。论坛的主要活动包括技术人员寻求帮助的问题展示会,每年一次的各业务部门的最新技术成果展等。论坛的成立,目的是鼓励信息的自由交换,为研究人员相互交流心得和解决疑难问题创造条件。公司鼓励员工进行交流,要求在创新过程中的团队合作,以此作为判断创新价值的标准。

3M 论坛也是公司员工相互联络的一种方式。论坛下设分会、各委员会。分会主要讨论技术问题,包括诸如物理分会、生活科学分会和产品设计分会。技术论坛委员会负责组织各种活动、教育和交流事务。公司对外委员会负责 3M 员工与其他公司人员进行交流的活动。这个组织还通过公司内部的电视系统向全美各地的分部传送活动情况。交流委员会则向论坛成员定期分发公司的业务通讯。员工在相互信任的气氛中交流受益无穷,这是一种文化、一种氛围。然而,更重要的是要培养一种环境,在这种环境中,员工可以与其他部门的人自由组合,同时每个人都愿意与他人共享自己所掌握的信息与知识。

公司前总裁德西蒙要求管理层给雇员最大的自由空间去实验新点子,把"失败当作是学习的过程"。他认为,失败、犯错、冒险是开发新产品的必经之路,每一个新的构思、新的发明、新的技术,在最初的时候,就如同婴儿一样,处于混沌状态,十分脆弱,需要一个宽松、开放、温暖、充满"呵护"的环境。3M 公司的新产品"便利贴"就是在这样一个环境中诞生的，整个过程长达 12 年。容忍失败的环境使 3M 里的每个人都知道，对有把握的人让步；同样重要的一点是，3M 里的每个人都知道，如果某个人心爱的计划泡汤了，并不表示世界就完了。假如失败了，他们也不会遭到解雇或羞辱。只要他们能完成自己分内的工作，他们在公司里永远占有一席之地。

3.3M 公司的创新组织管理

20 世纪 80 年代以后，3M 公司美国之外的研发实验室成为公司产品研发的重要贡献者，当时海外已有超过 1200 名的技术人员进行产品和工艺开发，公司的国际化技术创新的组织形式逐渐转变为全球互连型网络。90 年代后，公司更是进入了一个新的全球管理结构，它依赖于整合的网络和团队。在这种组织形式中，美国国内的研发中心不再是之前的控制中心的角色，而转变为和其他研发机构具有同样的权利和义务的部门；各个研发结构既扮演地方化角色又有全局性任务。在联合项目中，各个研发机构既有分工又有密切合作，依据所拥有的资源和能力的不同，对企业总体创新做出不同贡献；整个组织体系有多种灵活的控制、沟通和协调方法，跨边界交流频繁，实现信息共享和共同进行知识的学习。

3M 公司的组织结构是事业部制。3M 公司积极协调各事业部的关系，包括海外子公司的资金调度、研究与开发、人才交流等，促成整体的有效分工。在新产品商业化时，对公司既有设备和信息进行统筹安排，机动地统合各业务部，充分发挥并享受分工合作的效果与利益。总之，创新管理中总部进行内外协调，保持系统的良好运行。创新核心部门管理包括研发管理、生产管理、营销管理和联结管理。3M 公司对研发非常重视，每年用于研发的投资超过 10 亿美元，拥有 7100 名专门从事技术研究与开发的雇员。3M 的研究机构大致可以分为三个层次。部门实验室与客户及已经开发的产品紧密结合，满足当前的需要；高级实验室则在 3 至 10 年的时间内开发特定的技术群体；中心实验室则主要致力于长期技术开发。

此外，3M 变革了先前的研究机构，意在为发展技术平台提供更加明确的责任界限。技术中心取代了高级实验室，并吸收了中心实验室的一些功能。每个技术中心负责开发一个或几个技术平台，同时为产品寻找新的用途。3M 的研究管理层唯恐陷入各部门只负责客户联系和具体产品开发、实验室则专门进行研究的思维定式。3M 研究与开发部主任比尔·科说："技术中心自主开发新产品，部门实验室不应挡在技术中心和客户之间。"

3M 公司实行以产品为核心的事业部制的组织结构，这种结构使各事业部在创新管理过程中能够对研发、生产和营销及其联结进行系统的管理。公司现有 40 多个事业部，通过产品或市场归类的方法来进行协调，每个部门（division）都有一批销售人员、一个研究实验室，并自负盈亏。事业部副总裁之下另设有技术总监、生产总监、市场调查总监，由四者构成事业部的中枢。3M 的事业部保有极高的自主性。在推动开展业务时，只要是 3M 的技术，任何事业部都可以利用；而且，推出何种产品也全权委托给业务部自行决定。这种自由决定权使各业务部的活动充满创意和活力。总公司扮演协调角色，在各事业部之间进行资源分配与关系协调。同时，各业务部有义务缴纳一定的"权利金"给公司管理部门，由总公司将其转用于 3M 整体的研究与开发以及设备更新。

"创新产品小组"是 3M 公司的常用单位。这种专门小组具有三项重要特征：由各种专门人才全力共同参与，任务无限期；全是志愿者；具有相当的自主权。一个创新小组的成员至少要包括技术人员、生产制造人员、行销人员、业务人员，甚至财务人员，而且全部是专任的。3M 公司知道在这种制度下，有些成员也许不能立刻派上用场，或会造成人才浪费的现象，例如在发展初期，大概只需用三分之一的生产制造人员。但是 3M 公司似乎愿意付出这种代价，好让工作人员专心致志、埋头于工作。他们的论调是，只有指派专任工作，才能促使员工全力以赴，专注于一项任务。

3M 将业务部按"由小拓展到大，待其膨胀后，再加以分割"的方式扩张。一般说来，业务部年营业额高达五千万美元时，就成为分割的对象。3M 的成长与多元化，由基础技术分化产生的。这种成长后的分割促进了竞争和效率的提高，因为"小"有利于促进创造力和活力。这种细胞式的分裂方式，使 3M 的业务不断扩张，这也是 3M 公司不断成长的一个重要保证。

4.3M 公司的创新流程与方法

3M 公司的管理者在内部引入了一个非常成熟的机制——新产品商业化流程（NPI），其中包括七个环节：提出创新的想法、形成概念、可行性分析、产品开发、量化生产，进入市场以及反省与改良等。在 3M 实施 NPI 以后，产品进入市场只是管理的一个环节而非终结。通过这个系统化的新产品开发流程，帮助有商业前景的新产品成功进入市场。新产品开发可行性确立后，3M 就开始团队作战，制订出整套风险控制计划——从开发、制造、分销、客户使用到最后的废弃处理都进行预估，出台全套研发投产方案。3M 的创新是一个完整的过程。这种前松后紧的创新机制，让 3M 最大限度地降低创新风险，保证真正有商业前景的产品最终取得商业化的成功。但这些并不能保证所有漂亮的创意和点子都能转化为"即时生效"的产品，仍有不少产品被扼杀在创意的萌芽阶段。3M 创新中产生的点子，最终商业化的比例为 10%，这对一些好的创意非常残酷。不过公司还有一个复活机制，可将曾被扼杀的项目起死回生。

3M 的领先用户法把创意的工作转变成确认领先用户和向他们学习的系统性任务。其核心思想是：向领先用户学习，向顾客或用户学习，从他们那里获得开发创新性产品的思路、灵感和技术。这种方法可使战略创新、产品和服务创新系统化。该方法把创新突破这件困难的工作从单靠自身变成了有计划识别领先用户，也就是识别那些已经构思出极具商业价值的东西的公司或个人并向他们学习。旨在产生新产品创意的一切方法都是从收集用户信息开始，不同的是领先用户法是从公司目标市场的前沿收集关于需求和解决办法的信息。小组成员通过领先用户收集信息，这些信息能帮助他们识别最富前景的创意和想法，而这些创意对于突破性产品的开发大有裨益。在此基础上，开发小组开始初步形成新产品开发的设想，并且评价其商业运作的潜力和是否符合公司的利益。

5.3M 公司的知识管理与人才管理

3M 公司有一句格言："产品属于业务部门，技术属于整个公司。"公司创办技术论坛，从总部的研发中心外派科技人员，也从分部调动员工至总部，目的是促进学术交流和知识流动。而"15%规则"也是激发创新、产生知识的一个措施。

3M 公司对于创新人才非常重视，在激励机制上体贴入微、不惜重金。3M 公司给在销售、利润上有极大贡献的研究小组颁发"金阶奖"。小组成员的地位与报酬，会随产品的成长而改变，支援这些小组、促使其成长的管理人员，也会获得应有的地位与报酬。3M 还设有颁给在技术上有重大贡献的员工的"卡尔顿"奖。从员工推荐的科学与技术发明中，通过评估其对公司的贡献、开创性来决定获奖人选，每年约有二至三个获奖名额。此外，以研究中心为对象而设立的"优秀技术奖"，由各研究中心推荐前一年研究成果最佳的研究项目送交总公司评选。获颁此奖的研究人员可加入"技术杰出奖"，和管理级人员一样，可在周末享用3M的诺马克度假中心。为了表扬在海外进行研究与开发，并在新产品或新技术上有卓越贡献的研究人员，3M特别设有"寻径奖"。

3M公司的奖励制度，不论是对整个创新小组或个人，都有鼓励作用。当他们的产品发展计划越过重重障碍获得成功的时候，小组里每位成员，都会因此获得晋升。小组兴旺，创新斗士自然获益匪浅，反之亦然。

3M公司实行双重晋升制度。员工可以自主选择管理或研究部门职务，而待遇上并无差别。双重晋升制度一方面可避免研究与开发人员成为矫枉过正的专家，建立一套经营管理理念，同时也可维持"与利润休戚相关、与市场需求密切配合"的研究与开发体制，对于刺激新进人员也有相当的效果。

资料来源：顾小伟.3M公司的创新战略与文化.企业改革与管理，2012(12)：61-63；王群.3M公司创新机制分析.北京：对外经济贸易大学，2002；魏军.基于CAS的企业创新管理系统研究.杭州：浙江工商大学，2003.

思考题：
1.从管理职能的角度，分析3M公司的创新管理。
2.根据全面创新管理理论，分析3M公司的创新管理。

第三章 创新过程管理

学习目的

■ 理解创新的一般过程模式
■ 掌握技术创新过程模型
■ 学会分析企业创新实践中的创新过程

引 例

从洗衣机的发展来看,全球的主流有三种。第一种是美国在 1911 年发明的搅拌式洗衣机,第二种是欧洲在 1928 年发明的波轮式洗衣机,第三种是日本在 1958 年发明的滚筒式洗衣机。但在具体使用中,每种类型都各有各的问题:搅拌式洗衣机,体积很大,往里面放衣服必须要注意搅拌棒的位置,尤其是洗毛毯的时候;波轮式洗衣机,开盖很方便,但洗完了衣服全缠在一块;滚筒式洗衣机,洗衣时间特别长,侧开门亦不方便。

能否扬三者之长,避三者之短? 1996 年,海尔做了一次比较大的调查,来分析其中的潜在需求。能不能研制一款全新的产品,既如滚筒洗衣机般磨损小,又如搅拌式洗衣机一样洗得均匀,而且像波轮式洗衣机一样速度快又洗得干净? 想到这个的并不只是海尔,美国人、欧洲人以及所有业界的人都一直在研究,但无法突破。

海尔人经过技术攻关,于 2002 年推出了双动力洗衣机,2006 年不用洗衣粉的洗衣机成功面世。2006 年 4 月,负责主持研发双动力洗衣机和不用洗衣粉的洗衣机这一颠覆性技术的海尔洗衣机总工程师吕佩师,成为中国第一位进入国际电工委员会工作组的专家,参与制定全球洗衣机行业的通用国际标准。双动力洗衣机和不用洗衣粉的洗衣机是如何开发出来的呢?

虽然实际的创新过程比理论上的认识复杂得多,但从过程角度理解创新管理问题是一种常见的研究方法。本章首先介绍创新的过程模式,由于创新不仅包括技术创新,还包括其他非技术性的创新,因此,我们对创新过程模式的分析涉及两方面的内容:一是一般意义上的创新过程模式;二是专门针对技术创新的过程模式,即所谓的"五代创新过程模式";然后侧重从管理角度对技术创新的过程模型分别就创新源、研究与开发、生产制造和新产品营销扩散等方面进行研究。

第一节　创新过程概述

创新是一个过程已经形成共识，但对这个过程的本质认识却众说纷纭，如创新过程是一个将组织、技能、物质转化为顾客满意产品的过程；创新过程是知识的产生、创造和应用的进化过程；创新过程是追加价值实现和竞争优势获得的过程；创新过程是一个信息交流、加工的过程；创新过程是关键资源的成长过程……无论对创新过程进行怎样的认识，具体的创新总是从构思产生经过 R&D、工程、制造、营销等活动到市场引入等各个方面及其推进过程。Joe Tidd 等（2002）指出，对创新过程进行管理的关键点是精心设计及控制创新活动，从而最大限度地减少失败的可能性，同时在失败的过程中不断吸取教训，以避免在将来的发展过程中犯同样类型的错误。本章主要对创新过程进行总体上的分析，为本书以下篇章的展开提供一个以创新过程为核心的线索。

一、创新的一般过程模式

企业采用何种具体创新过程最终取决于组织的具体情况，如企业规模、技术复杂程度、环境的不确定性。创新管理的两个基本问题——如何合理地构建创新流程和如何在组织内部建立有效的行为模式，从而为企业的日常创新管理活动设立规则，只有通过对创新过程的管理才能解决。

根据 Joe Tidd 等（2002）提出的创新过程五阶段：对内部及外部环境进行扫描及搜寻、对信息进行评估并做出战略选择、投入资源对项目进行开发、创新的实施过程以及评估与总结，可以得到企业创新过程的一般模式，此模式适合于企业的一切创新活动。

（一）创新理念酝酿和选择阶段

创新理念是企业组织内培育出来的、企业员工内心深处蕴藏着的一种不断创新的价值观，它是企业组织进行创新的源泉。为顾客增加价值，应该成为企业创新的首选理念（斯蒂芬·M.夏彼洛，2003）。正如管理大师彼得·德鲁克（Peter Drucker）曾经说过："因为公司的目标是抓住顾客，所以公司有两个——或者说只有两个——基本能力：市场营销和创新。只有市场营销和创新才能产生回报；其他一切则都算是成本。"为顾客创新价值，需要站在顾客的立场上考虑问题，与顾客进行协作，让顾客掌握供给和需求方面的信息，是创新理念的重要组成部分。

创新过程实际上是一项价值活动过程，因此，企业要树立这样的一种理念，即让企业所有的利益相关者参与到企业的创新活动中，企业要不断地对内部及外部环境进行扫描及搜寻，确保价值链上的所有成员能轻易地得到实时、正确的创新信息，并享有创新带来的价值和利益。

（二）创新定位阶段

一个公司不可能同时在各个方面实施创新，因为没有足够的人力、物力和财力去实现。但孤立的创新，却可能引发更多其他方面的问题（斯蒂芬·M.夏彼洛，2003），这涉及创新的定位问题。比如，出示账单一直是电信公司花费最高的经营行为之一，所以一般的公司为了降低成本都会想到降低账单成本这一办法。设想一家公司的做法是缩减客户账单上的信息以缩减账单尺寸,从而减少纸张的消耗量。但是客户们对于账单上简单的信息不知所云,他们纷纷打电话到公司客户服务中心进行咨询。最终的结果是虽然账单成本下降了,但公司运营的总成本却上升了。由此可以发现创新定位的重要性。

为了评估创新的可行性,在确定创新优先次序的过程中,必须时刻记住以下几点(斯蒂芬·M.夏彼洛,2003):首先,公司运作的每一部分都不是孤立的。一个方面的创新必将对其他方面产生影响。一旦某方面确定要实施创新,必须尽早认清它将如何适应其他方面的工作,如何适应整个公司的运转。其次,对各种能力在战略的重要性和可能带来的潜在收益基础上进行排序,考虑究竟强化哪种能力来形成自己的特色?再次,工作的各个组成部分各自会产生多大的价值?企业应该尽量把事务性工作外包给别人,而尽可能提高具有更大价值的知识性工作的收益。最后,把工作精力投向何处以及如何制定出发展各种具体能力的战略,这些问题主要取决于企业目前的能力水平。

创新定位矩阵(ITM)是一个简单而有用的工具,它可以帮助企业发现自己的某些能力,企业可以从这些能力中获得其竞争优势。如图 3-1 所示,沿着矩阵的横轴方向划分了两个区域,代表两种截然不同的能力:事务性能力和知识性能力。事务性能力主要针对那些以同样的方式反复进行的工作,通常不需要投入太多的人力;知识性能力主要针对那些非重复性的、需要一定洞察力的工作。纵轴方向主要是按照战略的重要性来排列的。通常公司的能力和处理过程都可以分为核心类和支持类这两种。圆圈的大小表示某种能力获得改进的机会。圆圈越大表明该能力获得改进的机会越大。

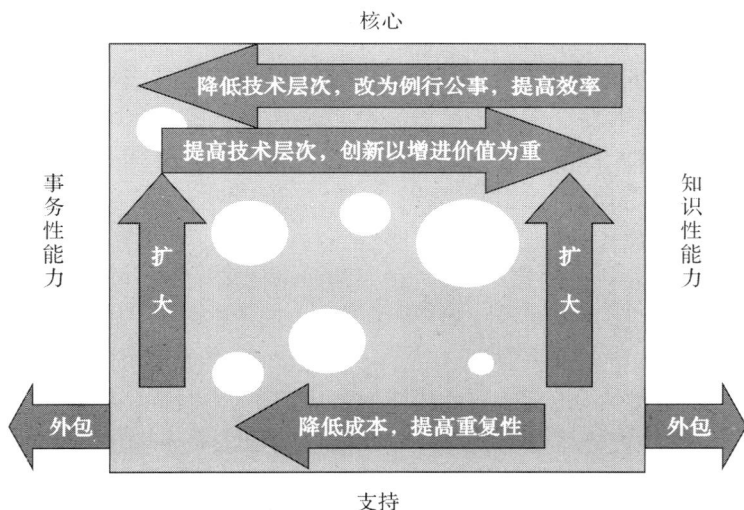

图 3-1 创新定位矩阵

资料来源:斯蒂芬·M.夏彼洛.永续创新——变革时代企业求生与制胜蓝图.高颖,陈可,译.北京:电子工业出版社,2003.

(三)创新方案设计阶段

这个阶段的主要工作是运用多种条件、方法,结合创新定位与目标,提出解决问题的创新构想与方案,通过计算、筛选与综合集成形成可行性行动方案。

这个过程涉及创新的评估问题，但评估往往被认为与创新对立，因为它的作用是维护经营活动（斯蒂芬·M.夏彼洛，2003）。事实上，评估是有意义的，埃森哲和格兰菲管理学院经营绩效中心经过广泛的调查后，为评估措施归纳出七种基本用途：①呈现各种绩效目标，并提出相关的进度报告；②根据确切的资料进行战略决策，以利于竞争；③比较公司本身与其他公司的绩效，以找出应该创新与改进的地方；④找出可接受范围之外的变化与创新解决方案，以贯彻修正的行动；⑤密切配合法令、管制标准，以及相关的内部风险政策；⑥在既定的条件下完成计划，其中包括达到预期的利润；⑦通过认知与奖励机制让员工投身于公司的重点项目。

评估的方法很多，如平衡计分卡（balanced scorecard）、企业卓越模式（business excellence model）、股东增加值模式（shareholder-value-added models）、作业成本法（activity-based costing）、质量成本法（cost of quality），以及竞争式标杆管理（competitive benchmarking）等，其中最为著名的是平衡计分卡，这种计分卡之所以会这么受欢迎，一方面是因为它很简单，另一方面则是因为它几乎可以适用任何一种企业情境。但它有一个很大的问题，即经营者会变得很执着于错误的问题，结果很多经营者都只注意他们"可以"评估哪些东西，而不是"必须"评估哪些东西，尤其是创新/学习层面一般都被简化为评估员工的满意度。平衡计分卡还有一个缺点，那就是它没有把很多利益关系人考虑进去，如供应商、中间商和监管单位等。股东增加值模式虽然把资金的成本加入算式中，但却把其他的一切（人与物）排除在外。作业成本法和质量成本法这两种构架则忽略了其他绩效观，如顾客与员工的权益。另外，竞争式标杆管理主要是从对外的角度出发，比较企业与竞争对手的运营绩效。

埃森哲和格兰菲管理学院经营绩效中心开发出"绩效棱镜"方法。它比平衡计分卡更进一步，是新一代的评估构架。这种模式的包容性更大，一方面有助于激发创新，另一方面可以为整个组织引导出合适的绩效评估措施。绩效棱镜的作用就在于找出正确的东西。它共有五个方面："利益关系人的满意度"与"利益关系人的贡献"构成棱镜上、下两端的三角形，"战略"、"流程"和"能力"则是连接三角形的三个矩形面。绩效棱镜会对组织提出以下基本问题：谁是主要利益关系人？他们想要和需要的东西有哪些？要用什么样的"战略"才能满足这些要求与需要？要用什么样的"流程"才能达到上述的"战略"？所需要的"能力"有哪些？公司如果要维持及发展这些能力，需要哪些"利益关系人"的贡献？

"利益关系人"是绩效棱镜的第一面，它的位置要在战略之前，包括投资人、顾客与中间商、员工、监管单位与社团、供应商；"战略"包括公司战略、经营单位战略、品牌/产品/服务战略和运营战略等；"流程"涉及开发产品与服务、产生需求、达成需求以及规划与管理企业；"能力"是指结合不同的要素，通过不同的运营层面为组织的利益关系人创造出价值，可能包括公司员工的技能、作业方式、优异的技术，以及实体基础结构等。

在进行创新评估时要避免失衡，如过于注重财务评估，使流程评估遭到损害；过于强调某个层面（比如质量），使其他层面（如时间）产生负面效应；或者只注意到某个流程，却没有考虑到其他流程所受到的影响。所以组织可以用不同的评估措施来判断不同的业务。此外，评估要眼光长远，不能只注意已发生的事情。还应该把奖励与目标挂钩，奖励应该只以员工所能掌控与影响的事为准，即他们必须有办法调整自身的行为，以带来更好的结果（斯蒂芬·M.夏彼洛，2003）。

（四）实施创新行动阶段

即根据已有的方案采取相应的行动。创新行动的实施应在创新目标和创新原则的指导下进行。这个阶段又分为三个环节：旧范式的解冻、变革（初步实施）、固定和深化（持续实施）。

实施创新行为，协作成为重要的前提条件。协作的一种方式是分享知识。而知识在创新中占据核心位置。协作的关键在于无论是客户、员工、计算机或其他公司，都要尽量抛弃重复的管理性事务，从而使知识工作者将精力集中于那些能够创造高价值的工作。如将组织的资本（特别是人力资本）投入到更高价值的工作中才是电子商务最有价值的地方。电子商务并不是利用技术以不同的方式做同一件事情，而是利用技术来做以前没有做过的事情（斯蒂芬·M.夏彼洛，2003）。

（五）总结与评估阶段

创新成果的评估与总结是创新后期的一项重要工作。创新工作结束之后，有必要对创新效果以及经济效益与社会效益加以概括与总结，促进企业组织不断找出差距，形成新的冲动力，以便进行更深层次的创新。

星巴克的经营创新

1971 年 4 月，在美国的西雅图帕克市场（Pike Place），鲍德温和波克开设了星巴克第一家店。星巴克创始店的店址有数十年历史，其所有装置都是手工打造，一面墙的木头架上陈设咖啡器具；另一面墙用来展示咖啡豆，大概有 30 多种咖啡豆。当时，星巴克只卖咖啡豆，不卖一杯杯煮好的咖啡。不过有时候也会现场泡煮，供顾客试喝，并装在口感及保温效果均较好的陶杯中，以便让顾客逗留久一点，聆听专人解说咖啡经。1987 年 3 月，由于经营不善，鲍德温和波克决定卖掉星巴克在西雅图的店面及烘焙厂。舒尔茨得知星巴克求售，就毫不犹豫地买了下来。从此，星巴克跳出原有的框架，开始出售咖啡饮品，并逐渐从西雅图宁静的咖啡豆零售小店转变成国际性连锁店。

舒尔茨在意识到咖啡饮品的商业机会后，确立以服务为核心的经营思想。1987 年 10 月，芝加哥第一家星巴克咖啡馆开张营业。1990 年，星巴克已经成了芝加哥的一道风景线，以至于很多当地民众还以为星巴克是在芝加哥发迹的。1990 年，星巴克开了 30 家分店，1991 年开了 32 家，1992 年则一口气开了 53 家。这些店面全是直营店而非加盟店，全由星巴克公司自有资金经营。

经过模式的摸索和小规模的试验后，星巴克开始大规模复制自己的创新模式。1991 年，星巴克成为全美第一家为兼职员工提供股票选择权的私人企业。1992 年，星巴克在纳斯达克挂牌上市，分店上升到 165 家。1997 年，星巴克与日本 SAZABY 合资，在日本开店，此时其全球分店数为 1015 家。1998 年，星巴克陆续在海外建立分店，包括中国、新加坡、瑞士、德国等 60 多个国家，2004 年全球分店已达 8600 多家。

资料来源：宁钟.创新管理：获取持续竞争优势.北京：机械工业出版社.2012.

二、技术创新过程模型

根据目前的研究成果，对创新的微观过程分析主要是围绕技术创新过程展开的。技术创新过程涉及创新构思产生、研究与开发、技术管理与组织、工程设计与制造、用户参与以及市场营销等一系列的活动。在创新过程中，这些活动相互联系，相互连接，有时又形成循环交叉或并行的操作。这些活动以不同的方式联系起来，就形成了不同的技术创新过程模型。技术创新过程从实践和理论发展的不同时间角度可分为五个阶段，形成了所谓的"五代过程模型"：技术推动模型、需求拉动模型、交互作用模型、一体化过程模型以及系统集成和网络（SIN）模型。

（一）技术推动模型（第一代，20世纪50年代至60年代中期）

该模型起源于熊彼特的创新理论，认为技术创新是由技术成果引发的一种线性过程，起始于基础研究，终止于市场实现，市场是研究与开发成果的被动接受者（见图3-2）。无线电报的创新过程则是典型的由技术推动的创新过程：法拉第的导致科学启示的观察（1846）——麦克斯韦尔的电磁波理论（1864）——赫兹的电磁波的实验检测（1886）和威廉、科鲁克将其应用于无线电通讯（1892）——洛奇应用的实验室演示（1894）——古格力莫、马可尼的第一个专利与现场试验（1896）、商业引入（1907）和创新采用不断增加（1910—1912）——众多人物的扩散：无线电行业、雷达和电视行业等（1912年以后）。

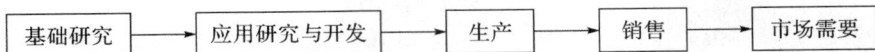

基础研究 → 应用研究与开发 → 生产 → 销售 → 市场需要

图 3-2　创新的技术推动模型

技术预测是把握技术推动产生创新的一种工具，如根据技术预测得知，当存储器的容量增加时，计算机存储器的成本每比特几乎接近于零。这对于开发计算机软件和制造芯片的公司来说预示着重大的机会。新的容量和成本带来了新软件的创意，使得软件程序在购买计算机预算中占的比重更大了。根据这一情况我们可以看出操作系统和应用软件将来都会有很大的不同（格伦·厄本，约翰·豪泽，2002）。

由于技术推动模型强调了科学技术对创新的推动作用，从而产生了高技术产业成长观点，如库恩（T. S. Kuhn）范式的科学知识增长观和高技术产业成长过程。

（二）需求拉动模型（第二代，20世纪60年代后期至70年代早期）

进入20世纪60年代后期，各领域的重要创新活动有60%～80%是由市场需求和生产需求拉动的。前一种创新需求的目的是创造更多的细分市场，直接抢占市场份额；后一种创新需求的目的是减少相对昂贵的物资消耗和环节支出，以降低生产成本，提高竞争力。在需求拉动模型中，市场或生产的需求为技术创新创造了机会，刺激了研究与开发为之寻找可行的技术方案（见图3-3）。

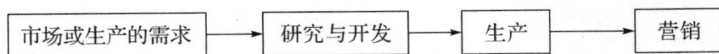

市场或生产的需求 → 研究与开发 → 生产 → 营销

图 3-3　创新需求拉动模型

（三）交互作用模型（第三代，20世纪70年代中期至80年代早期）

20世纪七八十年代初期提出第三代技术创新过程模型折中了上述两种模型的合理因素，认为技术创新是技术与市场交互作用共同引发的。技术推动与需求拉动在产品生命周期的不同的作用，单纯的技术推动和需求拉动只是技术与市场交互作用模型的特例。技术与市场交互作用模型加强了技术推动和需求拉动模型中营销与技术的联结，意味着创新管理是将市场需求与新技术能力相匹配，营销和研究与开发之间的反馈是实质性的环节（见图3-4）。

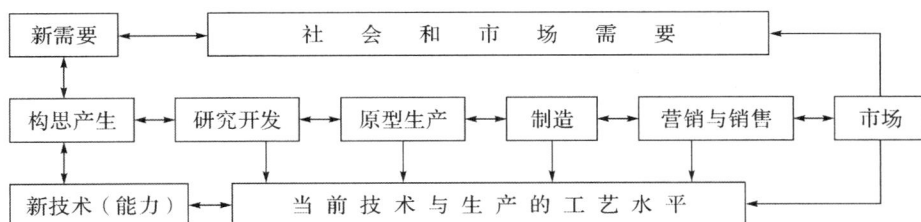

图 3-4 创新的交互作用模型

创新过程的能力形成可以反映交互作用模型的思想,如机会识别是企业战略管理能力的体现;核心技术能力为新技术概念形成和基型设计提供了平台,是企业核心能力的基础;核心制造能力(工艺创新能力)对核心技术实现工程化具有重要意义;核心营销能力最终使企业核心能力的组成要素在市场上得以充分展现。在整个创新过程中,其价值增值的链条是靠企业核心组织/界面管理能力来协调和控制的,具体参见图 3-5。

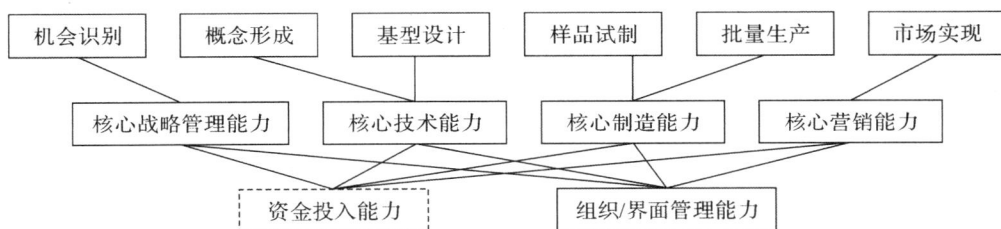

图 3-5 技术创新过程与企业核心能力的关系

(四)一体化过程模型(第四代,20 世纪 80 年代后期至 90 年代)

20 世纪 80 年代后期出现的第四代创新过程模型将创新看作是同时涉及 R&D(研究与开发)、原型开发、制造、营销等因素的并行过程。其主要特点是并行性和同步活动期间高水平的职能综合(见图 3-6)。日本汽车和电子部门的创新过程体现了这种模型。

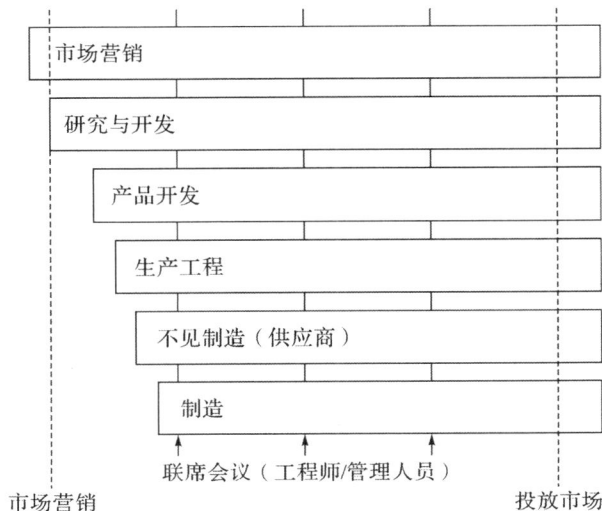

图 3-6 创新的一体化模型

（五）系统集成和网络（SIN）模型（第五代，1992年至今）

最新出现的第五代创新过程模型（SIN）是一体化模型的理想化发展，同时又增加了一些新的特征，例如合作企业之间更密切的战略联结。SIN最为显著的特征是它代表了创新的电子化和信息化过程，更多地使用了专家系统来辅助开发工作，仿真模型技术部分代替了实物原型。SIN将供货商和用户之间的计算机辅助设计系统作为新产品合作开发过程的一部分，强调密切的电子化产品设计制造联系，不仅将创新看成是交叉职能联结过程，还把它看作是多机构网络过程。Mark Dodgson和Roy Rothwell（2000）对SIN模型进行了全面的总结和分析（见表3-1）。

表3-1　第五代创新过程：系统集成和网络（SIN）

基础战略因素	· 时间战略（更快更有效的产品开发） · 注重质量和其他非价格因素的开发 · 重视企业的灵活性和灵敏度 · 重视前沿战略的客户 · 跟主要供应商的战略合作 · 横向技术合作战略 · 电子数据处理战略 · 全面质量管理战略
主要特点	· 整个组织和系统的综合 　——并行和综合（职能间）的开发过程 　——产品开发中早期供应商的参与 　——产品开发中主要客户的参与 　——在适当的地方建立技术合作 · 适于快速有效决策的灵活平面组织结构 　——给予低等级管理人员更多的权力 　——给予产品拥护者和项目领导者权力 · 发达的内部数据库 　——高效的数据共享系统 　——产品开发方法，基于计算机的启发式学习，专家系统 　——使用三维CAD系统和模拟技术辅助产品开发 　——跟CAD/CAM系统连接，加强产品开发的灵活性和产品的可制造性 · 有效的外部数据连接 　——使用互联的CAD系统与供应商共同发展 　——在客户接口上使用CAD 　——跟研究与发展实验室进行有效联系

资料来源：Mark Dodgson，Roy Rothwell. 创新聚集——产业创新手册. 陈劲，等，译. 北京：清华大学出版社，2000.

归纳上述分析，我们可以将五代过程模型的特征做出以下描述：①技术推动模型是简单的线性序列过程，强调R&D，市场是R&D成果的被动接受者；②需求拉动模型也是简单的线性序列过程，强调营销，市场是指导R&D行动的构思来源，R&D做被动反应；③技术与市场交互作用模型，同样为序列式过程，但有反馈环路，推动与拉动相结合，R&D与营销管理更为平衡，强调R&D与营销接口；④一体化模型为并行开发过程，强调逆向与供货商联系、顺向与领先用户密切联系，强调R&D和制造之间的联结，横向合作创新；⑤系统集成和网络模型是完全一体化的并行开发，R&D使用专家系统和仿真模型技术，与领先用户密切联系，多方合作开发新产品,强调组织的柔性和创新开发速度,更为强调质量和别的非价格因素。

Mark Dodgson 和 Roy Rothwell(2000)研究认为,美国企业的创新过程大多属于第三代模型,其特点是开发成本较高,开发时间较长;日本企业的创新过程大多采用第四代模型,其特点是开发成本较低,开发时间较短。而第五代创新过程的开发成本最低,开发时间也最短,如图 3-7 所示。

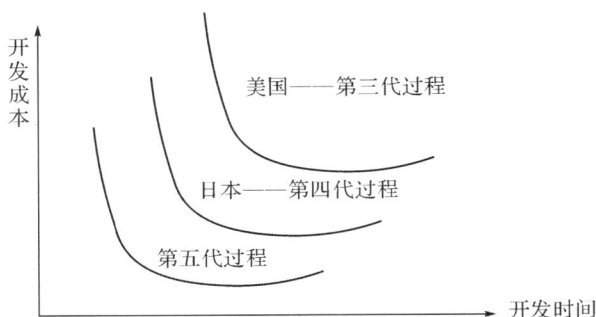

图 3-7 第三、四、五代创新过程的产品开发时间与成本关系

资料来源:Mark Dodgson,Roy Rothwell.创新聚集——产业创新手册.陈劲,等,译.北京:清华大学出版社,2000.

三、持续创新过程

前面描述的创新过程模型只是针对某一个特点的创新过程,事实上从长期来看,企业的创新过程是一个持续不断的过程,斯蒂芬·M.夏彼洛(2003)称之为永续创新,其表现特征如下:

- **策略** 创新的重点是锁定在企业用来与竞争对手区别的关键部分。
- **普遍性** 创新的观念必须深入组织的每个层面,从结构到管理都包括在内。此外,追求更好的运作方式也必须成为公司精神的一部分。
- **整体性** 承认事物的"完整性",也就是企业所有层面的互相依赖关系。
- **以创造价值为重** 不应该只顾着降低成本与简化流程,而不管它们对顾客与其他利益相关者的影响。重点应该是为一般的利益相关者与特定的顾客创造价值。
- **强调统筹** 统筹不是指监督或管理,而是指企业的领导阶层可以作为其他公司标杆的企业领导方式。
- **把科技当作工具,而不是目的** 过去公司选择了科技解决方案后,往往就会设法根据这些解决方案设计经营内容。虽然科技可以也应该激发新的经营模式,但在创新的组织中,科技只是必要的经营工具,而不是主角。
- **重视人的作用** 创新因人而设,同时也要靠人落实。唯有当人员具有坚定不移的决心时,组织才能成功。因此,人员显然是每个经营层面的关键。

换句话说,基于对环境条件和自身知识、基础认识的创新战略确定及其内部各职能部门的密切合作是一个企业创新得以持续发展的保证。

第二节 技术创新过程管理

技术创新过程的微观分析研究的是企业在具体组织实施创新过程中的各种活动及其相互联系，它包括职能行为及界面管理、信息分布、沟通交流方式、关键人物的行为以及对创新关键因素的控制等。其基本内容包括企业技术创新过程分析（描述企业创新过程中的各种行为、信息分布、沟通交流方式、组织特征以及过程特征），一体化的技术创新过程研究（研究各种职能部门如何在创新过程中实现一体化协作），创新小组的建立（研究如何利用创新小组的人员搭配，来提高创新过程组织的效率和创新的成功率），以及创新成败的关键因素分析。本节着重分析前两部分内容，后两部分内容安排在其他相关内容中。

一般地，一项具体的创新过程分为四个阶段：创新源、研究与开发、生产制造和创新营销扩散。下面从管理角度主要对除生产制造以外的三个阶段进行具体的分析。

一、创新源分析

创新源描述谁是创新者或创新概念（构思）从何而来这一基本问题。企业要做好创新管理工作应当首先做好创新源的管理。德鲁克根据创新源泉的系统分析阐明了技术创新的基本原理：一是应当做到的事情：有目的的、系统的创新始于对机会的分析，创新既是概念性的又是感觉性的；为使创新有效，它必须是简单的而且是有针对性的，高效的创新常常从小事开始。二是不应该做的事情：首先是千万别过于巧妙；不要分散，不要四分五裂，不要想毕其功于一役。三是应具备三个条件：要有知识；创新者必须依靠自身的力量；创新涉及一切人的行为上的改变。

（一）创新源分类

● **职能式创新源**　职能式创新源是指按创新者与某一特定创新之间的职能关系划分的创新源。研究职能式创新源，首先要对企业和个人赖以从某一特定产品、工艺或服务创新中获得益处的职能关系进行分类。当然，这种职能关系并不是一成不变的，它完全取决于所研究的某个特定的创新。在科学仪器领域，重大的产品创新几乎全部由产品用户开发；在铲车和工程塑料领域，产品制造商是大多数重要创新的开发者；在线路终端设备领域，供应商是创新的开发者；而移动电话的重大创新基本上是由制造商和运营商来完成的，渐进性创新基本上是由制造商和用户共同完成的（陈劲等，2003），如表3-2所示。

表 3-2　职能式创新源数据

创新类型样本	创新源					
	用 户 （%）	制造商 （%）	供应商 （%）	其 他 （%）	未计入 （个）	总 计 （个）
科学仪器	77	23	0	0	17	111
半导体和印制电路板工艺	67	21	0	12	6	49
Pultrusin工艺（用于纤维产品生产）	90	10	0	0	0	10

创新类型样本	创新源					
	用 户（%）	制造商（%）	供应商（%）	其 他（%）	未计入（个）	总 计（个）
铲车相关创新	6	94	0	0	0	16
工程塑料	10	90	0	0	0	5
塑料助剂	8	92	0	0	4	16
工业气使用	42	17	33	8	0	12
热塑塑料使用	43	14	36	7	0	14
有线终端设备	11	33	56	0	2	20

资料来源：Eric von Hippel. The Source of Innovation. Oxford：Oxford University Press，1988.

- **内部创新源和外部创新源** 企业首先要重视外部的创新源。Mansfield 等人 1971 年发现在 1935—1962 年期间，药品中重大的创新有 54％是根据公司外部的发现做出的。类似地，制造商在开发数控机床时也极大地依赖于那些并非本公司开发的技术。当然，公司内部的信息也不应被忽视。Marquis 发现在他所做的研究中，41％创新的关键信息来自人员自身所接受的训练和个人经历。表 3-3 表明了五个国家的创新思想的内部来源，由此可以发现，究其内部源而言，不同的职能产生的影响也是不一样的。

表 3-3 五国的创新思想的内部来源（企业比重％）

来 源	丹 麦	芬 兰	挪 威	瑞 典	德 国
高层管理者	62	61	51	60	40
内部 R&D	55	69	62	70	63
市场营销部门	41	70	64	61	72
生产部门	13	39	16	32	42

数据来源：陈伟.创新管理.北京：科学出版社，1996.

在企业中建立合理沟通渠道有利于内部创新源的产生。尤其是要注意发挥"技术守门人"（gatekeeper）的作用。Allen 于 1977 年发现企业中只有少数几个人和外部的信息来源有接触，他们获得信息、筛选并传递信息。如图 3-8 所示，由个体 1 带来的信息被传递给其他三个"守门人"，然后通过最终使用者和"守门人"接触的网络到达最终使用者手中。"守门人"的特征包括：①交际广泛，同宣传媒体和各种交易中间商联系紧密；②容易被接触，并有机会、有能力影响他人；③具有较高于其追随者的社会经济地位，但不能高出太多，否则，两者就难以沟通；④更乐于创新，尤其当整个社会倡导革新时。

（二）用户创新和领先用户分析

- **用户在创新中的作用** 随着创新从源头开始竞争的加剧，用户在创新中的作用和意义越来越引起企业和研究者的关注。以科学仪器创新源的研究为例，无论是按照创新的显著性划分，还是按照仪器的类型划分，用户创新的比例都很高，如表 3-4 至表 3-6 所示。这些

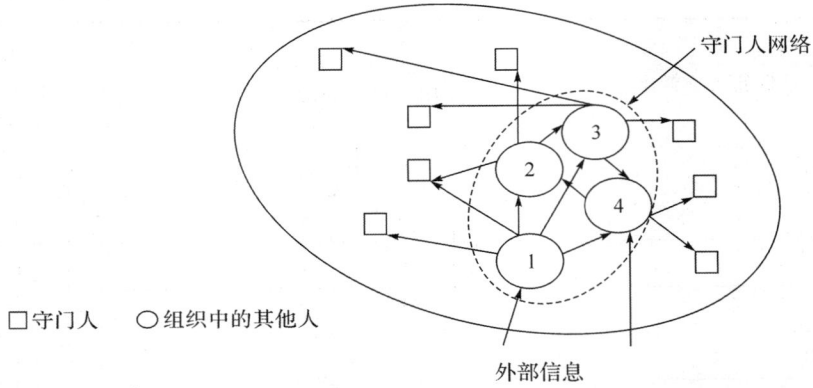

图 3-8 守门人的网络功能

研究表明顾客在产品创新中担当了主要角色，他们不仅是潜在需要的来源，而且常常提供满足这些需要的方法。

表 3-4 按创新显著性划分的科学仪器创新源

创新显著性	用户创新比例（％）	创新开发者			总 计
		用 户	制造商	未计入	
第一种型号	100	4	0	0	4
重大改进	82	36	8	0	44
小的改进	51	32	14	17	63
总 计	70	72	22	17	111

资料来源：陈伟.创新管理.北京：科学出版社,1996.

表 3-5 按仪器类型划分的科学仪器创新源

重大改进创新	用户创新比例（％）	创新开发者			总 计
		用 户	制造商	未计入	
气相层析仪	82	9	2	0	11
核磁共振频谱仪	79	11	3	0	14
紫外线吸收频谱图像仪	100	5	0	0	5
投射电子显微镜	79	11	3	0	14
总 计	82	36	8	0	44

资料来源：陈伟.创新管理.北京：科学出版社,1996.

表 3-6　科学仪器创新中制造商对顾客要求响应的频率

创新的性质和样本选择的标准	响应顾客要求导致的新产品数量
·所有的项目都是在"化学实验室 B"（一家化学公司的实验室，该公司每年在"工业介质"上的销售额有 1 亿～3 亿美元）中不到两年的时间内开发的（Meadows） ·所有创造性项目由研发小组在六年里完成，该小组主要研究生产工艺、设备和技术的创新（Peplow） ·半导体和电子半封装制造设备；用于商业化生产的第一种类型（$n=7$）；重大改进（$n=22$）；小改进（$n=20$）（Von Hippel） ·Mass 公司所有科学仪器的创新。该公司赢得了1963－1968 年（$n=15$）的"IR-100"奖，同一公司生产的其他科学仪器的样本（$n=17$）（Utterback） ·三家公司生产的标准和非标准的产业用品的样品（Robinson 等人）	·17 个商业化成功的产品创意有 9 个（53%）来自顾客 ·48 个成功的应用项目有 30 个（63%）起源于对顾客要求的直接响应 ·检查发现这类设备最初是由用户开发的（$n=29$）。顾客开发的情况占了 21%，46% 的情况下顾客和制造商经常相互协商，难以确定创新是由制造商还是由用户提出的 ·75% 的创新起源于对"需要信息"的响应。需要信息不是由制造商提出时（57%），大部分来源于顾客 ·在和供应商接洽前，顾客认识需要、确定所需功能并指明所需要的商品和服务

资料来源：格伦·厄本，约翰·豪泽.新产品的设计与营销.北京：华夏出版社，2002.

事实上，创新过程已经进入了以用户为主导的时代，即在创新的全过程用户始终参与其中，尤其是在创新的早期阶段，加强对领先用户的研究十分重要。

● **领先用户方法**　领先用户（lead user）的概念是 Ericvon Hippel 提出的，他将领先用户从普通用户中区分开来，强调了领先用户在创新早期预开发中的作用，使得企业能够通过系统化的领先用户研究方法迅速完成创新产品和服务的商业化过程。领先用户是那些其现在的强烈需要将会在未来几个月或几年中成为市场上通常需要的用户，领先用户具有两个特征：第一，领先用户面临市场上将普及的新产品或服务需求，但是他们在市场上大部分人遇到这种需求几个月或几年之前就已遇到了；第二，领先用户敏感地发现通过他们需求的方案而受益匪浅，因为他们不能或不愿等到新产品或服务慢慢在市场上出现，所以他们经常提前开发新产品或服务。比如，一家对生产工艺创新具有强烈需要的制造公司，其需要是很多制造公司两年内会遇到的，那么这家制造公司在那种生产工艺方面就符合领先用户的界定。移动电话的领先用户主要是企业的高级管理人员、运营商、代理商和零售商。他们基本上使用中高档手机，在他们看来，电池使用时间、质量、易操作性、外形设计、显示屏大小以及手机上网等几个特征最能代表未来手机的发展趋势（陈劲等，2003）。

领先用户相对于其他人来说，对将来的各种情况更为熟悉一些，所以他们能够在市场研究中起到需要预测实验室的作用。更进一步说，既然领先用户常常试图要满足他们所体验到的需要，那么他们除了需要数据以外，还能向制造商提供有价值的技术创新概念和设计数据（格伦·厄本等，2002）。领先用户在创新营销研究中也有重要的应用，如确认重要趋势、确认领先用户、进行领先用户数据分析以及将领先用户数据投影到一般市场等。当然，需要注意的是，用户经历会对营销研究形成抑制。因此，要掌握快速变化领域创新营销研究的方法。

领先用户分析的基本内容包括：①具体指明识别领先用户的一些标志：首先是找到一个市场或技术趋势以及相应的衡量指标。领先用户既然在某一个随时间改变的重要方面处于市场的前沿，因此，必须具体地指明这些用户在哪些潜在趋势方面处于领导地位，并指出衡量那些趋势的可靠指标。其次是确定潜在利益的衡量指标。有三种类型有用的代用指标，第一种是用户产品开发或产品修改的证据能够作为用户利益的代用指标；第二种是用户对现有产品（服务或工艺）的不满程度能够成为获得预期利益的代用指标；第三种是采用创新的速度也能作为高预期利益的代用指标。②识别领先用户的群体。一旦确定了识别趋势和潜在利益的指标，就可以根据衡量的结果来筛选潜在的市场，这种衡量是具体通过调查问卷的形式来识别领先用户群，并通过对调查得出的领先用户的标志进行一系列的分析完成的。③和领先用户一起产生概念。这个方法的第三步是要从领先用户得到数据，这些用户能够在其具有真实工作感受的领域中提出有商业价值的产品概念，这种感受可能包括对现有产品的修改或是他们为满足自身需要所创造的新技术。创造性的群体讨论能够用于综合用户的解决方案和提出新的技术概念。有时用户的解决方案代表的不仅仅是一个概念，可能是一个完全的应用性产品。④测试领先用户的概念。领先用户今天的需要通常并不完全等同于构成所预期的未来市场主体用户的需要。更进一步说，新产品的早期采用者和跟随他们的大量用户在很多方面都有所不同。因此，要利用目标市场上更为典型的用户来修正领先用户的数据（格伦·厄本等，2002）。

> ### 德国 Hyve 设计公司与领先用户一起创新
>
> Hyve 在为 Swisscom 制订 WiFi 发展战略时，发现了 350 个较为有价值的网上社区。根据项目预期达到的目标，项目组制订了筛选条件，在此基础上经过初选，挑出 35 个社区，然后以更加系统的方法，对于 WiFi 应用的趋势进行分析。在分析过程中，Hyve 会识别那些在网上社区活跃和有影响力的用户并与之进行交流，共同探讨一些问题。这些领先用户还会被邀请到一些高级会所或度假村，以闭门会议的方式进行讨论。
>
> Hyve 开发了很多手机游戏模块，由用户在网上任意组合并在网上的模拟手机上即时演示。其他用户可以在此基础上进行改进，也可以对此设计进行评价、打分。Hyve 的客户和项目，还包括为 Adidas 开展的运动鞋设计比赛，为满足体育爱好者拍摄和上传自己运动的图像到 YouTube 的需求而设计的可自动跟踪用户佩戴在手腕上的遥控器的摄像机，为 Audi 设计的车内电子娱乐设备和为 BMW 设计的可在车内吃冰淇淋而不会弄脏车厢的冰淇淋盒等。
>
> 资料来源：徐岩.与"领先用户"一起创新.中国企业家，2011(11)：106.

● **用户参与创新的四种模式**　由于创新源大多来自用户，所以用户参与创新活动也就成为研究者很感兴趣的问题。用户参与创新可能产生正面的效果，也有可能产生中性的甚至负面的效果。这要取决于用户的选择、用户参与的时机、正在建设的系统需要什么样性质的参与、用户自身的能力、用户是否乐意提供恰当的知识、用户同创新人员对内化知识及其程度的不同期望等。在创新开发活动中，用户参与创新大体按两种路径进行的，路径①是普通用户的参与路径，路径②则是领先用户的参与路径（见图3-9）。

用户参与创新对于创新成功的重要性因项目而异，有些项目已经拥有了大量用户信息，即使没有用户的参与也会取得成功。但是另一些项目的开发者对项目缺乏充分的知识，用户的参与是项目成功的必要条件。一般来说，用户参与创新有四种模式：传递模式、咨询模式、合作模式和学徒模式（多萝西·伦纳德·巴顿，2000）。有些项目的开发者没有专门考虑

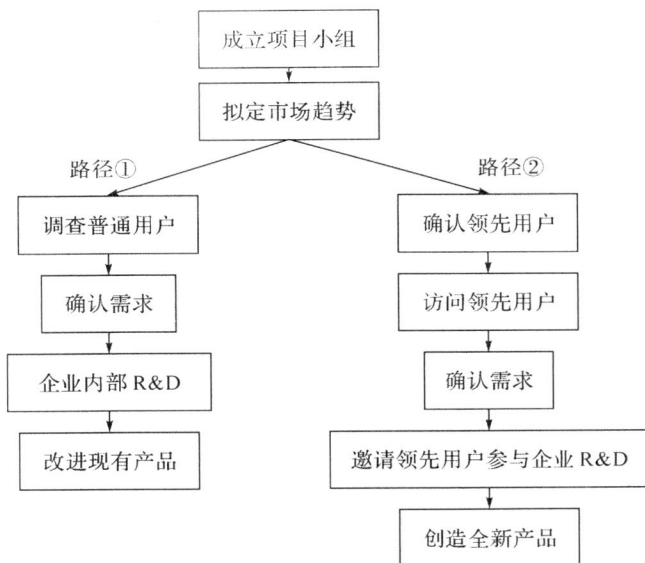

图 3-9　创新早期预开发活动
资料来源:陈劲.永续发展——企业技术创新.北京:科学出版社,2001.

用户的情况,甚至没有让用户表达意见。开发者像供应商一样,他们把完成的产品交给用户,有时甚至没有说明书,也不对用户进行培训,这种模式称为传递模式,它只是在开发者和用户之间简单地传递物品。传递模式实际上是一种单向的信息传递方式,不存在综合知识的机制。咨询模式是定期开展咨询,向用户了解产品应有的特点或功能,可以给开发小组带来很多接受用户反馈的机会。这种模式一般出现在升级现有产品的情况下,或者公司的开发目标是想使工作流程标准化,并进一步实现自动化和计算机化。合作模式是在合作开发项目中,用户自己是开发小组的一部分。他们一直参与项目开发,因此他们对新产品的设计具有重要意义。学徒模式是用户承担起消化吸收所有技术专业知识的责任。用户来到开发人员的工作地点并成为开发人员的学徒。然后,用户把开发的系统带回来安装在自己的工作地点。

虽然这四种用户参与模式在一定条件下都会成功,但是只有合作模式和学徒模式能真正使两个不同群体的知识结合起来。但学徒模式对企业的影响相对有限,因为作为学徒的使用者只能把知识结合成自己的个人能力。

二、研究与开发管理

(一)研究与开发的基本知识

研究(research)是指在详细考察某一问题后,找出其内在属性和规律性,并进而形成科技理论。开发(development)是客观规律和科学理论运用于生产或生活实践的进一步发展,是一种有特殊目的的技术过程(许庆瑞,2000)。

研究与开发能力是企业技术创新能力的关键组成部分和重要衡量指标,国际著名企业都把研究与开发视为企业的生命源,无不投巨资于研究与开发,日本的某些企业对研究与开发的投资已超过了对固定资产的投资。

一般将研究与开发分为三类：基础研究、应用研究和开发研究。基础研究目的在于认识世界，是为推动科技进步而进行的初步探索。应用研究目的在于科学知识和科学原理的应用，探索基础研究中取得的科学发现与科学理论等研究成果应用到生产中的可能性。开发研究目的在于使开发的新材料、新产品、新工艺等实用化和商业化（见图3-10）。

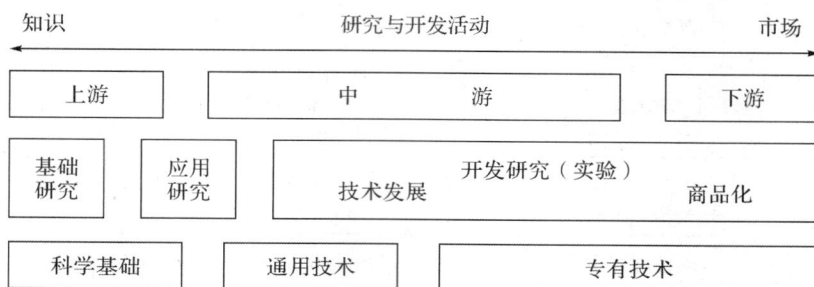

图 3-10　研究与开发活动

资料来源：许庆瑞.研究、发展与技术创新管理.北京：高等教育出版社，2000.

（二）研究与开发的演化阶段

- **第一代 R&D**　研究人员及其科研设施对公司来说基本上是闲置多余的。企业的管理阶层意识到，企业需要一些创造型人才，以发展未来的产品。在这种情况下，R&D 和商业实际应用是两个格格不入的实体。研究与开发是公司预算中的一项，总经理几乎不参与研究与开发项目的确定，公司未来的技术基本上全由研究与开发部门来决定。现在，采用这种方式进行研究与开发的公司在减少，但在一些关注基础研究的机构，仍然沿用这一方法来进行研究与开发管理。微软中国研究院就是如此。

- **第二代 R&D**　R&D 与先前的具体特定商业需求至少有了一些相互作用，但主要局限于项目。而 R&D 的战略导向最多也仅仅部分地偏好特定的市场或具体的商业领域，R&D 没有整体地融入企业的整体活动中。开始强调研究与开发项目的投入产出分析，强调如何更好地服务于企业业务发展的需要，努力寻求研究与开发部门和生产、营销部门的沟通。当然，由于研究与开发部门和市场营销部门有着不同的价值观，界面问题仍然十分突出。在我国，目前大多数企业的研究与开发模式属于第二代。

- **第三代 R&D**　R&D 的功能已成为公司整体框架的一个组成部分。总经理和 R&D 主管携手共同工作、分享，审视并决定做什么、为什么做以及什么时间做。到目前为止，只有为数很少的有远见的公司进入了第三阶段的 R&D 管理。由于第三代研发关心的焦点是低风险、高回报，从而，创新建立在破碎的知识之上。研究与开发部门要不断运用现有知识，开发出一些渐进的技术，应用于现有的市场。这样，第三代研究与开发模式主要适合于渐进的、连续的创新活动。三代 R&D 的战略概念和运行规则如表3-7所示。

表 3-7　三代 R&D 的战略概念和运行规则

	第一代 R&D	第二代 R&D	第三代 R&D
管理和战略内容	・没有长期的战略框架 ・R&D 是经常费用支出	・过渡状态 ・部分的战略框架	・整体战略框架
哲学思想	・R&D 决定未来的技术 ・商业决定当前的技术目标	・管理与 R&D 的关系如同法官与辩护律师的关系 ・商业与 R&D 的关系如同客户与供应商的关系	・合作伙伴
组织方式	・重点:成本为核心,纪律 ・避免矩阵式	・集中式与分散式 ・项目的矩阵式管理	・打破 R&D 的独立性
技术／R&D 战略	・与商业战略无明显的联系 ・技术第一,商业含义靠后	・项目的战略框架 ・没有集成的商业或公司化	・技术／R&D 和商业战略的集成化合作
运行规则	・缺乏商业／R&D 结合的洞察力 ・宿命论观点	・R&D 类型的区别 ・在项目水平上商业／R&D 结合的洞察力	・贯穿产品系列的商业/R&D 结合的洞察力
资金	・按年度预算的银行项目 ・提供能够承担的资助	・以需求和分担风险为基础的资助 ・按 R&D 类型的不同参数	・根据技术成熟程度和竞争影响力而不同
资源分配	・根据 R&D 而定 ・没有向上的透明度	・通过集中的 R&D 管理分配给基础的 R&D 工作 ・通过顾客和供应商分配给其他的 R&D 工作	・以平衡优先发展和风险／回报为基础
目标定位	・令人乏味的基础和基本的 R&D ・商业与技术目标的连续性	・通过不断增加的和关键 R&D 项目保证 ・连续的商业和 R&D 目标	・所有的 R&D 都有确定的商业和技术目标
确定优先	・没有战略优先 ・重点随运行环境的不同在变化	・通过集中的 R&D 管理为基础的 R&D 服务 ・通过顾客和供应商为其他的 R&D 服务	・根据经费／效益和对战略目标的贡献
测量结果	・不能精确地确定期望的结果 ・措施常常产生误导	・增加的结果的数量 ・对关键的 R&D 的"市场智力隔阂"状态	・与商业目标和技术期望相反
评价进步	・仪式性的和敷衍马虎的 ・间断性的	・正式的同行评议 ・与增加的和关键的 R&D 项目的良好联系	・定期进行或是在外部情况和内部的发展允许时

资料来源:克里斯托弗・弗里德里克・冯・布朗.创新之战.北京:机械工业出版社,1999.

● **第四代 R&D**　米勒(Miller)和莫里斯(Morris)认为,当前,公司的研究与开发已进入了第四代,他们认为,新一代的研究与开发管理更加有能力去应对不连续的技术创新。第四代研究与开发,一方面是创造新的市场知识,另一方面是创造新的科技知识。它在研究与开发整个阶段,将客户、其他合作者都有机地集成起来,这种全新的集成机制确保了不连续和跨越创新的实现。第四代研究与开发的主要特点是:探索性的市场营销预测,关注产品平台和主导设计,强调知识的获取与转移,寻找新的公司治理结构(柳卸林,2000)。

（三）研究与开发活动评价

研究与开发活动的评价可以从不同的角度进行,如按层次、性质分类,可以分为基础研究的评价、应用研究的评价和开发研究的评价;按规模分类,可分为宏观 R&D 评价和微观 R&D 评价;按评价对象分类,可分为计划评价、项目评价和 R&D 人员评价等。显然,评价工作十分复杂,事实上,对一项具体的研究与开发活动,应该抓住关键环节,对关键指标进行评价,如图 3-11 所示,在一项完整的研究与开发过程中,存在一些关键控制点或关键指标,如每年研究与开发支出、时间延迟、研究与开发效率、知识产权、论文数量、技术中的缄默知识存量、技术的老化率、每年新增知识存量、技术诀窍、商业化效率、产销率、每年销售额等。

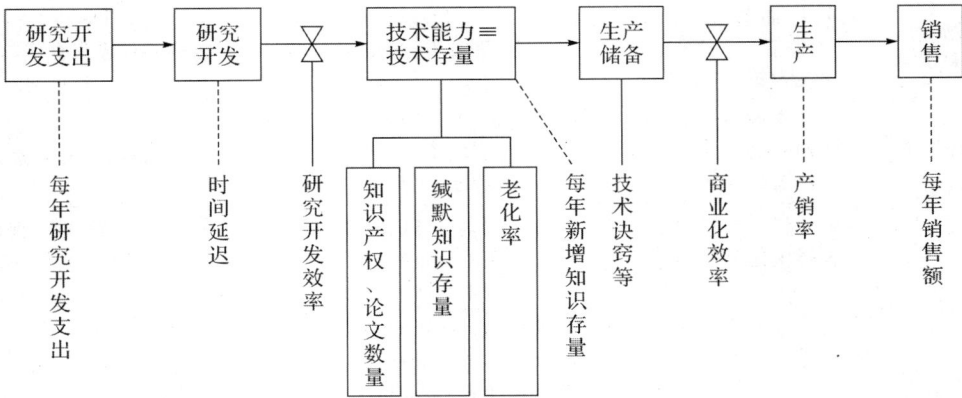

图 3-11　公司内部 R&D 与技术存量模型

资料来源:陈劲.永续发展——企业技术创新.北京:科学出版社,2001.

具体来说,对研究与开发活动的评价涉及对投入、中间产出和最终产出的评价。投入的评价主要是研究与开发资源的评价,如研究与开发费用和知识投入(人力资源、信息与知识、技术与诀窍);中间产出的评价主要是技术存量和技术资产的评价,如技术知识产出、研究人员与工程师培养、经验与技术诀窍的积累以及技术基础设施的增加等;最终产出的评价主要包括直接成果、技术转移和间接成果等,如表 3-8 所示。

表 3-8　研究与开发资源投入、技术存量和研究与开发成果产出的关联

投入 (研究与开发资源)	中间产出 (技术存量) (技术资产)	产出 (研究与开发成果)
研究与开发费用	技术知识	直接成果
·研究消耗品 ·设备与仪器 ·其他	·显性知识(资料) ·知识产权(专利、版权等) 　学术论文、报告和数据 　产品原型、手册等 ·缄默知识(个人或集体拥有)	产品经营 　对产品贡献 　对工艺贡献 知识产权经营 　出售专利
	研究人员与工程师(人力资源)	技术转移

续表

知识	经验与技术诀窍等 技术基础设施	间接成果
·人力资源 ·信息与知识 ·技术与诀窍	·研究与开发环境(设备与文化) ·科学家与工程师(专家) ·研究与开发管理诀窍 ·研究与开发人力网络	·学术贡献 ·公司形象提升

资料来源:陈劲.永续发展——企业技术创新.北京:科学出版社,2001.

- **评价方法**　主观分析和经验方法中最具代表性的是同行评议。同行评议可以定义为"由从事该领域或接近该领域的专家来评定一项工作的学术性和重要性的一种机制"。它在评审 R&D 项目的申请、评定科研成果、决定科学基金的资助、对 R&D 人员的绩效进行评估等方面应用十分普遍。同行评议的专家选择要考虑许多因素,如他们的专业技术水平、分布区域以及个人品质、职业道德等社会因素。其主要适用于基础研究、应用研究等领域。当然,同行评议也要注意评议的主观性、知识的不规范性和控制的滞后性等问题。孟凯韬定量地评定了同行专家的知识背景与所评成果的贴近程度。假定一项成果涉及 s 个研究领域,其中只有 t 个领域属于某专家的知识空间(即为该专家所熟悉),那么该专家的知识背景与这项成果的贴近度为 $t/s(0 \leqslant t/s \leqslant 1)$。每一专家对该成果的影响力(即权重)应等于其贴近度。假定共 m 位专家,其知识背景与成果贴近度分别为 $C_1,C_2,\cdots,C_m$,而其对该成果的评分分别为 $B_1,B_2,\cdots,B_m$,若评分标准中各指标最高分值之和为 A,则 $D = (1/m)\sum_{k=1}^{m}(A-B_k)C_k$,$D$ 称为该成果得分的标准差,D 越小表明该成果越达到理想效果(许庆瑞等,2002)。

科学计量学方法主要分析评估对象的论文数量(反映科学生产能力)和质量(来自核心期刊)以及论文被引频数(反映其科学价值、社会价值和影响力)、专利授权数等指标,定量评价科研院所、大学、企业、个人以及国家或地区的 R&D 能力和影响力。该方法主要适用于以论文和学术出版物为主要产出形式的基础研究、部分应用研究领域的绩效评价,包括企业 R&D 部门中的基础性研究和应用性项目和 R&D 人员评价(许庆瑞等,2002)。

经济学方法有宏观经济学方法和微观经济学方法。宏观经济学方法主要如生产函数法,该方法通过一定时间序列内的产出、资本、劳动力和 R&D 投入的数据,采用改进的生产函数方法(增长速度方程法)来评价 R&D 活动对产出的贡献。微观经济学方法主要是一些技术经济指标分析及方法,如资金时间价值、成本效益分析、内部及社会回报率、价值分析法等。

- **R&D 活动评价的趋势**　近年来 R&D 活动的评价方法呈现出一些新的趋势,如高标准定位方法(benchmarking),它是指通过与国内外最佳组织或公司的相关 R&D 活动的绩效进行比较,发现自己不足和优势,并明确今后努力的方向。当然,其前提是具有可比性的指标。其次,注意 R&D 的努力度与产出成果间的平衡。评价体系的设计应针对不同的 R&D 活动和层次设计不同的评价尺度,平衡努力度与产出成果,研究驱动和市场驱动之间的权重的关系。第三,综合采用多种方法和指标进行评价。比如,将以定性为主的同行评议方法与以定量为主的科学计量方法有机结合起来进行 R&D 绩效的评价。第四,关注 R&D 活动的网络和联系。现有的评估系统大多数从 R&D 的投入、过程、产出等方面的直接有形投入和成果设立指标进行评估,而对 R&D 活动过程以及推广和扩散过程中形成的网络及其联系缺少考虑，而事实上这些网络和联系在知识经济时代将是十分重要的战略资源，也是进一步 R&D 的基础和源泉，比如知识生产者与使用者之间的网络特征和联系。此外，由于企业间 R&D 合作和联盟的不断涌现，对合作 R&D 绩效的评价也应予以足够的关注。第五，在关注经济效益的同时也应关注社会效益（许庆瑞等，2002）。

三、创新采用与扩散

营销的首要内容是正确判断顾客对创新的反应，并深入分析消费者行为，为创新的扩散提供一些理论依据；其次，根据市场需求和消费者行为规律，寻找创新构思，进行产品开发测试和市场测试，进行产品创新过程的概念测试，为创新管理提供有效的和有价值的创新建议。此外，通过各种正当、合理的营销手段来导引用户，制定指标，加强研究，为创新开辟市场，为创新的成功提供条件。

（一）产品生命周期的创新管理

标准的产品生命周期特点是：开发期、引入/成长期短，成熟期持续的时间相当长，衰退非常慢。高技术产品生命周期的特点是：R&D 投入大，开发时间长，引入市场时间也长，但市场持续时间短，衰退很快。当然有些生命周期呈现"循环—再循环"形态和"扇"形等，在国际环境下，还呈现出更复杂的形态。一项创新产品从孤立的角度看，其生命周期是一种形态；从品种、种类或品牌的角度看又是一种形态；放在不同的区域范围其形态又会发生变化，表现出的特征又会有差别。

研究特定的产品生命周期阶段性，对开展企业的创新管理工作具有重要的指导意义。表 3-9 给出了半导体产品的生命周期中创新管理的不同要求。以创新的扩散为例，在第一阶段，即便创新非常卓越，它的不确定性和信息不足都阻碍了消费者接受该产品。在这个阶段，创新提供者和早期采用者进行密切接触，市场作为一种选择机制，会接纳一些创新，而把另一些拒之门外，供应商之间通过为用户开发新的有用的设计而竞争。在第二阶段，重点转向了固定资产的建立和生产能力的扩张。以前为厂商组织生产所需的频繁的厂商—用户合作，开始面向不断增长的客户需求，重点开始从用户—厂商之间的交流转向产品设计的增强以及传统的生产学习曲线。渐进的工艺改进成为成本最小化的关键。在第三阶段，公司不仅在成本、价格和批量生产能力方面，同时也在全球营销和流通渠道方面进行竞争（Mark Dodgson 等，2000）。

表 3-9 半导体产品生命周期中的创新管理

创新管理的不同要求		阶段 1	阶段 2	阶段 3
扩　散		选择	模仿	成熟
		引进	快速发展	饱和
		逐渐接纳	细分市场成长	扩张
		多重市场		批量市场
		产品创新	资本	工艺/产品改进
投资重点		试生产	工艺技术	成本最小化
			大量投资	规模/范围经济

创新管理的不同要求	阶段 1	阶段 2	阶段 3
补充资产	较不重要	重要性逐渐增加	非常重要
	依靠技术	金融	全球营销与管理
		营销	
组织形式	小公司	大公司	超大公司
	网络	高成长公司	纵向/横向联合
	大公司		
学习	投资前	模仿的	可预测的
	试错	积累的	渐进的
	不确定性		
用户—厂商关系	密切的	系统的	形式化的
	变化的	集中于工艺	可预测的
	产品设计	资本	不大关键的

资料来源：Mark Dodgson，Roy Rothwell. 创新聚集——产业创新手册. 陈劲，译. 北京:清华大学出版社,2000.

（二）PLC(产品生命周期)中消费者行为分析

我们可以运用产品生命周期理论,对不同生命周期阶段的创新采用者特征或行为进行研究。一般来说,从产品处于不同生命阶段考虑,消费者需要解决的是不同的问题,从而表现出的特征和行为也不一样(陈伟,1996)。

- **消费者面临新产品种类的新品牌时**　这是一个产生新产品辨认和评价准则的过程。不同的消费者将在不同的时间开始这一过程,并且完成它所用的时间也不同。大多数的消费者在 PLC 的引入和成长阶段将处于 EPS(广泛性问题解决),然而也有一些人在成熟期仍处于 EPS 状态。在这个阶段,消费者对价格并不敏感,价格弹性小于 1。

当消费者获得足够的信息评价新产品价值时,就会决定采用或拒绝新产品。创新采用理论为利用大众媒体和个人交流促进创新扩散提供了指导,而 EPS 则对企业如何获取促使消费者采用创新各个阶段的信息和方法给予更多的指导,从而以最有利的方式促进顾客来辨认新产品。例如,由于消费者是把创新与某种熟悉的东西放在一起进行区分,然后形成产品概念,因此,可以通过揭示新概念的含义来影响消费者采用新产品的过程。

EPS 揭示了哪些人将更早地采用创新。根据 EPS,能最容易地将创新嵌入其产品层级的人将最早采用或拒绝该创新。因此,这些人将是在该领域有着良好产品层级概念或最能够快速建立新的产品层级概念结构的人。一般来说,这些人往往对一般产品种类感兴趣或者受过良好教育和有着较高的社会经济地位,而且采用创新的人都是对产品形成积极态度和从产品中感受到较大消费价值或福利的人。

EPS 还为理解哪些创新将比其他创新更快扩散提供了新的见解。研究表明,影响创新扩散率的大量因素与将创新同其他产品分组并从中区分创新的容易度相关。创新的五个属性则是将创新产品与其他产品区别开来的重要内容。此外，EPS 还提示了克服创新扩散中某些难题的方法。例如，当某个创新的内在复杂性不能被改变时，可以对它进行适当的分组和区分从而使消费者易于形成创新产品概念。

- **消费者面临熟悉的产品种类出现新品牌时**　在市场成熟阶段，进入市场的新品牌主要是模仿产品或具有不同特点的产品和价格有差别的产品。由于这个阶段消费者比较容易获得有关新品牌的知识和对产品做出评价，采用或拒绝创新的决策可以进行得更快。这称为有限性问题解决（LPS）。

产品价格对消费者是否采用创新可能变得更为重要。部分原因是消费者对不同品牌的产品有了更多了解而开始考虑价格，部分是因为某些营销人员开始将价格作为市场竞争工具。同时，市场细分开始出现，市场上将会出现针对这些细分市场的专门产品，有些消费者可能要求增加某些产品特点，另一些消费者则可能要求一些低价格的产品形式。

营销人员要把消费者对创新的交流引向特定的品牌而非整个产品种类，具体做法有：强调新品牌的特点；尝试改变各个特点的相对重要性；尝试改变对每个特点的期望水平。

- **消费者面临熟悉产品种类的熟悉品牌时**　消费者在这个阶段最关心价格和可获得性，营销的主要内容是提醒顾客购买产品。这个阶段是日常性反应行为（RRB）的问题解决。由于这些产品并非新产品，所以不在讨论之列。

当某一个创新创造了一个全新的产品种类和市场时，所有的顾客都起始于 EPS。然而，当其他企业进入市场，消费者遇到第二或第三个品牌时，他们就移向了 LPS。最后，当产品在两次购买间不再有实质性变化时，大量的消费者将对各种选择比较熟悉，由此进入了 RRB。因此，每个问题解决阶段的消费者比例将会随着 PLC 移动。

由于种种原因，在 PLC 的任一点上，并不是所有的消费者意见都一致，然而在每一阶段总有一种问题解决行为类型占主导地位。在 PLC 引入期，EPS 占主导地位；成长阶段，占主导地位的是 LPS；成熟阶段，主要是 RRB。由于问题解决行为与 PLC 阶段的这种相关性，这些行为类型便成为分析问题的框架。

由于这种理论对新产品种类的新品牌和已有产品种类中的新品牌做不同的处理，因此，它使我们能比较消费者对具有不同程度新颖度的产品的反应，也为创新的扩散提供了一些理论背景。

（三）创新采用者的分析

对创新采用者进行分析是创新营销工作的起点，只有深刻认识和了解采用者的采用行为、心理和态度，才能有针对性地开展新产品的营销活动。

- **采用过程中采用者的心理阶段**　消费者的采用过程重点研究一个人从第一次听到一种创新到最后采用的心理过程。一般而论，创新采用者的发展有五个阶段：知晓——消费者对该创新有所觉察，但是缺少相关信息；兴趣——消费者受到激发，开始寻找该创新的信息；评价——消费者考虑试用该创新是否明智；试用——消费者小规模地试用该创新；采用——消费者决定全面和经常地使用该创新。

这一系列的采用过程分析，可以启发创新的营销人员如何使消费者通过这些阶段。创新提供者可以考虑提出一个试用计划，让消费者有选择购买机会。

- **影响采用者采用新技术的因素**　消费者在采用创新的过程中会受到各种因素的影响，主要包括三个因素：个人的试用意愿、个人的影响、创新的自身特点。

人们在试用创新的态度上有着明显的差别。大体上可根据人们态度将其分为五类:第一类是创新者,他们愿意冒风险试用新创意。第二类是早期采用者,他们是社会上的意见带头人,采用新创意较早但态度谨慎。第三类是早期多数型,他们不是意见带头人,但是比一般人先采用新创意。第四类是晚期多数型,他们对新产品持怀疑态度,总是等到大多数人都已试用之后才肯采用该产品。第五类是落伍者,他们怀疑任何变革,只有在创新自身变成传统事物之后才会采用它。创新营销者应该细心研究创新者和早期采用者的个人偏好、人文特征、心理特征等方面,以及如何具体地同他们沟通,这样对开展创新营销工作意义重大。

个人影响是指某个人使其他人的态度或购买有所改变的效果。如明星的服饰及许多日常用品往往会引起其崇拜者的狂热效仿,这是许多公司斥巨资请明星做广告的原因所在。在采用过程的评估阶段中,个人影响显得尤其重要。它对后期采用者的影响胜过早期采用者。发现并充分利用具有个人影响的人,将使创新营销工作事半功倍。

有些创新几乎一夜之间就风行开来,如曾在我国风行一时的呼啦圈。而有的创新要经过相当长的时间才能被接受,如柴油发动机。在对创新采用的影响中,有五个特征非常重要。第一个特征是创新的相对优点,优越性越大,越易被采用。第二个特征是创新的一致性,即创新与社会中个人的价值和经验相吻合的程度。吻合程度越高,购买的可能性越大。第三个特征是创新的复杂性,即了解和使用新产品的相对困难程度。困难程度越高,购买的可能性就越小。第四个特征是创新的可分性,即创新在有限制的基础上可能被试用的程度。它与购买可能性成正比,因此许多创新采用了赠送或试用的促销手段。第五个特征是创新的传播性,即创新的使用结果能被观察到或向其他人转述的程度。传播速度越快、范围越大,购买的可能性越大。

除了上述五个特征,其他因素如创新的安全性、与风俗习惯的相容性等都会影响到创新的采用率。创新营销者在设计创新营销方案时,必须注意到所有这些因素,同时对关键性的因素给予足够的重视。

- **创新采用者的采用行为和心理** 不同类型的采用者对创新所持的态度是不同的。创新在市场上能否获得成功,其标志不在于采用者是否采用了创新,而在于能否坚定那些持等待、观察态度的采用者的采用信心以及能否提高采用者的重复采用等。可以通过以下几方面采用行为来衡量采用者的采用心理和态度。

采用的重复次数。检验采用者对创新所持的态度,从首次采用行为中是得不到的。只有采用者采用创新后,经过亲自使用,对创新的所有特点都予以证明之后,又重新实施采用,才能代表其对创新的态度。预测创新潜在购买量,要以重复采用状况为依据。因此,及时了解首次采用者的采用反应,对于企业改进创新,开拓创新市场是非常重要的。

采用的数量。有些创新消费周期很短,如日用品的消费。采用者首次采用创新时,由于对创新存在着不确定性,采用大多是零星的、少量的,随着对创新了解的不断加深及信任程度的提高,采用者采用数量会逐渐增多。

采用者的稳定性。采用者首次采用创新,多数人的采用心理是不稳定的,大多数抱有试试看的心理。如果创新质量确实好,那么这种不稳定心理将逐步趋于稳定。如果长期稳定不下来,创新销售量将受到影响。

采用者的品牌忠诚度。创新上市初期,与其竞争的同类创新很少,此时采用者采用创新,对产品的商标和厂名考虑较少。他们所关心的主要是创新的功能特点,一般不认品牌。

随着市场上销售量的增加，与其竞争的同类产品开始问世。这时，采用者采用创新不仅要考虑产品的品质、式样、包装等，同时对创新的商标、厂名进行选择。这个时候品牌忠诚度就显得很重要。

按照整体产品概念，消费者对产品的认识除了产品的实体（即有形产品）外，越来越注重产品的无形部分，它可能会给消费者带来更多的附加价值。因此，包括服务在内的无形产品也就成为现代企业技术创新的重要组成部分。英国的贝思·罗杰思（2003）把产品生命周期与创新扩散曲线结合起来，提出了将服务水平和无形产品纳入产品创新，从而推动广泛的产品组合创新的思想（见表3-10）。

表 3-10 服务水平/无形产品生命周期变化

产品生命周期阶段	创新扩散理论所划分的顾客类型	服务水平	无形产品
投入期	创新者	高——由专家提供个人服务	新型首创
成长期	早期接纳者	供应商提供可选择的服务	领先优势＋证实
成熟期	早期主体	商品化	体系既定，供应商稳定
饱和期	晚期主体	以电话为主或其他低价格的方式	货币价值
衰退期	落伍者	单一的	传统的

资料来源：贝思·罗杰思.产品创新战略.王琳琳，译.大连：东北财经大学出版社，2003.

四、创新过程的职能交叉支持

创新过程的顺利进行需要企业内部各职能的密切配合支持。如表3-11所示，如果将创新阶段分为概念发展、产品计划、详细设计与开发、商业化准备和市场引入，将职能分为设计、制造和营销，那么各职能在创新的不同阶段是不同的，其中有几个关键点是各职能在不同创新阶段需要密切合作的：一是产品与工艺概念的确定，关键决策为概念通过；二是建立产品与工艺结构，设立项目参数，关键决策为项目通过；三是建造和测试产品，审定产品设计，关键决策为详细设计通过；四是构建并细化第二阶段产品、工艺原型，审定工艺设计和工艺安排，关键决策为产品和工艺联合设计通过；五是建立商业性试验工厂，试运转并测试整个商业系统，关键决策为准许首次商业销售；六是提高至规模生产点，满足初始商业目的，关键决策为准许全面商业化。

要实现创新过程各职能的交叉支持需要企业加强公司内部的界面管理工作，参见第八章。

表 3-11　创新过程的职能交叉支持

职　能	创新阶段					
	概念发展	产品计划	详细设计与开发		商业化准备	市场引入
			阶段 1	阶段 2		
设　计	提出新技术；发展新产品构想；建立模型；实施模拟	选择部件并与供应商相互沟通；建立早期产品系统原理；规定产品结构	完成产品的详细设计并与工艺设计师相互协作；建立完整的产品原型；测试产品原型	细化产品设计；检验试验车间；解决技术难题	检验和评价试验工厂；解决技术难题	对产品在市场中经历进行评价
制　造	提出并研究、审查各种工艺概念（构思、方案）	估计制造成本；确定工艺结构；实施工艺模拟；选定供应商	完成工艺详细设计；设计与开发工具和设备；构建完整的工艺原型（试验车间）	测试与试用工具和设备；建立第二阶段工艺原型安装设备并提出新操作程序（试验工厂）	建立商业目的的试验工厂；依据试生产经验细化工艺设计；培训人员和落实工艺供应渠道	按容量要求使工厂升级，满足质量、产量和成本目标
营　销	提供市场方面的信息；提出并调查研究新产品概念	定义目标顾客的参数；估计销售情况和毛利；指导创新小组与顾客进行早期的沟通	指导顾客测试产品原型；参与评价产品的原型设计	指导顾客第二次对产品测试，并评价产品原型；计划首次公开展出；建立分销计划	为产品初次投放市场做准备；培训销售力量和现场服务人员；设计订单接受/处理系统	为分销渠道供货；出售和促销；与关键顾客联系、沟通与配合

　　　　　关键点①　　　关键点②　　　关键点③　　　关键点④　　　关键点⑤　　　关键点⑥

资料来源：陈伟.创新管理.北京：科学出版社，1996.

[本章精要]

　　1. 创新的一般过程分为五个阶段：创新理念酝酿和选择、创新定位、创新方案设计、实施创新行动、总结与评估。

　　2. 创新理念是企业组织内培育出来的、企业员工内心深处蕴藏着的一种不断创新的价值观，它是企业组织进行创新的源泉。

　　3. 技术创新过程涉及创新构思产生、研究与开发、技术管理与组织、工程设计与制造、用户参与以及市场营销等一系列的活动。

　　4. 技术创新的五代过程模型分别为：技术推动模型、需求拉动模型、交互作用模型、一体化过程模型以及系统集成和网络模型。

　　5. 一般而言，一项具体的创新过程分为四个阶段：创新源、研究与开发、生产制造和创新营销扩散。

　　6. 领先用户是重要的创新源。领先用户是那些其现在的强烈需要在未来几个月或几年中将会成为市场上通常需要的用户，领先用户具有两个特征：第一，领先用户面临市场上将普及的新产品或服务需求，但是他们在市场上大部分人遇到这种需求几个月或几年之前就已遇到了；第二，领先用户敏感地发现通过他们需求的方案而受益匪浅。

7. 一般将研究与开发分为三类：基础研究、应用研究和开发研究。

8. 消费者在采用创新的过程中主要受到三个因素的影响：个人的试用意愿、个人的影响、创新的自身特点。

9. 创新过程的顺利进行需要企业内部设计、制造、营销三个职能部门的密切配合支持。

问题及讨论

1. 选择实例，谈谈你对创新定位的理解。
2. 结合某一代具体的技术创新过程模型，分析某一企业的创新。
3. 讨论外部创新源在创新中的作用。
4. 不同创新阶段需要各职能部门密切合作的关键点有哪些？

[案例应用] 海尔双动力洗衣机和不用洗衣粉的洗衣机的开发过程

1. 海尔双动力洗衣机的开发过程

2000 年，海尔洗衣机本部的工程师吕佩师偶然在飞机上看到了一份杂志，上面介绍了欧洲的一种吸尘器，通过两个动力的切换，可以避免重的东西吸不起来的问题。吕佩师由此得到灵感，提出双动力洗衣机的概念，在波轮转动的同时，滚筒也跟着转。他当时就在飞机上开始画草图，回来之后，立刻成立了一个团队研究新技术。

经过一番论证，从 2000 年年底开始，历时近一年，海尔确定了方案细节，开始试着生产。这一过程并不轻松。相比双动力思路的提出，其动力源的实现更难解决。普通洗衣机是一个电机作用在波轮上，现在还要增加一个电机作用到滚筒上。最后的解决思路是，通过一个减速离合器，输出一个作用力；通过一个电机，输出两个作用力。输出两个作用力是通过齿轮啮合实现的，因此对齿轮的硬度要求非常高。而齿轮啮合带来的问题是噪音过大，于是就加个油的密封。随之而来的则是油的密封问题。所有这些，由于国内基础生产水平不够，海尔都要依靠海外的供应商来提供配件。

这一方案的技术难点是开发能产生双动力的电机，当时国内无法解决此难题。海尔通过专利检索，发现韩国一家公司曾生产过类似电机。于是，他们委托这家公司开发电机。同时，海尔紧锣密鼓地着手撰写专利文件，使得该公司开发的电机均在海尔的专利保护范围之内。电机问题迎刃而解，双动力洗衣机顺利面世。海尔双动力洗衣机受 17 项专利的保护。

2002 年 3 月，海尔双动力洗衣机在青岛市首先上市，用户看完之后，觉得非常好。3 月 24 日在广州、北京、上海同步上市，效果也非常好，用户增长非常快。随后 2 年内，海尔双动力洗衣机进行了 9 次升级，从普通动力、保健双动力、不用洗衣粉的环保双动力、拥有 8 项领先技术的变频 A8 双动力到能让衣服跳舞的仿生双动力。

对于海尔双动力洗衣机的成功，吕佩师认为："海尔关注的不是价格，更不是昙花一现的短期利益。我们始终以满足消费者的需求为出发点。同时，密切关注全球最领先的技术，把这两点有机地结合起来就是我们不断创新的原动力。海尔也是因此才能在家电行业和洗衣机行业长期保持领先地位的。"

2. 海尔不用洗衣粉的洗衣机的开发过程

在研究双动力洗衣机的同时，海尔洗衣机也在沿着另一条路线前进：用户买洗衣机不是要洗衣机,而是要干净的衣服。怎样让用户少用电、少用洗衣粉?相比不用电,不用洗衣粉这一点更好实现。海尔洗衣机本部的工程师吕佩师从很多用户处了解到,很多人买了洗衣机却不能用,因为洗衣机漂洗不干净就会引起皮肤过敏。海尔能不能研制一种不用洗衣粉的洗衣机呢?

此时,包括海尔和欧洲、日本企业在内的洗衣机生产商,都想到了研发不用洗衣粉的洗衣机。海尔已经研究了多年,包括超声波、臭氧还有负离子,做了很多次实验,但都以失败结束。日本企业推出的产品也是很快消失。

海尔为了寻找取代洗衣粉的洗衣技术走了很多弯路。"我们的洗衣机研发工程师都成了化学家了",吕佩师笑称,"海尔一直在研究洗衣机应该怎么做才能更好地环保和节能,正向思考让我们走到了死胡同;经历了无数次失败后,我们开始研究洗衣粉是如何洗干净衣服的,研究洗衣粉的成分、咨询专家,直至通过电解水、利用类似于化妆品成分的一种表面活性剂成功研发出不用洗衣粉的新技术。"

海尔请来专家,查阅图书,购买资料,发现洗衣粉洗干净衣服需要两步:

第一步,洗衣粉必须是弱碱性的。因为人的皮肤为了防止细菌生存和入侵,都要保持酸性。而为了洗衣服,洗衣粉必须是弱碱性的。

第二步,洗衣粉必须能够产生泡沫,才能与溶解下来的污垢结合起来,被冲洗掉。

沿着这个思路,海尔开始整合现有资源。首先,在国际市场上已经有饮水机可以产生碱性水,把这种原理利用起来,海尔请来美国、欧洲和日本的专家一起研究怎么把它运用到洗衣机上。

电解模块早就存在,但是把电解用在洗衣机上则要做很多改变,因为洗衣机的电解和一般的电解是不一样的,它是电解分离出碱性离子。为了做这个电解模块,海尔做了很多试验,最终的成品完全是自主知识产权,包括 35 个专利,其中发明专利 17 个。这个模块在功能上也得到了提升。为了防止结垢,电解电极可以自由转换;为了防止电解时水被电解的浓度是一致的,就加入一个稳流的自动调节电压的零件。这些都通过一个驱动杆控制。说来简单,实际上整个电解模块包含了 26 个软硬件,而一个洗衣机一共也就 100 个零件左右。

其次是解决产生泡沫的问题。海尔把中科院、国家质量检测中心的相关专家请来,也与美容方面、化妆方面的一些专家进行交流。同时,把中国 42 个地方的水都调到青岛来化验,把世界各地的水都调到中国来化验,经过成千上万次的实验,终于得到了理想的结果。

从最早人们用草木灰洗衣服,到用肥皂、洗衣粉洗衣服,再到现在的不用洗衣粉的洗衣机,这种新型洗衣机对人们生活的意义无疑是颠覆性的,而市场对这个产品的响应也是惊人的。在顺德海尔双动力洗衣机生产基地的落成典礼仪式上,国美、苏宁、大中这国内三大电器连锁渠道联合买断了顺德海尔 2006 年全年不用洗衣粉的环保双动力洗衣机。

资料来源:陈劲,郑刚.创新管理:赢得持续竞争优势.北京:北京大学出版社,2013.

思考题:

1. 运用本章所学理论和知识,分析海尔双动力洗衣机和不用洗衣粉的洗衣机的开发过程。

2. 结合案例,分析内外部创新源在海尔两款洗衣机开发过程中的作用。

第二篇
创新计划

第四章 创新外部环境分析

学习目的

■ 理解创新外部环境分析的重要性
■ 了解创新的宏观环境、行业环境和竞争环境
■ 理解产业创新的生命周期与分布模式

引例

在科技面前,没有人能一直高高在上,时代会抛弃一切落伍者。对于老牌企业而言,要么在固执和傲慢中死去,要么在持续创新中重新焕发生机。柯达倒塌的教训,也给正在积极探索转型创新之路的中国企业更多启示。

2012年1月5日,《华尔街日报》报道,柯达准备数周内申请破产保护。届时,柯达将在法庭监督下出售大约1100项专利。柯达,胶卷时代曾占据全球2/3的市场份额,鼎盛时期全球拥有超过14.5万名员工。它曾经是行业的代名词。然而,短短数年间,柯达却因为在创新的浪潮中没有"赶上趟",而面临着可能被时代无情淘汰的厄运。

20世纪七八十年代,柯达几乎一统摄影江湖,在人们心目中,柯达似乎是永不会倒的品牌。然而,这种无敌般的感觉反倒让其管理层滋生了过分的自信,面对新技术的出现和应用,反应迟钝,错失转型的最佳时机。率先发明数码相机的柯达,被数码时代遗弃;首度研发出手机触摸屏技术的诺基亚,同样也沦落在触摸屏时代。柯达、诺基亚等这些曾经被誉为全球企业界明星的行业龙头瞬间风光不再,这背后的原因值得当代所有光环下的那些明星企业们深省。

资料来源:柯达,谁打倒了这个"黄色巨人"?. http://news. xinhuanet. com/2012-01/11/c_111409636. htm

创新外部环境可以分为宏观环境、行业环境和竞争环境。国家创新系统也属于企业创新的外部环境,在一定意义上,企业创新系统是国家创新系统的一部分,不同国家的总体技术战略会有很大的差异,单个企业的创新方向、创新能力受到国家创新系统的深远影响。因此对于国家创新系统的分析是创新环境分析的重要一环。外部环境为企业创新提供机会的同时也产生威胁,对其进行分析,是创新战略制定与实施的基础之一。本章着重对创新的政策环境和产业环境进行分析。

第一节　创新的政策环境分析

创新的外部性使得创新的激励效果大打折扣，因此，如何激励企业从事创新，一般被认为是一个政策和制度问题，即设计一种制度，消除外部性，保证创新企业的利益，从而激励企业开展创新（骆品亮等，2001）。按照阿罗的观点，创新过程的不可分性、创新收益的非独占性和创新过程的不确定性是技术创新市场失灵的主要根源。根据市场失灵原因的不同，出现了多种政策工具，包括通过专利制度提高技术发明人的私人收益、以直接补贴和减税免的形式为创新提供财政支持、通过风险投资机制分担技术风险、建立公共科技基础设施、通过社会科技服务促进技术知识流通与转化等。这些政策工具大致可用"供给、需求、环境、基础"的类型框架进行概括，它们的基本功能是弥补或纠正技术创新各种市场失灵，促进科技资源的优化配置（邢怀滨等，2004）。因此，创新政策是一套复合的政策体系，是政府干预创新活动的有效手段，在创新全过程中都发挥着作用。

一、创新政策的理论阐释：以专利政策为例

专利制度是法律、技术、经济三位一体的知识产权保护方式。专利是赋予一项新技术的发明者以独占的权利。专利有激励创新、披露信息和促进扩散三大功能，但专利同样会导致垄断的危害。因此，如何取得专利在保护发明者积极性、促进技术创新活动的繁荣和垄断产生的危害间的最佳权衡是研究专利与技术创新关系的关键之一。Mansfield（1977）等人研究发现，在研发投资上的中间社会收益比创新者收益的两倍还多。谢勒（2001）也认为，因为行业间产品销售把盈余从进行研发的行业转移到购买新产品的行业，对行业内部研发开支和这些行业生产力增长之间关系的统计分析低估了技术变化对生产力增长所做出的贡献。他估计在那些运用1974年研发成果衍生的产品的行业里，1973—1974年研发投资的平均收益率为70%～74%。这一高收益的大部分可归因于非制造企业运用了制造部门开发的包含研发成果的资本货物。

专利究竟能对创新活动产生多大的激励作用呢？有人认为可以通过专利提成费判断，但一般倾向于用实施专利的年限来间接地衡量专利的重要性，由于专利需要交纳年费，只有重要的创新，专利人才值得交纳相对长时间的费用。但是，以这种角度来确定专利年限还缺乏说服力，因为作为专利人如果在专利保护期内获得的垄断利润足以补偿需要交纳的高年费，他还是有积极性去延长保护期，问题在于制定专利制度的目的是通过激励创新活动以最大限度地增进社会福利。一项发明不仅带来了私人收益，而且产生外部效应，增进社会收益。从长远看，创新的社会收益远大于创新者本人的私人收益。一个极端的情况是对创新不实行专利制度，即专利期限为零，这时一旦有了发明创新，大量的模仿者就会接踵而至，使这项新发明在短时间内扩散到任何需要的地方，这是一种社会收益最大化的情况。另一个极端的情况是对发明创新实行永久性保护，专利持有者就可永远地获得垄断利润。这可能出现两种情况，一是专利竞赛，即巨额的潜在利润会吸引许多企业展开竞争以最早获得专利，从而导致创新过度；二是模仿者必须支付一笔不低的费用而获得专利许可，创新的价格会比市场竞争的价格昂贵得多。

正是基于上述考虑,专利制度规定了专利权的期限,年限的确定是权衡发明的私人收益与社会收益的结果。除这两个因素外,专利最优保护期限还与专利的经济寿命相关,而这种经济寿命又取决于产品生命周期、发明的开发成本、从发明中获得收益的速度、对该产品的需求价格弹性和资金折现率等因素。因此,要对专利的最优保护期给出一个定量结论虽有可能,却相当复杂。

在设计专利制度时,注意以下几个问题是必要的:①专利对技术创新提供的激励因行业的不同而不同,专利政策的确定要体现产业的特征。一项对 27 家英国公司所做的调查显示,如果不存在专利,有的行业的研究与开发不会受到大的影响(如电子行业),有的行业的研究与开发则会大幅度地减少(如化学、医药行业)。②制定制度提高专利出售中研究人员所得比例,以刺激专利申请量和实施量的增加。专利制度保护了专利人创新的部分收益,但由于为获得一项专利创新者必须充分地披露新技术的细节,为新一轮的专利竞争埋下了陷阱,因此,专利对创新的激励效果不如想象的那么大,一些创新者宁愿把创新作为商业秘密。此外,由于专利限制度可被规避,即使存在专利,发明者获得的回报也可能低于新发明所创造的价值,如软件制造商采用反向工程发明与特定硬件兼容的应用软件,尽管模仿者的平均成本仅为发明者开发成本的 65%,但专利还是提高了模仿成本,至少延长了模仿者进入市场的时间(丹尼斯·卡尔顿等,1998)。③专利对产品创新比对工艺创新提供更多的激励。因为产品卖出去后,其技术易被模仿,而工艺技术在企业内部能得到很好的保密。不过,根据日本的经验,更多地向工艺创新提供专利保护,有利于推进企业的工艺创新工作,从我国的实际来看,值得参考。

从福利经济学的观点来看,作为一种公共物品的新技术,福利最大化的条件就是要求免费向潜在采用者提供新技术。但这样做的结果是,明显挫伤了私人企业技术创新的积极性。在实践中,知识产权保护是经常采用的一种利益激励制度,但也存在很大的局限性。考察一下专利对新技术的社会经济效益的影响,如图 4-1 所示,假设 D 是包含某种新技术的产品的需求曲线,MR 是相应的边际收益,PC 是生产成本曲线,社会福利最大化的原则要求产品按生产成本销售,导致产量 Q_w,消费者剩余为($X+Y+Z$)。假设法律允许新技术所有者通过专利来垄断新产品市场(不考虑存在部分替代产品),则生产者可能把价格定为 P_m,这时的产量为 Q_m,从而获得垄断利润 Y,而社会总收益减少 Z。从图 4-1 中可以看出,不论是否拥有技术专利权,私人收益总是低于社会收益。因此,势必造成私人企业技术创新的投入不足。若授予新技术发明者以专利权,则新产品产出水平就要低于社会最佳产出水平,这表明技术只被利用到次优程度。此外,为了追求技术创新的垄断利润,不可避免地引起研究与开发竞赛,以获得先动优势,从而势必造成创新资源的浪费(张建忠,2000)。

二、各主要国家的创新政策比较

历史上最早的技术创新手段是专利政策。各国政府运用较多较早的创新政策手段则是税收。在 20 世纪 50 年代和 60 年代中期以前,欧美各国都处在一个相信技术创新是科技推动力的阶段。政府一般强调科学普及、大学研究会自动地推动创新、走向创新。政策手段主要是给 R&D 以资助,配备实验设备等,使工业结构顺利重组。关注的重点对象是大企业。到了 60 年代末期,上述观念动摇了。许多人认为,科学进步既不是未来创新的必然保证,也不是政治上、社会上总需要的。在美国 1967 年 R&D 经费占 GDP 的比例为 3%,而到了

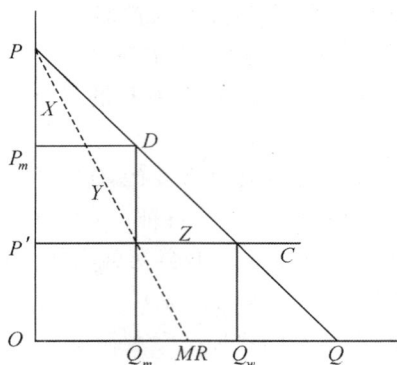

图 4-1　技术创新的最优定价和垄断定价

1972 年,这一比例反而降为少于 2.6%;卫生、环境、城市规划问题,取代了人们对国防、空间科学的兴趣。正是在这一时期,科技政策和技术的创新政策,开始为人们所真正强调。一些政府、大学、国际组织相继在这段时间创建了不少科技和创新的政策研究机构。在欧洲,存在着与美国类似的倾向。政府官员和学者们自 60 年代中期开始关注工业创新过程和 R&D 项目的评估。创新政策的手段是资金资助,促进合作研究,促进大学和企业的结合,扶持小企业。

在 20 世纪 80 年代初,以信息技术、材料技术和生物技术为代表的新技术革命,向人们展示了技术所具有的巨大潜力。这一革命导致了创新政策在欧美的拓展,从那时起,创新政策提到了各国政府的议事日程上。1980 年经济合作与发展组织部长级会议的声明,既表现了西方工业国家对创新政策的热望,也揭示了他们制定创新政策的立脚点。声明中提出对技术创新将争取如下步骤:①在经济、社会和调控性政策的框架内,将把推动创新作为一个目标;②给予研究、开发和创新的投资以优先考虑,以保证短期的压力不至于威胁未来发展的源泉,确保高就业、结构调整;③为创新创造一个良好的环境,包括开发市场,鼓励在公共和私有部门进行有风险的创新;④给予中小企业的创新潜力以特别的关注;⑤推动研究、发展和创新,以提高公共和社会服务部门的效率、质量;⑥推动与世界性问题相关的研究、开发和创新,这些问题包括能源、原材料、环境、食品、城市条件、卫生和工作环境;⑦推动信息技术的技术扩散。

(一)美国的创新政策

在政府在创新方面应起什么作用的问题上,美国历届政府认识不一,其做法也不相同。在第二次世界大战以后的 15 年中,美国政府一直是 R&D 的主要资助者。1961 年后,政府的政策也有了很大的改变,对一般科学的资助骤减。尼克松执政期间提倡“科学技术新合作”。这一方针要求联邦政府、州政府、大学和研究中心在研究与开发上联合起来。卡特上台后,又对政府的创新政策进行了评估。提出的推进创新手段有:产业结构调整,经济贸易,直接资助。里根一上台就取消了许多卡特政府所推出的创新项目和推动创新的措施,强调资助基础科学研究、培养技术人才;鼓励企业进行合作开发;鼓励联邦实验室向企业扩散技术。老布什则希望加强民用的工业创新。克林顿在技术创新上为美国指出了新的方向,创造一个能够繁荣技术创新环境和吸引投资来利用新设想的商业环境,尤其是在加强支持采纳民用技术和"两用"技术开发方面出台了一些新举措。

2001 年 1 月,小布什在就职演说中也曾就科技有关问题许下诺言,"重视科技,有效决策"。科技政策服务于国家利益,是灵活可变的,要确保"信息化基础上的美国科技领先地位":①加大科技投入,重视教育与基础研究,保证卫生与国防;②继续推行系列科技计划,重点发展信息、生物和纳米技术;③关注能源、环境问题,塑造新的能源、环境政策(汪凌勇,2002)。

综上所述,美国创新政策有三个特点:一是强调资助基础科学,以推动技术创新。二是历届政府制订了许多有关创新的法令、法规,为企业提供了一个有助于创新的环境。三是美国的税收政策、政府订购、国防工业都在推动工业创新中起着巨大的作用。美国未来的创新政策可能具有如下特征:政府所提供的全部 R&D 费用将处于更低的水平上;对知识产权实行更加严密的国内国际保护,国内反托拉斯政策放宽;在研究和开发方面,实行更高水平的合作(曾国屏等,1999)。

(二)日本的创新政策

日本的市场经济是"计划性很强的市场经济",是一个以技术立国的国家。日本技术创新的成功在于模仿和模仿基础上的创新。它的国家创新体制特别注重增量性创新,所以主要进行应用研究和商业化开发。主要创新经验有:①企业一直是创新的主体。日本有众多的经理、科学家和工程师、开发研究部门,有高的储蓄率等优势。整个国家的研究与开发经费,主要是企业自筹。②特别强调产品创新,开始偏重于过程(工艺)创新、渐进创新。随着日本与美国技术差距的缩小,日本越来越注意产品创新,美国则从新产品到注重过程创新。③税收优惠、加速折旧。④加大对 R&D 投资量。日本是世界上 R&D 投资额增长最快的国家。⑤对某些关键产业采取不同的对策。比如 20 世纪 50 年代扶植钢铁产业,60 年代扶植汽车、石油工业,80 年代扶植计算机、飞机产业。⑥主要采取限制进口和外国公司的直接投资,通过控制市场进入等政策调控产业结构。⑦政府发挥重要作用,如政府牵头组建公司,建立重点实验室、国家级、省级研究团体。

日本还注重加强基础研究,加强科技情报服务(如建一个连接 100 多个政府研究实验室并横跨很多部门和机构的高速信息网),促进大学与产业界的合作,推动科技活动地区化。

(三)欧洲各国的创新政策

英国的创新政策主要有三点:①重点制定规范,为企业创造新环境。②鼓励企业投资新技术。英国政府于 20 世纪 80 年代采取了两项政策措施。第一项是企业扩展计划(BES),其中规定,个人在非上市公司进行投资,5 年内可以免税,5 年内资本增值可免税。这项计划促进了一个独立的风险资本产业的兴起。第二项是非上市证券市场,对新风险资金的增长起到了相当大的作用。③成立了有关信息技术的 ALVEY 委员会。该委员会确定了一些英国应该优先发展的产业。ALVEY 项目 5 年内共花费了 35 亿英镑,其中政府资助 20 亿英镑。

法国的创新政策特点主要表现在五个方面:①研究与开发经费增加,其中在电子、计算机、科学仪器等研发投入高的工业部门其 R&D 经费增长得最快;②促进大学—工业的合作,推动企业在更广阔的领域中开展了一系列的研究;③加快风险资金的发展,其中信息、电子、通信、基因工程、卫生等新技术企业吸收了这种投资的绝大部分；④推动地区化，其目的是帮助地方企业发展适用技术；⑤加强国际合作，部分合作受到政府计划的直接刺激，部分合作是来自公司间的协议（陈向东等，2003）。

欧洲各国一般将政府的决策目标体现在以下四个方面：①竞争前的研究阶段，重点放在三类技术上，即信息和通讯科学、新材料、生物技术；②商业化阶段，重点放在技术对整个工业的传播、扩散上；③承认在发展以科技为基础的新工业活动中，风险资本在企业的诞生中起着十分重要的作用；④注意到创新和扩展问题的国际性，给予国际合作以最优先的考虑。

总之，各国的创新政策虽然由于国情的不同有所差异，但还是有一些共同点，如科技面向经济；由最高层做出决策；增加科技经费；产业成为主力军；加强各种形式的科技合作；重视高新技术 R&D 与应用；强调教育与培训等。

目前检验创新政策的实施效果基本上都是利用对科技投入或产出的统计数据来加以说明。陈向东等（2003）综合一些文献，对中、美、韩、法及欧盟的创新政策效应进行了比较分析，如表 4-1 所示。

表 4-1　中、美、韩、法及欧盟创新政策效应的比较

	中　国	美　国	韩　国	法　国	欧　盟
政策形成和实施的机构设施	＊＊	＊	＊＊	＊＊	＊＊＊
政策评估或绩效测评	＊	＊＊＊＊			＊＊＊＊
科学研究工作的管理	＊＊	＊＊＊＊	＊	＊	N/A
工业性研究与开发的收益激励	＊＊＊	＊＊＊＊	＊＊	＊＊＊	＊＊＊
技术扩散政策及其多样性措施	＊＊		＊＊	＊＊＊	＊＊＊
技术密集型企业的激励和发展计划	＊＊＊	＊＊＊＊	＊	＊＊＊	＊＊
知识创新新型设施(互联网/环境)	＊＊	＊＊＊＊	＊＊	＊＊＊	＊＊＊
高效创新工作平台、无形资产环境等	＊	＊＊＊		＊＊	＊＊＊＊

注：＊＊＊＊表示政策较完善，效应较好；＊＊＊表示政策较完善，个别政策需调整；＊＊表示部分政策需调整；＊＊表示有部分政策存在重要缺陷；＊表示政策存在严重缺陷；N/A表示政策空缺。

三、主要创新政策分析

创新政策的作用领域包括基础研究、基础设施、社会收益大的创新、避免创新的重复、增强国际竞争能力、创新的扩散、合作研究等（陈文安，2000）。我们可以从不同角度对创新政策进行分类，按激励效果来分，有激励型政策、引导型政策、保护型政策和协调型政策（见表4-2）；按技术产生影响的层面划分，有供应政策、环境政策和需求政策。

表 4-2 创新政策类型

激励型政策	金融政策	优先贷款和优惠贷款;外贸外汇方面的支持;设立企业创新风险基金
	财政政策	对 R&D 的投入拨款;对创新的奖励
	税收政策	给予新产品减免税;给予 R&D 活动以税收优惠
	分配政策	从利润中提取创新基金
	价格政策	自主定价
	信息政策	建立国家信息化基础结构;为创新企业提供及时准确的信息
	专利政策	保护创新成果和知识产权
	其他政策	对创新者的奖励;提供创新所需的基础设施;清除既得利益集团对创新的阻力;减少创新过程中的政府官僚程序;劳动力的培训
引导型政策	产业政策	科技产业优先发展政策;科技产业开发区政策;高新技术产业政策;产业结构调整政策
	科技政策	技术进步政策;技术市场政策;技术中介政策;技术人才政策;技术转让政策;技术合作和交流政策;技术引进政策;技术改造政策;技术进步和技术成果评价政策;对 R&D 机构支持政策
保护型政策	关税保护政策;政府购买政策	
协调型政策	协调自主创新与技术引进、技术转让关系政策;协调跨地区、跨行业、跨企业技术创新矛盾政策;促进产—学—研合作政策	

资料来源:陈文安.创新工程学.上海:立信会计出版社,2000.

下面按照创新的供应政策、环境政策和需求政策分类对主要的创新政策进行分析(张雅娴等,2001)。

(一)供给面政策

供给面政策工具指政府通过人才、信息、技术、资金等的支持直接扩大技术的供给,改善技术创新相关要素的供给状况,从而推动技术创新和新产品开发。供给面政策工具又可分为人力资源培养、信息支持、技术支持、资金支持、公共服务等方面的政策。

(二)环境面政策

环境面政策指政府通过财务金融、租税制度、法规管制等政策影响技术发展的环境因素,为产业界进行技术创新提供有利的政策环境,间接推动技术创新和新产品开发。环境面政策包括:财务金融、租税优惠、法规管制以及政府基于协助产业发展的需要,制定区域政策,鼓励企业合并或联盟的政策以及鼓励技术引进和创新的政策等。

(三)需求面政策工具

需求面政策工具指政府通过采购与贸易管制等做法减少市场的不确定性,积极开拓并稳定新技术应用的市场,从而拉动技术创新和新产品开发。需求面政策包括:政府采购、外包、贸易管制和对海外机构的支持等。

政府各项技术创新政策其重要性程度是不同的,一项调查表明,按重要性程度不同(假定最高 5 分),政府的技术创新政策依次是给予优惠产品减免税(3.733)、优惠贷款(3.366)、重奖创新有功人员(2.900)、规定企业应提取技术开发基金(2.780)、科技政策(2.582)、产业政策(2.503)、政府资助(2.216)、自主定价(1.918)、关税保护(1.331)、外汇留成(1.135)。

国内手机启用 WAPI 无线局域网标准

2003 年 12 月，中国国家质检总局、国家认监委发布公告，宣布对无线局域网产品实施强制性产品认证。

随着 2009 年 4 月 17 日中国工业和信息化部宣布今后国内所有 2G 和 3G 手机都可以使用 WAPI 技术之后，国内无线标准的纷争也算暂时告一段落，先后也有国内厂商推出了含有 WAPI 功能的手机，随后，国际手机巨头摩托罗拉在国内推出首款配备 WiFi＋WAPI 的行货 3G 手机，算是正式开启了国内手机启用 WAPI 无线局域网标准的大幕。

中国移动、中国电信等运营商已将 WAPI 国家标准的相关要求纳入 WLAN 企业标准中，并表示将积极采用自主创新技术，全力推动 WAPI 标准完善、产品成熟及商业应用。在目前的中国三大电信运营商 WLAN 招标过程中，均明确要求支持 WAPI 标准。

资料来源：深度报道：WAPI 逼近国际标准的内在逻辑. http://www.aliyun.com/zixun/content/2_6_875947.html.

四、我国创新政策体系分析

改革开放以来我国创新政策依其特点不同可分为三个阶段：20 世纪 80 年代，在计划经济体制下推出多项科学技术计划，如"国家重点实验室计划"、"星火计划"、"863 计划"、"火炬计划"等；90 年代，政府对科技成果转化为生产力问题给予了特别的关注和支持，服务体系建设开始进行，如"科学技术开发贷款"、"国家工程技术研究中心建设计划"、"产学研联合开发工程计划"及《中华人民共和国促进科技成果转化法》等。1995 年至今，国家技术创新工程开始实施，创新政策急剧增多。从已出台的创新政策来看，主要呈现出如下特点：一是创新政策的分布呈现对科技成果管理推广较重视、对高新技术企业建设的力度不足、对体制改革逐渐重视的格局；二是从偏重供给政策逐步向环境方面的政策转变；三是政府对创新的干预方式由更多依赖计划手段逐步向市场手段转变，干预对象由主要面向国有大中型企业向不同所有制、中小企业转变；四是创新日益受到政府的高度重视，创新工程开始实施（陈向东等，2003）。

张雅娴等（2001）以《鼓励软件产业和集成电路产业发展的若干政策》（2000 年 6 月国务院颁发，以下简称《若干政策》）为例，对我国创新政策特点做出了具体分析：《若干政策》全文共 13 章 53 条，涉及软件产业的共 12 章 41 条，主要包括投融资、国内外上市投资、产业技术、出口、收入分配、知识产权保护、人才吸引与培养等方面的优惠政策。总体上看，《若干政策》中有关软件产业的条款兼顾了供给面（70.5%）、环境面（18.2%）和需求面（11.4%）政策工具的运用。在环境面政策中，法规管制占了相当大的比例（41.90%），然后依次是策略性措施（25.80%）、租税优惠（19.40%）和财务金融措施（12.90%）；在需求面政策中，贸易管制的比重最大，达到了 62%，政府采购（25%）和外包（13%）也得到了一定的体现，但海外机构目前还是空白；在供给面政策中，最受关注的是人才培养，占到条款的 66%，公共服务和资金支持均为 17%,关于信息和技术支持的条款未涉及。

需要指出的是,上述关于创新政策的分析是基于均衡的分析思路,如果在演化框架下进行创新政策的制定,则两者的区别还是很明显的(见表 4-3)。

表 4-3　均衡和演化框架下的技术创新政策比较

	均衡框架	演化框架
分析视角	技术是黑箱状态	关注技术创新过程
思维导向	消除市场失灵,实现技术创新所需资源的最优配置	纠正系统失灵,促进创新的发生与顺利进行,提升创新能力
政策设计	具体的政策措施,如财政支持、税收优惠、专利保护、提供基础技术和共性技术等	结构性的制度安排,如扶持中介机构、促进中小企业发展、促进企业与公共研究部门合作等。需要选择运用基本的政策工具,如财政、税收、专利、政府采购等
政府政策	政府是资源配置的规划者,从外部为技术发展提供条件	政府是参与者,与其他参与者之间存在相互作用

资料来源:邢怀滨,苏竣.均衡和演化框架下的技术政策比较.科学学研究,2004(5):488-492.

第二节　创新的产业环境分析

产业环境分析涉及产业生命周期阶段,不同生命周期阶段的产业环境是不一样的。一个产业处于什么样的生命周期阶段,可以简单地运用需求和技术这两个因素的增长状况来判断:当需求引力和技术推动力同步增长(衰退)时,产业就会呈现增长(或衰退)态势;当需求引力与技术推动力不同步时,产业生命周期阶段的判断则需要再进行具体的分析。显然企业在选择自己的创新战略时,需要对产业生命周期阶段做出准确的判断。盛亚(2002)曾在《技术创新扩散与新产品营销》一书中运用了技术创新扩散模型对产业生命周期阶段划分进行了定量的分析,在此不再赘述。这里以技术因素为出发点,结合市场因素,对产业生命周期的阶段特征及其相应策略做出定性分析。

一、产业生命周期及其相应的创新管理策略

技术的每一次重大变化都会引起一个新的产业生命周期,如晶体管、集成电路、微处理

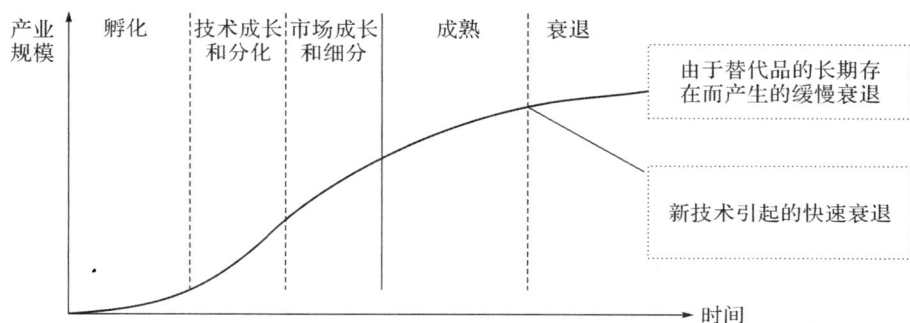

图 4-2　基于技术的产业生命周期模型
资料来源:陈伟.创新管理.北京:科学出版社,1996.

器等计算机产业的影响。如图 4-2 所示，一般来说，从技术的角度看，一个产业的生命周期分为五个阶段：孵化、技术成长和分化、市场成长和细分、成熟、衰退。不同阶段的需求和技术特征是不一样的，产业生命周期的创新管理如表 4-4 所示。

表 4-4　产业生命周期的创新管理

阶　段	孵　化	技术成长 与分化	市场成长 与细分	成　熟	衰　退
技术重点	• 发明 • 应用研究 • 根本性创新	• 产品性能 • 开发速度	• 主导设计 • 新产品较少 • 工艺创新	• 工艺创新 • 小的产品改进	• 产品使用寿命 • 技术多样化发展
营销重点	• 专家 • 领先用户 • 市场非常小	• 产品寿命短且高度变化	• 市场快速成长 • 细分市场	• 价格 • 促销竞争	• 价格、质量、服务
生产工艺	• 工作间	• 批量	• 自动化岛	• 集装线→连续流动	
管理角色	• 企业家	• 有经验的→营销经理	• 行政管理者→联结者	• 财务管理者	
界面管理模式	• 非正式交流	• 非正式交流和工作小组	• 非正式交流小组→项目经理	• 正式交流沟通机制，高级经理	
主导职能	• 创业家 • R&D	• R&D 和营销	• 营销	• 生产与财务	• 生产、财务、营销
成本要求	• 低	• 低	• 提高	• 高	• 非常高
组　织	• 非正式、自由形式	• 非正式、职能式组织	• 正在成形、项目/矩阵	• 正式、职能式的/官僚的	• 正式
风险与不确定性	• 非常高	• 高	• 低	• 中	• 高

资料来源：Mark Dodgson, Roy Rothwell. 创新聚集——产业创新手册. 陈劲，译. 北京：清华大学出版社，2000；陈伟. 创新管理. 北京：科学出版社，1996。

孵化阶段的主要特征：对于渐进性创新，技术和需求比较容易预测，不确定程度低；但如果是突破性创新，面临的技术和需求的不确定性程度都很高，这是该阶段的最大难题。技术重点是加强发明、应用研究和根本性创新；由于需求比较小，这个阶段可以发挥专家的作用和加强对领先用户的研究；关键部门是 R&D；组织倾向于非正式。

技术成长与分化阶段的主要特征：①基本需要的各种特征初见端倪，技术推动产业和市场成长；②产品寿命短，突破性创新多；③第一个把具有显著高性能的产品带入市场的企业可能取得创新成功；④企业死亡率高；⑤主导设计在后期出现。技术重点是提高产品性能和加快开发速度；营销重点在于把握需求的变化；关键部门是 R&D 和营销；组织倾向于非正式。

市场成长与细分阶段的主要特征：①行业销售量快速增长；②市场细分不断增加；③技术进步速率较低；④技术创新更为渐进；⑤在新产品决策中，营销职能起更大作用；⑥市场中的企业数目进一步减少。技术重点是瞄准主导设计，加强工艺创新；营销重点是注意细分市场；关键部门是营销；组织逐步正式化。

成熟阶段的主要特征：①市场接近饱和，需求主要来自新产品对旧产品的更替；②大宗市场被少数几个产量大的制造商控制;③突破性产品创新的可能性较低;④大批量生产者将技术重点放在工艺技术创新上;⑤小企业的机会在于设计高附加价值产品来开发空缺市场;⑥市场创新对商业成功意义重大,且成为创新管理的中心。技术重点是加强工艺创新,产品的小改进;营销重点是进行价格和促销竞争;关键部门是生产与财务;组织倾向于正式。

一个企业要在产生的衰退阶段生存下来,必须获得新技术方面的专长并有效地利用它,以加强自己在当前市场上的实力。或者使用现有技术进入新市场;或者使用旧技术来提高产品的使用寿命,以统治替换市场,即靠产品的使用寿命自然替换。技术重点是提高产品使用寿命以及技术多样化发展;营销重点是价格、质量和服务;关键部门是生产、财务、营销;组织倾向于正式。

二、产业生命周期与市场创新

在产业生命周期不同阶段,市场创新工作始终贯穿其中,并伴随着需求规模、特征等的变化而不断进行创新重点的转移。市场创新首先涉及市场创新域的选择,市场创新域,是指市场创新者可以选择的、能引起现有市场发生变化并导致新市场出现的各种因素的总和,市场创新域可分为产品、需求等创新域。

能够影响和制约市场变化并导致一种新市场产生的各种产品要素群称作产品创新域。有三层产品要素:第一层是产品的核心要素。也就是产品的使用价值。第二层是产品的实体要素。主要包括该产品的质量水平、产品特性、式样设计、品牌名称、产品包装等不同方面的特征。改变其中任何一种实体要素,都可以引起相应的市场变化,创造出一种新的市场,这是一个更为广阔的市场创新域。第三层是产品的引申要素。也就是企业为产品用户提供的各种附加服务和附加利益,主要包括产品的质量保证、购买信贷、运送、安装、技术指导、维修等。需求创新域指直接面向用户的需求。企业在选择需求创新点时考虑更多的是市场需求的实际状况及其变化趋势。市场创新者应该根据市场需求的发展现状及其变化趋势,发现新需求、创造新需求,开辟新市场。我们可以根据安索夫的产品—市场战略矩阵,给出市场创新的基本战略选择,如表 4-5 所示。

表 4-5　市场创新的基本战略选择

	现有产品	新产品
当前市场	1. 现有产品—市场中的成长 • 提高市场份额 • 提高产品使用量:包括提高使用频率、提高使用数量和为现在用户寻找新用途	2. 产品开发 • 添加产品特色,产品细化 • 扩展产品线 • 开发新的产品技术 • 为同一市场开发新产品
新市场	3. 市场开发 • 地理上的扩展 • 瞄向新的细分市场	4. 向新产品和新市场的多样化发展 • 相关的 • 无关的
垂直一体化	5. 垂直一体化战略 • 前向一体化 • 后向一体化	

资料来源:Mark Dodgson,Roy Rothwell. 创新聚集——产业创新手册. 陈劲,译. 北京:清华大学出版社,2000.

市场创新还涉及市场创新度的选择。市场创新度指不同企业所进行的市场创新活动的新度。在相同的市场条件下，不同的市场创新度是决定企业市场竞争力的一个重要因素。市场创新可划分为首创、改创和仿创三种。

首创型市场创新是创新度最高的一种市场创新方式。例如率先向市场成功地推出全新的产品（德国西门子 1867 年推出的发电机、美国贝尔电话公司于 1877 年推出的电话、德国本茨公司于 1888 年推出的汽车、美国柯达公司于 1935 年推出的彩色照相机、美国 RCA 公司于 1853 年推出的彩色电视机、美国 1971 年推出的微处理机等）和率先开辟新的市场销售渠道，以及采用一种全新的市场营销方式。首创型市场创新活动风险较大，成本较高，相应的利润也较高。

改创市场创新是对现有产品进行改进和创新，是对已有的首创市场进行改进和再创造，在现有首创市场的基础上，充分利用自己的市场实力和创新条件，对他人的首创市场进行再创新，从而提高首创市场的适应性。当第一台电视机上市之后，市场上先后出现了各种各样的改创型电视机产品，包括薄片式电视机、大屏幕电视机、微型电视机、投影电视机、电话电视机、工业电视机、数字电视机等。

仿创型市场创新是创新度最低的一种市场创新方式，其基本特征在于市场模仿性。市场模仿的方式很多。既可以模仿新的产品、新的服务、新的市场定位、新的包装，又可以模仿新的市场组织、新的交易方式、新的促销手段。但必须充分考虑并尊重市场首创者的知识产权，包括专利权、商标权、著作权及其他各种知识产权。为避免发生侵权行为，不同的市场模仿者，可以根据不同的创新条件，分别采用合资经营、合作经济、技术转让、商标转让、市场特许引入新的市场要素，开辟新的市场。

三、产业生命周期与产业创新

(一)产业创新的内涵

产业创新也不同于一般意义上的企业创新，一般意义上的企业创新是在产业结构稳定、产业界限明晰的产业中，企业为了在竞争中获取竞争优势而进行的创新行为，而产业创新则是企业在产业结构不稳定、产业界限不明晰的产业转型时期，着眼于未来，以对自己有利为原则进行的旨在改变现有产业结构，甚至建立一个全新产业的创新行为。

在一个剧变的环境中，企业只有掌握了所在产业的命运，才能够掌握企业自身的命运。而要掌握产业的命运，关键在于产业创新。产业创新实质上就是企业凭借产业先见或产业洞察力构想未来产业轮廓，以创新竞争规则、重划产业界限、创造全新产业为路径，通过培育核心能力来使构想的产业成为现实的创新过程。

(二)产业创新的路径

● **产业竞争规则的创新**　即设法从根本上改变游戏规则，打破现有的竞争格局，从而在所处的产业中走出领先者的阴影，成为产业中新的领先者，是产业创新的常见路径之一。比如，借助于电子商务，零售业的产业竞争规则创新改变了产业的价值链，降低了进入壁垒，企业的获利"引擎"也由传统商业的产品销售模式转向了问题解决模式（陆国庆，2002）。

● **重划产业界限**　管制放松、全球化、重大科技突破以及信息技术在战略上的重要性已模糊了许多产业的界限，制造业与服务业逐渐难以区分，商业银行与投资银行趋于融合，出版、广电、电信公司与电影制片厂都难再进行明显的区分。在产业分化和重组剧烈的时代，企业只有重新设定产业界限，才能认识和发现竞争对手和合作伙伴，重新确立企业的竞争空间。企业通过对产业界限的调整，可以创造新的产品或服务，延伸产业价值链，如传统制造业向服务业的延伸即属产业界限的重划。这种通过突破传统制造业边界向服务业延伸的产业创新战略使日益衰退的传统制造业获得新生。如个人计算机的桌面硬件本身的价值只占整个产业收入的 20％以下，而为计算机服务的相关产业占整个产业价值的 80％以上（陆国庆，2002）。

- **创造全新产业**　即企业通过技术创新或对需求变化的前瞻性思考，依靠企业的核心能力，为顾客提供全新的产品或服务，从而创造一个全新的产业。在面向未来的竞争中，如果企业可以创造一个全新的产业，那么它就能主导这个产业的发展走向，决定该产业的竞争规则，从而把握企业发展的命运。创造全新产业依靠的不一定全是重大的发明创造和革命性的技术创新。因此，创造全新产业包括产业链的所有环节，企业只要在其中的一个环节有了创新，就有可能创造出全新的产业。DELL 公司是计算机产业的明星企业，在硬件上它比不上 Intel、IBM，软件比不上 Microsoft，但正是由于首创了计算机的直销模式，使企业具备了无与伦比的竞争力，"DELL 模式"被公认为福特的流水线之后的另一场产业革命。

（三）产业创新的时机选择

- **新技术及其标准竞争**　技术变迁引出新的产品设计概念、新的市场营销手法、新的生产和运输方式、新的相关服务等，这是产业创新的前兆。当技术改变使新产品的前途看好时，甚至可能诞生一种新的产业。以 X 光机为例，由于德国首先发明了这项技术，所以德国在医疗影像产品上率先取得了领先地位。但是当新的科技出现取代了传统科技后，旧有的领导厂商的地位随之受到威胁。日本企业正是通过电子科技进行产业创新而取得了在医疗影像产品市场的竞争优势。但是市场上并不都是那些技术性能最优的产品占领市场，而是那些先期得到广泛应用的技术，因此，对于企业来说，能否淘汰其他技术让企业技术方案成为法定（或事实上的）技术标准，让用户对企业技术建立依赖，成为用户采购的技术标准，将成为企业竞争成败的关键。在技术标准竞争中，拥有法定技术标准的企业具有其他企业难以模仿的竞争力；同时比其他竞争对手更强大的用户安装基础将有利于企业率先发起正反馈而赢得竞争（黄璐，2003）。从微观层次上来看，产业标准竞争的影响主要体现在对企业核心能力的构建上，因此，应对产业核心技术的研究与开发给予充分的重视，尤其是那些属于不同产业所共有的关键技术和重大基础技术（郭斌，2000）。

- **客户需求转变或新需求诞生**　当新的客户需求出现或需求的优先顺序发生重大改变时，也是产业创新的好时机。安于现状的企业会满足于既有的价值链，往往不易察觉这种需求变化。像美式速食业的流程全然不同于传统餐厅，它之所以能崛起并迅速风靡全球，拜赐于许多国家的消费者越来越重视用餐的便利与质量的稳定，而传统的餐厅无法及时迎合这些需求。

- **新的产业环节出现**　当产业内部重组或出现新的环节时，也是进行产业创新的机会，可能会有新的客户群出现、新的生产方式问世或改以某一新的客户群为目标。堆高机产业就是一个很好的例子。日本企业首先察觉到市场缺乏一般用途的堆高机，因此改从建立标准化设计和自动化流程下手，集中精力发展轻型堆高机。这个例子显示了，抓住新的产业环节通常是改变既有价值链，进行产业创新的机会。

● **政府法令规章的改变**　政府调整生产标准、环境控制、进口限制或贸易障碍等法令规定,也会刺激产业创新并产生新的竞争优势。比如说日本的司法院承认传真文件的合法性,这就极大地推动了该国传真机产业的发展。

四、产业创新分布模式

创新分布模式研究在产业生命周期阶段产品创新和工艺创新之间的组合关系及其相应产业组织的变化。美国哈佛大学的 Abernathy 和 MIT 的 Utterback 最早在 1978 年把产品创新、工艺创新以及产业组织的变化划分为流动阶段、过渡阶段和确定阶段,解释了以产品创新为中心的产业创新分布模式,称为 A-U 创新模式。

（一）产品创新导向的创新分布模式（A-U 模式）

A-U 创新模式认为,产品创新和工艺创新的组合关系如图 4-3 所示。初期,重要产品创新的速率高,但随着重要工艺创新率的提高,重要产品创新率会递减。当以大批量生产为标志的产品标准化生产成熟时,产品和工艺创新率从本质上而言都会是下降的。主导设计的出现是导致产品和工艺创新率方向性变化的关键点。主导设计的出现是技术创新竞争发展的里程碑,它是从 PLC 初期各种产品创新中综合出来的占主导地位的新产品。主导设计会加强产品的标准化,带来生产上的经济性,从而出现了以成本为基础和以产品性能为基础的竞争。

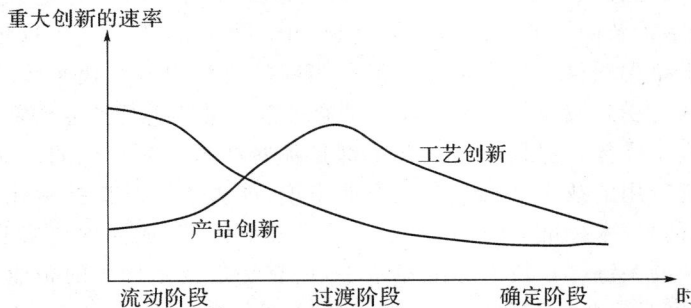

图 4-3　产品创新导向的创新分布模式（A-U 模式）

主导设计出现的特征是,技术打破了对当前最高技术水平的根本性限制,提供了更大的发展潜力;设计提供了产品或工艺中其他因素的创新价值;产品确保向新市场扩展。渐进性创新在经济收益上要大于根本性创新,因此最成功的企业都采取集中在某个关键核心技术领域上进行创新的做法。

由于技术、组织和环境变化的相关性,生命周期所给出的技术变化各极端的特点,相应地潜在定义了在组织发展各阶段,所应采用的易获得成功的组织方式和应付竞争者与文化环境挑战的竞争战略。A-U 模式中指出了竞争各阶段创新激励的来源、创新的主要类型、生产线特点、设备类型、材料类型、组织控制方式。表 4-6 详细列举了 A-U 模式中产品创新、工艺创新与产业组织的变化及其相互关系。

表4-6　A-U模式中的产品创新、工艺创新和产业组织的关系

	产品流动阶段	产品过渡阶段	产品确定阶段
竞争焦点	产品功能	产品改进	降低成本
创新激励的来源	用户需要和用户技术投资方面的信息	内部技术能力不断增强所创造的机会	降低成本和提高质量的压力
创新的主要类型	产品经常出现重大变化	产品增加引起工艺出现重大变化	产品和工艺渐进性创新,生产率和质量积累性提高
生产线	多种多样,常根据创新者的要求定制一些设计	至少有一种产品设计比较稳定,产量达到相当的规模	主要生产无差异的标准产品
生产工艺	具有柔性,效率低,易于进行重大修改	逐渐有刚性,只在特别重要的阶段发生变化	高效率,资本密集并具有刚性;引入变化的成本提高
设备	具有通用性,要求操作者有较高的技能	一些过程实现自动化,出现"自动化岛"	专用,基本上自动化,操作者的任务是监视和控制
材料	使用现有的、易获得的材料	部分材料由供应商专门提供	需要专门的材料,如得不到,就应实行垂直一体化
工厂	小规模,地点接近用户或技术源	工厂具有通用性,某些部分开始专门化	大规模,对某些特定产品高度专门化
组织控制	非正式的,强调企业家精神	利用各种关系协调项目小组	强调结构、目标、程序和规则

资料来源:陈伟.创新管理.北京:科学出版社,1996.

在后来的研究中,James M. Utterback(1999)对A-U模式做出了两个重要改进:①区分了装配产品和非装配产品创新的不同,并且在原有A-U模式的基础上,提出了关于非装配产品的创新模式,其中过渡阶段最为集中地体现了两种创新模式的不同。②提出了断裂性创新和连续性创新的不同,并且提出了对应不同种类创新的管理战略,进一步证实了"主导设计的出现确实是产业竞争本质的一个分水岭",指出了一个值得重视的现象是,"在这个设计结构框架内,在主导结构确定以后,元器件层次上的创新仍然是激烈的"(谢伟,2001)。然而他又进一步指出,集成电路产业是唯一无法与主导设计出现后竞争公司大量减少模式相一致的例子。

事实上这正道出了A-U模式存在的问题:首先主导设计并不是一个非常准确的概念,也并不适合所有新产品,尤其是在消费者效用标准存在多样化的情况下;其次主导设计是一个变化的概念,没有任何一种产品能轻易地被认为是主导设计,这些产品一代又一代的出现,并保持不断的变化,当出现下一个主导设计时,行业的发展也就进入了下一个创新浪潮,这时是否还会重新演化出A-U模式的规律,不能做出很好的回答;最后在许多行业,并没有出现"主导设计出现,导致根本性产品创新减少,相应地根本性工艺创新增加"的现象,在主导设计之前已经形成了大规模的工艺创新,微电子行业DRAM市场演化的创新模式呈现出根本性产品创新和根本性工艺创新同步演化的规律。也就是说,主导设计在这里不是起决定性作用的,产业创新分布模式是由市场需求空间和企业技术创新能力两方面因素决定的(程源等,2003)。

（二）工艺创新导向的创新分布模式

美国半导体产业由兴起到成熟（通用集成电路技术）符合这一传统模型，但专用集成电路的发展却向我们提出了产品创新和工艺创新的复杂关系。有些重要产品的创新变化并不符合 A-U 创新模式，如钢铁、玻璃、液晶材料和基本化工原料等，为解释此类产业的创新变化，陈伟（1996）提出了以工艺创新为中心的产业创新分布模型（称为 A-U 模式的逆模式，记为 $(A-U)^{-1}$ 模式），这时工艺创新是产品创新的先导与必要条件，工艺创新导致产品创新；各种情形下的企业创新行为受竞争焦点的引导，呈现出系统性的、可预测的模式。根本性工艺创新导致新产品实现，渐进性工艺创新导致产品质量提高，各种工艺创新使效率大大提高、成本大大降低，并且根本性工艺创新一般总带有生产规模的重大变化和所用原料的变化。一般来说，来自需求的不确定性较小，主要的不确定性是技术的不确定性以及战略转换的不确定性。表 4-7 详细列举了以工艺创新为中心的产业创新分布模式中的工艺创新、产品创新和产业组织的关系。

表 4-7 $(A-U)^{-1}$ 模式中的工艺创新、产品创新和产业组织的关系

	工艺流动阶段	工艺过渡阶段	工艺确定阶段
竞争焦点	技术实现方式、工艺结构与功能（以效率、温度、规模为目标）	工艺/产品变化（新产品出现）；适应于原料的工艺创新	提高效率、降低成本；提高产品质量；产品多样化
创新激励的来源	关于生产需要和技术进步的信息	正在扩大的内部技术能力所创造的机会；原料变化	提高效率和质量、降低成本的压力；追求投资效率的动机；干中学
创新的主要类型	经常性的重大工艺变化（突破性创新）	工艺技术引进的产品重大变化；围绕产品和原料进行的工艺改进	工艺/产品渐进性创新（生产效率和产品质量的积累性提高，成本逐步降低）
生产产品	许多新产品的生产成为可能	大量生产各种产品；产品生产逐渐规范化	高质量的标准产品
生产工艺	柔性的和低效率的，易于进行重大改变；具有试验性；以克服某个障碍为目的；后期出现主导设计	逐渐增加一些专用结构和设备（生产某些产品）；适应于原料的工艺创新	高效率，资本密集并具有刚性，变化的成本很高，对重大工艺变化的反应能力极差；渐进性创新的经济价值很高
设 备	通用，试验性；要求操作者有较高的技能	一些过程实现自动化，出现"自动化岛"	专用，基本上自动化，操作者的任务是监视和控制
材 料	一般性现有材料	供给专门化，新材料或某一类现有材料	材料来源、供给创新或（燃料）原料配比变化；新材料
工 厂	小规模，地点在技术源处或生产现场	具有专门设备的通用工厂	大规模，生产工艺高度专门化
组织控制	非正式的，强调企业家精神	利用各种关系协调项目小组	强调结构、目标、程序和规则

资料来源：陈伟.创新管理.北京：科学出版社，1996.

有研究表明，这种以工艺创新为中心的创新模型，对实施"3I 模式"（即模仿—改进—创

新)的发展中国家的企业更适合。中国彩电业也提供了这方面的例证。在彩电产业引入期，国内彩电机器相关工业基础薄弱，为了提高工效和产品质量的可靠性，购买作为生产线主要组成部分的自动插装机和贴片机等生产设备是唯一的技术选择，那时的中国彩电业可以说主要在引进基础上进行工艺创新。但随着中国彩电业的壮大和竞争的日益加剧，产品创新逐步成为主导形式，每年产品的创新率达到80%，大屏幕电视、数字电视、高清晰度电视、液晶显示电视、等离子体电视、卫星接收电视机、声控电视机、十画面画中画、十六画面画中画等层出不穷(谢伟等，1999)。吴晓波(1995)将这种发展中国家通过模仿—消化吸收—改进的创新模式称为"二次创新"，其动态演化特征如表4-8所示。

表4-8 二次创新动态演化特征

创新阶段	模　仿	消化吸收	改　进
竞争核心	绩效	低成本	绩效
创新源	技术瓶颈	市场需求/技术瓶颈	市场需求
主导创新	工艺创新	工艺调整/产品多样化	改进产品
产品	单一	标准	多样化
设备	进口关键设备	通用设备	专用设备
能力	吸收能力	专业化/规模	自主 R&D
战略重点	进入市场	低成本	多样化

资料来源：吴晓波．二次创新的进行过程．科研管理，1995(2)：27-35.

研究表明，许多服务业创新也符合这样的分布模式，巴拉斯将之描述为"逆向产品周期"，其工艺创新领先于产品创新。服务业创新的第一个阶段包括工艺创新，采用其他经济部门的新技术，以提高生产和发货的效率。在第二个阶段，采用新的生产系统以提高服务质量，例如，提供客户信息的频率和容量，在非工作时间提供服务(例如银行自动柜员机)。第三阶段涉及在新技术基础上诞生的新服务，例如信息技术处理的数据可以提供给其他程序(例如在线数据服务)，或通过其他方式再加工(例如提供更柔性的服务)(Mark Dodgson，Roy Rothwell，2000)。

[本章精要]

1. 激励企业从事创新，一般认为是一个政策和制度问题，即设计一种制度，消除外部性，保证创新企业的利益，从而激励企业开展创新。

2. 创新过程的不可分性、创新收益的非独占性和创新过程的不确定性是技术创新市场失灵的主要根源。

3. 政策工具大致可用"供给、需求、环境、基础"的类型框架进行概括，它们的基本功能是弥补或纠正技术创新各种市场失灵，促进科技资源的优化配置。

4. 创新政策的作用领域包括基础研究、基础设施、社会收益大的创新、避免创新的重复、增强国际竞争能力、创新的扩散、合作研究等。

5. 产业环境分析涉及产业生命周期阶段，不同生命周期阶段的产业环境是不一样的。一个产业处于什么样的生命周期阶段，可以简单地运用需求和技术这两个因素的增长状况来判断：当需求引力和技术推动力同步增长（衰退）时，产业就会呈现增长（或衰退）态势；当需求引力与技术推动力不同步时，产业生命周期阶段的判断则需要再进行具体的分析。显然企业在选择自己的创新战略时，需要对产业生命周期阶段做出准确的判断。

6. 市场创新首先涉及市场创新域的选择，市场创新域，是指市场创新者可以选择的、能引起现有市场发生变化并导致新市场出现的各种因素的总和，市场创新域可分为产品、需求等创新域。

7. 创新分布模式研究在产业生命周期阶段产品创新和工艺创新之间的组合关系及其相应产业组织的变化。

问题及讨论

1. 选择一个企业，分析该企业所在行业面临的创新环境。

2. 选择你所熟悉的一个行业，分析此行业的创新分布模式。

[案例应用]　柯达危机

伊士曼柯达公司由发明家乔治·伊士曼始创于 1880 年，总部位于美国纽约州罗切斯特市。柯达是"信息影像"行业的主要参与者之一，这个行业的市场价值达 3850 亿美元，包括设备（如数码相机和掌上电脑）、基础设施（如在线网络和影像冲印系统）以及服务和媒介（如访问、分析和打印影像的软件、胶卷和相纸）。柯达利用先进的技术、广阔的市场覆盖面和一系列的行业合作伙伴关系来为客户提供不断创新的产品和服务，以满足他们对影像中所蕴含的丰富信息的需求。

柯达于 1975 年发明了第一台数码相机。1991 年，柯达与尼康合作推出了一款专业级数码相机。不过，同富士和奥林巴斯这些竞争对手相比，柯达的动作还是太慢了，仍把主要精力放在传统模拟相机胶卷生意上。2002 年柯达的产品数字化率只有 25% 左右，而竞争对手富士胶片已达到了 60%。

2003 年，柯达才宣布全面进军数码产业。当时佳能、富士等日本品牌已占据"数码影像"的龙头地位，就连韩国三星甚至中国华旗等企业亦已初具规模。2004 年，柯达推出 6 款姗姗来迟的数码相机，但利润率仅为 1%。2010 年财报显示，柯达持续经营业务亏损 5800 万美元，而且收入的主要来源仍是专利出售。柯达 1997 年市值达到顶峰，约 300 亿美元。然而，2010 年这家有着百年历史的公司市值只有 1.45 亿美元。

那么，是谁打倒了这个"黄色巨人"？德国专家博西尔指出，柯达在 5/6 的生命里一直是领先者，但在后面 1/6 的时间里，也就是数字影像大发展时期，却不求改变，"它并非自杀也非他杀，是被时代抛弃了"。柯达的英雄末路，可以说并不出乎人们的意料。前段时间《福布斯》杂志公布了 2015 年最可能消失的品牌调查结果，柯达位居首位，并称没有人对这一排位感到吃惊。

造成柯达危机产生有各方面的原因：首先，柯达长期依赖相对落后的传统胶片部门，而对于数字科技给予传统影像部门的冲击，反应迟钝。其次，管理层作风偏于保守，满足于传统胶片产品的市场份额和垄断地位，缺乏对市场的前瞻性分析，没有及时调整公司经营战略重心和部门结构，决策犹豫不决，错失良机。

1. 投资单一

由于对现有技术带来的现实利润和新技术带来的未来利润之间的过渡和切换时机把握不当,柯达大量资金用于传统胶片工厂生产线和冲印店设备的低水平简单重复投资,挤占了对数字技术和市场的投资,增大了退出/更新成本,使公司陷于"知错难改"、"船大难掉头"的窘境。据统计,截至 2002 年年底,柯达彩印店在中国的数量达到 8000 多家,是肯德基的 10 倍,麦当劳的 18 倍! 这些店铺在不能提供足够利润的情况下,正在成为柯达战略转型的包袱。

2. 眷恋传统

过去柯达的管理层都是传统行业出身,例如:现任运营系统副总裁 Charles Barrentine 是学化学的,数字影像系统美国区总经理 Cohen 是学土木工程的等。在现任的 49 名柯达高层管理人员中有 7 名出身化学,而只有 3 位出身电子专业。特别是在市场应用和保持领先地位方面,传统产业领导忽视了替代技术的持续开发,从而失掉了新产品市场应有的领导份额。从传统胶片与数字影像产品市场占有率的比较可以看出,柯达对传统胶片技术和产品的眷恋,以及对数字技术和数字影响产品的冲击反应迟钝,这在很大程度上决定了柯达陷入成长危机的必然。

3. 角色模糊

从市场竞争角度看,柯达经营战略中技术竞争与合作的关系,被短期市场行为所左右,竞争者与合作者的战略定位和战略角色模糊。技术市场竞争激烈,电子技术领先周期缩短,所进入的细分市场领域增加,国际级竞争对手增加,柯达在数字相机、可拍照手机、数字冲印、数字打印机领域中遭遇如富士、索尼、惠普、佳能、爱普生等大公司的激烈竞争。虽然柯达也与对手建立了大量战略联盟,但是就核心技术形成的战略联盟却寥寥无几,大部分是服务项目的联盟。

传统行业的巨头总是希望能够延续以往的风光,因此在转型时就会瞻前顾后,甚至抗拒转型。柯达的失败,是众多转型不成功的传统行业巨头的一个代表。实际上,在柯达之前,很多摄影器材的佼佼者也倒了,如美能达、爱克发甚至莱卡。相反,积极转型数字摄影的企业,如佳能、尼康、奥林巴斯、卡西欧、富士,则开创了新的机遇。

在科技面前,没有人能一直高高在上,时代会抛弃一切落伍者。对于老牌企业而言,要么在固执和傲慢中死去,要么在持续创新中重新焕发生机。在创新世界中,没有近路,更没有退路。不进则退,慢进也退。

资料来源:柯达危机,http://www.wm23.com/wiki/79081.htm.

思考题:

1. 分析柯达公司面临的环境。

2. 分析柯达公司首先发明了数码相机,后来为什么被市场抛弃?

第五章　创新能力与创新项目评价

学习目的

■ 理解创新能力的含义
■ 了解创新项目的评价过程

引　例

欧洲一家通信制造商的高管,曾在一个非正式场合这样讲到,过去20多年全球通信行业的最大事件是华为的意外崛起,华为以价格和技术的破坏性创新,彻底颠覆了通信产业的传统格局,从而让世界绝大多数普通人都能享受到低价优质的服务。

华为的成功首先得益于技术的创新。什么事情都可以打折扣,但"研发的10％投不下去是要被砍头的"——这是华为主管研发的负责人说的。2013年华为研发投入12.8％,达到53亿美元,过去10年的研发投入,累计超过200亿美元;华为在全球有16个研发中心,2011年又成立了面向基础科学研究为主的2012实验室,这可以说是华为的秘密武器。

"工者有其股"的制度创新成就了华为狼性。这应该是华为最大的颠覆性创新,是华为创造奇迹的根本所在,也是任正非对当代管理学研究带有填补空白性质的重大贡献——如何在互联网、全球化的时代对知识劳动者进行管理,在过去百年一直是管理学研究的薄弱环节。从华为创立的第一天起,任正非就给知识劳动者的智慧——这些非货币、非实物的无形资产进行定价,让"知本家"作为核心资产成为华为的股东和大大小小的老板,到今天为止,华为有将近8万个股东。股权创新方案是,外籍员工也将大批量地成为公司股东,从而实现完全意义上的"工者有其股"。

同时,华为在市场与研发的组织创新和决策体制的创新上独树一帜,尤其在决策体制上,美国的Mercy咨询公司,在2004年对华为进行决策机制的咨询,让任正非主持办公会,任正非不愿意,就提了一个模型,叫轮值CEO。七位常务副总裁轮流担任CEO,每半年轮值一次。轮值CEO制度,相对于传统的管理理论与实践,可以称得上是划时代的颠覆性创新,在有史可寻的人类商业管理史上恐怕找不到第二例。

任正非说,华为的一切创新,其实都来自客户需求。华为创新的基础理念是,紧紧扣住市场需求、客户需求。

资料来源:从华为谈起　细数令国人骄傲的伟大创新. http://news. cecb2b. com/info/20140807/2612749. shtml

企业创新能力评价实际上是企业创新的内部环境分析。结合创新内外环境分析才可能对企业创新战略做出适当的选择。Joe Tidd等(2002)认为企业创新战略的路径依赖于两种因素：①技术知识的现在地位及可能的未来地位的约束；②企业认知局限性的约束。他认为，纯技术发展有其内在的逻辑性，企业只能顺应它而很难改变它。企业认知不可避免地存在局限性，从一条学习路径转到另一条学习路径的代价昂贵，甚至是不可能的。因此，通过内部环境分析，企业可以知道自己能够做什么，这是创新战略的基础之一。

第一节 创新能力

一、创新能力概念的认识

企业创新战略的选择和确定需要对企业创新能力做出审慎的评价，但理论界对创新能力却有不同的认识，如伯格曼和曼迪奇(1988)认为，创新能力是企业支持创新战略的一系列综合特征，它包括可利用资源及分配、对行业发展的理解能力、对技术发展的理解能力、结构和文化条件、战略管理能力；巴顿(1992)指出创新能力的核心是掌握专业知识的人、技术系统与管理系统的能力及企业的价值观；此外还有，创新能力是组织能力、适应能力、创新能力和技术与信息的获得能力的综合；创新能力是产品开发能力、改进生产技术能力、储存能力、组织能力的综合。我们对创新能力的概念做出以下界定：企业依靠创新推动自身发展的能力，即通过创新，使企业满足或创造市场需求，增强竞争力的能力。因此，创新能力是一个比技术创新能力在内涵上更大的概念，从集合的角度看，技术创新能力是创新能力和技术能力的交集(见图 5-1)。

图 5-1　技术能力、创新能力与技术创新能力的关系

研究企业创新能力离不开对企业技术能力的研究，技术能力是一个存量概念，即企业在技术资源和技术活动方面的知识与技能的总和(赵晓庆等,2002)。因此，技术能力形成了创新能力的基础，而创新能力则体现为激活企业技术能力，增加企业技术存量的一种能力。技术对创新产生的影响主要在于技术的四个基本特征：知识的可积累性程度(创新活动的序列相关程度)；技术机会的范围与来源(主要由用户的需求特性决定)；被创新者独占的可能性(是否容易被模仿)；知识库(创新活动所要求的知识，包括知识库的性质以及创造和传播知识库的途径)。前三个方面的不同组合赋予了企业创新的不同机会，而知识库的特殊性(具有明确应用领域)、内在性(以创新者的活动为基础)、复杂性(多种学科与规则的整合)与独占性(有强的系统特征，即是更大系统的一部分)则决定了创新活动的区域特征，从而呈现相关技术的企业群落(胡金海等,1998)。

从形成的阶段划分，技术能力可分为仿制(生产技术)能力、创造性模仿能力和自主创新能力：仿制能力是指根据现有成熟技术进行操作和维护生产设备所具备的技术能力；创造性模仿能力是在现有的技术平台和核心技术构架内，对原有设计进行创造性的模仿改进或重新设计，以适应新的市场需要的能力。赵晓庆、许庆瑞(2002)根据技术能力的四个维度对西湖电子集团的技术能力形成过程进行了研究，结果表明一个企业的技术能力是逐步形成的，从仿制到创造性模仿再到自主创新，西湖电子集团经历了近20个春秋，通过技术资产的积累、组织制度和各项管理制度的创新、与外界进行技术联盟和合作以及合适的技术战略制定等配套推进，才最终实现了企业的自主创新能力，如表5-1所示。

表 5-1　西湖电子集团技术能力演化各阶段能力维度的发展

能力维度 / 能力阶段	技术资产	组织整合	外部网络	技术战略
仿　制 (1985—1995)	10 年间先后引进和仿制了 6 条普通彩电生产线、一条大屏幕生产线和彩显生产线；通过"工艺突破口"工作、培训和技术比赛，提高生产技能	1991 年开始进行"三项制度改革"和用工、分配制度改革；1995 年通过 ISO9001 质量认证	从东芝、金星等公司引进技术，与三菱合资生产彩显	简单仿制，建立多产品生产系统
创造性模仿 (1995—)	到 1997 年，掌握了彩电、彩显、数字电视等产品设计及 CAD 支撑软件开发、ASIC 设计的技能	1995 年建立技术中心，1998 年形成技术中心与各生产部门相互配合的研发体系	1995 年合作开发东芝单片机，1997 年与芯片供应商 SGS 合作开发，1995 年采用 MICRO-NAS 数码芯片	1995 年确立在数字处理彩电技术上国内依靠的技术战略
自主创新 (2000—)	掌握数字接收机顶盒的开发技术；树立数源品牌	建立西湖数源科技园	参加合作开发数字产业联盟	思考如何把握数字化潮流

资料来源：赵晓庆，许庆瑞.企业技术能力演化的轨迹.科研管理，2002(1)：70-76.

二、创新能力评价方法与指标体系

较早对创新能力进行评价的是 Steele，他曾经用核对表(checklist)的形式对创新能力进行了评价。但直到 20 世纪 90 年代初，国内外对企业创新能力度量的理论研究都比较缺乏，使用的指标也比较粗略，不太适合度量企业创新能力。如我国国家统计局在 20 世纪 90 年代初主要以技术开发经费投入等为基础建立技术开发能力综合指数指标；意大利在度量其国家创新能力时采用了专利、技术贸易、高技术产品出口等三个指标；日本科学技术厅推荐的指标有专利、技术贸易、技术密集产品输出、制造业总附加值等(王国进等，2004)。20 世纪 90 年代中期以后，国内外对企业创新能力度量的研究开始活跃起来，使用的方法也日趋丰富，并更加重视创新能力与环境的关系以及创新能力形成的阶段性和时间性，如表5-2所示。

表 5-2　国内外对创新能力度量的评价方法

作　者	主要观点和方法
Fransman(1984)	较早开展了创新能力支持系统的研究,他认为发展中国家企业创新能力不足的一个原因在于国家技术基础设施薄弱,科技环境不完善
Steele(1988)	用核对表(checklist)形式对 R&D 活动进行了评价
UNESCAP(1989)	在分析国家技术能力时,提出了创新组织要提高创新能力,必须与外部环境相匹配
Ransley 和 Rogers(1994)	对企业的最佳 R&D 实践进行了研究总结,提出技术策略等 7 个应考虑的方面
Nawaz Sharif(1994)	在研究企业技术能力的构建时,认为企业要实现有效的创新,要受到所有者和供应者、政策法规、用户和社会、竞争者等四方面环境因素的制约
远德玉等(1994)	论证了企业创新过程的各个阶段对创新能力的不同要求
吴运建等(1995)	提出了创新能力的四个角度,即投入产出的角度、知识的产生和交流角度、商业化角度、分类测度的角度
魏江等(1995)	对技术能力和技术创新能力进行区分并建立了相应的指标体系,通过与行业先进水平进行比较来评价企业技术创新能力的高低
G. Scott Erickson(1996)	研究了国家创新系统对管理行为的影响,指出由于目的和市场等技术创新环境的不同,各国创新的效果必然会有所差别
Robert J. Watts, Alan L. Porter(1997)	从技术生命周期、创新环境、产品价值链等三个方面探讨了预测创新前景的方法
许志晋等(1997)	根据模糊综合评判的数学模型,探讨了企业创新能力评价的一般程序
杨宏进(1998)	使用了多元统计分析中的"相关分析"方法
曹崇延、王淮学(1998)	将企业创新的能力分成 7 个方面,对应于每个能力,分别设计了 7 个指标体系,共 40 个分指标
Charles Edquist 和 Leif Hommen(1999)	探讨了机制导向创新研究的主要特征,即强调相互依靠和相互学习
史晓燕(1999)	提出了对创新能力进行综合评价的 AHP 法,实现了定性研究与定量研究的结合
唐炎钊、邹珊刚(1999)	运用灰色评估理论和逐一比较法,提出了多层灰色评价的方法
曲国禹、刘学铭(1999)	采用"线性加权和法"对他设置的三类指标进行量化评价
郑春东等(1999)	采用了综合指数法
魏江(2000)	认为影响企业创新能力提高的外部因素包括国家创新系统、国家技术基础设施和科技环境,并提出了市场竞争环境等评价外部科技环境状况的八个指标
毕建国(2000)	试用了集合、权重和模糊数学的基本方法
周毓萍(2000)	在利用 AHP 法对许多复杂的、模糊不清的问题进行定量转化的同时,应用 B-P 神经网络软件进行了一致性检验工作
马宁、官建成(2000)	提出了以打分卡为形式的审计基准

续表

作　者	主要观点和方法
张克让（2001）	从市场、技术、体制等三个方面，对影响甘肃工业企业创新能力的外部环境进行了分析和评价
梅小安、彭俊武（2001）	提出用弱势指标倍数法来评价企业的创新能力
胡恩华（2001）	运用了集合、权重和模糊数学方法
康凯等（2001）	采用模糊聚类分析方法建立了企业创新能力多层次的分解评价模型
Kaj U. Koskinen 和 Hannu Vanharanta（2002）	通过研究默示知识在小型科技企业中获取、转移和在创新过程中应用的方式，揭示了默示知识在小型科技企业创新过程最初阶段具有非常重要的作用
陆菊春、韩国文（2002）	运用密切值法对企业创新能力进行评价
卢怀宝等（2002）	提出了测算企业创新能力的二次相对评价法，即首先利用层次分析法测算综合指数状态，再用数据包络分析方法中的 BCC 模型测算二次相对评价值
常玉等（2003）	应用解释结构模型（ISM）对企业创新能力进行分析评价，指出企业创新是一个具有四级（层）的多级递阶结构

资料来源：王国进，王其藩. 企业技术创新能力评价研究的新进展. 科技导报，2004(2)：37-39.

创新能力的评价是一个十分复杂的问题，目前有关创新能力的评价成果很多，但一直没有形成统一的评价体系，有的侧重于对创新资源投入能力的评价，如研究与开发投入、科技人员的投入等，有的侧重于对创新成果的评价，如专利、新产品销售额占全部产品销售额的比例等，有的注重于创新过程的评价，如创新管理能力、创新营销能力等。笔者认为，从创新的过程角度来考察，第一层次的评价指标有三个：创新资源投入能力、创新资源转换能力、创新成果产出能力。如表 5-3 所示。

创新资源投入能力指企业投入技术创新资源的数量和质量。分为研究与开发投入和非研究与开发投入。研究与开发投入集中体现在经费、人员和设备上；非研究与开发投入是指对市场研究、设计、工艺和材料准备、试制、试销和广告活动、技术引进和技术改造的投资。

创新资源转换能力首先是创新管理能力，即企业从整体上、战略上安排创新和组织实施创新的能力，包括创新战略的可行性（发现和评价创新机会，选择创新方向）和创新机制的有效性（创新人员的配置、内部合作、外部联盟、创新人员激励等）；其次是产品制造能力，指将研究与开发成果从实验室成果转化为符合设计要求的批量产品的能力，包括企业装备的先进性、工人的技术等级适应性和质量、产品的标准化程度；最后是市场营销能力，不仅指产品开发出来后所具有的推销能力，而且还指研究市场，使消费者接受新产品，通过用户和竞争者反馈信息以改进产品，从而提高新产品的市场占有率和扩大市场范围的能力。

创新成果产出能力用来考察创新资源投入的配置效果，如消化吸收能力、专利成果、新产品销售额占全部产品销售额的比例等。

表 5-3　创新能力评价指标体系

创新资源投入能力	经费、人员和设备等投入;市场活动的经费;技术引进和技术改造的投资
创新资源转换能力	创新战略的可行性;创新机制的有效性;设备水平先进程度;工人技术等级适应性;标准化程度;产品市场占有率;市场了解程度;分销网络化程度
创新成果产出能力	技术水平先进程度;专利拥有数;技术扩散效率;新产品销售额占全部产品销售额的比例

索尼重视培育创新能力

索尼公司在成立初期,就确立了公司的经营管理理念。在早期的《成立意向书》中,就明确宣言:享受有益于公众的技术进步、技术应用和技术革新带来的真正乐趣;弘扬日本文化,提高国家地位;做开拓者,不模仿别人,努力做别人不做的事情;尊重和鼓励每个人的才能和创造力。

索尼公司在引进技术、开发新产品之际,非常注重开发、培养自己的核心技术。每当出现新的技术,只要与自己的研究、生产活动相关,就马上抓住机会,迅速应用到自己公司产品中来。

有些技术,在欧美刚刚出了实验室,索尼就开始考虑购买其专利,实现商品化。新产品不断打破日本或世界纪录,成为日本或世界首创的产品。在索尼发展史上,仅仅在 20 世纪 50—60 年代,就成功地开发了 5 个日本首创、16 个世界首创的产品,研究员江崎还由于在半导体隧桥技术方面的突破,获得诺贝尔奖。

在生产实践的活动过程中,索尼公司逐步掌握了一些核心技术,如半导体技术、生产技术、材料技术、通信技术、信号处理能力、信息处理能力、系统技术、部件生产能力,在视频设备生产方面,成为一个掌握了核心技术的企业,被公认为富于创新的企业。

资料来源:井深大、盛田昭夫与索尼的技术创新. http://blog. sina. com. cn/s/blog_3fc1c7bb0100t5kl. html.

三、创新能力的培养——学习

古典经济学家虽然重视学习在技术进步中的作用,但由于技术进步只被看作是经济系统的外生变量,学习的作用不能得到很好的体现。阿罗首先给出了一个用"干中学"来说明技术进步的内生理论,指出存在一个贯穿于创新过程中的学习序列:获得知识的学习——新产品设计中的学习——新生产活动中的学习——由熟悉生产过程、改善生产过程本身的学习。后来,罗森伯格提出了"用中学"理论,强调用户在使用产品过程中发现产品缺陷并提出相应改进的意见从而推动创新(Joe Tidd 等,2002)。事实上,早在 1936 年,Wright 在美国飞机制造中任工程经理时就观察到这样的现象:生产一单位产品所需要的直接劳动时间以某一不变速度随着累积的生产量递减。这种学习效果(单位产品所需时间)与学习次数(或产量)之间的关系曲线,被称为学习曲线。

学习曲线有广义和狭义之分。狭义的又称为人员学习曲线,是指直接作业人员个人的学习曲线,反映出由于工作熟练程度提高而得到的学习效果。广义的也成为生产进步函数,是指某一工业或某一产品,在某产品生命周期内的学习曲线,是融合技术进步、管理水平提高等包含许多人努力成效的学习曲线。学习曲线的确定关键在于学习进步率（the process rate）。最初的学习进步率假定为一个常数（如80%学习曲线），但随着深入的研究和实际的考察，人们发现学习曲线的参数估计并不稳定，因为学习效果受许多因素的影响，如操作者的熟练程度；管理技术水平；产品设计、生产设备的先进程度；原材料的供应状况；专业化分工；信息反馈效果；操作者个人的学习动机与责任心等。

"干中学"可产生增量的创新，Silverberg（1988）指出，进步主要是体现在将"干中学"植入了创新扩散的自组织模型中。纯粹的技术扩散是不可能的，因为任何创新的扩散都涉及调整问题。除了"干中学"和"模仿学习"等学习方式外，创新中的学习方式还有很多，如"用中学"（learning by using）、通过搜索过程学习、企业与供应商和顾客在交互作用中的学习、基于联盟的学习等（见表5-4）。

表 5-4　创新中的学习方式

不同的学习方式	学习的来源	知识类型或来源
干中学	企业内部	与生产活动相关
用中学	企业内部	与产品、机器和投入的使用相关
从科技进步中学	企业外部	吸收科技发展的新知识
从产业间竞争的溢出中学习	产业外部	通过学习竞争者溢出的知识或信息可以提高效率
通过培训来学习	企业内外部	通过内外部培训来提高整个企业的知识存量
通过交互作用来学习	企业外部	与价值创造链条上的上下游企业或竞争对手合作
通过雇用来学习	企业外部	通过雇用其他企业人员来学习知识
基于联盟的学习	企业外部	与其他企业结成战略联盟来学习
通过创新和研究与开发来学习	企业内部	通过内部的创新和研究与开发来学习新知识
共享的学习	企业内部	企业内部部门间的学习
通过模仿来学习	企业外部	主要集中于对企业外竞争对手的产品或工艺的学习
通过搜索来学习	企业内部	主要集中于产生知识的规范化活动如研究和开发

资料来源：谢伟，吴贵生.技术学习的功能和来源.科研管理，2000（1）：8-13.

学习方式和内容还因产业或产品生命周期的不同而不同。如我国彩电总装企业在工艺技术学习阶段其学习经历了"学习装配技能（导入期）——学习企业生产及质量管理细则（波动期）——形成生产能力（稳定增长期）——形成成本线的自主复制能力（价格战时期）"过程；产品技术学习阶段则经历了"模仿国外产品设计（导入期）——熟悉整机部署（波动期）——学习产品创新能力（稳定增长期）——形成产品创新能力（价格战时期）"过程（见表5-5）。Mark Dodgson、Roy Rothwell（2000）研究半导体生命周期不同阶段的扩散与学习，结果表明，在最初阶段，学习伴随着许多不确定性，因而学习是一个试错过程，到了第二个阶段，学习更多地表现为模仿行为，以不断地积累知识；而在成熟阶段，许多问题已变成可预见性的，学习则是一种按部就班的日常行为（见表5-6）。[①]

---

① 在半导体制造工艺创新引入的早期阶段，学习效果更多地体现在资源的配置，而不是生产规模的增加。参见 Hatch N W. Process innovation and learning by doing in semiconductor manufacturing. Management Science，1998，44（11）.

表 5-5 我国彩电总装企业技术学习

学习方式 ＼ 阶段	导入期	波动期	稳步增长期	价格战时期
工艺技术学习（总装企业）	进口装配线,学习装配技能	学习和制订企业生产及质量管理细则	生产能力形成	领先企业形成成本线的自主复制能力
产品技术学习（总数企业）	模仿国外产品设计	采用国产化元器件的过程中,熟悉整机部署	产品功能和电路的增量提高,学习产品创新能力	产品创新能力形成
装配线	成套设备进口	关键设备进口	关键设备进口	关键设备进口
核心零部件（集成电路）	进口	进口/国产化	进口/国产化	进口

资料来源:谢伟.追赶与价格战——中国彩电和轿车工业的实证分析.北京:经济管理出版社,2001.

表 5-6 半导体产品生命周期不同阶段的扩散与学习

	阶段 1	阶段 2	阶段 3
扩散	选择	模仿	成熟
	引进	快速发展	饱和
	逐渐接纳	成长	扩张
	多重市场	细分市场	批量市场
学习	投资前	模仿的	可预测的
	试错	积累的	渐进的
	不确定性	—	—

资料来源:Mark Dodgson,Roy Rothwell.创新聚集——产业创新手册.陈劲,译.北京:清华大学出版社,2000.

研究创新过程中的学习问题很有意义,具体体现在:

● 学习是一个需要资金和采用者有目的的行为。对企业而言,学习可能发生于生产、设计、工程、研究和开发及销售部门,"干中学"只是冰山一角。创新采纳者采用习惯的建立同其学习过程密切相关,即采用者通过学习过去的经验来影响其将来的采用行为。Kalaitzandonakes 等(1993)将学习分为主动性学习和被动性学习。主动性学习是指采用者在创新上进行投资通过经验而提高对创新特性的认识水平的过程;被动性学习则是采用者获得对创新的认识不是通过投资该创新,而是通过与信息源或与先前采用者联系的过程。

● 掌握学习规律,促进创新推广。在心理学中,行为学派将学习看成是一个将刺激与反应建立联系的过程。因此,在广告宣传中,营销人员总是以大量重复某一广告内容作为刺激,最终引起人们的购买需要。认识学派则认为采用者对新产品的考虑要经过认识学习中的若干步骤,如知觉、兴趣、评估和选择等。其实质上是采用者复杂决策过程的基础,是开发面向复杂采用行为的营销策略的依据。总的来说,行为学派的学习理论对那些不太重要的创新采用比较适用(如肥皂、牙膏等),认识学派的学习理论对那些较重要、较复杂、较新的产品的采用比较适用(如彩电、家具)。

- 学习的知识有不同的来源，部分来自企业内，部分来自企业外。企业内的学习可以由生产、研究和开发及市场部门产生，外部的学习包括产业内其他企业的知识引进、与供应商和顾客的合作及外在科技研究的进步。从长期而言，企业独有的学习渠道会影响企业技术进化的方向。

- 学习可以提高采用者的知识存量，从而提高采用者对知识的消化吸收能力，有利于加快创新扩散速度。

- 对于支持创新和扩散的公共政策有重要的启示。政府要支持某个产业的技术发展，首先要搞清楚技术学习过程，然后是强化对这一学习过程的支持。

索尼公司的组织学习

为了及时收集最新的技术信息和知识，使公司的技术始终保持领先地位，索尼公司内部举行各种技术学术交流活动，参加的成员从公司董事长到一般技术员，也有子公司和分公司的人员，或邀请学者参加，其目的是加强相关技术的交流，促进组织学习。主要的交流研讨会有以下几种：研究报告会（每个月举行，董事长、总经理、董事和有关研究、开发、设计部门的部长级人物、负责人总共70名左右参加）；技术交流会（每年秋季举行，索尼公司所有部门、索尼的子公司、关联公司、协作单位参加）。

索尼调研论坛（论文交流，按不同主题把参加会议的人员分为3～4组，在此发表的论文将汇编为公司论文集）。1996年索尼论坛收到论文236篇，采用187篇。可以看出，这些交流内容都是当时最前沿的技术课题，通过这种广泛的交流和组织学习，使企业的技术人员和管理人员都有机会了解世界技术变化的动态，学习和吸取其中对自己有益的东西。同时，技术员能够通过这种机会，充分研讨自己感兴趣的问题，通过各种不同人员的知识碰撞，产生新的知识和灵感，有利于组织的研究与开发。举办各种各样的交流会和演讲会，索尼公司建立了一个真正的跨部门、跨专业的学习型组织。

资料来源：井深大、盛田昭夫与索尼的技术创新. http://blog. sina. com. cn/s/blog_3fc1c7bb0100t5kl. html.

四、创新的价值分析

价值分析是理解创新的有力工具，它将总价值展开，由价值活动和利润所组成，价值活动是一个企业所进行的在物质形态上和技术上都界限分明的活动；利润则是总价值和进行价值活动的成本总和之间的差。但每种价值活动都应用某些技术把各种物质投入和人力资源结合起来。正确划分各种价值活动及对他们进行深入分析，可以发现本企业优势，并集中力量扩大自身优势，通过增强核心竞争力提高市场占有率和消费者的忠诚度，从而进一步扩大企业利润。同时可以发现自身与行业内其他竞争对手之间的差距，可能是某一或某几个关键环节不如对手，找到症结所在，可以为自己设定一个标准。因此，价值分析成为判断竞争优势并发现一些方法以创造和维持竞争优势的一项基本工具。竞争优势有两种基本形式，成本领先和标歧立异。创新可以创造这两种形式的竞争优势，并通过不断的创新使企业维持这种优势。

企业的价值活动由企业内部的价值活动和企业外部的价值活动构成。对企业而言,内部价值活动为着同一目标,易于协调与控制;外部的价值活动包括企业与上下游企业及顾客发生相互作用的价值活动,不同企业存在利益冲突,所以企业必须付出更大的努力才能将外部的价值活动进行有效的控制。如何针对企业的内、外部价值活动进行有效的技术创新,将最终决定企业的竞争优势的可获得性及其程度。

（一）创新的内部价值活动

企业内部价值活动分为两大类:基本活动和辅助活动。基本活动是涉及产品的物质创造及其销售,转移给买方和售后服务的各项活动;包括内部后勤、生产作业、外部后勤、市场和销售、服务五种基本类型。辅助活动是辅助基本活动并通过提高外购投入、技术、人力资源以及各种公司范围的职能以与基本活动相互支持,包括采购。

基本价值活动分析首先应确立标准,将企业内部的价值链分解为相互联系的价值活动,这一划分最适于创新源的发现,而此一标准的确定有赖于企业所追求的是何种竞争优势。在确定创新源后,企业可以集中本身资源全力进行技术创新,也可以通过与其他企业形成联盟共同开发,或通过引进新技术工艺来突破技术瓶颈,扫清实现竞争优势的障碍。

（二）创新的外部价值活动

企业的竞争优势很大程度上受到企业与上下游企业和顾客间相互作用的价值活动的影响,不同的利益主体导致了目标的多元化,从而使企业通过外部价值链的优化而取得竞争优势的努力收效并不明显。在众多企业致力于挖掘企业内部潜力而忽视外部价值活动的现状下,基于外部价值活动的创新显得尤为重要。企业的外部价值活动包括与供应商、经销商和客户间相互作用的活动,不同的外部活动对企业创新内容的作用及其作用大小是不同的。

第二节　创新项目的评价与选择

创新项目选择即从企业目标出发,在有限资金条件下,对创新项目从整体观点出发做最合理的安排。在创新项目选择中需要明确两个问题:一是要处理好创新项目的无限性和一定期限内资金有限性的矛盾;二是项目选择是一个动态迭代过程,这与创新活动的不确定性有关。项目选择的目的是提高项目选择的科学性,提高项目的成功率,减少不必要的损失,使有限的创新资金能发挥更大作用,确保企业实现计划期内的各项技术和经济任务(许庆瑞,1990)。

一、创新项目成败的因素分析

总结创新项目成败的因素一直是研究者的兴趣,研究结论也众说纷纭。如英国经济学家兰格力士(J. Langrish)等的调查表明,企业创新成功的七个重要因素是:①高层人员;②其他关键角色;③对某种市场需要有清醒的认识;④对一项发现的潜在价值和用途的认识;⑤良好的合作;⑥资源可获得性;⑦来自政府方面的帮助。弗雷曼的研究结论是:①对用户需求有更好的理解;②对市场给予更多的关注;③开发工作效率很高;④有效利用外部技术和外部建议;⑤成功创新的负责人有更高的职位和更大的权威,是创新成功的关键因素。彼特斯和沃特曼认为成功创新的企业特征是：①行动上具有倾向性；②与顾客有着密切的联系；③具有自主权和企业家精神；④利用人来开发企业的生产力潜能；⑤创新的传递依靠价值驱动；⑥紧密结合自己的业务；⑦组织形式简单；⑧松—紧结合的组织特征。

　　加拿大学者库伯通过对美国、德国、丹麦及加拿大的 161 家公司进行调查和分析，提出了创新项目成功的九个关键因素。它们依次是：①高质量的开发过程；②公司明确的新产品战略；③公司的资源状况（尤其是开发人员和资金的状况及用于产品创新的资金投入状况）；④具体开发队伍的质量；⑤高级管理人员对产品创新工作的参与情况；⑥企业内的创新气氛与企业文化；⑦开发人员的相对稳定性；⑧高级管理人员对开发成果承担责任的情况。

　　一项对国内企业调查的结果将创新项目成功的因素分为内部因素和外部因素。内部因素依次是：①高层领导的支持（81.5%）；②研发部门与营销部门、生产部门合作（74.4%）；③技术带头人（52.2%）；④高水平人才（36.8%）；⑤体制合理（28.8%）。外部因素依次是：①得到消费者、供应者的合作与支持（58.9%）；②政府支持（58.4%）；③与研究机构合作（42.8%）；④与大学合作（21.5%）；⑤获得咨询服务（19.1%）；⑥与其他公司合作（16.1%）。这项研究还给出了不同规模企业的创新障碍因素，无论哪种规模的企业，缺少资金和人才都是共同的障碍因素，相对而言，小型企业在资金和人才方面更加缺乏，而大型企业在市场信息的把握和销售网络的建立上比小型企业更为薄弱（见表5-7）。

表 5-7　不同规模企业的创新障碍因素（%）

	缺资金	缺人才	缺技术信息	缺市场信息	缺技术能力	易模仿	缺销售网
大　型	76.2	51.1	37.4	36.4	20.1	22.0	27.6
中　型	78.3	41.3	39.6	33.7	23.0	20.9	27.2
小　型	82.7	66.4	39.5	34.3	30.6	22.5	19.9

　　尽管企业及创新项目性质的不同决定了创新项目成败的因素存在着差异，但还是可以通过对大量数据和资料的分析找到决定创新项目成功的一般因素。表5-8列出的影响创新项目成败的因素有45项，这些因素包括经济方面的、市场竞争方面的、产品方面的、研究与开发方面的、技术与生产方面的、营销方面的以及管理方面的等，可以分为十二个主要因素（见表5-8第一栏），并可进一步归类为四大类（许庆瑞，1990）。

　　● 属于创新产品方面的主要因素有：产品的优越性和"独一无二"性；产品的创新性（首次进入市场）；产品在经济上的优点；产品的确定性；产品的特制性；产品的技术复杂性。这些因素在一定程度上描绘出创新产品的营销特点和竞争优势。

　　● 属于度量创新项目与企业适应程度的主要因素有：从企业来看的新颖性；整个项目与企业资源的适应情况；生产和工艺上的新颖性；技术资源的适应程度。这些因素反映了公司拥有的资源和经验对这类创新项目的适应程度，它们直接关系到项目能否成功与企业能否获得经济效益。

　　● 属于市场性质与规模的主要因素有：市场需要、增长和规模；市场的竞争。可以用来说明"市场机会"和潜在市场。

　　● 从较宏观的角度来分析，影响创新项目成败的因素还有：策略、环境（技术、市场、法规、竞争的变化）、时间、社会等。

表5-8 影响创新项目成败因素分析表

因　　素	因素分析	影响程度
从企业来看的新颖性	企业的新顾客 企业的新产品 顾客的新需求 企业的新工艺	＋＋＋ ＋＋＋ ＋＋＋ ＋
整个项目与企业资源的适应情况	有适当的财务资源 有足够的研究与开发力量 有足够的技术力量 有必要的市场研究力量 有必要的管理能力 有足够的生产能力 有足够的推销力量	＋＋ ＋＋＋ ＋＋ ＋＋＋ ＋＋＋＋ ＋ ＋＋＋
产品优越性与独一无二性	高度创新的产品 产品有独一无二的特点 比同类产品优越 产品可使顾客节省开支 比同类产品的质量优越	＋ ＋＋＋ ＋＋＋＋ ＋ ＋＋
市场的竞争	高度竞争的市场 市场价格的激烈竞争 市场上有众多竞争者 有许多新产品引入 市场上用户需要的变化	＋＋＋ ＋＋＋＋ ＋＋＋ ＋ ＋
市场需求的规模与增长	有强大的竞争对手 用户满足于竞争对手的产品 用户需求量大 市场销售量大 市场增长快	＋＋ ＋＋ ＋＋ ＋＋＋ ＋＋＋
产品的技术复杂性	高技术产品 价格较高的产品 机械上和技术上的复杂	＋＋＋＋ ＋＋＋ ＋＋＋＋
产品的创新性(首次进入市场)	对市场来说,有高度创新性 对用户来说,有独特的功能 首次进入市场 仅有潜在需求(当前尚无)	＋＋＋ ＋ ＋＋＋ ＋
产品的确定性	市场明确规定出产品的规格与要求 技术解决方案一开始就很明确	＋＋＋＋ ＋＋＋
生产和工艺上的新颖性	生产资源是否具备 对企业来说生产过程是新颖的 产品工艺是新颖的	＋/－ ＋＋＋ ＋
技术资源的适应性	项目具有足够的研究与开发能力 具有必要的技术力量	＋＋＋ ＋＋＋

续表

因　　素	因素分析	影响程度
产品的特制性	由市场产生出产品设想 特制产品（根据特定需要生产） 不具备大量需求	＋ ＋ －－－
产品在经济上的优点	产品不能使用户达到节约的目的 产品价格高于竞争对手的价格	－－ ＋＋＋

说明："＋"表示该因素对创新项目成功起积极作用，"＋"愈多表示作用愈大；"－"表示该因素对创新项目成功起消极作用，"－"愈多表示消极作用愈大。

资料来源：许庆瑞.技术创新管理.杭州：浙江大学出版社，1990.

二、创新项目的选择

由于创新项目涉及众多因素，因此在进行创新项目的选择时要系统地全面考虑各方面的因素，包括技术性与非技术性因素（许庆瑞，1990）。

（一）创新项目的选择准则

● 项目的选择要符合科技方针政策、行业发展方向与企业的经营战略的要求，这是发展新技术、新产品的指导准则。

● 市场准则。这方面的准则包括符合需求，正确估计销售量，掌握时间因素（同销售计划配合），考虑对现有产品的影响，价格，竞争条件，分配与销售渠道，推销（包括广告）费用。

● 研究与发展准则。这方面的准则包括注意保持新品种发展策略与整个品种发展策略的一致性，技术成功的可能性，研究与发展的费用与时间进度，取得专利的情况，研究与发展所需资金的保证情况，对未来前景的发展，对环境的影响。

● 财务准则。这方面的准则包括项目的投资回收期，项目的财务风险，一个项目的选择与否对其他项目所需资金的影响，整个资金的收支平衡。

● 生产制造准则。这方面的准则包括生产能力的合理利用，制造成本低，有利于生产安排，对外协作方面有保证。

● 社会效益

（二）创新项目的选择方法

创新项目的选择方法很多，归纳起来分为两类：基本方法和常用方法。基本方法又分为定性的直觉方法和定量的分析方法。直觉方法是由个别人或小组凭借其经验与主观判断进行决策的方法。分析方法是一种应用系统分析与数量技术，综合各种输入数据进行客观决策的方法，包括效益评价法、财务分析法和优化法。常用方法包括比较法（排序法）、评分法、经济评价法、决策分析法和风险分析法等。

进行创新项目的组合分析可以综合考虑各种因素的影响，发挥协同效应。项目组合选择模型一般由两部分组成：目标函数和约束条件。目标函数为 $\max M = \sum P_i \cdot X_i$，其中，$P_i$ 为项目 i 投产后的年平均利润，若项目 i 入选，X_i 等于 1。约束条件包括投资预算、投资回收期、项目相关性和发展均衡性等方面的约束。

[本章精要]

1.企业依靠创新推动企业发展的能力,即通过创新,使企业满足或创造市场需求,增强企业竞争力的能力。

2.技术对创新产生的影响主要在于技术的四个基本特征:知识的可积累性程度(创新活动的序列相关程度);技术机会的范围与来源(主要由用户的需求特性决定);被创新者独占的可能性(是否容易被模仿);知识库(创新活动所要求的知识,包括知识库的性质以及创造和传播知识库的途径)。

3.从形成的阶段划分,技术能力可分为仿制(生产技术)能力、创造性模仿能力和自主创新能力:仿制能力是指根据现有成熟技术进行操作和维护生产设备所具备的技术能力;创造性模仿能力是在现有的技术平台和核心技术构架内,对原有设计进行创造性的模仿改进或重新设计,以适应新的市场需要的能力。

4.创新能力的评价是一个十分复杂的问题,从创新的过程角度来考察,第一层次的评价指标有三个:创新资源投入能力、创新资源转换能力、创新成果产出能力。

5.研究创新过程中的学习问题很有意义,具体体现在:学习是一个需要资金和采用者有目的的行为;掌握学习规律,促进创新推广;企业内的学习可以由生产、研究和开发及市场部门产生,外部的学习包括产业内其他企业的知识引进、与供应商和顾客的合作及外在科技研究的进步;学习可以提高采用者的知识存量,从而提高采用者对知识的消化吸收能力,有利于加快创新扩散速度;对于支持创新和扩散的公共政策有重要的启示。

6.创新项目选择中需要明确两个问题:一是要处理好创新项目的无限性和一定期限内资金有限性的矛盾;二是项目选择是一个动态迭代过程,这与创新活动的不确定性有关。

问题及讨论

1.选择一个感兴趣的企业,运用一种方法分析企业的创新能力。

2.试分析企业的创新能力与创新项目选择之间的关系。

3.比较不同的创新能力评价方法。

4.如何理解学习对创新能力的重要性?

5.你认为影响创新项目成败的关键因素有哪些?

[案例应用] 华为的创新能力

创业初期,华为面对国外的强大竞争对手,技术相对落后,生存受到了极大的挑战。公司意识到没有创新,就不能生存下去。所以,一开始它就把重点锁定在通信核心网络技术的研究与开发上,把利润全部投入升级换代产品的研究与开发中,形成了自己的核心技术。

1.技术工程的商人

华为不仅以技术领先,而且追求技术与市场的统一。技术驱动常常显现出技术与市场脱节的短板,往往企业研发出的新技术、新产品并不能为市场接受。华为早期也如此。但是在NGN(下一代网络)招标失手之后,华为及时调整"以客户需求为中心"的创新思路。在产品设计时认真倾听客户的需求,经过不断的努力和改进,华为的NGN终于在中国又重新赢得了客户的信任,并承建了世界上最大的NGN项目。

"以客户需求为导向"现今已成为华为创新的基本战略,以新的技术手段去实现客户的需求。华为也因此赢得了市场的逐渐认可和尊重。

2.技术是一个累积的过程

作为一个高科技企业的后来者,华为明白有企业的核心技术产品才能在通信市场上取得一定竞争力。形成核心技术产品需要持续的高投入,所以华为把利润全部投入产品的研发中。如此周而复始,不断改进创新,形成了自己的核心技术。华为也非常重视对研发人才的投入和积累,华为员工总数的 48% 被公司投放到研发部门。为激发员工技术创新的积极性,华为出台了"多阶段奖励政策"等一系列专利创新鼓励办法,保证发明人全流程地关注其专利申请,每项重大专利可获得 3 万元至 20 万元的奖励。华为已经在国内外设了多个技术研发点,通过跨文化团队合作,不仅实施了全球同步研发战略,也为华为输入了大量的高质量研发人才。持之以恒的技术研发为华为取得技术优势和产品核心竞争力奠定了坚实的基础。

华为虽然强烈认同"不进行创新的公司必然灭亡",但也不片面地强调"自主创新"。华为认为,创新要"善于站在巨人的肩膀上",在继承他人优秀成果的基础上开展持续的创新。如今,华为已经从当初一个小小的民营高科技企业成长为真正意义上的全球性国际大企业。

3.管理也需要创新

"华为取得既往成功的关键因素,除了技术、人才、资本,更有管理与服务",任正非曾这样总结华为的管理经验。在技术研发组织和创新管理方面,华为已经形成了一套非常规范的创新管理流程。至今,华为将从 IBM 引入的 IPD 项目集成管理优化后,逐渐固化为华为"以客户需求为导向"的技术创新基本战略,形成华为规范化的技术创新流程。宋柳平认为(《标准生活》),华为的标准战略以"金字塔"形式展示出来。最底层是跟踪,跟踪最新标准进展,保证产品开发与标准的制定同步;然后是防守,参与标准制定形成与友商间专利交叉许可地位;接下来则是突破,争取主导和影响重要领域的标准进展;最顶层也是最值得称道的是分享,技术领先的同时,开拓并分享新的规模市场。

4.紧抓关键领域

华为在无线接入、光传输、光接入、移动核心网等领域,收获多个销售量第一。这多个"第一"是华为技术创新的成果。2009 年华为在上述领域的出货量都位居全球首位。现在华为在 ALLIP 方面已取得包括终端、固网和线接入、骨干网接入、核心网和最上层的软件应用等技术领域和市场方面的一系列突破。在无线接入网领域中,华为在业界首创的SingleRAN 解决方案和产品,能够帮助运营商减少无线接入和基站的数量,而且还能够减轻对环境的影响。除此之外,在传送网、核心网等方面都坚持创新做出了杰出的贡献。

5.面临的挑战

中国通信企业的崛起,势必面临贸易保护主义日渐抬头的严峻挑战。在 2003 年几乎比华为高一个数量级的思科公司对华为发起诉讼。华为在这场残酷的对决中,全面"开战"阻击思科,终于 2004 年 7 月双方达成和解,孤军奋战的华为凭借自己的实力创造了一个神话。

资料来源:2015 华为的创新力研究分析. http://www.kanzhun.com/lunwen/203387.html.

思考题:
1.分析华为的创新能力。
2.华为如何构建自己的创新能力?

第六章　创新战略选择

学习目的

■ 理解创新战略的含义
■ 根据企业创新的内外部环境，选择适合的创新战略

引　例

创立于 20 世纪 90 年代初的大连路明科技集团，经过不断的自主创新和发展，目前已经成为世界上仅有的几家同时掌握高亮度 GaN 基 LED 芯片核心专利和荧光粉原创性核心专利的领先企业之一。路明还参与了中国半导体照明行业的技术标准与行业规范的制定，是国家半导体照明工程产业化（大连）基地的龙头企业。目前公司已成为拥有稀土发光材料及制品、半导体发光芯片、照明与显示、纳米功能材料、光电子产业园开发建设 5 大业务板块，全资、控股子公司 10 多个，现有员工总数 1100 多人的专业化大型产业集团，掌握独有的、先进的外延生长及芯片加工技术，具备完备的外延生长、芯片生产、芯粉搭配自主知识产权。

LED 产业链的上游为衬底和外延材料生产，中游为芯片制备，下游为芯片封装和应用产品生产。产业链中每一环节的技术特征和资本特征差异很大，处于产业价值链上游的外延片及芯片生产，技术壁垒最高，技术难度最大，是产业链中获利能力最高的环节。中国国内涉足这一产业的 600 多家企业大部分处于行业末端封装领域，规模小、技术低，从事劳动密集型的芯片封装等工作，在作为关键环节的高质量外延片和芯片上却几乎没有竞争力，远远落后于美国、日本、韩国。

路明是如何跨入国际行业领先企业的行列的呢？路明自创立至今的二十几年中，一直从未间断过创新。从 1992 年的十几个人、资金不足 20 万元的小研究所起步，路明依靠自主创新进入自发光材料行业，依靠创新推动企业发展，参与国际竞争，并成功进入到高亮度半导体照明行业，经过数个阶段实现了跨越式发展，演变为如今的国际化企业集团，成为"发光材料世界第一、LED 发光芯片世界第四"的行业领先企业。对于路明这种依靠技术成长的企业，其创新战略正是在这种动态演进中形成的。

创新项目的选择涉及企业创新战略问题，同时创新项目的实施需要以创新战略为指导。企业创新战略是指企业进行创新活动的总的谋划，主要解决创新的基本原则、根本目标和主要规划等企业创新活动中一些全局性、长远性和方向性的问题。

第一节　创新战略的理论回顾

Joe Tidd 等（2002）将战略管理理论分为"理性主义"和"渐进主义"两大类。安索夫和波特代表了"理性主义"战略，明茨伯格代表了"渐进主义"战略。"渐进主义者"认为完全了解环境的复杂性和变化是不可能的，了解现在、预测未来的能力不可避免地有局限性。渐进战略需要清楚地认识到公司的知识、环境、优势和劣势、未来变化的可能性以及变化方向，根据这些新的信息，公司去理解和调整战略。其程序是：朝着设定的目标谨慎地决定各个步骤（或变革）；检测和评价各个步骤（或变革）的效果；（如果必要）纠正目标并决定下一步骤（变革）。

产品—市场战略由世界著名战略学家安索夫（H. Igor Ansoff）首先提出，为了更完整地表达企业发展战略，产品—市场战略由最初的 2×2 矩阵扩展成现在的 3×3 矩阵，从而形成企业的九种发展战略，即市场渗透、市场发展、市场转移、市场创造、产品发展、产品革新、产品发明、多元化与全方位创新战略，如表 6-1 和表 6-2 所示。

表 6-1　产品—市场战略 2×2 矩阵

产品 市场	现有产品	新产品
现有市场	市场渗透	产品开发
新市场	市场开发	多元化

表 6-2　产品—市场战略 3×3 矩阵

产品 市场	原有产品	相关产品	全新产品
原有市场	市场渗透	产品发展	产品革新
相关市场	市场发展	多元化	产品发明
新兴市场	市场转移	市场创造	全方位创新

波特的竞争战略思想将企业的竞争战略分为三种：总成本领先战略、标歧立异战略和目标集聚战略。实行总成本领先战略与企业的规模有关，但企业规模不能无限扩大，它受制于生产技术水平。所以，对于一些规模较小的企业，只有拥有产品的核心技术和较高的工艺水平，才能通过较低产品成本来取得竞争优势。标歧立异战略的核心是产品和服务的独特性。目标集聚战略是指对特定细分市场采用低成本、标歧立异或兼而有之的一种战略。

20 世纪 80 年代以来研究者们将探索企业竞争优势的着眼点转移到了企业的层面上，产生了众多的理论，其中包括以资源为基础的企业观点、企业动态能力观点、企业能力观点、核心能力观点等。以资源为基础的企业观点可简称为"资源基础论"，其基本目标就是解析被经济学家视作生产函数的企业这个"黑箱"，将其拆解为更为基本的成分，以寻找企业竞争优势的根源所在。该理论的核心观点是，企业是由一系列资源束所组成的集合，企业的竞争优势源自企业所拥有的资源,尤其是一些异质性资源。外部的市场结构与市场机会会对企业的竞争优势产生一定影响,但并不是决定性的因素。

　　企业内的资源有很多种,但并非所有资源都可以成为企业竞争优势或高额利润率的源泉。一些学者对资源基础理论进行了批判性的继承和发展,产生了企业能力理论,也即以能力为基础的企业观点。由哈默尔和普哈拉提出的企业核心能力(core competence)概念在理论发展中逐步取得了主导地位。企业能力理论认为,决定企业竞争优势的能力是企业多方面资源、技术、不同技能的有机组合,而不是单纯的企业资源。然而,企业能力理论没有对为什么企业拥有核心能力,以及一些企业在获得了核心能力的同时反而出现了"核心刚性"(core rigidities),最终丧失了核心能力等问题给出解释。新近出现的企业知识理论认为,隐藏在能力背后、决定企业能力的是企业的知识以及与知识密切相关的认知学习。同时,在一定情况下,正是知识所固有的性质导致了企业的核心刚性。理论上,测量企业竞争优势的基本尺度包括四个方面,即创新能力、难以模仿、可持续性以及学习能力。正是在这几个方面,企业知识尤其是隐性知识发挥了关键作用。

第二节　创新战略与核心能力刚性

　　任何一项战略如果强调过头,就容易走向反面。当员工迷恋于技术而忘记了顾客时,过去技艺高超的"艺术家"变成了"笨拙的修补匠";当经历过积极的扩张而变得盲目扩张时,"开拓者"变成了"侵略者";当强调发明变成了追求无用技术时,"先锋"变成了"逃兵";当倾全力于营销技术时,"营销员"变成了"流浪汉"(多萝西·伦纳德·巴顿,2000)。在创新战略越来越青睐核心技术和核心能力时,企业却在不知不觉中陷入了核心刚性的陷阱。

　　核心刚性的形成可能来自对环境变化的忽视,也可能来自对目标的过分强调。比如,当新的竞争者想出更好的办法服务客户的时候,当新技术产生的时候,或者当政治、社会发生重大转变时。杜邦公司对尼龙的自信,对赛伦尼斯公司的轻视,使得它被赛伦尼斯公司在5年中夺去了轮胎帘子布市场75%的份额。日本竞争优势丧失的一个原因——"脂肪性产品设计"(fat product design),即产品型号、更新速度和功能上的过分多样化,尽管这些能力在20世纪80年代为他们赢得了竞争优势。

　　核心刚性不利于创新的行为有:①墨守成规,形成路径依赖。②有心去做,无力创新。美国钢铁公司在钢铁工艺创新的抉择上就面临了一个"能力陷阱(competency trap)"。当落后的程序建立了骄人的业绩,并帮助机构积累了该方面的经验时,能力陷阱就产生了。能力陷阱会抑制高级程序的应用,因为符合它的经验较少,难以激励高级程序的应用(多萝西·伦纳德·巴顿,2000)。③限制试验。人员的兴趣及能力通常会限制创新的范围。④筛选外部知识。如新技术存在着有偏见的评价(新事物在孕育之初通常具有不利因素);过于迁就客户(客户的要求往往超过他们真正需要的东西。现有顾客的这种要求掩盖了未来客户的弱小呼声;客户特别注重产品升级换代的成本;现有客户不愿意花时间学习新产品的使用。

　　核心能力变为核心刚性有很多解释,如经济学认为,打破核心刚性通常意味着削弱公司的现有能力——拆除现有的生产线、废弃现有的技术及技能、削弱现有资产的价值;行为学认为,传统观念和习惯根深蒂固,打破人们的行为模式和思维习惯十分困难,这是解释核心刚性的关键；权力观念则认为，核心能力形成的同时，一种权力指挥链和权力制衡关系也随之形成，长此以往这种关系就会逐渐演变成核心刚性。

多萝西·伦纳德·巴顿（2000）将企业核心能力刚性分为四个层次：物理刚性、管理刚性、技术和知识刚性、价值观刚性。物理刚性是指对工具及方法使用的路径依赖。管理刚性则是企业管理系统缺乏对变化的适应能力，如日立的会计体系对产品的损益进行"记忆性"存贮，然而东芝的会计体系却是每年更新，可能正是这种不同导致了东芝成为市场领先者而日立只能跟随其后——几乎永远不能够成为市场的老大。技能和知识刚性指企业特有知识不能够通过聘任来获取，不能以显性形式获取而仍存在于人们头脑中。因此，当独占性知识变成核心刚性的时候，它也是最难驱逐的。如技术间断的不可逆产品替代由于其隐蔽性、锁定性和破坏性，常常使企业进入核心刚性的陷阱（王蕾等，2004）。价值观刚性是企业核心刚性最难以改变的部分，强生公司创建者的儿子罗伯特·伍德·约翰逊总裁的价值观从1938年到1963年一直被刻在该公司的"信条"上。企业核心能力刚性的相对变化难度如图6-1所示。

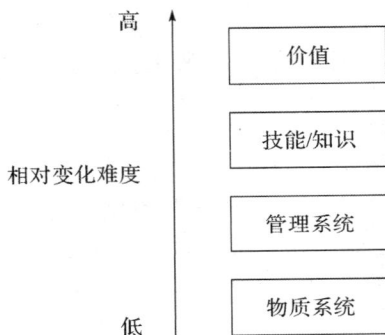

图 6-1　核心能力刚度的相对变化难度

"从众"心态、复制和标杆管理效应以及不确定经营环境的战略折中，导致了许多企业在战略转型时的战略趋同现象。战略趋同是企业优胜劣汰竞争选择的结果，是企业竞争成功的结晶，同时也是企业核心能力刚性的一种表现形式。战略趋同是战略创新不断循环进行的一个暂时阶段，战略趋同必将由于丧失差异化而使竞争激化，从而削弱行业平均利润率，随之而来的就是优胜劣汰，产生新一轮的战略创新。战略趋同下的战略包括摧毁性战略、反向战略、价值转移战略、内部价值链的点优势战略以及外部价值链的群优势战略（赵富强等，2003），其中摧毁性战略不是全盘的否定，而是对已有的战略的系统反思，并以其为目标进行不断地摧毁，从而从根本上改变原有战略。摧毁性战略由四个相互一致的战略层级构成，每一层战略又构成了下一层战略的基础。第一层级基本战略是让企业高速转到另一条轨道上；第二层级发展战略是积累可转移的资源，在不确定因素中寻找发展的机会，优化资源配置，在摧毁来临之前，它成为企业发展的加速器；第三层级竞争战略是企业毁掉自己已有的竞争优势以建立新的优势；第四层级指导战略建立在前三层战略之上，是战略与战术的过渡区，以解决战略与操作在实施过程中的脱节问题。

NCR 的核心能力刚性

1916 年,NCR 公司现金出纳机的销售占了美国市场份额的 95%。1959 年,NCR 出售了第一部计算机(304 型)。但是,它进军计算机市场的初期就陷入泥潭,到 20 世纪 60 年代末面临危机。1969 年 NCR 在全世界的雇员总数达到了 102000 人。1971 年销售额平缓无增,每股收益从上年的 1.37 美元跌至 0.04 美元,季度股息跌至大萧条以来的最低水平。NCR 公司每雇员的销售额为 16000 美元,而宝来商用机器公司人均销售额为 23000 美元,IBM 是人均 31000 美元。董事会的反应策略是把威廉姆·安德逊(原远东公司副总裁)升为新总裁。

安德逊接手的公司充满了核心刚性;管理层低估了现金出纳机与计算机结合的距离。结果可能令人惊讶,尽管技术上也存在问题,公司转变的最大障碍并非在此,而是公司核心能力的其他 4 个维度。

1. 价值观

现金出纳机的历史使得 NCR 公司在会计处理机上更倾向于小型机不是大规模系统。公司总裁宁愿"卖 1 亿辆雪佛莱中档车,而不愿卖 10 万辆高级凯迪拉克车"。因为不喜欢大型机,所以即使大型机需求增长时,公司经理也不愿扩大生产。而且,对于竞争性技术的敌视、对 NCR 专利技术的偏好带来了问题,经常导致决策的无效率性。

2. 物理系统

1972 年的厂房及操作程序带有历史的痕迹,反映了 NCR 公司在 1884 年建立之初的哲学——完全整合的制造。位于代顿的 30 家工厂生产从螺丝钉到塑料角匙坯的所有产品,那儿有超过 8000 种机器和 390000 种不同类型的工具。1969 年的存货单显示了仓库尚存 30000 种不同类型的部件,其中包括 2700 种不同类型的弯曲钳,9500 种不同类型和尺寸的洗衣机。当竞争对手宝来公司的副总裁在 60 年代参观代顿的时候,他在给公司董事的回执中提到:"你不用再担心 NCR 了。他们正在给专业技术缠上越来越多的束缚。他们的麻烦正越陷越深,自己却还不知道。"

3. 管理系统

当 NCR 生产现金出纳机的时候,它的销售及制造的激励系统还表现不错,但到了后来这也成为公司进行转变的最大障碍。计算机行业不同于其他高利润的传统行业;公司大多数销售部门的经理都是卖现金出纳机以及会计机出身的。由于担心极力推进计算机会导致传统领域的瓦解,因此 NCR 没有引入相关的促进计算机销售的激励系统。事实上,最初的时候计算机销售部的规模特别小,简直令人沮丧。例如,当 NCR-315 型计算机面世的时候,销售人员的提成只有 0.6%——销售价值 200000 美元的机器只能提成 1200 美元,他们并不比卖一台会计机多赚钱。类似地,生产部门的激励机制也对发展起阻碍作用。其他的美国本土公司已经确信计件付薪并不好,可是 NCR 还恪守此法。计件机制使 NCR 公司建立起巨额的零部件存货——这些零部件通常还是过时的。

4. 技能及知识

NCR 冒着风险进入了电子世界,但却无多少经验。因此,NCR"世纪系列"的技术创新导致了许多麻烦——平板线圈主存储器(还不是刚出现的符合工业标准的磁芯)、镍钴平板磁盘存储器、非常精密的能够同时扫描 12 磁道的磁盘单元读写头。NCR 管理层陷入了两个主要困难之中：首先，没有预测到工艺成熟、技术进步，进而急剧降低了传统磁芯存储器的成本，使平板线圈存储器的成本优势丧失殆尽。其次，公司产品缺乏革新，磁头不断地碰撞盘片，损伤了易损的铝磁盘，因此也破坏了数据；短杆存储器的生产也不可靠。最终，公司不得不购买传统的磁芯，并用制陶材料重新设计磁头。除了这些硬件上的问题，公司在创建软件技能方面也遇到了困难。安德逊回忆道："大多数的 NCR 员工都害怕与计算机牵涉到一块去"。

资料来源：多萝西·伦纳德·巴顿.知识与创新.孟庆国，侯世昌，译.北京：新华出版社，2000.

第三节　创新战略选择

一、创新的基本战略

从战略角度来认识创新只是近年来的事。人们认为，任何企业都是在一定的技术和市场许可的范围内经营，其生存和发展取决于适应外部环境的能力，技术创新即是连接技术与市场的纽带。因此，创新战略是企业经营战略的一部分，意在通过创新调整企业的原有经营格局，以在变化的环境中争取全局的主动性。在这个意义上看，创新战略是企业经营战略体系中最具有能动性的、关键的内容。

创新战略可以用多种方式进行划分。就目前而言，安索夫（Ansoff）、弗里曼（Freeman）等人所提出的划分方法为更多的人所接受。他们把企业的创新战略主要分为以下三种：领先创新战略、跟随创新战略和模仿创新战略。这种划分方式实际上是将企业的技术因素和市场因素相结合而提出的创新战略类型。实际中企业采用的可能是其中的一种或多种战略的组合，因为它们都各有自己的特点和适用条件，企业应根据自己的实际情况，做出最佳的选择。

（一）领先创新战略

领先创新战略主要着眼于未来市场的潜在需求，力求成为技术和市场的先驱。这是一种主动型却又是高投入、高风险的战略。采用这种战略的企业必须有很强的、独立的研究与开发和市场开拓能力，从而利用自己的专利和技术诀窍（know-how）作为补偿研究与开发投资和独取垄断利润的策略和手段。领先创新战略的优势体现在：①通过学习和积累的经验而获得成本优势；②网络外部性的存在（如软件）使新技术采用者所获得的收益随现有用户和预期的近期用户的增多而增加，领先者会因此有较大的顾客基数；③领先者树立起来的声誉和品牌使其有强大的先行优势。

采用领先创新战略比较成功的例子有像 IBM、杜邦等这样的大公司，但并非所有采用领先创新战略的企业都会成功，EMI 最早推出断层扫描仪（即 CT），虽然一开始是成功的，但最终还是退出了 CT 市场。因此，企业率先将产品推向市场、成为技术领先者后，如何保持这种优势是领先战略采用者不可忽视的一个问题。

(二)跟随创新战略

由于领先创新战略毕竟是一种投资大、风险大的战略行动,即使像 IBM 这样的大企业也并非在任何时候都采用这种战略。采用跟随创新战略的企业并不意味着缺乏 R&D 能力,它们不愿意成为第一个创新者(因为风险太大),也不愿意成为落伍者,它们密切注视领先者的行动,若领先者失败,就不跟进,若领先者成功,就迅速跟进,目标是维持其技术处于先进水平。因此,这是一种主动型、低风险的战略。虽然这种战略对企业的 R&D 能力要求没有进攻型战略高,但必须有较强的设计、制造和营销能力,有比较健全的信息跟踪和反馈机制,以低成本、高质量和产品差异赢得竞争地位。

(三)模仿创新战略

模仿别人的技术以不断提高企业的竞争力是许多 R&D 能力较弱但技术开发、生产、销售、服务能力较强的企业乐意采用的一种战略,它通过购买专利或技术诀窍,并投入少量的资源于技术服务、培训,在短期内将模仿创新的商品投放市场参与竞争。这样既可以省去许多研究费用和研究时间,又能很容易进入市场,甚至可以通过自己的模仿创新将创新者逐出市场。

模仿不等于全盘照抄,模仿者必须要进行再创新和二次创新。这样,一方面可以避免知识产权的纠纷,另一方面可以通过模仿达到不断提高企业技术创新能力的目的。在这方面,日本企业为我们树立了成功的典范。不过,随着知识产权意识的日益加强,长期采用模仿的办法不能为企业真正培育出自己的核心技术能力。

模仿除了受法律限制外,还可能遇到其他有形和无形的障碍,如用排他性合同来控制资源的供给或获得消费者的优越途径是无法模仿的,规模经济和市场容量的限制也阻止了模仿,当领先者的竞争优势建立在独特的组织能力、集体智慧、特殊技能基础上时则更不可能被模仿。

上述创新战略的划分可以看作是以竞争战略为理论基础的,波特认为,企业的战略选择基于企业对行业竞争地位的认识,企业竞争战略的选择可以归纳为两大类:低成本战略和差异化战略,作为企业战略重要组成部分的技术创新战略的采用目的在于企业如何通过技术创新来获得竞争上的优势。它们的对应关系可以通过图 6-2 来认识。

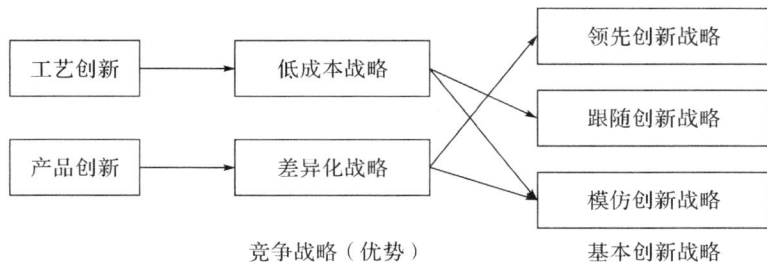

图 6-2　创新战略与竞争战略(优势)的关系

日本松下：战略转移，走为上策

在市场竞争中，若对手过于强大，或者市场发生了不利的变化，而自己没有取胜的把握，就可做战略转移，采用"走"这一计，保存实力，以图东山再起。从企业的经营管理以及行销的传统观点来看，新产品的开发，固然是企业生存发展不可缺少的一个环节；而传统旧产品的维护，有时更关系到企业立足的基础。不过，却有少数企业以高瞻远瞩的眼光和魄力，割舍"无利可图"甚至构成企业包袱或负担的旧产品。

蓝契斯特法则中，有一则重要的战略，即"剪刀"、"石头"和"布"的战略。它们分别应用于产品寿命循环的导入期、成长期与成熟期。刚上市的新产品，为了要开发市场，必须用"石头"去攻击，以锐不可当之势建立市场的据点。当产品步入成长期，就要用"布"的战略去包围市场，才能保证尽可能地扩大市场占有率。等到产品迈入成熟期，则该采取"剪刀"的战略，割舍该产品，退出市场竞争，以免因舍不得"走"或"走"得太慢而丧失其他的新的行销机会。然而，大多数企业都擅长"石头"和"布"的战略，而舍不得用"剪刀"剪断情丝，一走了之，就很可能会造成"剪不断，理还乱"的结局。事实上，"走"的目的，是要把用于没有希望的商品的人力、物力，用来从事新产品的开发。所以，"走"的意义是积极地攻占新领域，而不是消极地退出市场。

1964年，日本松下通信工业公司突然宣布不再做大型电子计算机。对这项决定的发布，大家都感到震惊。松下已花5年时间投入10亿多元巨额费用进行研究与开发，眼看着就要进入最后阶段，却突然全盘放弃。松下通信工业公司的经营也很顺利，不可能会发生财政上的困难，所以令人费解。松下幸之助所以会这样断然地做出决定，是有其考虑的。他认为当时松下公司生产的大型电子计算机的市场竞争相当激烈，万一不慎而有差错，将对松下通信工业公司产生不利影响，到那时再退，就为时已晚了，不如趁眼下一切都尚可时撤退，赶紧一"走"为好。

事实上，像西门子、RCA这种世界性的公司，都陆续放弃大型电子计算机的生产，广大的美国市场，几乎全被IBM独占。像这样，有一个强而有力的公司独占市场就绰绰有余了，更何况在日本这样一个小市场？富士通、日立、日立电器等7个公司都急着抢滩，他们也都投入了相当多的资金，等于赌下整个公司的命运。在这场竞争中，松下衡量得失后，终于决定撤退。

资料来源：企业战略管理经典案例，http：//wenku.baidu.com/link? url＝TqTlHqJfjfWSXk5j ZJUIZ65kckJi9keKBTt17D09BmPUKNDJ1a7P3OqHiEdTElp9427yJtIUhcE0cEfjlS4ZjcSt7rdzWWJ 2zh0sj7fdOEm.

二、技术标准战略

技术标准战略是随着标准竞争的出现而产生的。标准主要有四种来源：法定标准、企业标准、联盟标准和用户标准。标准竞争至少包括三种类型：创立标准的竞争、新旧标准的竞争和争夺主流标准的竞争。根据技术标准和用户安装基础这两大至关重要的维度，在标准竞争中，企业有四种可以选择的技术标准战略，并在一定条件下实现这些战略的相互转换（黄璐，2003）。如图6-3所示。

是否拥有标准

是　　　　　　　　否

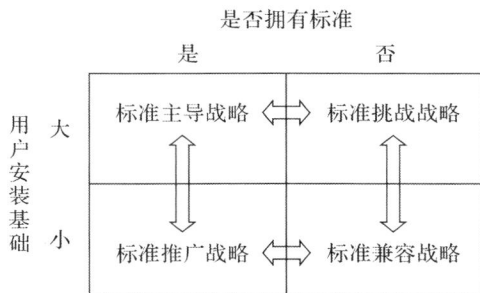

图 6-3　四种基本的技术标准战略

(一)标准主导战略

当企业拥有标准,并且已建立了较大的用户安装基础时,企业将实行标准主导战略。这一竞争战略的具体含义是企业控制标准的形成和主导标准的发展,使该标准成为事实上的标准、唯一的标准和未来的标准,从而利用标准实现价值垄断,获得持续盈利并主导产业的发展。微软公司便是标准主导战略的一个典型例子。作为程序设计语言标准、MS-DOS 操作系统标准和 Windows 操作系统标准这三个行业标准的主导者和所有者,标准使微软获得了高额的利润。

(二)标准挑战战略

当企业并不拥有现有标准,但却拥有最强大的用户安装基础时,企业可以借助用户安装基础的优势,发起对现有标准的挑战,使企业专有技术成为事实上的标准,从而赢得标准竞争,这就是标准挑战战略。该战略通常可以看作是新标准对旧标准的挑战,挑战者凭借强大的用户安装基础,通过引发正反馈来建立新标准。因此,标准挑战战略除了需要关注顾客需求和向顾客提供系统价值以外,还要求企业注意发挥后发优势,并控制锁定周期,使竞争对手无法达到规模经济。

(三)标准推广战略

当企业拥有标准,但是用户安装基础较小时,企业主要的战略任务便是使现有标准获得广泛采用,从而扩大该标准的用户安装基础,使之逐渐成为事实上的标准,这就是以促进标准的采用为战略目标的标准推广战略。这种战略着重于用户安装基础的建立和扩大,通过推动用户选择来确立企业技术的标准地位,包括争取政策支持、组建标准联盟、实施渗透定价和适度开放标准。

(四)标准兼容战略

当企业既不拥有标准,又不具备用户安装基础上的优势时,企业唯一能做的选择便是寻求互联,以便获得与标准的兼容,从而分享属于标准的用户安装基础所提供的市场潜量。这种战略只能是新进入市场的企业和处于竞争弱势企业的阶段性战略选择,除了获得标准的使用许可以外,企业还可以运用适配器互联和迫使标准开放等办法实现该战略。

三、创新组合战略

创新组合涉及多种层次、各方面的组合,其中产品创新和工艺创新的组合是最基本的组合形式，企业选择产品创新战略或工艺创新战略，或者两者的组合，是技术创新战略选择不可回避的问题。

（一）产品创新战略

在熊彼特看来，真正应该考虑的不是某一时点上的价格竞争，价格竞争仅仅是战术运用，而应该考虑那些来自创新的竞争。因为在许多市场中，竞争优势的维持时间在缩短，企业只有不断发展优势来源，才能保持企业利润的源源不断。显然，企业持续的竞争优势来自不断的创新，但创新活动不是无规律和无逻辑性产生的，创新具有很强的路径依赖性，而企业核心能力正是源于企业知识基础固有的基本轨迹（G. 多西等，1992）。亨德森和克拉克关于照相平版印刷调准器行业创新的研究表明路径依赖在决定企业利用新技术机会能力中的作用。布朗也在她的一系列案例研究中发现，在企业实力的传统领域，核心能力促进了R&D的有效性。

根据核心能力理论，我们认为，企业选择产品创新战略必须注重企业核心能力的培养。核心能力超越单个产品，涉及企业的一系列产品，有核心能力的企业其产品有着某种内在的联系，这种联系表现在一组产品在设计和元件中具有的共同特性，称为产品平台（product platform），我们将具有一个共同的平台但功能各有特色的一系列产品定义为产品族。产品族是企业核心能力应用的结果，也是企业是否有核心能力的重要标志。

核心能力与最终产品之间的有形联结称为核心产品。例如，英特尔公司的微处理器、本田公司的发动机都是核心产品。核心产品是设计技能与导致产品多样化的开发技能之间的关键联系，是实际产生（决定）最终产品价值的部件或组件。

由产品平台发展到产品族的过程涉及产品组合创新的概念。产品组合创新就是建立在同一产品平台基础上的系列产品创新。比如，本田公司的核心技术是引擎，核心产品是发动机，建立在发动机这个产品平台基础上，它们进行了系列产品的创新，如动力浆、割草机、雪地车、摩托车、吹雪机等。所以，产品组合创新不是任意要素（物资、单元、技术、结构、功能、原理和方法等）的简单叠加，而是以同一产品平台为基础，产品组合必须能够产生特定的功能优势并产生连锁效应。

组合产品已成为市场上十分流行的商品，它们正在产生新的产品族和产业。如电视机、电子钟表、数字技术、计算机和通信机的两两组合就可能产生画中画电视机、多台电视机组成的电视墙、环视电视、子母钟、数字指针双重显示表、平行计算机、多路通信设备、数字通信机、数字电视机、数字计算机、数字表、计算机电视、钟控通信机、无线电钟表、超视距无线电传送电视、手表电视机、有活动图像的电子钟表、可记忆的智能通信机和无线电网络的计算机等许许多多的组合产品。进行产品组合创新的意义十分重大，它改变了人们长期以来单一产品创新的概念，为产品创新概念的形成提供了更广阔的思维空间。它强调了产品创新的路径依赖性，为创新战略的选择指明了方向，即围绕培植企业的核心能力，以同一产品平台为基础进行系列产品的创新。

产品组合创新分为两个层次：第一个层次是产品平台基本保持不变，产品创新的重点是对现有产品平台添加独特产品要素，以满足不同细分市场需要，可以称为产品品种创新；第二个层次是企业在利用现有平台推出衍生产品的同时，对平台自身的某些要素进行技术改进，从而创造出不同的产品平台，可以称为产品平台创新。产品平台创新战略的选择从技术的角度看涉及企业的核心技术和非核心技术状态和变化程度：核心技术不变，辅助技术变化程度低,选择平台衍生战略;核心技术不变,辅助技术变化程度高,选择平台扩展战略;核心技术升级,辅助技术变化程度低,选择平台升级战略;核心技术升级,辅助技术变化程度高,选择平台跳跃战略。如果考虑现有的市场吸引力,则平台创新战略的选择涉及上述各战略的组合(王生辉等,2004)。

(二)工艺创新战略

按照熊彼特的观点,工艺创新是把一种新的生产工艺引入生产过程。工艺创新包括两种含义,它既可以指创造一种新产品的生产工艺,也可以指以新的生产工艺生产市场上已有的产品。第一种含义与产品创新有密不可分的关系。新产品的生产工艺往往是与新产品本身相伴而生并随着新产品的完善而逐步完善的。改进老工艺或创造新工艺,可以使企业以更高的效率生产老产品或者生产出更高质量的老产品,这是工艺创新的第二种含义。汽车流水线的诞生就是新工艺生产老产品的例子。福特设计出大众化的"T型"车后,产品出现了供不应求的情况。为了满足社会需求,福特吸收了弗雷德里克·W.泰勒在美国钢铁业上提出的流水线生产理论,从而创造了新的汽车生产方式。这种新的生产方式,通过充分发挥分工和专业化优势,将制造各种部件的每一个机械操作工序划分清楚,然后根据工序顺序将设备依次排列,使它们成为一条平行的、连续不断的生产线来生产汽车。汽车生产线的发明大大提高了汽车的生产效率。由此可见,汽车生产线没有改进"T型"车本身,而"T型"车的生产方式却有了工艺创新。

无论哪种含义,工艺创新总是与生产制造密切联系在一起的。根据生产部件数目和产品数量的不同,生产制造系统可以分为四种不同的类型:独立的机器和方法、柔性制造系统、专用连续流动系统和计算机集成制造系统。不同的生产制造系统对生产产品数量和品种种类做出不同的要求,也体现出不同的特点。不同生产系统能力比较如图 6-4 所示。企业应根据具体情况做出合适的工艺创新战略选择。目前,我国制造业所采取的制造模式主要有:计算机集成制造系统(CIMS)、精良生产(LP)、敏捷制造(AM)。但存在的问题是,CIMS 所管理的对象主要都是信息,面向的对象主要是数据库,整个过程基本是一个结构化的过程,工作的核心是技术和信息的开发和利用,因而不得不过于依赖先进的技术,并停留在对显性知识的管理和应用层面上。LP 对个人特别是拥有特定技术的个人依赖性强,因此为了减少因人员流动造成的知识损失,原则上采用终身雇佣制。结果是,一方面不利于知识在企业内的共享和新技术的推广;另一方面,在人员流动性很大的今天,企业需要负担极大的风险。AM 则是基于对多元化和个性化市场发展趋势的分析,要求企业应尽可能具有高的柔性和快速反应能力,而这又严重制约了企业的创新能力的提高(纪利群等,2004)。所以企业在创新的选择上,不仅要做好产品创新与工艺创新的组合选择,还应该在技术创新与管理创新上进行组合选择,将知识管理与我国的制造业进行整合应用。

(三)技术创新组合战略

产品创新和工艺创新并举是企业进行技术创新具有的规律性的认识。美国企业一直注重产品创新而忽视工艺创新是造成与日本企业竞争乏力的重要原因。从美国和日本两国企业在产品创新和工艺创新投入的比例上可以证实这一点,比例分别为 2:1 和 1:2。我国企业的实践也表明,不少企业在产品创新上投入很大力量,但在工艺创新上却投入不足,造成了企业技术系统内部的不协调,产品质量上不去,成本居高不下,竞争能力低下。企业工艺

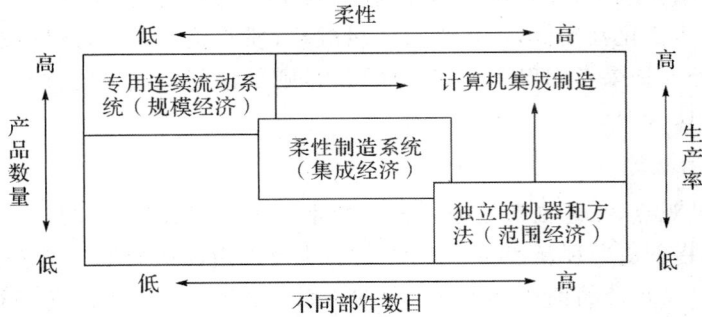

图 6-4 不同生产系统能力比较

落后的状况已成为企业技术创新和技术能力提高的瓶颈。一项对江浙 26 家企业技术创新项目的调查发现，在全部技术创新成果中，产品创新占了 73％，而工艺创新只占 27％（许庆瑞等，1997）。

产品创新过程中必须考虑现有的工艺基础，库兹涅茨指出，单纯的产品难以长期维持其竞争效益，必须依靠工艺创新。企业在产品创新与工艺创新组合的选择上可以依据安索夫的产品—市场矩阵来进行。在图 6-5 中，A 区产品处于成熟阶段，重点应放在生产和顾客方面，抓好工艺创新，力求降低成本。B 区是老产品进入新市场，但属于纯地理上的转移，要求企业重点进行工艺创新，当然，为使产品能适应新地区的需要应对产品进行小的改动。C 区也是老产品进入一个新市场，但技术上可能要做很大的变动，工艺创新是必要的，但产品创新可能更重要。D 区主要解决延长原有产品生命周期问题，应重点抓产品创新，此时，企业既要考虑新产品的生产，又要考虑尽快将老产品推销出去，处理好两者的衔接十分重要。E 区是典型意义上的新产品，企业当然应将重点放在产品创新上。创新组合动态模式特点如表 6-3 所示。

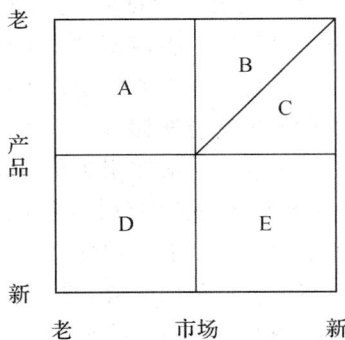

图 6-5 产品—市场矩阵中产品创新与工艺创新的组合

表 6-3 创新组合动态模式特点

企业发展阶段	幼稚期	成长期	成熟期
创新源	市场需求 企业技术瓶颈	用户实践中学习	企业战略

企业发展阶段	幼稚期	成长期	成熟期
主导创新	产品创新	大量工艺创新	工艺创新
创新类型	重大创新	渐进型创新	重大创新
创新策略	研究发展与学习	自主开发	研究发展与学习
投资策略	技术瓶颈	专业设备	工艺预创新
投资强度	大	中	小
战略重点	快速进入市场	低成本	创新能力提高
战略类型	反应性战略	混合型战略	先导型战略

资料来源:陈劲.永续发展——企业技术创新透析.北京:科学出版社,2001.

(四)企业创新组合战略

事实上,表 6-3 还向我们展示出企业创新过程中其他方面创新的跟进和支持。比如,在企业处于成长期,产品创新与工艺创新的组合特征是渐进、少量的产品创新和大量的工艺创新,相应地,创新源、投资策略和强度、创新策略、战略重点和类型等都必须在这个时期进行快速的响应和积极的跟进。因此,企业创新组合战略不仅包括技术创新的组合问题,还包括 R&D、制造、营销、财务和组织等多方面的组合问题。换句话说,如果企业各职能工作不能为企业的创新战略提供有效的支撑,从而形成快速响应系统,任何创新战略也无法顺利实施(见表 6-4)。这也说明了企业进行全面创新的必要性和紧迫性。

表 6-4　各种创新战略的典型职能要求

	典型职能要求					
	R&D	制　造	营　销	财　务	组　织	战略实施或市场进入时机
创新领先战略	要求最高水平的研究与开发	强调先导式和适中规模的制造	强调刺激基本需求	要求得到风险资本	比起效率来说更强调灵活性(柔性);鼓励承担风险	早进入从而开始产品生命周期
创新紧跟战略	要求灵活的、反应性的和先进的(处于前哨的)R&D能力	要求在调整制造规模方面具有柔性	产品必须差别化,刺激次级需求	要求能快速实现从适中到大量资本投资的机会	灵活性和效率因素相结合	成长阶段早期进入
成本最小化战略	要求工艺开发和对成本有效的产品方面的技能	谋求效率和大规模自动化生产	必须使销售和分销成本最小	要求获得大量资本	强调效率和层级控制;刚性加强	在成长后期或成熟早期进入
市场细分战略	满足应用能力、顾客定制设计和设计先进产品的能力	要求短期至中期内有柔性	必须辨认和达到有利的细分市场	要求能得到适中或大量的资本	在服务于不同的顾客要求方面要具有柔性和加以调节	成长阶段进入

资料来源:陈伟.创新管理.北京:科学出版社,1996.

以服务业的创新战略为例，服务包括服务的生产、服务产品、服务的消费和服务市场几个部分，每个环节都涉及不同的要素和相应的特征，创新战略应该根据这些要素和特征的不同进行选择，才可能形成竞争优势（见表6-5）。

表6-5　服务业的创新战略

	主要特征	创新战略
服务的生产		
技术和设备	资本设备要求较低；大量投资于建筑	通过远程服务、免费电话等降低建筑成本
劳动力	某些行业高度专业化（尤其需要人际能力）；其他行业技术要求较低，有临时工和钟点工；专业知识非常重要，但很少需要技术技能	利用专家系统和创新，降低对高价的稀缺技能的依赖性；将关键操作移到人工成本较低的地区（通过电信维持合作）
工作组织	经常从事手工生产，较少对工作的管理与控制	利用信息技术监控劳动力（例如，交通人员的测速电动机和移动通信，扁平组织结构，现场和办公室数据直接进入数据库以及管理信息系统）
生产特征	非连续的、规模有限的经济	标准化生产（例如快餐连锁点），采用标准部件的装配线和劳动力的高度分工
工业组织	国营公共服务部门；小规模、家庭企业和自我雇佣人员居多	公共部门的私有化和外部化；利用网络技术进行小企业的联合；基于信息技术的服务管理系统
服务产品		
产品性质	非物质，信息密集；难以存储和运输；难以区分工艺和产品	增加物质部件（例如，贵宾卡、成员卡）；利用远程技术进行订货、预定甚至发货；"用户界面"的维护
产品特色	常针对消费者需要进行顾客化设计	利用电子数据交换，远程输入客户数据；利用软件，记录并根据客户要求进行生产
服务的消费		
发货	生产和消费在时间和空间上相连；客户或供应商必须接触另一方	远程计量；自动出纳机和其他信息服务
消费者作用	"消费者密集"型服务，要求消费者介入设计/生产过程	消费者利用标准化"菜单"，新的发货形式
消费组织	难以区分生产和消费，自我服务在各种经济形式中日趋普遍	自我服务增加，利用已有技术（电话、个人计算机）和用户友善软件界面
服务市场		
市场组织	通过公共部门的官僚机构提供某些服务；某些成本打入商品（例如零售业）	新的收费模式，新的预订系统，EPOS等系统更灵活的定价方式
管制	在某些服务行业中普遍存在管制	管理部门和供应商利用数据库分析性能指标并进行诊断
营销	难以预先演示产品	保证；演示（例如，软件演示版、共享软件、软件测试期）

资料来源：Mark Dodgson，Roy Rothwell. 创新聚集——产业创新手册. 陈劲，译. 北京：清华大学出版社，2000.

[本章精要]

1.创新项目的选择涉及企业创新战略问题,同时创新项目的实施需要以创新战略为指导。企业创新战略是指企业进行创新活动的总的谋划,主要解决创新的基本原则、根本目标和主要规划等企业创新活动中一些全局性、长远性和方向性的问题。

2.资源基础观认为企业是由一系列资源束所组成的集合,企业的竞争优势源自企业所拥有的资源,尤其是一些异质性资源。外部的市场结构与市场机会会对企业的竞争优势产生一定影响,但并不是决定性的因素。

3.企业能力理论认为,决定企业竞争优势的能力是企业多方面资源、技术、不同技能的有机组合,而不是单纯的企业资源。

4.创新战略是企业经营战略的一部分,意在通过创新调整企业的原有经营格局,以在变化的环境中争取全局的主动性。在这个意义上看,创新战略是企业经营战略体系中最具有能动性的、关键的内容。创新战略主要分为以下三种:领先创新战略、跟随创新战略和模仿创新战略,这种划分方式实际上是将企业的技术因素和市场因素相结合而提出的创新战略类型。

5.企业核心能力刚性分为四个层次:物理刚性、管理刚性、技术和知识刚性、价值观刚性:物理刚性是指对工具及方法使用的路径依赖;管理刚性则是企业管理系统缺乏对变化的适应能力;技能和知识刚性指企业特有知识不能够通过聘任来获取,不能以显性形式获取而仍存在于人们头脑中;价值观刚性是企业核心刚性最难以改变的部分。

6.核心刚性的形成可能来自对环境变化的忽视,也可能来自对目标的过分强调。核心刚性不利于创新的行为有:墨守成规,形成路径依赖;有心去做,无力创新;限制试验;筛选外部知识。

问题及讨论

1.选择一个企业分析其面临的创新的内外部环境,并为其选择适合的创新战略。

2.如何认识企业战略和核心能力刚性的关系?

[案例应用]　路明集团创新战略的演化

路明科技集团成立于1992年,主营业务涉及蓄光发光材料及制品、标识工程、半导体发光外延片和芯片、LED发光材料、LED光源、LED照明与显示工程等,是国际上少数同时拥有发光材料和LED芯片两大半导体照明产业核心技术的企业之一。

路明集团的成长历程,与世界自发光材料和半导体照明产业的发展历程是同步的。1988年,在中科院长春物理所学习期间,肖志国首创了稀土蓄光型自发光材料。毕业后他在大连能源研究所工作期间申请了专利。1992年,在大连市政府和大连高新区的支持下,肖志国成立了高新技术商业应用研究所,获得了20多万元启动资金贷款,用于技术孵化和成果商业化。

1993年,路明光源有限公司正式成立。这种新型发光材料在塑料、陶瓷、化纤、油漆、涂料、油墨、印花浆等诸多领域实现了广泛的市场化应用,开发了发光颜料、发光涂料、发光陶瓷、发光塑料、发光化纤、发光油漆、发光油墨 7 大系列 180 多个品种，获得国内外专利 40 多项。同时，路明对生产规模、销售网络等体系进行了投资和拓展，使得管理规则、工序关系等诸多基本活动过程能够按发光材料产业特性有效衔接，通过运作能力提升，路明的原料采购、原料制备、发光产品生产、对外销售和配套服务以及研发体系在整体效率、规模和经营上都获得了重要进步。此时，路明突破创新才形成产业化，实现了真正意义上的创新成功，避免了很多产业中的"为人做嫁衣"的创新者失败陷阱。

在 2001 年的美国"9·11"事件中，由于采用了路明发光产品的蓄光自发光指示系统，纽约世贸大厦 1.8 万人得以在断电黑暗中只用 1 个半小时即成功逃生，这为路明产品带来了极高的知名度，得以在国际市场上获得迅速发展。同时，也大大加剧了自发光材料的行业竞争，使得国内外竞争对手大量增加，包括世界 500 强的德国赫斯特和美国 GE 公司在内的十几家大公司纷纷参与了竞争。极富经验的国际知名公司采取先代理后直接竞争的战略，首先开始的是争夺路明产品代理权的商战，在肖志国的自发光材料技术逐渐成熟的背后，几大著名的发光公司纷纷在暗中加紧了对这种新型发光材料的研究和仿制，他们企图在较短的时间内赶超路明，以夺取在世界自发光产业的领导地位。针对这种威胁，路明加快了发光产品升级，目前路明自发光材料已经更新换代到第 9 代，高端产品的发光时间可以长达 7 天，而且荧光粉产品质量不断提升，满足了国内外客户的高品质需求，并没有失去客户，特别是在高尖端的国防军事领域的应用更是其他同行对手所无法比肩的。

同时，路明的肖志国以企业家的敏锐眼光关注着相关领域——世界半导体照明技术的兴起和成熟。2000 年左右，自发光材料行业随着技术的成熟竞争日益激烈，半导体照明技术 LED 在日本以及美国取得技术突破。随着发光效率质的飞跃，其应用领域大大增加，一次照明领域的世界级革命正在酝酿中。

处于产业价值链上游的外延片及芯片产品生产，技术壁垒高，技术难度大，是 LED 产业链中的关键环节，也是获利能力高的环节。LED 产业中 70% 的利润集中于这个环节，LED 封装中有超过 70% 的成本也来自于芯片。而且，LED 产品市场中最大的份额由几家国际巨头如日本的日亚化学（Nichia）、美国 Cree、Lumileds 公司所占据，他们还通过相互专利授权的形式，试图控制和垄断高端 LED 芯片市场，这大大制约了中国 LED 工业的发展。中国的 LED 工业同样存在着类似 VCD/DVD、计算机等工业的核心技术缺失之痛。这样的市场形势让只有发光材料技术的路明受到了很大的制约，尽管加大了研发力度，但由于技术壁垒限制导致路明也一直停留在 LED 的下游领域并进行了大量重复研究。

肖志国固体发光材料的专业背景再次帮助他意识到了这一领域的巨大潜力，路明将发展领域渗透到更广阔的光电子产业，拓宽自己的业务范围，主要举措有两个：一是开始进行隐性发光材料等技术的研发，尝试进入 PDP 等离子显示屏材料的生产领域；二是针对下游的封装和应用产品进行研发，2002 年 9 月，路明收购了一家生产 LED 显示屏的专业公司——东方电脑集团公司大连分公司，使路明正式从低端封装领域进入半导体发光产业，从事 LED 显示屏的开发、生产和销售，具备了 LED 产业的初步经验。

2003 年，恰逢半导体照明市场发生了一些波折，美国晶体技术公司（简称 AXT 公司）光电事业部意外遭受了重大打击，运营出现危机。鉴于美国资本市场的影响和短期业绩压力，AXT 公司董事会决定出售光电事业部。美国 AXT 公司是全球最早提供大功率 LED 芯片的供应商之一，具有外延片生长、芯片制造的成熟工艺和关键技术专利等 30 多项，技术水平处于美国第 2、世界第 4。其光电事业部曾投入了数千万美元的技术开发费用,研发技术直接应用于如手机背光源、LED 大屏幕和白光照明等产品中,拥有的专利涵盖了从外延片生长到芯片制造的关键环节,核心专利处于业界领先水平,并同时拥有标准芯片和大功率芯片技术。路明果断抓住了这一进入 LED 产业链上游的机会,经过 4 个月的谈判,2003 年 9 月路明最终以大约 1000 万美元的价格收购了 AXT 的光电事业部,包括其全部生产设备、30 多项专利,吸收了 50 多位研发人员。路明利用并购进入 LED 产业链上游,而后又通过整合获得并改进了核心技术,大大缩短了路明的技术爬坡过程。

路明集团通过投资设立在美国的路美光电公司(LUMEI)完成了对美国 AXT 公司收购,之后由美国路美光电公司与大连路明科技集团在大连共同投资建立分公司——大连路美科技有限公司。该公司的成立实现了中国本土发光材料技术与美国发光芯片技术的强强联合,公司在获得路明集团注入世界领先水平的发光材料技术后,结合原美国 AXT 公司的发光芯片技术和原有市场网络基础,形成了全系列芯粉搭配的优势以及区位优势和成本优势,开发出具有自主知识产权的白光半导体照明产业化生产技术,使得路明的整体技术水准跃上了一个新的台阶,跻身世界一流 LED 大厂行列。

改编自:韵江,刘立. 创新变迁与能力演化:企业自主创新战略. 管理世界,2006(12):115-130.

思考题:

1. 路明集团的创新发展经历了哪几个阶段?

2. 分析路明集团各阶段面临的内外部环境及选择的创新战略。

第三篇
创新组织

第七章 创新的组织形式

学习目的

■ 理解创新的技术中心等常设组织
■ 理解创新的项目小组等非常设组织
■ 了解创新的二元组织发展趋势

引 例

BanCo 公司(企业匿名)是荷兰一家大型的金融机构,它为市场提供一系列的金融产品,主要销售渠道是一个由分支机构组成的密集网络。BanCo 公司采取一种传统的和层级制的组织结构,该组织是由在专门领域建立的一些业务单元组成的。在这些单元中,工作更加专业且由许多更小的独立单元(部门)合作承担。职能化结构对产品开发部门组织的影响是很明显的。部门化导致只有很少一部分参与开发流程,具体部门的代表只关心整体中他们自己的那部分利益。

来自 BanCo 公司的一些经理对金融组织中文化对产品创新造成的困难进行了解释:"银行和保险公司的建立都以稳健为目标。而对未来是不可能预测的,冒风险是绝对不允许的。这样的文化基本割断了组织赚快钱的做法,使得组织变慢,实际上决定了变革的内容。"

银行和保险公司的职能化组织结构往往导致为产品开发而设立的轻型项目组内的各种冲突。专项职能人员总是觉得很难冲破束缚向其他团队成员开放,并共享知识。"大部分银行将看上去不相关的部门加以分隔,至少看起来是这样的。当来自不同部门的人员在某个项目中不得不在一起工作时,这一点尤其明显。他们不知道如何去共享专业知识。我想大部分公司都是这样的。"

BanCo 公司在日常业务组织和项目组织间存在明显冲突。项目进展中必须同时处理产品开发所涉及部门间的利益和优先权,大多数的员工不习惯为更广泛的利益而交换部门间的利益。"在日常组织和项目组织间存在着紧张关系。它们之间存在着不同的利益和优先权并且经常冲突。产品开发人员有一种恒久的关于没有最高优先权的担心,这意味着项目不能及时完成,甚至根本无法完成。"

创新组织的形式多样,随着创新在企业管理工作中的地位不断提升,企业创新组织形式也在发生演变以适应创新工作的需要。创新组织由从属地位逐步成为一个独立的部门,其规模及对企业的影响也越来越大。创新组织的管理也就成为企业管理工作的一个重要组成部分。有些创新组织经过长期的运作显示其有效性而逐渐为人们所接受,我们称之为创新常设组织,有些创新组织则是在尝试和发展中,显示出创新组织的新的发展趋势,我们称之为创新非常设组织。此外还存在平衡探索式创新和利用式创新的二元组织形式的新趋势。本章将用三节的内容分别予以介绍。

第一节　创新的常设组织形式

一、水平分工型

(一)职能分工——串行组织模式(stage-wise model)

目前我国大多数企业采用的是 U 型组织形式,这是一种按职能设立部门的组织结构,如图 7-1 所示。创新工作主要承担者——研发部门是 U 形组织中的一个职能部门。

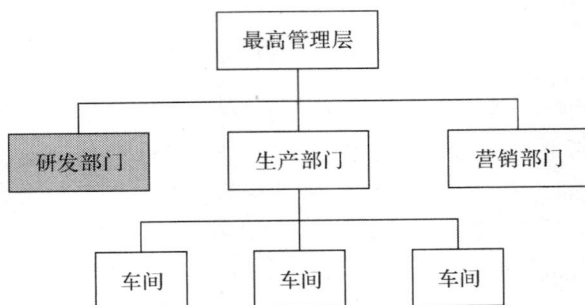

图 7-1　职能组织结构

这类形式广泛存在于一些中小型企业,主要从事成熟技术的局部、渐进改进,产品的构思、设计、制造、市场试验等基本上在产品开发部门进行,其他职能部门在企业的领导和协调下配合创新。实践证明,这是中小型企业从事成熟技术的后续改进、开发,提高组织效率的一种比较有效的方法。

该组织形式的主要优点是权力集中,强调信息的纵向传递,上层较易管理各个职能部门,便于决策计划的执行,从而使最高管理层较易掌控创新动态。其缺点是缺少部门间的横向信息交流和联系,部门间的协作较为困难,当企业产品多样化后,各部门面对已有的多种产品而难以顾及新产品的开发、试制和生产。

现代创新过程可以分解为调查与预测、决策与计划、结构设计和试制、工艺设计和试生产、成本核算与控制、营销设计与促销等环节,将各环节的任务分别赋予相应的企业科室来完成,从而形成按产品开发职能分工的串行组织模式。如图 7-2 所示。

这种模式通常是以设计部门为主,在主管人员的协调组织下,充分发挥企业现有职能部门的作用,分工协作进行产品开发。由于分工明确、循序渐进地开展工作,因而易于组织管理,产品开发风险小。在工业化初期,它成为许多企业产品开发设计的主要组织模式。一般地,串行组织模式适用于开发任务量小的中小型企业。

但是,过分强调创新活动的顺序性,势必导致创新周期过长,降低开发效率。同时,专业之间、部门之间信息交流渠道不畅,易于造成工作内容脱节,影响开发质量。

随着企业产品和职能部门的多样化,这种按职能分工的 U 形组织结构变得越来越不适

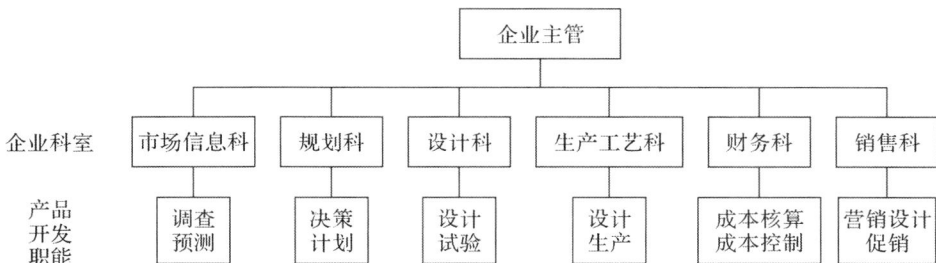

图 7-2　串行组织模式

于企业创新活动。在我国,U 形企业组织结构对技术创新的抑制现象较为严重。企业制造或生产和销售部门不配合新产品开发的例子屡见不鲜。比如,一家纺织机械企业,技术开发部门有一项新产品的设计,但该部门缺少制造车间,只能将样品交给生产部门制造。而生产部门一般愿意批量生产成熟产品,不愿停下手中的作业去生产试验样品。结果,只有在生产部门空闲时才会去制造试验样品,导致创新周期过长。

（二）产品分工——产品事业部制（product division）

在 20 世纪二三十年代,美国的杜邦公司、通用汽车公司等意识到 U 形组织的局限性,于是设计了一种新的企业组织结构,即 M 形企业组织结构。M 形组织结构的产生是因为企业规模扩大后,职能部门协调的重要性要胜于分工的重要性,同时它又继续保持了企业高层对下属各个职能部门的管理,这种组织结构可按不同目标划分为产品型、地区型和顾客型,这种组织已在世界范围扩展开来。

当企业产品品种较多,开发任务量较大时,可以建立按产品分工的事业部结构,产品事业部负责产品从开发、制造到营销的全部工作,在总公司领导下实行独立经营,自负盈亏。

产品事业部制遵循"集中决策、分散经营"的原则,是一种在集中领导下的分权管理模式。在众多产品事业部中,杜邦公司的合成橡胶事业部的组织结构就是围绕合成橡胶的开发经营设计的,事业部内设置了销售部、研究部、制造部等部门。其他事业部基本上也采用这种形式。

在产品事业部制下,多个部门的创新、管理、生产的报酬都可单独核算,这改善了创新的组织和激励方式,既保证了总部的重大创新动态和各个产品部门间的协调,又保证了各分部的灵活创新能力和创新优势。比如说,日本的松下公司把黑白电视与彩电分成两个事业部。当时,黑白电视被认为是走下坡路的产品,但黑白电视部却成功地开发了袖珍超小型电视机,成为热销品。若松下公司没有将黑白电视部设为一个事业部,受人欢迎的袖珍黑白电视就难以问世了。

采用产品事业部制,有如下优点:①由于最高管理机构与各事业部在决策与管理上的分工,强化了产品动态决策和产品开发与经营管理工作。②由于开发、制造、营销等环节紧密结合在一起,有利于提高产品开发效率和质量,实现产品向系列化、多样化发展。但产品事业部制往往存在着机构重叠、部门间协调困难、技术资源不能充分利用等弊端。产品事业部制一般适用于企业规模较大、产品品种较多、面临的市场变化迅速的大型联合企业。

二、垂直层级型

垂直层级型依托企业从上至下的多级组织结构，建立相应的开发机构，从而形成垂直分级型的产品开发组织体系。在这方面，德国西门子公司的做法具有典型意义。它采取三级组织体制，如表 7-1 所示。

表 7-1　西门子公司垂直分级型组织模式

开发机构	任　务
公司级研究与开发中心	基础研究、长远发展项目研究、项目可行性研究、下级部门无力承担的新产品研制、全公司的科研协调组织工作
部门级研究所	本部门产品开发、材料研制、技术测试、对下属工厂技术科室的技术支援
工厂级研究室或试验室	本工厂产品研制、设计、技术革新

资料来源：胡树华. 产品创新管理. 北京：科学出版社，2000.

日本日立公司采取多种形式交织、动静结合的组织模式。从垂直分级的角度考察，它也具有这方面的明显特点。1987 年，日立拥有 9 个公司级机构，其中日立研究中心和高新技术研究所是核心组织；在一些业务部门相应设立了研究中心或开发设计科室；有一个总部办公室，在公司主管副总裁的直接领导下，负责协调、促进和评价各级部门的研究与开发工作。研究项目共有三类：独立研究项目——研究期在 5 年以上、风险大、挑战性强的动态项目，总公司投入经费，研究所主任主持负责；合作研究项目——研究期在 5 年以内、具有较高成功率的项目，中心主任主持负责，实行项目与合同管理，研究经费由工厂、子公司等合作单位提供；产品开发项目——研究期在 1～2 年内的开发项目，由工厂投资，工厂经理主持负责。公司各级研究部门的项目分工情况如表 7-2 所示。

表 7-2　日立公司研究项目的部门分布

研究部门	独立研究项目	合作研究项目	产品开发项目
公司级研究部门	30%	70%	
其中：日立研究中心	50%	50%	
高新技术研究所	100%	0%	
工厂级研究部门			100%

资料来源：胡树华. 产品创新管理. 北京：科学出版社，2000.

垂直层级型组织形式把研究与开发活动伸展到企业各级部门，有利于调动和发挥各方面的积极性和创造性，提高企业整体开发能力和水平；由于从上到下分级研究，有利于开发与应用结合，从根本上实现了产品的梯度开发。但这种模式需要强大的人、财、物投入，而且易于滋生多头领导，协调困难，一般地，技术发展快、要求创新性强的企业宜于采取这种形式。

三、集中型（技术中心）

集中型组织形式将新产品开发、老产品改造等一系列产品开发任务集中到企业的一个部门来完成,形成相对独立、完整的技术中心、研究中心。由于这种形式体现了以产品开发为中心的动态重点,因而成为许多跨国公司、大中型企业追求的一种组织模式。它有利于充分利用技术开发的人力、物力和财力,实现基础研究与应用研究结合、产品设计与工艺设计结合、软技术与硬技术结合,极大地提高了企业产品开发的能力和水平。

(一)技术中心的组织结构

技术中心的组织结构决定于企业规模及产品特点。一般的组织形式应包括以下几个部门:①信息部:掌握产品标准、专利情况,负责实施企业专利动态及专利申报工作;广泛收集、整理国内外相关技术情报、市场情报,包括竞争对手的技术经济情报。②规划部:规划近期与远期开发目标,优化企业产品组合;制定品种、型号、规格的开发计划,安排部门工作任务;市场调研。③开发部:开发和设计新材料、新工艺、新产品,提供可供试制或生产的工艺文件、技术明细、图纸和产品样品。④试制部:组织小批试制、性能累积测试和用户试用,详细记录、收集产品数据;组织产品鉴定。⑤协作部:组织科研院所联合开发、供应商联合开发,协调开发中心与其他部门的业务关系。

(二)技术中心的规模

技术中心的规模主要表现为投资、科技人员数、建筑面积、开发能力等。以汽车工业为例,大量资料表明,国外一些大型汽车集团都要经历较长的时间,通常需 15～20 年才能形成比较完整的产品开发基地。

- 建设投资。技术开发中心的建设投资非常昂贵。建设一个中等规模的汽车产品开发中心,投资约 1 亿美元(见表 7-3)。
- 科技人员数。国外各大公司技术开发部门的雇员数量也相差很大,一般中等规模的技术开发部门人数在 1500～3000 人。表 7-4 列举了部分汽车公司开发部门职员人数。
- 建筑面积。中等规模的技术中心建筑面积 10 万平方米左右。表 7-5 列举了部分汽车公司开发部门的建筑面积。

表 7-3　国外汽车公司开发机构的投资

公司名称	开发部门名称	建设投资(不完全统计)	建设时间
通用	本部技术中心	1 亿美元	—
克莱斯勒	技术中心	9 亿美元	1991 年
利兰	技术中心	2200 英镑	1981 年
大众	本部技术中心	50 亿马克	—
大众	汽车研究中心	7300 万马克	1984 年
波尔舍	技术中心	7 亿马克	—
沃尔沃	技术中心	3000 万美元	1971 年
菲亚特	研究中心	4000 万美元	1976 年
富士重工	技术中心	1 亿美元	—

资料来源:胡树华.产品创新管理.北京:科学出版社,2000.

表 7-4　国外汽车公司开发机构的职员人数(人)

部门名称	人数	部门名称	人数
通用本部技术中心	25000	克莱斯勒技术中心	7000
福特本部工程研究中心	15000	大众本部技术中心	6000
宝马研究中心	3600	波尔舍技术中心	1000
菲亚特研究中心	1 400	沃尔沃技术中心	2500
马自达本部技术中心	4000	日产科研机构	10000
富士重工技术中心	1800	现代轿车研究中心	1500
雪铁龙技术中心	2500	丰田技术中心	11000

资料来源:胡树华.产品创新管理.北京:科学出版社,2000.

表 7-5　国外汽车公司开发机构的建筑面积(万平方米)

部门名称	面积	部门名称	面积
克莱斯勒技术中心	32.5	雪铁龙技术中心	10.0
大众本部技术中心	100.0	沃尔沃技术中心	10.8
富士重工技术中心	10.0		

资料来源:胡树华.产品创新管理.北京:科学出版社,2000.

(三)技术中心的主要职能

企业技术中心的主要职能表现在:①着眼于企业长期发展,对重大关键技术进行自主开发;②参与企业技术发展动态的制定、重大技术引进和技术改造项目的论证,为企业产品和技术决策提供咨询;③与有关高校院所及国内外同行建立长期稳定的技术交流与合作关系,促进产学研合作创新;④吸引国内外科技人才以各种形式来企业工作,通过研究与开发实践为企业培养和造就大批高素质的科技人才;⑤对企业内其他技术机构提供系统的指导、咨询和服务;⑥对企业占有的科技成果进行技术经济评估,促进科技成果在企业内外的推广应用。

在国外,企业技术中心的研究项目大体分为三类:核心技术研究、进攻型技术研究和防御型技术研究。其中,核心技术研究主要针对企业多种多样产品共用的核心技术,着眼于建立与保持企业的竞争优势;进攻型技术研究主要针对市场需要,开发新技术与新产品,着眼于占领市场,获取现实的创新收益;防御型技术研究主要跟踪技术发展方向,着眼于企业未来发展的需要。有资料表明,在国外企业技术中心的研究项目中,核心技术研究、进攻型技术研究、防御型技术研究大约各占1/3。

以上三种组织形式类型是对企业现行多种多样开发机构的概括和总结,旨在提炼系统特征与规律,为创新组织机构的科学设置、组合运用服务。进一步地,根据系统的输入输出及控制原理,可从"资源投入与利用"、"过程组织"、"开发绩效"三方面比较各类型组织形式的技术经济特点;考虑到机构实施的最关键因素,可从"企业规模"、"产品特点"、"管理水平"、"市场环境"四方面比较各类型组织形式的适用范围(见表7-6)。

表 7-6　组织形式的比较

比较内容	职能分工: 串行组织模式	产品分工: 事业部制	垂直层级型	集中型: 技术中心
特点 ①资源投入与利用 ②过程组织 ③开发绩放	投入小、资源利用充分 循序渐进、管理简单 开发周期长,但风险低	投入大、资源利用分散 任务明确、管理统一 产品技术水平高,但风险大	投入大、资源利用分散 组织分层、管理复杂 产品适应性强,成功率高	投入大、资源利用充分 资源集中、管理统一 开发效率高,综合绩效好
适用范围 ①企业规模 ②产品特点 ③管理水平 ④市场环境	小型企业 产品简单,技术含量低 一般 稳定	大型企业 企业产品差异大,稳定性强 高 市场细分、竞争激烈	大型企业 产品主体技术多,层次复杂 高 市场多变、强调创新、竞争激烈	大、中型企业 产品品种多,技术含量高 高 市场多变、强调创新、竞争激烈

资料来源:胡树华.产品创新管理.北京:科学出版社,2000.

第二节　创新的非常设组织形式

可以将产品开发的非常设组织分为四种类型:①专案开发:每天管理产品的同一群人,有时也开发产品。个人或团队被指派负责产品开发。这是小型企业的典型类型,这些小型企业拥有简单的组织结构并在传统市场大批量地生产产品。②中央审查委员会:这时全员范围的新产品开发流程和多种细分的集中评估变得很方便。其目的是确保产品开发流程最低限度的一致性、缓和对优先权的竞争、减少模仿的努力、阻止随意的人员调拨。这是大型企业的典型类型,这些大型企业在大规模定制的成熟市场中拥有多条生产线。③集中的产品开发职能:这是一个由核心员工组成的跨部门的开发团队。其职责包括:保持产品开发流程的顺畅,帮助项目经理、培训、设施评估。这是大型官僚企业的典型类型,这些企业在复杂的、动态的、要求企业拥有专利技术的市场中,持续不断地在多条生产线生产新产品。④企业聚焦单元:这是由各种各样的技术专家组成的团队,为企业进行特殊产品的创新。这是小的、有机团队的典型类型。他们存在于大型企业或小型高技术企业,这些企业在非常复杂或动态的环境中,生产一些精心设计的产品。在表 7-7 中产品开发的非常设组织类型是由产品开发活动的连续性和范围两个维度动态地组合而成(Tidd,Hull,2010)。

表 7-7　非常设的产品开发组织类型

高	D. 企业聚焦单元	C. 集中的产品开发职能
	拥有不同项目专业知识的小组成员，为了企业特殊产品的创新而交叉培训和共享他们的专业知识 类型：有机的、批量生产复杂技术产品的半自主团队	产品开发部门的核心员工配置到跨职能开发团队中去，协助管理项目，并不断改进产品开发的流程 类型：混合的、专业的官僚机制中，不断生产复杂产品的重量级团队
连续性	A. 专案开发	B. 中央审查委员会
	管理日常基本生产的人员，也进行零星的开发活动。 类型：简单的、传统结构的、使用工艺批量生产的轻量级团队。	比权威更具影响力，提供一个企业性的检查，以确保最低限度地与产品开发步骤相一致和更为便利地进行产品评价 类型：机械性官僚机构，使用大规模定制的职能性团队
低	小	范围　　　　　　　　　　　　　　　大

资料来源：Joe Tidd，Frank M Hull. 服务创新：对技术机会和市场需求的组织响应. 李靖华，等，译. 北京：知识产权出版社，2010.

一、项目小组

一个企业在一个时期可能有一个或若干个产品开发小组。每个产品开发小组都有一个项目经理来全权负责，它们都需要用到企业各职能专业部门的资源。以项目小组为元素，各职能部门的支持、指导作用视为"行"，这样，企业全方位产品开发活动构成矩阵结构。因此，要在整个企业范围实施并行工程，采用矩阵式管理将是最有效的。

如果不考虑组织之间的联系，特定个体可以用两种不同的方式来划分，一是所属职能，二是所在项目。这两种划分方式必定是重叠的——来自不同职能部门的个体将工作于同一个项目中。此外，尽管大多数人仅属于一个职能部门，但他们却可能同时为不同的项目工作。

一个严格的项目组织由来自不同职能的人员构成，每个项目组聚焦于一个特定产品或服务的开发。每个项目组成员都要向一位有经验的、可能从任何职能部门抽调来的项目经理汇报工作。项目经理实施业务考核。如条件允许，项目组成员最好集中在一起工作。

新创企业是项目组最极端的例子之一，每个人都由一个单独的项目联系在一起——新企业的成长及其新产品的开发。这时，公司领导人可看作是项目经理。当需要开发一个重要的项目时，成熟企业有时也会在组织常规组织体系之外成立一个拥有专属资源的"老虎团队"。

矩阵制是职能制和项目制的混合，每个人根据所属的职能和所参与的项目与其他人联系在一起。一般情况下每个人都有两位上级，一位是项目经理，一位是职能领导。他们都不具有对该下属的单独考核权，但两方面都会展开对该人员的争夺，因此现实中，职能和项目中哪一种组织是集中在一起工作的，哪一种组织就具有对矩阵制员工更大的支配权。

因此，矩阵制的两个衍生形式就是重型项目组和轻型项目组。重型项目组中项目联系很强，其经理具有完全的预算权，会深度参与对项目组成员的业绩评估，并制定大部分资源的分配方案。这时项目开发工作能够获得较快较广的推进。尽管项目组成员在编制上仍属于原职能部门，但在项目组存续期间，职能部门领导对其控制的权力和影响较弱。

　　轻型项目组包含较弱的项目联系和相对较强的职能联系。在这种情形下，职能部门领导负责预算、招聘、解聘以及业绩评估，项目经理并没有真正的权力和控制力。这时在信息传递、责任分配、任务协调上需要花费较多时间。为推进项目的顺利进行，项目经理就必须做好协调工作，并充分利用自身在企业中的资历、威望、人际关系等，对职能部门施加影响。

　　现实企业创新中，完全的项目制和完全的职能制都不常见，更多是重型项目组和轻型项目组形式。要在两者间做出选择就要对关键成功因素做出综合考虑。①面对复杂多变的外部环境需要迅速有效和跨职能的协作时，重型项目组有优势；②当必须开发专业领域的精湛专业技能且历经数代产品仍能保持这种技能时，轻型项目组有优势；③来自各职能部门的人员在大部分项目时间里是否都能得到充分运用，也是一个需要考虑的因素。

　　表7-8给出对完全的项目制、完全的职能制、重型项目组和轻型项目组织更为详细的分析。

表 7-8　不同类型产品开发组织比较

	职能组织	轻型项目组	重型项目组	项目组织
优　点	促使高度专业化和技能的开发	项目的协调和管理被清晰地委派给一位项目经理。可保持专业和技能的发展	提供项目组织的整合和速度。保留了一些职能组织的专业性	资源在项目团队内部可优化配置。技术和市场权衡可进行快速评估
缺　点	不同职能部门之间的协调可能既迟缓又官僚	比非矩阵组织需要更多的项目经理和管理者	比非矩阵组织需要更多的项目经理和管理者	团队成员可能在保持领先的专业技能方面有困难
典型例子	订制化开发：开发与标准设计略有变化（如订制电机、轴承、封装等）的公司	传统汽车、电子、航空公司	在汽车、电子、航空公司中当前成功的项目	创业公司、"老虎团队"以及希望获得重大突破的"臭鼬工厂"。在极端多变的市场中竞争的公司
重大课题	如何整合不同职能（如营销和研发），以达成共同目标	如何平衡职能与项目。如何同时评估项目和职能的绩效	如何平衡职能与项目。如何同时评估项目和职能的绩效	如何保持职能的专业性。如何分享在不同项目中学到的技术经验

　　资料来源：Ulrich K T，Eppinger S D. 产品设计与开发（第三版）.詹涵菁，译.北京：高等教育出版社，2005.

BanCo 公司的项目沟通

　　"当需要一些其他部门的输入性的信息时，我们会找他们非正式地交流。我们尝试着回避正规组织来促进项目的进展。""举个例子，当我们需要一个可行的申请表，我们必须去业务部门了解为此需要做什么。他们知道谁了解这些，而我们只需要走进他们的办公室去问他们。你不需要问主管，因为他们往往使事情过于复杂化，还要与你签订正式的合约。"

　　"在这个项目中，有四个主要的利益相关者。我觉得他们根本不用彼此的语言说话。这是出现问题的原因之一。另一个原因是，在我们组织里不习惯与别人合作。他们在这个项目前都是各自为政的。""语言并不总是问题。它必须处理在一些在某个时点涌现的截然不同的愿景。举例来说，关于产品概念，营销人员与保险精算师就有不同的解释。所以，不仅是语言，更是关于产品本质的一些基本概念。"

资料来源：Vermeulen P A M.金融新服务开发.李靖华，黄秋波，译.杭州：浙江大学出版社，2013.

二、项目组中的关键角色

按照创造性的不同，可以将创新项目组成员大致区分为几个不同的层次，即首先分为创造性人员和辅助人员，其中创造性人员又分为问题提出者和问题解决者，问题提出者还可分为发现者和发明者。其中最具创造性的人员能够从技术和商业的角度产生创造性的构思。创造性人员和辅助人员都很重要，缺一不可，只是前者更具创造性而已。

创造性人员中，问题提出者是能够认识到先前未认识到的问题并确定其重要性的人员。重要的是，认识到问题是一回事，确定其是否值得认识是另外一回事。与此相对的问题解决者则是将这些值得认识并已被认识的问题加以解决的人员。其工作的内容、范围和方向等是由问题提出者确定的，提出者是技术创新的"始作俑者"。在急剧变化的技术、市场环境中，前者对创新成败的影响和决定作用更大。

问题提出者又可分为发现者和发明者。发现者从"为什么"的视角观察和思考问题，其兴趣在于弄清楚现象的机理、事物的本质。发明者则更多地关注于对原理的有效利用，以"怎么办"的思维模式考虑问题。在创新项目组中，显然工程师多于科学家，发明者多于发现者，解决者多于提出者，并且辅助人员多于创造性人员。

为便于分析不同职能及其组合，统一以"角色"称之。而创新过程中所需要的关键性角色的作用，主要表现在以下六个方面：构思产生、构思倡导、信息沟通、难题解决、项目管理和高层支持。相应的关键角色如表7-9所定义。

表7-9　创新项目组中的关键角色

关键角色	活动与定义
构思者	分析和综合有关市场、技术和生产等方面的信息，提出新产品、新工艺或改进性的创新构思
倡导者	极力鼓吹和倡导新构思，以获得企业内部的广泛理解、支持并获领导层的立项批准
桥梁人物	收集企业内外部信息，在企业内传播，帮助他人有效沟通
解决者	解决创新过程中具体的、常规的技术、生产、营销问题
项目领导	管理、组织和协调不同人员和活动，保证创新项目顺利进行
保护指导者	从组织和专业两方面给予指导，依靠自身职权和影响加以保护

资料来源：赵冬梅，李靖华，郭耀煌.论技术创新的人力资源.软科学，1998(1)：13-17.

显然构思者即问题提出者，其特征是思维敏捷、求新求变、善于概念化和抽象化。他常以新的和与旁人不同的方式做事，努力寻求对现实的突破。研究表明，能以全新的角度审视企业和创新、有扎实的专业基础和较强的工作愿望的新人，常常是构思者角色的重要担当者。此外，积极的组织氛围、良好的企业文化、管理者的鼓励支持是构思产生的必要条件。

倡导者是构思向实现转化的桥梁,其特征是热衷应用、精力充沛、进取心强、思考深刻,对企业发展战略、经营策略和市场动态有深刻了解。他在企业内宣传构思、支持创新、承担风险。国外有学者认为,这一角色特别常出现在企业的不完善之处,如项目选择不成熟、研究目标不明确、领导意图不确定、市场动态不了解等方面。

桥梁人物又称技术守门人,是一个交际型人物,他至少精通一个专业,并拥有广泛的兴趣,其业务水平高,活动能力强,善于通过面对面的方式帮助他人进行有效的交流。专业方面的桥梁人物通过杂志、会议、专家和同事关系等渠道获取专业信息;组织方面的桥梁人物在客户、供应商、贸易杂志和展销会等处搜罗市场动态。桥梁人物在组织中为数不多,但却极易识别,常为较年轻的专业人员。在信息不充分、技术水平不高的环境中,其作用尤显突出。

解决者即前述问题解决者,他是善于解决难题的专家,具有较高的专业修养和技术能力,是纯专业意义上的真正的技术创新执行者。事实上,前面各关键角色亦将相当多的时间用在处理常规难题中,兼任着解决者的角色。与其他关键角色相比,这是一个默默无闻的角色,但他对于创新的实施是绝对不可或缺的,这也是将其列为关键角色的主要原因。

项目领导作为基层管理者,须具备相关的工作经历和对下属及协作部门的深刻了解,有较高的威信和优良的工作业绩。作为正式性角色,能通过协调人际关系、激励下属、控制成本进度来实施对人、财、物、信息等资源的有效管理,特别是在周期长、涉及部门多、资源严重稀缺的创新小组中。有人称之为社会工程师、人际关系专家和艺术家。

保护指导者一般具有相关业务经历,善于听取意见,乐于助人,没有偏见,对企业内情相当了解。作为经验丰富的较年长的高层领导,他能够指导和帮助企业中的下级发挥和发展个人才干,帮助创新项目获得所需资源,使项目尽可能免受不必要的组织干扰,为创新"保驾护航"。他的帮助常常是微妙的、表面上看不到的,其地位越高帮助越大,创新成功的可能性就越大。

除解决者外,关键角色都有其各自独特的要求,需要具备某种气质、特长和阅历的人担当,一般地讲,70%～80%的技术人员不能胜任这些职能。当确保项目连贯性、平稳性的要求较高时,常常由多人共同担当某些关键角色;当对关键人物数目和沟通效率要求较高时,也常由具有多种技能和资质的人兼任多个角色;随着创新的进展以及个人经历的变化,个体的角色也将周期性转变。大部分关键角色都是非正式的、自发形成的,难以用工作规范来具体说明和规定,亦无法列入规章之中。其可为管理者所察觉和引导,但不应也不能为其所控制和操纵。

三、中央审查委员会(新产品开发委员会)

如果企业的创新任务很重,或者企业规模较大就需要设置专门的开发组织了。中央审查委员会(新产品开发委员会)就是其中的一种常见的形式,它特别适合企业高层和中层对创新活动进行管理。通过新产品开发委员会来指导和协调企业的新产品开发活动和过程,以使产品创新这种需要各部门和各方面共同努力的活动得以顺利展开。新产品开发委员会属于矩阵制组织结构,它可以分为决策型、协调型和特别型三类。决策型的新产品开发委员会一般负责制定新产品开发动态、构造新产品开发组织、项目评价与选择、资源配置等关键性问题的决策,它归属于高层管理层,其领导人一般是委员会所在的组织层次的最高管理者。协调型新产品开发委员会则主要负责处理产品开发活动中的日常协调问题,其成员主要来自各职能部门中的第二层次或第三层次的人员。特别型产品委员会可能是创新的智囊团，负责评价、筛选产品构思；也可能是商标委员会或包装委员会，负责研究市场开发中可能碰到的有关问题；或者只是为解决创新过程中所遇到的各种突如其来的障碍而设立的，如解决工艺问题、设备问题或供应问题等。这种委员会的成员主要是专家和有关职能部门的关键人物。

企业新产品开发委员会的主要职能是：决定项目组织类型，制定包括项目经理与职能主管的权力和责任在内的项目管理章程；选择项目经理，选择适当的职能经理参加项目小组；审批项目报告和计划，确定项目的技术指标、实施指标和步骤；协调参与开发项目各单位的互相关系；监督项目的进展情况，对危害项目进展的事件予以处理，发现大的偏差及时纠正；不定期地向项目小组及相关部门提供建议；通过项目进展报告并向企业主管汇报；协调跨国的项目合作等。

第三节　二元创新组织

上节提到的"臭鼬工厂"实际上是一种二元组织，它使整个组织能够同时开展探索和利用活动。探索和利用都是组织所需要的，二元组织是对变革环境进行折中的组织形态。具体地说，二元组织的本质是在一幅明确、共有的前景之下，通过包容多元的战略、结构、制度和文化，使组织中相互冲突的力量实现平衡，使组织中各种资源、能力达到最佳匹配，从而提升组织能力，获取长期的竞争优势。

一、二元创新

组织的创新活动可分为探索和利用，利用的本质在于改进和扩展现有的竞争力、技术和模式，而探索的本质在于对新的选择进行尝试（March，1991）。利用活动通过开发已有的知识、技能，提高产品的质量和服务来提升市场占有率和客户满足度，关注的是成本和营运效率，手段是提炼、选择、生产、提升效率、实施、执行，路径是"做我们能够做得更好的事（do what we do best）"。探索活动是通过探索全新的知识技能创造新产品、开拓新市场，它关注的是战略灵活性，手段是搜寻、变化、冒险、实验、发现、创新等，路径是"做不同的事（do different）"。当利用和探索两种活动并存于同一组织时，两者往往会为争夺稀缺的组织资源而展开斗争（魏嵘，杜宁，2013）。

从本质上看，学习、认知、提升和获得新知识是探索和利用创新的核心；从目的上看，探索旨在满足正在形成的市场和顾客需求，利用则主要满足既有市场和顾客需求；从技术演进的路径看，利用是沿着与原来相同的技术发展轨迹，类似于渐进式创新，而探索是沿着与已有技术完全不同的发展轨迹，类似于激进式创新；从手段上看，探索主要采用搜索、实验、冒险等来发现和创造新知识和技术，而利用主要采用提炼、选择、生产、执行等来提高效率（田红云，刘芹，2014）。

企业内部探索和利用活动之间存在深层矛盾，运用类似的模式同时去追逐两种结果是不可能的。表7-10给出探索型组织和利用型组织的对比。探索和利用可以视为连续体的两端（March，1991）。对于单个企业而言，探索和利用的矛盾性关系可能直接导致两种结果：一是部分从事渐进性创新的企业在面临重大技术转型时被直接淘汰；二是致力于激进性创新的企业在产业技术的稳定期无法建立和巩固技术的领先优势。构建同时拥有探索和利用双重能力的双能组织被视为企业层面解决探索和利用深层矛盾的重要途径。

表 7-10　探索型组织和利用型组织

特　征	探索型组织	利用型组织
单元之间相互依赖性	松散联结	紧密联结
可自由支配的资源	多	少
对变革活动的控制	分权	集权
学习模式	在特定领域之外的学习	在特定领域的渐进式学习
环境适应性	适合快速变化的环境	适合稳定环境

资料来源：Saloner G，Shepard A，Podolny J M. 战略管理. 王迎军，汪建新，译. 北京：机械工业出版社，2004.

二、二元组织的内涵

能够同时有效开展探索和利用活动的组织是二元组织。这样的组织在需要激发新构想时能以一种有机的方式运行，而在实施和利用创新构想时又能以另一种机械的方式运行。1997 年，哈佛商学院的 Tushman 教授和斯坦福大学商学院的 O'Reilly 教授在《创新制胜——领导组织的变革与振兴实践指南》一书中，认为组织可以同时采用一种以上的经营模式来保持自己的竞争优势——既为了短期效率而强调控制和稳定，又为长期创新而冒险，并从中学习经验。它可以包容多元的、内在不一致的组织结构、能力和文化，同时又拥有一幅单纯的组织前景——能够提供一种在目前和未来都实现卓越的广泛的能力。

二元组织的定义存在两种主流观点。一种侧重于从结构的角度定义二元组织，称之为"结构二元性"；另一种侧重于从情景的角度定义二元组织，称之为"情景二元性"（见表 7-11）。

表 7-11　结构二元性与情景二元性

特　征	结构二元性	情景二元性
如何达成二元性	由不同单元或团队分别完成协作活动与适应活动	基于个体的员工自觉地分配协作活动与适应活动
在哪里就协作活动与适应活动的分离进行决策	组织的高层	一线员工——销售人员、工厂主管、办公室人员等
高层的角色	定义结构、确保平衡	发展影响个人行为的组织情景
角色的性质	较清晰地界定	较弹性化
员工的技能	专业型人才	通用型人才

资料来源：O'Reilly C A，Tushman M L. The ambidextrous organization. Harvard Business Revirew，2004，82（4）：74-81.

"结构二元性"下，组织的探索活动和利用活动对有限的组织资源形成竞争，两者之间需要平衡，这时采用二元结构的方式，使不同的组织单元侧重于不同的活动，以此实现这种平衡，这就是最常提及的二元组织形式，如上节所提的"臭鼬工厂"。需要注意的是，探索和利用活动都在不断地自我加强。当组织的探索活动导致失败时，就会促使组织寻找更新的想法来进行探索，这就是"失败陷阱"，因而组织更加倾向于探索；而利用活动则容易导致较早的成功，所以组织倾向于不断地利用，这就是"成功困境"，从而使组织更加倾向于利用。

"情景二元性"是针对"结构二元性"所导致的高协调成本而提出来的（Birkinshaw，Gibson，2004）。"情景二元性"通过建立一整套流程和制度，促使和鼓励组织成员在面临匹配性和适应性的冲突时，合理分配探索和利用两种活动的时间。匹配性是指组织各项活动之间为实现组织的共同目标而实现的内在协调；适应性是组织快速重新配置各项活动以满足外部需求变化的能力。情景二元性组织中员工往往表现出如下三种特征：一是个体兴趣宽泛，其行为经常发生在工作范围之外；二是个体受到充分的激励，经常会自发地采取行动，而不需要寻求主管支持；三是个体被鼓励追求与企业整体战略相一致的新机会（Birkinshaw，Gibson，2004）。

构筑二元组织模式，既需要结构的二元性（以使组织能够兼顾各种矛盾冲突，如新事业与老事业、渐进式创新与突破式创新、协作能力与适应能力、效率与创新等），又需要构建二元性的情景（在企业中建立一种环境，鼓励员工通过自己的判断来规划时间、资源，去处理一致性与适应性之间的冲突，从而最大限度地减少由于单纯的结构二元性而导致的高协调成本）。结构分离尽管必要，但应该是暂时的，是一种给新事业配置空间和资源，促使其开始的手段，最终的目标仍是尽可能快地与主流组织重新合二为一。情景二元性是结构二元性的一种补充，它既有助于分离也有助于重新整合（周艳春，2008）。

三、二元组织的边界条件

二元组织存在着适用的边界。满足了边界条件，才有构建二元组织的必要，也才能带来积极的组织绩效（魏嵘，杜宁，2013）。

一是组织的市场环境和行业竞争状况。市场越动荡，行业竞争越激烈，二元组织越有效。随着市场动荡和竞争程度的增加，组织对探索新市场和新技术的需求增加，这时采取时间分离或间断性平衡策略较为有效；而当环境动荡和行业竞争到非常激烈的程度时，组织就需要既有效运作当前事业，又主动适应将来的发展，此时采用二元组织最为合适。

二是组织的战略和新机会。可根据战略的重要性和新机会能否促进已有公司的价值，来决定是否在组织中采用二元性安排。如果新机会战略重要性不高但能为已有公司提供运作上的利用，要么内部化要么外包。如果新机会具有战略重要性但并不能从利用已有公司资源中获利，应将这个新业务作为独立的业务单元运作。当新机会具有战略重要性且能从公司已有的资源和运作能力中获利，这种情况采用结构化二元组织最为合适。

三是组织的规模和资源。规模较大的公司具有把"变化—选择—保留"市场过程内部化的优势，能创建内部允许实验和探索的选择环境；资源充足则使探索和利用活动在资源配置上的冲突减缓。探索和利用的关系也与它们所采用的资源是否有竞争，以及所处的组织域的大小有关。组织探索和利用活动竞争的资源越稀缺，两者就越对立和互斥；同时对于较小规模的组织单元，两者的对立程度较大。

四、二元组织对企业绩效的影响

构建二元组织的目的是提升企业持续创新能力和绩效。总体上看，组织二元性对企业绩效具有正向影响,但这种影响取决于很多因素。如对于防御者而言,当竞争强度增加时,探索与企业绩效正相关,而此时利用与企业绩效负相关;相反,对于探索者而言,当竞争强度加剧时,探索与企业绩效负相关,利用与企业绩效正相关(Seigyoung 等,2005)。在企业分权、资源更为丰富和资源相互依赖性较低的组织中,业务单元的二元性更可能对其绩效产生影响(Jansen 等,2012)。

在关于组织二元性的经典研究中,O'Reilly 和 Tushman(2004)回溯了 9 个产业中 15 个新业务单位进行的 35 个突破性创新项目。其中 7 个项目采用职能组织形式,9 个项目采用跨职能团队的组织形式,4 个项目采用自我管理团队的组织形式,其他 15 个项目采用二元组织形式。结果表明,采用跨职能团队和自我管理团队组织形式的项目均失败,采用职能组织形式的项目 25% 获得成功,采用二元组织形式的项目 90% 以上获得成功,8 个项目初期采用职能、跨职能团队或自我管理团队组织形式,改用二元组织后,其中 7 个项目的绩效明显提升;3 个项目原本采用二元组织形式,改为采用其他组织形式后,其中 2 个项目的绩效明显下降。他们还分析了突破性创新项目的组织形式对核心业务绩效的影响,当采用二元结构来组织突破性创新项目时,核心业务的竞争绩效通常会有所提升或保持稳定;采用其他组织形式时,核心业务的绩效会下降。

他们还进一步分析了二元组织在绩效上优于其他 3 种组织设计的原因是:第一,二元组织设计允许彼此间的相互滋养而阻碍相互牵制;第二,管理层紧密的协作可以使新的单元与传统的单元共享组织重要的资源;第三,结构的分离可以确保新事业单元的独特过程、结构和文化不会被传统事业单元强大的惯性所侵蚀;与此同时,已构建的单元也可以得到相应的保护,可以继续聚焦于改进它们现有的产品和服务。

Gibson 和 Birkinshaw(2004)指出,情景二元性是影响绩效的关键因素,二元性的水平越高,绩效水平越高。他们对 10 家企业的 41 个业务单元进行调查,依据各业务单元在匹配性和适应性方面的表现划分出四个组:第 1 组中业务单元的匹配性明显高于适应性,第 2 组中业务单元的适应性明显高于匹配性,第 3 组中业务单元的匹配性和适应性处于中等水平,第 4 组中业务单元的匹配性和适应性最高。结果表明,从第 1 组到第 4 组,业务单元的平均绩效水平越来越高。

[本章精要]

1.创新的常设组织形式包括水平分工型、垂直层级型和集中型(技术中心)三种。

2.技术中心将新产品开发、老产品改造等一系列产品开发任务集中到企业的一个部门来完成,体现了以产品开发为中心的动态重点,成为许多跨国公司、大中型企业常用的创新组织模式。

3.创新的非常设组织形式主要是各类项目组织形式,特别是重型项目组和轻型项目组。

4.创新团队中的非正式角色有构思产生者、倡导者、桥梁人物、难题解决者、项目领导和保护指导者。

5.二元组织是在一幅明确、共有的前景之下,通过包容多元的战略、结构、制度和文化,使组织中相互冲突的力量实现平衡,使组织中各种资源、能力达到最佳匹配,从而提升组织能力,获取长期的竞争优势。

6.情景二元性通过建立一整套流程和制度,促使和鼓励组织成员在面临匹配性和适应性的冲突时,合理分配探索和利用两种活动的时间。匹配性是指组织各项活动之间为实现组织的共同目标而实现的内在协调;适应性是组织快速重新配置各项活动以满足外部需求变化的能力。

问题及讨论

1. 分析技术中心的适用条件。
2. 如何发挥好新产品开发委员会的作用。
3. 讨论二元组织实施的难点。
4. 运用本章理论和知识,选择一个企业的技术中心进行分析。

[案例应用] BanCo 公司矩阵式组织的困惑

BanCo 公司的矩阵式组织运行效果欠佳,其困惑主要表现在保守的组织文化、有限的项目工作经验、冲突的利益和优先权三个方面。

1. 保守的组织文化

BanCo 公司具有非常传统的文化,这种文化使组织陷入了反创新陷阱,那些喜欢干涉其他部门工作的职能部门经理增强了这种文化,这种现象在新产品委员会中就常碰到。新产品委员会是讨论产品概念和提案的地方,该委员会的管理者为了尽可能减少新产品概念和提案的不确定性,不断地询问更多的细节。任何事情都必须被准确评估,不能冒险,即便是产品创新也得如此。"在总部,每个人都将新想法视作负担,因此所有的新想法在底层就终止了。总的来说,对新想法的态度是很消极的。不过这也在缓慢地变化。"

此外,BanCo 公司的文化从办公室环境和着装要求就可见一斑。走进 BanCo 公司某座办公楼的一楼,感觉就像进入了一个博物馆,有很多古董、花窗以及很大的皮沙发。到了楼上的走廊,管理者办公室的位置非常明显。任何人在外面就可以了解哪里是管理者的办公室,那些雕花的门说明了一切。而同样,普通的玻璃门就是为普通员工准备的。走廊不同区域地毯的颜色也不同(红色和灰色),同样不需要太费脑子猜测为何。办公楼内部管理层和员工之间的隔阂很明显。

另一个明显的方面是着装。无论打开哪一层楼的哪一间办公室,门后的那个人肯定是穿着正装的。而且,基本上是(深)灰或者黑色细竖条纹套装。休闲的穿法被认为是不合适的。某一天,中午时分,一位管理培训生着装干净整齐,但是没有穿西服,出现在公司餐厅,几个围坐在餐桌旁的人评论道"这可不行"。

2. 有限的项目工作经验

直到 20 世纪 90 年代后期,银行和保险公司才开始考虑采用其他方式来组织产品开发流程。成员之间就某项任务在同一个工作场所分工有序、紧密合作的项目团队式组织结构,是当时较新的一种形式。这种新型工作方式(成员来自不同的职能条线)对于许多金融组织来讲,遇到不少问题。有些人不相信项目团队可以获得较好结果:"不得不和来自不同部门的人在一个项目组下面工作,同时还要兼顾日常工作,我们其实很不习惯。有人就是看不到成立项目团队的意义,因为'我们根本无法习惯这样的工作方式'。"

团队的跨专业综合性存在负面效应。一周只碰面一次的团队很难称其为团队。多数研究案例显示,团队成员在进度表固定安排的时间之外很少碰面。碰头会只讨论各项活动的进程。但项目负责人及专家之间就专业问题进行的深入讨论，往往被认为是在浪费时间，其他成员没有能力或没有兴趣了解这些与他们专业不相关的复杂问题，特别是对于那些外人很难理解的问题，比如精算师和 IT 专家处理的非常复杂的问题。如果这些团队成员性格内敛的话，将增加开发过程中出现问题的概率。大多数精算师和 IT 专家只关注工作内容，他们觉得很难向其他人解释他们在做什么。来自营销部门的某人想让一个构思得到通过，结果却因在精算师那里没有通过利润测试被否定，或者 IT 专家那里声称原始构思需要加以修改才能适应现有的信息系统。团队的其他成员因为缺乏对这些复杂问题的深入了解，所以很难明白到底是哪里出了问题。

一群人每周碰一次面，并且碰面是在只会带来紧张和误会的会议上，这很难形成一个团队。这种工作方式的另一个特点，就是团队成员的工作相互孤立。在大多数金融机构中开发流程还是高度程序化的（没有重叠的活动和几乎没有信息共享）。人们只是将接力棒传递到另一位团队成员那里，而这位成员完全不知道接力棒会传给他，并且只能以他自己的方式来理解传递到手中的材料。这会导致商业和技术部门之间的工作反复，从而造成产品迟迟不能推向市场。

在整个开发过程中产品倡导者很重要。被认为"失败"的项目往往缺少一位强大的项目领导或产品倡导者，这导致极长的开发时间。而较为成功的项目往往有很强的领导人。在 BanCo 公司一个失败的项目里，团队成员对项目领导的抱怨是："他只要指挥团队成员，这是他的想法。他试着这么做，但很少意识到究竟需要做什么。他需要更多的指导性，而不是仅盯着正在发生的事情。""这位项目领导太过被动了。个人觉得，我只获得了非常有限的项目领导支持。他把它（管理项目）留给了开发人员。但事实上，则变成了下面三个人（子项目领导）的权术争斗，看看他们如何让别人为他们工作就知道了。"

拥有"重量级"项目领导人的另一个好处是，可以提高项目团队的经验水平。重量级项目领导人能够从有关部门挑选一些高级员工。在其他项目中，没有重量级领导人，团队往往缺乏足够的经验。由于缺乏经验，团队成员会觉得难以在一个跨职能的项目团队中工作，从而导致各种基本的错误，增加了开发时间。"我的小组成员都是工作努力的人，但他们缺乏团队工作的经验，这需要不同的技能。除了与来自不同部门的人一起工作的技能之外，他们甚至还会犯一些很低级的错误。例如，他们不知道，应该时刻与其他团队成员保持信息共享，因为他们没有意识到，这些团队成员正在等待一些信息。他们认为在每周例会上分享信息就没有问题了，哪怕在召开会议的五天前的信息也不用着急分享。他们总是忘记掉，我不得不一遍又一遍地跟他们讲。他们不习惯以这种方式工作，因为在他们的日常工作中，他们几乎不被允许犯丝毫错误。但就产品开发而言，它就需要信息共享，尽管它可能暂时还是不确定的信息，但很快就是了。我想起来了另一个例子：曾经有一位我团队的成员，在他完全完成他的工作之前，没有与其他团队成员共享任何信息。我们都在等待他的工作的第一稿，而他为了在团队中树立一个良好的印象，想让第一稿就成为最后一稿。我必须承认，我意识到这一点时已经太晚了，否则我可以告诉像他这样的人应与团队的其他成员分享最初的想法。但是，他们（团队成员）都有不尽早通知大家的倾向。"

以上例子显示了两方面问题。首先，产品的开发时间有可能增加。其次，虽然明显，但似乎基于团队的工作中，缺乏经验的人员没有获得培训和教育，例如没有让其学习适应的过程。这个案例中的项目负责人，虽然在他的本职工作中是非常有能力的，但他缺少正式权威，无法为项目挑选更高级的成员。因此，拥有一定正式权威，可以挑选更高级员工的、强有力的项目领导人，对开发过程有积极的影响。

3. 冲突的利益和优先权

关于产品开发，BanCo公司在日常业务组织和项目组织间存在明显冲突。项目进展中必须同时处理产品开发所涉及部门间的利益和优先权。大多数的员工不习惯为更广泛的利益而交换部门间的利益。"在一定程度上，这是由部门间的优先权导致的。他们有许多对其更重要的日常业务。如果他们同样也需要为创新性的新想法工作，那他们就不能完成日常工作了。""管理层甚至会在必要的能力得不到保证的情况下批准一个项目。事实上，你有没有足够的资源并不重要。新的更有趣的项目总是优先的，他们(人力资源)会被移到新项目去。"

关于这种紧张关系一个明显原因是，部门管理基于产出的评价方式。每个部门根据它们的日常工作论功行赏，根本不存在根据共同努力的报酬制度。因为，后者意味着日常产出的减少和更少的回报，所以在日常组织中，缺乏对职能经理在产品开发项目中合作的真正激励。"这是由我们组织的管理方式导致的。你是根据一个部门完成任务的情况被评判的，管理层的决策依据即在于此。所以，当你意识到此，你就会依其而行。我们的管理层明显地把部门看作一个个孤立的部分。尽管这在慢慢改变，我们仍然有很长的路要走。"

在很大程度上，产品开发受到目前组织里不同部门间利益和优先权的影响，这通常会导致项目很难令人满意地进行。一个失败的项目就遭受了很多相关部门优先权之争的牵连，这导致项目开发过程的延迟。"在投资部门，重组有最高的优先权，以至于多数时间花在了这类项目上。其他部门也有它们自己的项目，这导致大家很难看到该产品开发项目也很重要。每个人都看到了该产品开发项目的重要性，但是在看到和按此执行还存在着很大的差距。""问题之一是所有部门在这个大项目之外还有很多拥有更高优先权的大项目，这意味着他们很忙。多数时间，人们只关注和他们部门相关的利益，并没有看到该项目对他们部门的用处。""FPP项目(另一个开发项目产品)同时也在进行。我认为，由于这是他们(负责FPP项目的部门)的项目，他们对它比对其他合作的项目更感兴趣。他们经常告诉我们，因为他们要对FPP项目进行些测试，所以没时间用在我们的项目上。由于这些原因我们的项目延迟了。"

资料来源：Vermeulen P A M. 金融新服务开发. 李靖华,黄秋波,等,译. 杭州：浙江大学出版社,2003.

思考题：

1. 分析组织文化在创新组织形式中的作用。

2. 结合案例分析，为什么矩阵制不存在职能—项目完全平衡形态，而只可能是重型项目组或轻型项目组？

第八章 创新的界面管理

学习目的

- 理解界面冲突存在的常态性
- 了解企业界面的多元性
- 学会从界面管理的角度分析创新中的组织问题

引 例

FinCo 是（企业匿名）一家大型的荷兰金融机构，提供一系列广泛的金融产品，其主要分销渠道是独立中介。该公司的新产品项目开发团队往往由来自营销、IT、法律、精算、投资和产品开发部门的人员组成，甚至包括中介领域的人员。2000 年，该公司新产品开发过程中存在严重的界面冲突，项目组内来自不同部门的成员缺乏对其他部门利益的理解。

对界面冲突的一个描述是："一些人认为这样而另一些人认为那样，沟通始终需要技巧。你意识到它经常导致语言上的混淆，即便事情被记录在案，也仍然很有可能得到不同方式的解读。要管理沟通总是很麻烦。"其他部门这样评价精算部门："你经常会发现矛盾往往出现在精算师的世界里。你所能看见的是，他们简单地说'这就是它存在的方式，并不存在其他的方式'。当然，那经常会与普通人的想法冲突。"也会有对 IT 部门这样的评价："我不知道 IT 是怎么回事，不过不管何时，只要你跟 IT 人员讨论，你就是不明白他们在讲什么。这确实很复杂，对此你的理解力不够。无论何时，当他们说某事不可能，或这会花很多钱或需要很多时间来完成时，你或多或少会觉得是那样的。到最后，总是花了更多钱和更多时间。"

如 XYZ 项目就是公司界面冲突的牺牲品。它是一项结合了证券投资收益和保险优势的即时投资年金项目，特别为拥有一个即将到期的单一年金或年金保险的人开发。1999 年 8 月开始开发。"基本上，在我们脑子里并不清楚产品的目标是什么。在组织里存在一直宣称它绝不会盈利的人，所以这是个问题。其他人认为由于边际利润低，只有大量销售它才可以盈利。我确信在组织里存在着一股回头浪，这里面肯定包括认为该产品一点都不好的精算师。"结果是，原定的市场引入日是 1999 年 12 月 1 日，它被延迟到 2000 年 5 月 1 日；最终，又经多日延迟后，在 2000 年 10 月实现市场引入。但总体上该产品的开发是失败的。

界面管理（interface management）是近年来创新管理中出现的一种新趋势，是指为完成同一任务，企业需要处理企业之间、企业的各组织部门、各有关成员之间在信息、物质、财务等要素交流方面的相互作用，解决界面双方在专业分工与协作需要之间的矛盾，实现控制、协作与沟通，提高管理的整体功能，实现企业绩效的最优化（华锦阳，张钢，2000）。界面管理致力于企业之间、企业内各职能之间的有效沟通和协作，以能够沟通各项价值活动，建立各价值活动之间的联系，这种联系对竞争者来说具有模糊性，竞争者可以模拟价值活动，却不易复制价值活动之间的联系，价值活动之间的联系正是产生特殊竞争优势的来源，所以界面管理能力能够成为企业持久的核心能力。

创新也涉及大量的界面问题，因此从创新角度看，界面管理就是设计并保持一种良好的界面环境，使得跨界面的交流、协调、合作能够有效进行，从而实现企业创新目标（徐磊，2002）。一般认为创新界面主要有两个：一是企业内的界面，包括制造业中的R&D、营销与制造部门之间的界面，以及服务业中的前后台界面；二是企业外的界面，如供应商、制造商和顾客之间的界面（朱祖平，2001）。

第一节　内部职能界面管理

界面问题的研究首先源自内部界面尤其是营销和研发传统职能之间的界面问题，随着对这个问题研究的深入，人们发现在企业存在着广泛的界面问题：从研发与营销的界面到研发、制造和营销乃至企业内部各职能之间的界面；从横向的界面到纵向的界面；从内部的界面到外部的界面等。纵向界面是指企业内部不同层次之间由于目标、价值取向和专业背景等的差异所造成的界面。

一、企业内部界面问题的成因分析

企业内部界面问题的形成可能来自多方面，如社会文化因素、组织因素、思维定式、偏好等。

（一）社会文化因素

当一项总体任务被分解到工作性质不同的流程和职能部门之后，这些任务在完成时间、运作方式、资源分配等方面均会对不同的流程、职能部门产生不同的要求，这就使得各个职能组织都倾向于从自己的角度来考虑并处理问题，忽略了其他职能部门或流程的作用和配合。因而相互之间的冲突时有发生，界面衔接不顺畅。目标的差异极大地损害了协调性。近年来，管理中涉及的文化因素越来越多，文化的作用也越来越重要，不少问题都与文化因素有关，有的甚至因为文化方面的冲突而使企业发展受阻。尤其是在高科技时代背景下，企业间和企业内的文化冲突已成为界面协调问题的一个重要来源，处理文化摩擦也成为企业管理中的一项日益重要的任务。社会文化因素涉及时间定位、忍受模糊性、职业定位、职务定位、项目选择定位等方面的差异性（华锦阳等，2000）。

（二）组织因素

1.组织的方式因素

组织成员在组织内部长期以来形成的一种工作方式或制度安排，如组织成员之间的互动方式，组织的奖酬系统，形成的工作风格和习惯，对风险与失败的承受力，以及岗位设计等都可能是形成内部界面问题的原因。

2.组织的结构因素

各种不同的信息流穿梭在组织中，尤其是随着经济全球化趋势的加强，信息更加浩繁庞杂。各个部门、各项职能以及各种流程之间都会产生和涉及大量不同的信息，由于解决问题所需的信息分布在相关的不同部门、职能或流程之中,加之不同的职能部门一般都对自身领域的信息(尤其是技术知识信息)较为了解和关注,缺乏对其他领域信息的了解愿望和冲动。这就势必导致信息传输中的黏滞现象发生,即各种不同的信息常常滞留于其自身的信息源周围,严重地甚至引起信息传输通道受阻。信息黏滞增大了界面管理的难度。

(三)思维定式

人们在面临外界事物或现实问题时,往往是不假思索地纳入自己头脑中已有的思维框架,并沿着自己已经习惯了的思维路线对它们进行思考和处理。这就是思维定式。思维定式的好处是,有利于我们较迅速地处理日常事务,解决一般性问题。但是,当我们面临新情况、新问题或需要开拓创新的时候,思维定式不仅不能帮助我们解决问题,而且会变成"思维的枷锁",阻碍我们拓展新思路,从而成为创新思维的大敌。各种思维定式有一个共同的特点,就是拿别人的头脑做自己的头脑,以"纯化"和"模式化"的思维代替现实的思维,用陈旧的思维方式排斥新颖的思维方式,扼杀个人的独立思考和创新精神。

(四)偏好

这些偏好包括对任务类型的偏好、对问题认识方式的偏好、对技术选择的偏好。专业化(任务类型)是导致整体工作分解的根源。自从福特将亚当·斯密的分工理论引入生产制造领域以后,管理中的专业化分工越来越细,管理的职能化倾向越来越严重,许多统一的工作被分解成为各种简单的活动。虽然专业化分工极大地提高了效率,但是,由于不同专业之间存在的交接、协调及组合活动,因而大量的界面问题也相伴而生,包括对认识方式的偏好和对工具、方法的偏好,大都也是由专业化偏好引起的。专业化催生了界面管理,他们是一对矛盾,这是界面管理最大的障碍因素。

二、R&D、营销和制造的界面管理

R&D、营销和制造的界面问题是制造企业内部界面管理的核心问题。一项对 56 个公司的 289 个技术创新项目的营销与研发之间关系协调性的研究发现:那些营销与研发具有严重不协调的项目,有 68% 都失败了;中等不协调项目的失败率是 23%;协调一致的开发项目中只有 13% 的失败率。另一项研究表明,采用协同设计和团队导向开发,可以使新产品开发时间减少 30%～70%,设计变更减少 65%～90%,产品推向市场的时间缩短 20%～90%,而产品质量提高了 200%～6000%(罗伯特·G.库伯,2003)。

R&D、营销和制造的界面管理经历了三个发展阶段(见表 8-1)。

表 8-1　界面管理的发展阶段

方　面	第一阶段(直觉模式)	第二阶段(项目联结模式)	第三阶段(一体化模式)
战略情境	没有长期战略框架	部分战略框架	整体战略框架
◎文化	·互不相干关系,封闭式管理	·顾客—供给者的部门间关系,半开放式管理	·伙伴关系,开放式管理
◎组织	·强调学科,部门隔离,避免交叉	·项目的矩阵管理,平面型组织	·立体的网络型组织
◎部门战略	·与整体战略没有明确联系	·通过项目的战略框架,没有与公司全局战略整合	·在公司范围将各部门战略整合

续表

方　　面	第一阶段（直觉模式）	第二阶段（项目联结模式）	第三阶段（一体化模式）
运行原则	职能分割	在项目水平上结合各职能部门	在创新过程的连续谱中结合各职能部门
◎资金	• 基于每年预算的例行账目或能负担得起	• 基于项目需要和风险承担	• 基于优先性和风险/回报的平衡
◎资源分配	• 基于部门各自的判断，没有向上的透明度	• 随项目进展需要而定	• 随技术的成熟度和竞争力影响而变化
◎目标	• 商业目标与技术目标是顺序的	• 通过项目使商业和技术目标相符	• 所有项目事先定义，与商业和技术目标相符
◎优先设置	• 没有战略的优先性，优先随运行环境变化	• 优先随项目进展需要而改变	• 根据成本/利润和对战略目标的贡献
◎成果衡量	• 没有明确的预期成果，衡量常常是不易把握的	• 对照该项目的商业目标和技术期望	• 随技术的成熟度和竞争力影响而变化

资料来源：华锦阳，张钢.试论界面管理发展的三个阶段.科研管理，2000(2)：35-42.

（一）第一阶段的界面管理

第一阶段的界面管理是一种直觉模式，没有长期的战略框架，采用的是互不相干的封闭式管理。强调学科，部门严密分工，尽可能避免交叉，各部门的策略与企业的整体战略没有明确的联系。资金分配是基于每年预算的例行账目，并根据部门各自的判断。事实上，这个阶段的界面管理问题并没有引起企业重视。

（二）第二阶段的界面管理

第二阶段的界面管理是一种项目联结模式。企业有自己的战略框架，尽管是部分的；开始注重部门之间的关系，采取了半开放式管理，如采取矩阵管理、扁平型组织等。各职能部门的资源配置、风险承担、目标设定以及成果评价等都是基于项目的，因而没有与公司的全局战略做到很好的整合。

施乐公司的 Palo Alto 研究中心

知识转移受阻的最著名案例发生在 20 世纪 70 年代中期，施乐公司的 Palo Alto 研究中心（Palo Alto Research Centre，PARC）为知识转移付出了巨大代价。当时，该研究中心的研究人员发明了计算机图形界面的关键要素——鼠标、图形符号和菜单。但是，正是由于知识创造者太过独立，施乐公司对这一发明的重要性和潜在价值没有充分的认识。也就是说，由于使用者和创造者缺乏沟通，他们没有共同分析新知识的价值。另一方面，苹果公司的 Steve Jobs 也在研究此项知识，并很快发现了它的重要性。他只到施乐的研究中心稍微浏览了一下，就得到了施乐这几年的研究成果。于是，他回到了苹果公司，研究出了著名的 Macintosh，这项发明很大程度上是基于施乐的研究成果。虽然施乐公司也从这项研究中获得了一些利益，但它却失去了一个非常重要的商业机会。

资料来源：多萝西·伦纳德·巴顿.知识与创新.孟庆国，侯世昌，译.北京：新华出版社，2000.

（三）第三阶段的界面管理

第三阶段是将界面管理问题纳入企业整体战略的框架，在企业内部形成了一种伙伴关系和开放式管理的文化，企业组织形成了一个立体的网络型组织。在创新过程的连续谱中各职能的资金和资源配置是基于优先性和风险/回报的平衡，并随技术的成熟度和竞争力影响而变化，其优先权的安排根据成本/利润和对战略目标的贡献。

三、企业内的界面管理方法

（一）界面分析与设计

界面设计是指对流程结构和职能边界进行的设计，企业竞争实力的80％在设计阶段被确定，所以界面设计是界面管理的基础。专业化带来效率，但却增加了界面管理的难度，所以界面设计要防止过度专业化。

界面分析与设计的任务是确定界面，主要分析三个问题：是否要求界面管理、实际界面管理情况如何、何处需要加强界面管理。

界面设计必须遵循以下原则：一是以核心能力为导向。现代信息技术发达，降低了市场的交易费用，根据科斯的交易费用理论，它在很大程度上压缩了企业的边界，企业必须把注意力集中在发展自己的核心能力上，非核心业务让市场来实现。二是以流程为中心。以前的界面设计是以职能为中心的，广泛存在的是职能界面和等级界面，职能界面有着明显的专业特色和目标差异，等级界面存在着很大程度的信息不对称和信息黏滞，这极大地降低了界面管理的效率。要提高界面管理的效率就必须面对顾客的需要，以流程为中心来设计界面，使供应链的组织结构扁平化，这样便于沟通和协作，提高界面管理的效率，所以界面设计的对象是流程而不是职能。三是单元模块化。模块化的优越性在于一方面它能提供一个标准化的接口，提高协作的效率，另一方面它能利用外包市场的竞争压力为单元提供一种协作的动力。所以界面设计时应能够尽量将非核心业务实行模块化外包。四是建立协作机制。界面设计确定了流程结构和职能边界，还应该建立一种协作机制，这一协作机制使企业在原则基础上而不是在权力基础上制定经营和组织决策，是企业竞争实力的重要来源。

（二）加强界面沟通

为了克服信息黏滞的障碍，必须加强界面沟通和协作。应做好以下几方面的工作：一是要建立一个高效的沟通平台。一个健全的网络体系和一个通用的标准语言必不可少。电子商务和管理信息系统都可以提供所需的网络支持，信息技术在这方面发挥着举足轻重的作用，它让信息动态化和可视化。通用的标准语言是信息的载体，它可以跨越不同的网络体系，实现兼容，现在通用的增值信息网使用的EDI技术可以提供这样的通用语言，它大大提高了界面沟通的效率。二是要制定共同的目标，为界面双方提供沟通的动力。共同的目标会增加界面双方接触的机会，所以强调利益的一致性会有利于沟通的加强。系统集成可以为在共同战略目标下的职能合作提供指导。通用的界面沟通平台和标准语言，使双方有了沟通的工具，系统集成的战略一致为这种沟通提供了动力。

（三）提升界面学习能力

提升界面学习能力，建立学习型组织，有利于克服文化冲突的负面影响。界面双方首先应该保持一种开放的心态，认识到知识和信息的交流会给双方带来利益，再者要提高对知识和信息的敏感性，因为专业视野会降低对知识的敏感度，一方面是对对方的信息缺乏兴趣，另一方面是由于知识视野的局限根本无法感受到对方的信息，敏感性低是界面学习的最大障碍。界面双方还应该培养一种系统思考的习惯，系统地看待双方的作用和相互影响，保持一种战略的协调，共同致力于供应链的战略创新。

团队作业是提升界面学习能力的重要方面，团队作业涉及几方面，包括生产过程中的团队作业、产品创新过程中的团队作业和新技术商业化过程中的团队作业。生产过程中的团队作业需要加强企业系统管理，自动化和 CIM 是很好地联结团队的手段。由于制造性质的变化，组织的大规模化，以及对团队作业的要求，产品创新过程中的团队作业操作起来更为困难。新技术商业化过程中的团队作业涉及更多方面的联结，如 R&D 和企业高层间的联结，R&D 和分部间的联结，R&D 内部专家间的联结，企业与供应商和用户间的联结以及相关事业间的联结等。

(四)运用界面设计的"凹凸槽原理"

所谓"凹凸槽原理"，是指通过某种组织结构设计和制度安排，增加集成基本单元或单元之间的接触面积，通过形成"互嵌式"的相互关系，强化自组织过程，提高集成单元之间的交融度，减少协调成本，实现整合增效的集成目标。应用"凹凸槽原理"进行集成单元的界面设计具有如下特点：第一，既模糊了边界，又存有边界；第二，增加了集成单元之间的接触面积；第三，为协同旋进的战略实施提供组织支撑和组织保证；第四，无需外力的干预，就可以实现两个集成单元之间的协调(吴秋明，2004)。

第二节　服务业前后台界面管理

一、前后台分离与服务概念的联系

前后台是服务运营管理中的术语，前台主要承担客户接触活动，而后台主要完成非实时和非交易性业务并进行标准化和专业化处理。按照是否要求客户在场，Metters 和 Vargas 将业务划分为前台和后台(Metters，Vargas，2000)。服务企业也确实从中降低了成本，效率得到了很大提升。前后台的分离是指尽可能地减少顾客在服务系统中的出现次数，前提是不限制顾客与服务组织之间进行信息交换。一般认为前台是在同一时间发生的顾客和服务提供商之间的直接接触，但不一定是在同一地点的活动；后台是那些与顾客没有接触的活动(Broekhuis 等，2009)。但对于只是笼统地将服务系统从物理或地理属性上进行分离，把物理意义上的服务系统和具体服务活动及服务人员实行"一刀切"的截然分离的做法，也有人明确表示反对(Zomerdijk，Vries，2007)。通过金融业的案例分析，他们认为在新时期信息技术和顾客接触形式改变的情况下，前后台分离并不是说前台和后台员工一定要从地理角度上严格分离，前台工作也不一定要由前台人员承担，反之亦然。

随着前后台分离实践的应用，人们对分离目的的认识也逐步深刻。最早提出前后台分离的 Thompson 认为，一个组织如果能把该组织的技术内核部分与外部干扰分离开来，必然能取得高效率(Thompson，1967)。Levitt 也持有类似观点。他鼓励管理者进行前后台分离以便将生产线方法应用到服务系统中，以提高服务效率(Levitt，1972；Levitt，1976)。

Chase 认同这一观点,他按顾客接触程度的高低把十个行业分为纯服务、混合服务、准生产和生产四大类,并认为服务系统与顾客接触的程度越低,系统就越能发挥最大的效率(Chase,1978)。在 20 世纪 90 年代,前后台分离出现了第一波高潮。但是随之人们发现了除了效率、成本外,还有其他一些目的是前后台分离中需要考虑的。往往一味地前台转为后台,会忽略对市场需求的认识。

前后台有各自的特点、优点。前后台分离下前台和后台的特点是:①在交互作用方式上,前台导向比后台导向更多地使用面对面、电话等方式。②在顾客化和顾客参与上,前台在顾客化、服务的可选择性、顾客参与的程度上比后台高。③在设计特性上,前台的特点是劳动密集、例行工作更少、设备使用率低、倾向使用预约系统。④在竞争的优先性和能力上,前台和后台都强调产品灵活性和顾客交互作用。而前台在产品灵活性和顾客交互作用上表现得更好,后台也更强调成本。⑤在绩效上,拥有低绩效的前台反而需要投入更多的资本,拥有高绩效的后台反而拥有更高的劳动密集度(Safizadeh 等,2003)。

前后台分离下前台的优点是:顾客化服务、提供增值服务、和顾客一起控制质量以及在过程中提供反馈、提供即时服务、顾客在场等。后台的优点是:效率高、专业化和集中化、有效利用资源等。把前后台活动分离在多个岗位中的作用是:专业化的员工、工作和员工更好地匹配、在封闭的后台活动中降低成本等。相应的对绩效的影响就是提高质量和工作满意度(Broekhuis 等,2009)。前后台分离往往意味着以客户为中心推进关键业务流程的变革。即按照集约高效的原则,再造和优化业务流程,通过建立后台业务处理中心,提高业务处理的集约化水平(黄美红,2008)。

二、前后台分离与公司策略的联系

根据分离程度的特点和运营的策略焦点可以确定四种后台工作分离策略类型:成本导向、廉价便利、专业化和优质服务(见图 8-1 和表 8-2)。

图 8-1　后台工作分离策略

资料来源:Metters R,Vargas V. A typology of de-coupling strategies in mixed services. Journal of Operations Management,2000,18(6):663-682.

(一)分离度高,强调成本:成本导向

成本导向型企业服务运营的驱动力是降低成本,分离的目的是追求规模经济。这种企业通过技术创新不断尝试以自动化代替劳动力。高联系程度员工的职责包括大量的后台工作以尽量避免闲置时间的产生,但是其他所有的后台工作职能都被分离出来。相应地,高联系程度员工的薪酬不是佣金形式,因为对客户的吸引力主要是靠企业广阔的市场而不是高联系程度员工的努力。

表 8-2　后台工作分离策略的一致性职能选择

管理实践	成本导向	廉价便利	专业化	优质服务
分离程度	高	低	高	低
竞争优势	成本低	位置便利,成本低	提供专家服务:后台专家支持前台专家	优质的专业化服务
分离原因	规模经济	维持成本竞争性	质量控制;分离高联系程度和低联系程度的业务活动	只有当成本承担不起的时候才集中后台服务
分离的业务活动	所有的后台工作	由于规模小,只在前台工作的空闲时间才集中进行后台工作	后台工作"地域化",不分离	业务要求昂贵的资本货物
业务策略焦点	成本最小化;质量一致性	成本最小化;质量一致性	维持有效的灵活度、速度或服务质量	最大化服务的灵活度、速度或服务质量
服务范围	狭窄	非常狭窄	宽广	非常宽广
训　练	面窄,只关注业务活动中一项任务的内容;交叉训练少	面宽,所有的员工都要能完成所有的业务活动	面窄,但关注整个业务活动而不是其中的一项任务	面宽,但关注专业化的交叉训练
高联系程度员工的职责	客户需求服务;工作场所外职责少	客户需求服务;工作场所外职责少	通过大量工作场所外服务增加客户群	与客户关系密切,工作场所外职责多
高联系程度员工的薪酬	薪水/按小时计薪	薪水/按小时计薪	销售佣金	薪水+业务佣金
自动控制的目的	业务标准化;替代劳动	降低工作的复杂性	拓展市场	拓展服务,维持成本竞争性

资料来源：Metters R，Vargas V. A typology of de-coupling strategies in mixed services. Journal of Operations Management，2000，18(6)：663-682.

（二）分离程度低,强调成本:廉价便利

对于廉价便利型企业的分离策略,后台工作保持分离的直接原因是成本。数量众多的小型服务点遍布各处以增加客户的便利性,同时提供有限的低价产品和服务。这种服务点的员工虽少,他们的闲置时间却比集中服务的企业员工的闲置时间多。因而,在前台服务部门保留充足的后台服务来填补这些闲置时间有助于降低成本。廉价便利型企业的员工应该接受交叉培训,最理想的结果是任何员工都能处理任何工作。相应地,这种企业很难提供宽广的、复杂的服务,他们的重点是提高员工利用率和维持质量的一致性。

（三）分离度高,强调服务:专业化

这种分离策略分离高联系程度和低联系程度的工作,分离和集中相同联系程度的工作,但是这种分离的基本目标是支持前台工作,而不是控制成本。对于专业化分离策略,后台工作分离的首要目的是提供便利的服务和确保质量的一致性,成本考虑是第二位的,因为后台工作支持的焦点是提高系统的灵活度,而不是控制成本,这使专业化型的企业迫切要求前后台工作保持紧密联系。

(四)分离程度低,强调服务:优质服务

优质服务型企业提供价格高昂的特殊服务。运营的关键是提高灵活度和速度。这个有竞争力的目标来自关系定位而不是交易定位。极端地,与客户的这种良好关系甚至可以预测客户的需求。对这种策略,只有当一项服务要求规模经济的有效性的技术能够提供绝对优势时,后台工作才会分离。此外,工作分离要求最小化。

而根据前后台服务活动结合及分离的不同作用,和服务的需求的不同(从复杂性低、多样化低到复杂性高、多样化高),可以把前后台的设置类型分为四种(Broekhuis 等,2009)。在高度多样化和低复杂性的服务要求下,选择配置Ⅰ;在高度多样化和高复杂性的服务要求下,选择配置Ⅱ;在低度多样化和低复杂性的服务要求下,选择配置Ⅲ;在低度多样化和高复杂性的服务要求下,选择配置Ⅳ。如表 8-3 所示。在其中,配置Ⅰ属于前后台结合的运作模式,配置Ⅱ、Ⅲ、Ⅳ属于前后台分离运作模式。

表 8-3　前后台运作的四种配置

需　求	低复杂性的服务	高复杂性的服务
多样化高	配置Ⅰ 员工 A(前台员工)和顾客一起确定顾客的需要和意愿以及服务包; 专业化活动主要在前台进行; 结合过程:A 完成了大部分工作; A 高度自治; A 受过较高的社会和专业教育; 此配置下组织的战略目标是提供高度个人化服务和最少的交接	配置Ⅱ A 和顾客共同确定需求和意愿的清单,A 请教 B(后台员工); 专业化活动在前台和后台进行; 分离过程:多名员工参与; A 和 B 都是中等自治; A 受过社会学教育,B 受过专业化教育; 此配置下战略目标是提供高度个人化服务,对专业化的后台员工的最优利用
多样化低	配置Ⅲ A 和顾客共同确定需求和意愿的清单; 专业化活动主要在前台进行; 分离过程:A 完成大部分工作,后台开发标准化专业活动的仪器供前台使用; A 中等自治; A 使用选择的标准化清单; 此配置下的战略目标是快速提供,无空闲时间和最少的交接,通过对特定需求的标准化提供来进行顾客化服务提供	配置Ⅳ A 制作顾客特定需求和意愿的清单,B 确定服务包; 专业化活动主要在后台进行; 分离活动:多名员工参与,后台开发标准化专业活动的仪器,前台和后台都使用; A 低度自治; A 和 B 使用选择的标准化清单; 此配置下的战略目标是通过标准化和最优利用后台员工降低成本,通过对特定需求的标准化提供来进行顾客化服务提供

资料来源:Broekhuis M,de Blok C,Mei Jboom B. Improving client-centred care and services:the role of front/back-office configurations. Journal of Advanced Nursing,2009,65(5):971-980.

三、新服务开发前后台分离的实施

从创新界面结构的两个重要衡量维度——结构维度和关系维度衡量新服务开发前后台界面。结构维度指新服务开发组织单元前后台设置的集中和分离的程度。关系维度是指前后台之间的互动频率，接触深度等指标描述开发组织单元前后台之间的互动强度与前后台成员之间的相互信任关系。综合以上两个维度，得到四种新服务开发界面类型，如图 8-2 所示。横轴代表了新服务开发界面的结构特征，描述了前后台的集中程度。纵轴代表了新服务开发界面内部的关系特征，描述了前后台的亲密程度。类型Ⅰ和类型Ⅳ是两个极端。类型Ⅰ的前后台完全分离，相互连接很弱。类型Ⅳ的前后台完全融合，没有前台和后台的分化。类型Ⅱ和类型Ⅲ是中间状态。不同点是，类型Ⅲ虽然没有正式成立团队，但是前后台却关系紧密；而类型Ⅱ却正相反。

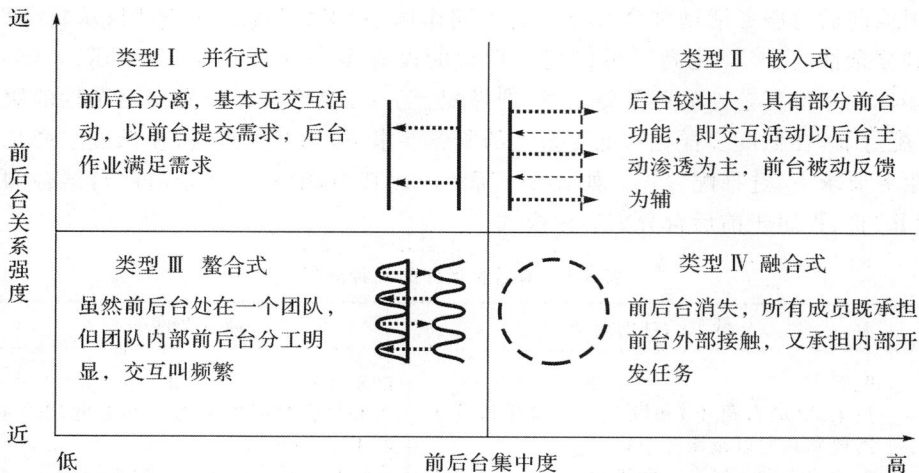

图 8-2　新服务开发前后台界面类型

资料来源：李靖华，等.新服务开发的知识转移：前后台视角.杭州：浙江大学出版社，2014.

（一）并行式

并行是指新服务开发（NSD）的前后台匹配的状态。并行是最简单的 NSD 所处的界面内部的交互方式。这种形式下，外部环境的需求通过前台渗透到组织内部，又被传递到对口的后台位点，这个位点释放服务或做出细微调整即能满足新需求。这一状态的主要特点是：①开发活动的前台和后台分离。通常并行式下 NSD 的前后台和组织其他服务的前后台一致，比如银行修正性 NSD 中，前台为银行服务的柜台人员，而具体实施改进措施的是对应的后台部门。②前台和后台基本无交互活动，有的只是前台传导需求，后台响应。③新服务的创新性很小。这种形式下只能够进行需求明确、知识和能力需求较低的 NSD。④需求和提供之间的对偶性要求较高。某一需求往往在"要素特点"、"运行流程"等方面需要始终保持着"并列"与"承接"的对偶关系的位点响应（郝云宏，陈觉，2010）。

（二）嵌入式

在社会学领域，嵌入性（embeddedness）通常是指某种社会关系镶嵌于其他社会关系之中。例如，当人们倾向于从一个社会圈子获得某些东西的时候，他们的行为就表现出嵌入性的特征。NSD 中当自组织内部产生主动开发意愿，需要向组织外部获取信息和资源时，后台就表现出嵌入性。后台主动伸入组织表面获取信息；或者，后台推动前台，使前台嵌入到外部环境中，主动搜集信息和资源，前台将信息和资源反馈给后台。这一状态的主要特点是：①开发活动后台的触角嵌入了外部环境中，前台和后台区分不明显。开发环节工作是由承担前后台双重职能的人完成的。②前台和后台之间交互活动不多。但因为引入阶段出现较明显的前后台划分，后台为前台传授产品相关知识，并由前台将这些知识随同产品一起引入市场以及在此过程中反馈信息，所以相比并行式而言，嵌入式某些环节交互活动较多。③新服务的创新性较小。虽然不再是修正性的，但是也往往是确定性较强甚至有模仿的新产品。

（三）螯合式

螯合（chelate）是化学中的概念，指多齿配体携带的两个或两个以上配位原子与一个金属离子形成螯合环的化学反应。比喻多齿配体像螃蟹一样用两只大钳把"配位原子"紧紧夹住。虽然这种反应将多齿配体和金属原子形成了一个整体——螯合物，但稳定性不高。NSD 中也有这种现象。开发某项服务（金属原子）的时候将发挥两种功能的人员（配位原子）组合成一个团队（螯合物）。其中一种人员提供新服务的概念和具体要求（往往来自外部，复杂但明确），而另外一种人员则负责技术开发。这个过程中外部要求和内部能力之间会出现脱节甚至冲突现象，需要双方人员在交互活动中解决。这一状态的特点是：①在外部看来，前台和后台合并成一个整体，但是内部仍然存在前台和后台进行分工。②交互活动频繁，因为涉及较为复杂和多样化的知识转移。③这种形式下的新服务创新性往往较强。

（四）融合式

前台和后台相互融合，无法区分谁是前台谁是后台，从而形成全新的知识转移机制和资源整合范式。组织和外部环境的联系空前频繁，催生了两者之间的共同价值。组织和外部环境相互依赖，相互补充，出现知识要素的融合，形成一个以能力和关系为基础的共生系统，推动了组织和外部环境的共同进步。就像由于生存需要，两种或多种生物按照某种模式互相依存和相互作用地生活在一起，形成共同生存、协同进化的关系一样。此时 NSD 所处的界面就像生物体间的共生界面。这一状态的特点是：①前台和后台无法区分。前台和后台形成一个团体，成员既是前台又是后台。②交互活动空前频繁。③对能力要求较高。界面上的活动能力具备的时候才能发挥企业内部创新能力与其外部优势的联合效应。

FinCo 公司的界面冲突

"精算师宣称，目前产品规格条件下产品的盈利测试结果为负，并告诉其他成员产品需要做某些修改。一些团队成员，尤其是那些来自营销部门的成员，并不同意。精算师试图解释盈利测试显示哪里出了问题，但大多数人对他所说的并不感兴趣。他们似乎觉得精算师总是在制造麻烦。在这个时候，团队的气氛就很紧张了。该项目负责人试图让精算师用更'通俗'的语言解释，但这似乎很难。经过近一个小时的讨论和解释，一位来自营销部门的成员干脆就问精算师盈利测试到底是什么东西。精算师解释什么是盈利测试，显然，除了一位 IT 专家，没有其他队员知道盈利测试是什么（盈利测试是精算师在产品开发中的主要任务），并觉得精算师是在有意为难。"

"IT 方面总是有问题。他们（IT 人员）每次开会的开场白就是某事完全不可能。我知道他们在'千年虫'和欧元项目上有很多工作，但事实是他们对新产品开发不感兴趣。当然，对他们而言这是额外的工作，但就是这样他们也不能这么轻易就说某事不可能呀。"

资料来源：Vermeulen P A M. 金融新服务开发. 李靖华，黄秋波，译. 杭州：浙江大学出版社，2003.

第三节　企业外部界面管理

界面管理是提高战略实施效率的源泉。一方面，界面管理强调界面双方的沟通和合作，它能有效地保持战略的协调性，方向的一致性可以减少资源的耗散，提高资源的利用效率。另一方面，界面管理营造的合作文化能够削弱过度的自我保护和外向攻击行为，能够降低供应链各相关主体的交易成本。对这一界面的关注导致了虚拟企业、精益企业和一体化企业等企业纵向联合形式的出现，这为企业创新管理提出了新的课题——外部界面管理。

一、创新网络

（一）创新网络的概念

通过创新活动，企业与各种形形色色的组织之间建立了各种联系。这些联系组成了一个个网络，影响着创新。每一个影响创新的联系称之为一个联结（link），它描述的是要素与要素之间相互影响、互相关联的关系（吴贵生等，2000）。创新网络就是针对具体的研究对象而言，相互有关联的联结组成的网络。Freeman（1991）使用创新网络表示创新过程中企业的联网行为，他引证并接受 Imai 和 Baba 的定义，认为创新网络是应付系统性创新的一种基本制度安排，网络构架的主要联结机制是企业间的创新合作关系。这里需要区分创新网络与合作创新两个概念：创新网络指称一种组织形态，而创新合作/合作创新表达的是一种行为方式，二者所观察的角度不同；创新网络既然是一种"混合型"的组织形式，它所包含着的合作关系，就是一种特殊的合作关系，居于网络之中的企业行为是竞争力与合作的辩证统一，运用创新网络概念可以更好地体现出这种特殊性；创新网络是企业所有创新合作关系的总和，合作关系是网络的构成要素，而非网络本身；网络概念正在管理学和社会科学领域得到愈加广泛的运用，使用这一概念，有利于跨学科对话（王大洲，2001）。

创新簇的普遍存在是因为普遍存在着的创新网络，即创新频率、类型在一个国家内具有很强的区域性。Christian Debresson 依据创新来源于生产者和用户之间交互作用的理论描述的创新网络类型，认为所有创新与创新网络的关系有三种类型：识别不出创新网络或无创新网络、供应商主导网络和集成网络。集成网络又分为两种类型：市场导向型（只有用户和竞争者；只有供应商和用户；用户、竞争者和供应商都有）和包括公共研究机构的完全网络型。吴贵生等（2000）等发展了 Christian Debresson 的思想，提出了创新网络的结构模型，如图 8-3 所示。

（二）创新网络对创新能力的影响

创新网络的发展具有很强的路径依赖性和传统的继承性。基于这种基本的假设，目前学术界研究创新网络对创新能力的影响主要从两个方面来进行：一是从统计概率的角度研究创新网络是如何左右着创新发生的频率、方向和发展轨迹的；二是主要通过案例研究，以发展中国家产业为单位，研究创新网络是如何影响创新能力以及创新网络本身发展的特点的。1995 年，Nagesh Kumar 发表了《发展中国家的国际网络、技术和出口》一文，文中讨论了不同形式的国际联结对发展中国家的影响以及发展中国家如何利用这种联结提高自己的

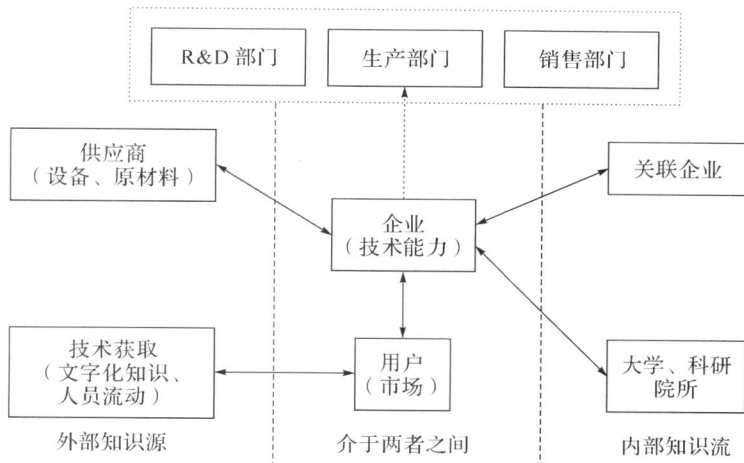

图 8-3 创新网络的结构模型

国际竞争力。Kumar 归纳了如下几种形式的国际联结:国外直接投资、技术许可和其他协议模式、战略联盟、发展中国家企业的对外投资。统计表明,73% 的基于核心技术的技术联盟建立在发达国家之间,只有 23% 的联盟是发达国家与发展中国家之间的联盟。国家创新系统(NIS)理论的一个重要缺陷就是忽视了从国际范围看待问题。通过对信息产业的研究,证明了国际化提高了知识渗透出企业和国家边界的扩散力,并且这种扩散形式的联结在全球范围内不是均匀的,而是在某些超国家的区域有集中的趋势(吴贵生等,2000)。

(三)基于创新网络的界面管理战略特征

要充分发挥界面管理的作用,必须对界面管理的战略特征有明确的认识。界面管理具有如下鲜明的战略特征:①界面管理的开放性。界面双方有着截然不同的文化特征和观念的差异,要保持整体战略的协调性,就必须创造一种开放的界面文化,界面双方彼此间建立一种基于战略的伙伴关系,彼此合作、协同进化,以实现资源的高效共享。界面管理的开放性也意味着界面管理的合作性。②界面管理的网络性。界面双方采取一种全范围的整体观点看待他们的管理活动,这是一种网状模式。以往职能各方基于自我立场将各种变量因素考虑后做出决定,这是一种机械模式,现在界面双方形成有效的工作关系,意见充分交流,各相关主体考虑特殊环境约束和供应链整体战略,彼此合作,多重界面相互作用,构成一个有效的网络。③界面管理的信息依赖性。界面双方处于不同的组织体系中,存在极度的信息不对称,于是需要沟通和激励,沟通时又存在信息黏滞,这是界面管理的最大障碍,界面管理表现出对信息的极度依赖性,界面管理的网络性加大了这种依赖性。进行系统集成,利用信息技术使信息动态化和可视化,可以克服信息不对称和信息黏滞,改善界面管理的状况。

二、创新联盟

创新联盟是两个或两个以上具有独立法人资格的组织联合致力于创新的行为,其目的在于相互发挥自己的优势,弥补自己的不足,本质还是为了竞争而合作,以合作促进竞争。联合可以提高企业的技术竞争力,使单一企业之间的相互技术竞争演变为创新联盟之间或者单一企业与创新联盟之间的竞争。Hergert 和 Morris 在对 839 个创新联盟的研究中发现,大多数联盟都集中在高技术领域：汽车(23.7%)、其他电气(13.0%)、航空航天(19.0%)、通讯(17.2%)、计算机(14.0%)、其他(13.0%),如 IBM、东芝、西门子等在半导体技术领域,英特尔、微软、HP 等在信息技术领域,奔驰、通用、福特在汽车制导领域都开展了广泛的创新联盟(钟书华,2000)。但是企业间的联盟并不会一帆风顺,常常因各种情况而导致冲突(郭军灵,2003)。

(一)差异导致冲突

联盟中各企业目标和总体目标的评价不一样,有各自的价值标准,这种差异极易引起各企业之间主观判断的分歧和争议,故联盟中各企业价值观的不同步变化会引起失衡与冲突。1999 年解体的广州标致(PEUGEOT)就是由于法方不习惯中方较初级的汽车生产方式,而中方管理者又对法方强制要求中方人员贯彻实施其管理模式的做法产生逆反心理,并在管理的空隙中尽可能地应用中国的管理方式,使制度化管理难以贯彻实施。加之双方没有致力于协调投资目标期望的差异,导致许多决策出现意见分歧,使决策权共享这一联盟的重要特征无法实现(姜岩,2003)。

(二)利益分配失衡导致冲突

创新合作联盟企业之间的资源和产出的有限性决定了利益冲突的客观存在。利益分配在创新合作联盟中包括在创新合作中的资源调配,成本和风险的分摊以及经济利益的分配。不合理的利益分配原因很多,既有客观评判标准的不合理,又有分配操作上的失误或主观认识上的偏差。因利益分配失衡而产生的冲突最普遍、最直接,在创新合作联盟所有冲突原因中,它是最敏感的原因,这种冲突具有很强的对抗性,冲突中的各方都不愿意放弃自己的利益立场。1998 年 TCL 刚涉足 PC 业时,与台湾 CVC(致福)公司联合成立了 TCL 致福电脑公司,希望利用 GVC 公司在技术、产品等方面的优势,结合 TCL 的品牌、营销资源优势,达到双赢的目的。但在实际运营中,TCL 没有从联盟中得到价格性能比更好的配件,而 CVC 却利用 TCL 的品牌提高了市场份额,最后 TCL 被迫和 CVC 分道扬镳(王洋等,2002)。

(三)"跟你学"导致冲突不断升级

在创新合作活动中,某种原因使一方企业违约了,参与联盟的另一企业"跟你学",你违约,我也违约,导致冲突升级。这种"跟你学"现象在冲突中不断相互影响,产生一种正反馈效应,使冲突不断升级。曾经轰动一时的国内燃气具行业的万家乐—华帝战略联盟于 2003年解体,主要原因就是双方为了争夺中国灶具业第一品牌而违背初衷"贴牌"生产,互相拆台,导致冲突升级,盟友变成对手(包鸿,2003)。

(四)联盟伙伴的改变导致冲突

参加联盟的企业无不希望合作伙伴能保持稳定,双方能建立长期稳定的合作关系。但在实际操作中,联盟成员可能因为合资、拆分等发生变动,从而导致冲突。2000 年联想与台湾友讯科技公司合作,共同推出联想 D-Link 的品牌,瞄准中低端的路由器、交换机等网络产品。联想看中友讯的研发、制造优势,友讯看中联想在大陆的品牌知名度和覆盖全国的销售渠道。但到了 2001 年,神州数码从联想集团分拆出去,负责网络业务,联想 D-Link 的品牌也随之更名为神州数码 D-Link。这样友讯兴趣大减,不愿与联想再继续合作(王洋等,2002)。

（五）信息沟通不畅导致冲突

如果企业之间信息沟通不畅，常常会由于信息传递无效或失真引起冲突。比如对新产品进行审查时，如果各企业信息沟通及时，各企业的有关人员通常能够就怎样设计、制造出更简单、更廉价的产品，提出非常有价值的意见和建议，从而共同开发相互认可的产品，更快地把创新思想引入开发过程，但信息沟通不畅形成假问题，导致冲突，阻碍了新产品技术开发的进程。

针对以上一些问题，有外部界面管理的两个基本准则予以解决（郭军灵，2003）。

● **为联盟确定共同的信念**　对于一个成功的创新合作联盟，其内部成员之间的相互信任通常被视为必要的前提。建立在相互信任基础上的联盟实际上也是相当脆弱的，很明显并没有固定的规则决定合作成员能和睦相处，但是我们可以采取措施促进成员相互信任的产生：一是设计联盟内部信任的评审体系。在缔结联盟以及联盟形成以后的运作过程中，应通过一套经常性的、持续的内部评估审核分析体系对每一合作伙伴的过去、现在和未来等一系列要素进行综合评估，也为在联盟的内部建立可靠的相互信任机制奠定良好基础。评审体系的主要内容包括：所从事产业的未来发展前景和市场结构属性；联盟的性质；不确定性的根源；行为机制选择者的风险偏好；联盟成员是否确切理解合作的真正目的和意义；联盟内部可能存在的脆弱性隐患等。这些都是内部评估审核时须斟酌和分析的重要内容。二是建立相互信任的产生机制。要建立信任关系，就要先建立起能促进信任产生的机制。对于联盟成员来说，如果它确认其他成员会守信，那它也会表现出很强的可信度。而要使每个成员的行为都理性化，尤其要挡住外部的巨大诱惑，就需建立一套阻止相互欺骗和防止机会主义行为的规范机制。这套机制的重点是提高欺骗的成本和增加合作的收益。要提高欺骗成本，先要提高退出壁垒，即如果企业放弃结盟关系，那么它的某些资产如场所资产、人力资本和商誉资产都将受到损失。其次可以通过成员相互间的不可回撤性投资来"锁住"对方，各企业必须像关心自己的利益一样来关心其他成员和整个联盟的成败，从根本上消除通过欺骗可得益的可能性。此外还可通过保护性合同阻止机会主义行为，对不合作的行为或违约行为进行惩治，以根除投机心理。

增加合作收益性的重要内容之一就是联盟为成员提供隐形"担保"。当联盟有一定无形资产（如商誉、商标等），尤其当联盟在整个行业中占有特殊地位（如它的技术指标已成为行业的技术指标）时，合作的收益性就显而易见。另外，友善与信任对伙伴关系有稳定作用，有助于避免冲突，提高整体沟通水平，提高联盟的收益。

● **在联盟伙伴之间建立高度相容的文化体系**　融合就是让具有不同文化背景的联盟企业之间、管理人员之间相互理解、尊重对方文化，并创造出各种文化相容度很高的合作。一般来说，当联盟各方对各自的文化进行比较，发掘出自己的优势与不足后，就有了分析整合的可行性，选择适当切入点和目标，重构融合各自优势并有所发展的新的公司文化，在文化融合过程中要做到以下几点：一是求同存异。当发生分歧和矛盾时，应努力从对方的角度去分析问题，而不是拿自己的标准去判断。在这一过程中，保持兴趣、灵活应变和尊重对方是关键。联盟成员应相互了解对方的组织机构和个人激励机制，比如领导方式、行事原则、雇员的期望和义务、公司权利的分配、公司形象等。在充分考虑文化差异基础上，再综合考虑上述差异所产生的各种影响，那么对联盟中的文化冲突就会找到切实可行的解决方法。二是维护成员的平等性。不平等的联盟地位很容易导致冲突的产生，因此现在很多高技术企业在联盟时很注重各方的平等性。比如联盟的股权平等分配方式，通过这一安排，各方能围绕目标，齐心协力。三是保持高层管理人员的合作。为了使联盟成员平等相处，各方领导层之间的合作很重要，因为现代公司的企业文化都强调公司首先是人的组织而非生意机器和赚钱的机器，人员的相互关系决定了联盟的实力和成功机会的大小。

在合作创新方面，昆明制药集团打破地区和国界的限制，坚持走产学研合作、基地合作、国际合作的道路（见表 8-4 和表 8-5）。从 20 世纪 80 年代到 90 年代，昆明制药先后与中科院昆明植物研究所、上海药物研究所、上海有机化学研究所、昆明动物研究所、中科院北京药物研究所、中国军事医学科学院、国家食品药品监督管理局、北京医科大学、中国药科大学、中国预防医学科学院、第三军医大学等 20 多个科研院所和大专院校进行了合作，大大提高了昆明制药在天然药物上的研究与开发能力，先后开发了蒿甲醚、天麻素、三七总皂甙、足叶乙甙等 30 多个具有先进水平的天然药物全新产品。1992 年昆明制药与美国建立了我国云南省第一个合资企业——中美合资昆明贝克诺顿制药有限公司，1996 年又成立了中瑞昆明康普莱特制药有限公司，1998 年 12 月成立了以开发云南名贵药材三七资源为主的云港合资昆明雅阁臣药业有限公司。另外还实施了与瑞士汽巴·嘉基公司和诺华公司、法国罗纳·普朗克公司、日本协和发酵公司等国际大公司的合作项目。通过这些项目的合作，提高了自身的技术水平和管理水平（毛义华等，2000）。

表 8-4　昆明制药集团天麻素产品的合作创新

时　间	1980—1985 年	1986—1990 年	1991—1999 年
产品名称	天麻素	乙酰天麻素（全合成）	天眩清（新剂）颐康片
核心技术	天麻素片合成工艺	合成技术	合成技术
创新类型	合作	合作	自主
产品水平	国内领先	国内领先	国内一般

资料来源：毛义华，陈劲. 基于合作创新的企业技术能力培育. 科研管理，2000(4)：44-50.

表 8-5　昆明制药蒿甲醚产品的合作创新

时　间	1985—1988 年	1988—1990 年	1991—1995 年	1996—1999 年
产品名称	蒿甲醚注射液（一类药）	蒿甲醚胶囊、蒿甲醚片剂（四类药）	血防灵（五类药）A＋B 复方	A＋M 复方
核心技术	合成技术	催化剂	复方制剂技术	复方制剂技术
创新类型	转让＋合作（上海药物研究所）	自主开发	合作（中国寄生虫病研究所）合资（瑞士康普莱特）	合作（中国寄生虫病研究所）
产品水平	国际领先	国内领先	国际领先	国际领先

资料来源：毛义华，陈劲. 基于合作创新的企业技术能力培育. 科研管理，2000(4)：44-50.

Sematech 战略技术联盟

　　20 世纪 80 年代末 90 年代初,半导体产业是美国最大的高技术产业之一,并排在研究发展活动最密集的产业行列。1987 年,在美国政府年预算补贴 10 亿美元的资助下,14 个在美国半导体制造业中居领先地位的企业组成 R&D 战略技术联盟——Sematech(Semiconductor Manufacturing Technology)。Sematech 集中于一般的过程研发而不是产品研发,这会潜在地使其成员企业受益,并不会威胁它们的核心能力。

　　Sematech 负责购买、测试半导体制造设备,将技术知识传播给其成员企业,通过统一购买和测试可以减少企业重复开发、检验新的工具,从而降低设备开发及引进的成本。Sematech 的成员企业有义务为联盟提供资金资源和人力资源。如成员企业需将其半导体销售收益的 1‰ 上交给联盟,最低 100 万美元,最高 1500 万美元;Sematech 的 400 个技术人员中,大约有 220 个来自于其成员企业,这些人在 Sematech 奥斯汀总部工作 6~30 个月。

　　美国的半导体技术研究战略联盟逐渐使其成员企业降低用于 R&D 活动的支出,减少了重复研究,实现了研究成果共享。这意味着,联盟内的 R&D 支出比单个企业的 R&D 支出更有效率,即 R&D 支出减少。同时也意味着,如果没有政府的预算资助,联盟内的成员企业更倾向于自主地资助战略联盟的 R&D 活动。同时,研究也表明,Sematech 对非成员的半导体企业的技术溢出也在提高。

　　资料来源:孙艳.技术创新与战略技术联盟——我国中小企业增强 R&D 能力的分析.科研管理,2002(1):12-16.

[本章精要]

　　1.界面管理就是设计并保持一种良好的界面环境,使得跨界面的交流、协调、合作能够有效进行,从而实现企业创新目标。

　　2.企业内部界面问题的形成可能来自多方面,如社会文化因素、组织因素、思维定式和偏好等。

　　3.R&D、营销和制造的界面问题是制造企业内部界面管理的核心问题。

　　4.前后台是服务运营管理中的术语,前台主要承担客户接触活动,而后台主要完成非实时和非交易性业务并进行标准化和专业化处理。

　　5.根据分离程度的特点和运营的策略焦点可以确定四种后台工作分离策略类型:成本导向、廉价便利、专业化和优质服务。

　　6.创新网络是应付系统性创新的一种基本制度安排,网络构架的主要联结机制是企业间的创新合作关系。

　　7.创新联盟是两个或两个以上具有独立法人资格的组织联合致力于创新的行为,其目的在于相互发挥自己的优势,弥补自己的不足,本质还是为了竞争而合作,以合作促进竞争。

问题及讨论

1. 分析界面管理中正式沟通和非正式沟通的关系。
2. 服务前后台界面与制造业的 R&D/营销界面有什么不同？
3. 创新网络和企业创新联盟有什么区别？
4. 运用本章理论和知识，分析华为公司是如何实施界面管理的。

[案例应用] FinCo 公司界面冲突的成因

FinCo 公司界面冲突的成因主要有三个，一是部门化职能结构；二是固有的观念世界；三是受缚的信息技术。

1. 部门化职能结构

第一个问题来自职能部门化的组织结构以及组织内常规业务（日常业务活动）和非常规业务（创新活动）间的冲突。银行和保险公司仍是部门化的职能结构，这往往导致为产品开发而设立的轻型项目组内的各种冲突。专项职能人员总是觉得很难冲破束缚向其他团队成员开放，并共享知识。

在很多金融公司中，都是由一个部门负责产品开发。这个部门只起到推进新产品开发的作用，同时也是新产品概念产生的主要源泉。当然，新产品概念也可以由公司的其他部门提供，但是当这项职责被明确置于一个部门的时候，这种情况就很少发生了。这导致的问题之一是，概念和技术之间连接不力，产品开发人员往往缺少对组织技术能力的了解。这种在开发流程中的"市场—技术脱节"，总是要增加商务部门和技术部门之间的工作往复。

项目组成员以常规工作之外的附加部分的态度来对待项目组的工作，他们必须在完成了常规工作之后才考虑这部分工作。也就是说，他们必须在项目工作和常规工作之间做好计划安排。然而由于管理导向对这些常规工作的侧重，常规工作被认为更重要，受到更多的关注。这一点是毋庸置疑的，许多员工对产品开发项目的工作不感兴趣，这导致了开发上的没必要的时间延迟。员工们不习惯于服务不属于他们自己部门的项目。"我们组织的员工不习惯于在他们自身部门职责之外的其他项目组服务，在项目组中的人员也都是尽量谋求实现各自所在部门的目标。"

"新组织"和"旧组织"之间的张力，是由一方面要降低不确定和风险，另一方面要保持活力之间的对立造成的。不确定和风险的降低几乎是人们的自身要求，但是对于新产品开发的尝试却正好相反。常规业务和非常规业务会导致"对手部门"之间的激烈冲突，尤其是当某些部门喜欢从事价值创新项目，而另外一些部门偏好常规业务时。一部分原因是，员工并没有获得为创新项目工作的回报。然而，无论常规业务还是非常规业务，都需要资源。由于大部分金融服务企业都缺乏足够的人力资源，因此，资源争夺就成为意想之内的"常规战争"。

2. 固有的观念世界

组织中的人由于社会文化的差异会形成不同的组织氛围。观念世界是指对现实世界理解的框架、思维模式和信仰系统，也包括在学校、家庭和单位获得的一切价值观、规范、愿景等。来自不同部门的人在观念世界上往往有所区别，这会在沟通、合作和相互理解中引起问题。

要建立对组织目标、优先权、新产品流程要求等方面的共同理解，实在是困难重重。这往往涉及语言、愿景等问题，并导致项目团队的低水平合作。此外，引入阶段参与者（前台人员和中介)之间的不同也会产生问题,他们都要认识到新产品的附加价值(为了客户,也为了他们自己)。制造业中新产品常常会代替已有产品,而新金融产品通常不会,因此销售人员如果觉得现有的产品已经提供了足够的业务了,就可能会不愿意销售新增的产品。

制造业的职能专业人员的差异集中于 R&D/营销界面,而金融企业中大多数沟通问题则产生于营销和信息技术部门之间的界面,以及精算人员和其他团队成员之间的界面(如保险产品)。金融服务的无形性使要获得其对新产品的一般理解有些困难。相比制造业,服务产品模型更难获得,或许因此这个环节常常被省略,而用文字来描述产品概念。

"我觉得当你看到法律和营销方面时,它们都是相对简单的。它是否合法,是否存在客户需求。替它们自己说话,作为个体你可以理解它。但对于精算人员,对我也是,则是一个幸运袋,你扔进一些东西,数字就算出来了。在这些数字的基础上,你来说一些东西是否可能。这相当复杂。"

另一个较为关注的重要问题就是信息系统。依赖复杂的管理系统是金融服务的典型特征,有些案例中这个系统可能要持续几十年之久,因此很容易就造成支持性信息系统成为(金融)产品的本质的观念。如果这种观念在 IT 部门盛行,那么他们和营销部门之间的沟通就会受到阻碍。一个与之相关的问题是,由于 IT 的复杂性,产品经理或者产品开发者很难用 IT 语言来描述产品规格。IT 人员把产品概念完全转译成技术参数总是要经过很多个来回。

"当然,在很大程度上,我觉得是缺乏理解。但是对于专业的复杂性却有很多方面可以做。我觉得并不是所有的精算师都能用简单可理解的荷兰语解释,为什么一些东西是不可能的。"

3. 受缚的信息技术

产品开发中信息技术的运用存在很多问题,它们似乎阻碍了产品开发。

首先,没有足够的 IT 人员来满足所有需要 IT 支持的项目。跟其他很多(非金融类)公司一样,FinCo 公司 IT 人员的配备都不足。为了克服这一困难,许多金融机构(包括本书案例企业)将他们部分的 IT 工作外包给英国和爱尔兰的公司,这样做导致沟通问题频频发生。

其次,由于法规的松动,银行和保险公司都可以提供"混合产品"了。要开发这些"混合产品",就意味着原来只管理抵押产品、保险产品或者投资产品的信息系统也必须整合。由于这些信息系统是各自单独开发的,要整合各种各样的系统需要花很大的精力。而大部分系统都可以追溯到 20 世纪 70 或 80 年代,并且经历了很长时间。他们不易适应,更别说与其他系统合并了。

最后,由于信息系统的复杂性,IT 部门以外的人很难判断可否对系统做出调整。经常有人提到,IT 人员对产品开发并不感兴趣,常常有时候声称某事不可能。大部分产品依旧是 IT 驱动的,或者至少受 IT 的状况决定。所以对于团队成员或者项目领导而言,这很难接受。很多时候,产品概念不得不做调整。

资料来源:Vermeulen P A M.金融新服务开发.李靖华,黄秋波,译.杭州:浙江大学出版社,2003.

思考题:

1. 部门化职能结构与固有的观念世界有什么区别和联系?

2. 金融企业的营销/IT 界面、营销/精算界面与制造业的 R&D/营销界面有什么不同?

第九章　组织理论基础

学习目的

- 了解企业组织理论发展的脉络
- 了解企业组织创新的分析思路

引　例

拉里和谢尔盖，一个是举家逃到美国的年轻、英俊、健壮的小伙子，一个是来自密歇根州、酷爱乐高玩具的年轻发烧友，他们似乎不大可能成为商业巨头。谷歌创始人这对搭档中，拉里最不擅长社交。他有着浓浓的眉毛、厚厚的嘴唇、青青的胡茬、保守且总有几分凌乱的发型。除非被点名，他很少主动回答问题。当他回答问题时，那有条不紊的腔调就像是男中音版的科米蛙（经典木偶剧《芝麻街》的主角）。谢尔盖同样羞于接触外人，但要更坦然自若些，他目光炯炯，一头褐色的卷发好像永远无法变得服服帖帖。他们通常会殚精竭虑地在会议上共同做出重大的公司决定。在公司的一次年会上，拉里身着挺括的蓝色衬衣和褐色休闲裤，面对来自股东和记者的提问，他直挺挺地僵坐在椅子上，双手放在膝盖上，一只手握着麦克风，一副无所适从的样子。谢尔盖则身着褐色 T 恤和褪色牛仔裤，显得较为放松。他将双臂搁在腿上，气定神闲地扫视着大家，更愿意毫无保留地回答有关这家高度私营化企业的敏感问题。

2000 年，当记者约翰·因斯问及谷歌面临的最大挑战时，谢尔盖承认是学习如何经营企业。"最难的一直是学习处理组织方面的挑战。我们现在有 20000 多名员工，事情变得更加复杂。如何保持每个人的创造力并给予足够重视，这点并不很清楚。这更是一个学习的过程。"但他们不但把谷歌变成了一家伟大的公司，还重振了互联网商业，改变了互联网的商业规则。

组织理论是现代管理理论的基石。本部分前面两章分别就创新的组织形式、界面管理进行了简要的介绍，为使读者更好地理解各类企业组织的结构和过程特别是创新组织的理论背景，本章特别就企业组织理论的发展脉络、企业组织创新的理论基础加以系统介绍。其中涉及很多的管理理论及其时代背景，现因篇幅限制不能一一仔细展开，但为读者提供了进一步学习阅读的线索。因此这是一个进阶性质的章节，如果读者有一定的管理知识储备，阅读起来将更为轻松，收获也会更大。

第一节　企业组织理论发展脉络

组织研究领域充满了相互竞争的新理论。20 世纪以来逐步发展起三种理解组织的视角,分别是理性系统视角、自然系统视角和开放系统视角。有学者认为,所有的组织都是开放系统,但是呈现出理性系统还是自然系统形态,是对不同环境力量适应的结果。也有学者认为,三种视角分别适用于分析不同层次的组织结构,开放系统视角适合制度层次,自然系统视角适合管理层次,理性系统适合技术层次。本节主要介绍 Scott 和 Davis(2007)提出的组织理论分层模型,该模型指出这三种视角曾以不同的组合方式出现,分别适用于不同层次的分析。

一、组织理论分层模型

组织在现代社会中起着重要的作用。20 世纪以来逐步发展起三种理解组织的视角,分别是理性系统视角、自然系统视角和开放系统视角。三种视角随着时间推移先后出现,并最终表现出融合的特点:①理性系统视角强调,组织是拥有具体目标追求的集体,是相对而言高度正式化的集体,组织结构是一种手段、一个工具。②自然系统视角引入了对组织全新的看法,组织目标复杂性和非正式结构是主要特点,组织生存和对于组织的维护本身会成为组织的目标。③开放系统视角的特点是组织是可以自我调节系统的组织,是松散耦联的系统,是层级系统,组织的各部件都积极响应系统其他部分的变化,但又相对独立。

本节重点介绍 Scott 和 Davis(2007)提出的组织理论分层模型。该模型将 20 世纪 60 年代之前的早期理性系统模型和自然系统模型,统一归入封闭系统这一类,以便与 60 年代之后的开放系统相对照;同时,60 年代发展的开放系统模型并没有取代早期理性系统和自然系统观念,而是对其产生了很大的影响,并最终以不易察觉的方式替换了它们的封闭系统前提假设。从而使分层模型呈现为封闭理性系统、封闭自然系统、开放理性系统、开放自然系统四种理论(见表 9-1)。

表 9-1　Scott 和 Davis 组织理论的分层模型

分析层面	封闭系统模型		开放系统模型	
	1900—1930 年 理性模型	1930—1960 年 自然模型	1960—1970 年 理性模型	1970 年以后 自然模型
社会心理层面	科学管理(泰勒) 决策科学(西蒙)	人际关系(怀特)	有限理性(马奇,西蒙)	组织(活动)(维克)
结构层面	科层理论(韦伯) 行政理论模型(法约尔)	协作系统(巴纳德) 人际关系(梅奥)	权变理论(劳伦斯,洛施)	社会技术系统(米勒,莱斯)
生态层面	——	冲突模型(古尔德纳)	交易费用(威廉姆森) 知识组织(野中,竹内)	组织生态学(汉南,弗里曼) 资源依赖(费弗,萨兰西克) 制度理论(塞尔兹尼克等)

资料来源:W. 理查德·斯科特,杰拉尔德·F. 戴维斯. 组织理论:理性、自然与开发系统的视角. 高俊山,译. 北京:中国人民大学出版社,2011:128-129. 有删减

该分层模型建立在四个坐标轴上:①从组织是实现目标的手段(刻意设计且可以任意处置的工具),到其自身价值就是目的。②从自我充分、自我行动、与外界隔绝的组织,到高度

情境依赖，深受环境约束、影响和渗透的组织。③从被看作是分析个体行动者情境的组织，到被视为一个整体，是集体行动者或更大组织系统的构成部件的组织。④各个概念占据主导地位的时期相继起承。1900—1930 年期间占据主导地位的是封闭理性系统理论，1930—1960 年期间占据主导地位的是封闭自然系统理论，1960—1975 年期间占据主导地位的是开放理性系统理论，1975 年之后占据主导地位的则是开放自然系统理论。

表 9-1 同时表明，除了主导理论的变化，分析的层面也在变化，即从社会心理层面到结构层面，再到生态层面。社会心理层面关注组织内的个体行为以及个体参与者之间的人际关系（这时组织的属性被视作情境或环境）；结构层面关注组织的结构和过程，主要目的是解释不同组织及其组成部分的结构特征和社会过程；生态层面将组织视为一个更大的关系体系里的实体，主要目的是研究一个或一群特定组织与环境的关系，或作为一个相互依赖的群体系统的一群组织之间的关系。

在 1900—1930 年期间占据主导地位的封闭理性系统理论中，泰勒的科学管理理论处于社会心理分析的层面，韦伯的科层制模型和法约尔的行政理论则处于较高的结构层面。在 1930—1960 年期间占据主导地位的封闭自然系统理论中，怀特的人际关系模型处于社会心理分析的层面，巴纳德的协作系统理论和梅奥的人际关系学说则处于较高的结构层面。

从 1960 年开始，随着开放系统观念逐渐取代封闭系统观念，生态层面的分析开始出现。同时，理性系统模型和自然系统模型继续发展，对组织结构和行为提供了不同的理论解释。开放理性模型在 20 世纪 60 年代占据主导地位，如马奇和西蒙在社会心理层面的分析和结构层面的比较研究、权变理论。70 年代，开放自然系统观念出现并延续至今，如维克在社会心理层面的分析、结构层面的社会技术系统模型，以及生态层面的组织生态学和制度理论等。

二、封闭系统模型

在 20 世纪 60 年代前后看，组织研究的理论发生了重要的转变，针对组织内部特征的研究开始让位于强调外部事件和过程的研究。在解释组织结构和组织行为的研究中，从经济、技术、政治和文化各个角度对组织环境的分析开始成为主流。为前后阶段对比方便，Scott 和 Davis（2007）将 60 年代之前的早期理性系统模型和自然系统模型，统一归入封闭系统这一类。

首先，从封闭理性系统的视角看，组织是为了实现特定目的所设计的工具。封闭理性系统的特点是目标具体化和结构正式化，但不同的学者对这些规范结构的处理有所不同，泰勒的处理途径体现了高度的实用主义，提出从个体的工作入手，为各种工作任务设计最佳工作程序和最适合的组织安排。他认为工作计划与工作执行是两件事，他更关注工作执行。法约尔的行政理论包含更多规定性成分，即一般的管理原则可以指导管理者设计他们的组织。韦伯则不大关心改进组织的办法，他的主要兴趣是描述科层制结构的特征。与韦伯类似，西蒙也是描述派的，他考察了结构性因素对组织中决策者的影响。

上述四位学者的分析层面不同，泰勒对作业合理化的关注和西蒙的早期工作都在社会心理层面，关注的是执行任务或制定决策的个体参与者，把结构要素视为这些行为的背景情境。法约尔和韦伯的工作则属于结构层面，主要分析和解释组织形式的特征。西蒙是一个过渡性人物，他后来与马奇合作提出的观点是开放理性系统模型重要的早期宣言。

其次,从封闭自然系统的视角看,组织是受冲突或受共识推进的自寻生存的社会系统。封闭自然系统的特点是目标的复杂性和非正式结构,该流派下的人物主要是人际关系学派的成员。他们对团组作业和劳资关系的深入研究,大大加深了对组织结构及过程的理解,但其工作始终没有超越组织边界。相比而言,巴纳德更重视环境,虽然他的协作系统模型仍以内部结构为主,但已经有了一些对更大范围环境的关注,即认识到组织必须提供诱因吸引参与者,必须与其他也想争取这些参与者的忠心与服务的组织展开竞争。早期的冲突模型也主要关注组织内部的冲突过程,后来的一些研究则对更大范围的社会群体和社会因素有所考虑。

理性系统和自然系统的差异,可以从两个方面进行初步的解释。一是源于分析者个人的背景和经历。持理性系统观点的大都是管理经验丰富的实践者,持自然系统观点的分析者大多具有学术背景。来自科层制相对不那么发达的大学学者,容易对企业组织中的正式化持否定态度,希望工人也能拥有他们在学校中所拥有的那些自主权。二是这些人分析的是不同类型的组织。理性系统分析的主要是工业企业和政府组织,自然系统分析的更多是服务组织或专业组织,如学校、医院、志愿者组织等。前者是高结构化组织,后者是低结构化组织。

三、开放系统模型

进入开放系统模型时代,遇到的不仅有新的理论,还有新的分析层面。20世纪60年代之前,研究的主要工作都在社会心理层面或结构层面;随着开放系统运动的发展,组织研究中的生态层面的理论则越来越受到重视。

首先,在社会心理层面,马奇和西蒙提出了"有限理性"的概念,除了继续关注个体决策者的认知限度和如何通过结构为决策提供帮助与支持外,他们还充分注意到任务与环境带来的各种挑战,认为组织及其决策者需要对他们的环境更加开放。比如,有些组织面临的环境非常多变,因此有必要将其创新活动制度化。

马奇和西蒙提出了许多简化组织中决策制定的建议。如"满意解"准则(采纳可接受的方案,而不是一味追求最优解);逐次逐个地解决问题,而不是同时处理多个问题;尽可能运用现有和曾经用过的决策指南,而不是对每一个问题都提出新对策。他们认为,有些环境如此复杂,只有简化信息处理的约束才能应对。

维克关于组织的研究也在社会心理层面,但他的理论属于开放自然系统。他认为组织参与者的认识过程是一种由试错、变换、内省和事后解释组成的进化过程。从演化的角度看,进化不一定会朝着改善的方向发展,成功的组织模式也可能与系统生产率或活力的提高毫无关系。

其次,在结构层面,20世纪六七十年代的比较结构分析继承了法约尔和韦伯的思路,但也接受了开放系统的观点。这些研究者不再局限于一个组织中的个体或子单元,而是开始从大量的组织中系统地采集数据。他们用规模、技术、不确定性等环境因素来解释组织结构的特点,即强调组织结构对组织环境的适应性。这是一种开放的视角,但仍是理性的(相信组织结构的可控性)。

社会技术系统模型是开放自然系统框架在结构层面应用的一个很好的例子。它提出,工作是社会要求和技术要求的结合,工作设计要达到这两方面的共同优化,而不是牺牲一个、满足另一个。因此,在设计作业系统时,必须对组织的技术要素和社会要素给予同样的重视。该理论特别重视工作团队的安排,包括上级组织的必要支持,而不是局限在较小范围的个体工作设计。精心设计的工作团队会持续向员工提供激励、纠错、帮助、学习的机会以及社会支持。

第三,在生态层面,随着对环境关注的增加,一些研究者开始从生态层面考虑问题,将组织自身视为行动者或更大系统的构件。20世纪七八十年代的权变理论、交易费用理论、群体生态学、制度理论、网络理论、知识理论等,都属于这一层面。

这些理论都认为,组织为了能更好地适应环境,会改造自己的结构。各理论的不同之处在于,它们关注环境的不同方面:权变理论关注的是任务环境的不确定程度(那些影响输入流和输出流预测的因素);交易费用理论更关注与外部交换者的谈判成本和监督这些交换的成本;资源依赖理论关注伴随着交换过程的政治过程;群体生态学关注相似的组织对稀缺资源的竞争,特别是其演变模式;制度理论则关注社会符号的力量(规则、规范、信念等对组织和组织域结构的影响);网络理论考察关系系统(各类网络中组织与环境的多重纽带)的决定因素和主要结果。

美国19世纪和20世纪新的组织群落

新的组织形态一定建立在现有资源、知识和支持结构的基础之上,因此总是要受其创立时环境条件的制约。美国19世纪和20世纪的组织形态,就是从前工厂时期到工厂化生产的演化,与美国的经济体系从竞争到垄断资本主义的变迁密切相关。如,19世纪30年代开始出现的储蓄银行、50年代和70年代铁路公司和钢铁公司的发展、50年代百货公司的发展、70年代优购公司的兴起、19世纪70年代到20世纪初大学和工会的建立,20世纪20年代石油、橡胶和汽车工业的发展,第二次世界大战期间航空和航运企业的出现和发展,20世纪60年代以来数据处理和电子行业的发展等。

资料来源:W.理查德·斯科特,杰拉尔德·F.戴维斯.组织理论:理性、自然与开发系统的视角.高俊山,译.北京:中国人民大学出版社,2011.

第二节 组织创新解读

组织创新,从一般意义上来说,就是对现有组织的结构、文化、流程、制度以及相应的隐性维度进行调整、重组和再造等一系列活动。随着知识经济浪潮的兴起,旧的组织形态已越来越难以适应技术环境、制度环境的剧烈变化,新一轮的组织创新研究和实践已逐渐成为理论界和企业界的焦点。总结目前的研究组织创新的分析范式,可分为基于技术论的、基于交易费用理论的和基于人力资本理论的三个方面(黎常等,2003)。

一、基于技术论的企业组织创新

对组织创新的理解与对企业产生原因的理解直接相关。基于技术论,组织创新中的企业被认为是生产函数,它遵循的是新古典经济学的观点。由于新古典经济学的主要理论是研究市场交易,研究价格在平衡供求关系中的作用,因此企业就被简化为一个"使利润最大化的假定",企业本身也就成为一个"黑匣子"。企业为什么存在而且会以不同形式存在也就得不到解释,因此其对组织创新的分析实际是在说明技术创新对组织活动的要求,而非组织创新本身。基于技术论的研究者认为技术特征影响企业的组织结构,组织创新的动力主要来自企业新技术的发展。而随着技术的发展,其对组织的要求也就越来越高,尤其是带有根本性的产品创新导致产品结构的变化。由于产品结构的变化,企业的部门设置、资源配置及责权结构都要进行相应的调整,引发结构创新,企业的观念、行为规范也随之发生相应的变化,完成组织的文化创新。因此,技术变化是了解现代企业组织发展历史的一条重要的线索。

钱德勒在对企业史进行系统研究后得出结论:企业组织的创新取决于技术创新和市场扩大两个因素,特别是技术创新起着决定性的作用。他在《看得见的手》中写道:"现代工商业首先是在这样一些部门和工业中出现、成长并继续繁荣的,这些部门和工业具有新的先进技术,而且具有不断扩大的市场。反之,在那些技术并不造成产业急剧增加、市场依然是小而专的部门和工业中,管理协调并不比市场协调更有利。因而,在那些领域中,现代工商企业出现就较晚,而且发展缓慢。"他认为,现代意义上的企业组织最早出现于铁路和电报行业。由于铁路运输技术的进步,传统的组织结构已不能适应新的技术要求,新的技术客观上要求统一、系统的协调与管理,而随后电报技术的发明又给这种组织创新提供了必要的技术条件。经过两次世界大战后,技术得到飞速的发展,研究和开发工作所带来的明显效益使得越来越多的企业向经营多样化、产品结构扩充方面发展,技术对战后多样化的多行业公司的迅速成长和推广具有重要的意义。到 20 世纪 60 年代,几乎所有这些企业如石油、化工、橡胶等公司都采用了多分支公司结构,即 M 形组织结构。

张春霖在其《企业组织与市场体制》中以技术上不可分的实体(TNE)为出发点分析认为:从长期发展的动态角度看,技术创新及由此带来的技术的巨大变化是促成现代企业组织演变的基本动因。而傅家骥在其《技术创新》中指出:组织的存在方式和形态主要是由技术和制度的特征所决定的。企业组织的不同设计决定了企业内部不同部门的联系方式,从而也自然会影响到企业内技术创新活动的成功和绩效。因此,组织的形式、规模和结构必须适应技术创新的要求而创新。他认为,由于新技术的使用过程涉及不同部门的组织成员,而这些组织成员的积极性能否发挥,取决于组织能否适应地创新。由此,我们可以看出,在技术论的组织创新中,组织创新仅仅只是被动地适应技术的变化。这种组织创新的观点比较符合工业化时代的要求,因为在那个时代技术的革新、变化是经济发展的原动力,而人只不过是机器的附属,人只需被动地适应技术的革新,从而组织创新只是技术创新的补充。

二、基于交易费用理论的企业组织创新

20 世纪 30 年代,科斯的经典论文《企业的性质》打开了企业的"黑箱"。他开创性地引入了"交易费用"这个概念,认为市场中的交易费用为正,而不像新古典经济学中假定交易费用为零。因为以价格机制为导向的市场每一笔交易都要花费一定的费用,它包括获取市场信息的成本、谈判的成本和履行合约的成本。而企业组织的存在正是为了节约交易费用,通过用"一个契约代替了一系列契约"的形式节约了签订和执行这些市场合约的费用。但科斯的

研究只是企业为什么存在，他并未进一步研究企业组织结构的演进或创新，为什么不同企业的组织形式不同。

威廉姆森则强调说，一种组织形式在什么样的环境中且为什么在这样的环境中产生，交易分析而不是技术分析将起决定性的作用。他认为用交易费用的观点研究企业组织就是将交易看作基本分析单位，并将节约交易费用视为组织研究的核心问题，要将现代公司主要理解成许许多多具有节约交易费用和效应的组织创新的结果。他通过研究提出了组织结构设计的三原则：一是资产专用性原则。资产越是用于专门的用途，甚至专门化到一个唯一的用途，其潜在的交易费用就越大，企业组织就越趋于替代市场机制。二是外部性原则。该原则通常与不履行合同及降低产品质量有关。它意味着如果交易的外部性很强，那么，为了制止不履行合同的机会主义行为，就必须付出极高的交易费用。因此，出于节约交易费用的目的，生产者与购销者建立一体化组织替代市场合同的交易。三是等级分解原则。该原则旨在使组织内部结构安排能克服机会主义行为，其主要内容是日常经营活动与发展策略规划的分离。

他通过分析钱德勒所揭示的在 20 世纪 20 年代开始的 M 形组织代替 U 形组织这一重大的组织创新，指出企业组织创新的动力是节约交易费用。他认为在 U 形结构组织中，由于信息和治理结构方面的原因，人的理性已达到极限，从而导致管理层级的增加，而管理层级的增加又使得管理低效率。从总体上来看，U 形结构组织往往因管理幅度过大而增加行政管理费用；而且各部门也会由于对自身目标的追求而表现出较强的机会主义倾向。而 M 形结构组织通过把日常经营活动与战略性决策分离，使总经理能站在一个整体的立场来考虑问题，增加企业经营管理活动的理性行为；另外，M 形结构的公司具有小型资本市场的性质，各事业部为了争取投资、发展自身，就必须努力竞争、提高效率，减少了部门的机会主义行为。所以 M 形组织有效克服了有限理性和机会主义倾向这两个问题，减少了内部交易费用，是一种合理的企业组织结构，因此在现代企业中得到了普遍的运用。

钱德勒在《看得见的手》中从商业史的角度说明了历史上曾经发生的几次重大的组织创新与节约交易费用有关。他认为现代多单位的工商企业（M 形组织）取代传统的小公司（U 形企业）是因为管理上的协调比市场机制协调能带来更大的生产力、较低的成本和较高的利润。这种费用的节约是由于几个经营单位进行的活动及其相互交易的内部化，通过这种内部化使单位间的交易例行化，交易费用降低；同时由于生产单位及采购和分配单位的管理连接在一起，获得市场和供应来源信息的成本也降低。此外，管理上的协调可使现金的流动更为可靠稳定，付款更迅速，而这种协调所造成的节约要比降低信息和交易费用所造成的节约大得多。

从上面的分析我们可以看出，交易费用理论确实对现代企业组织的形成过程及其演进的解释做出了巨大的贡献，并也对一些经验材料做出了较为成功的解释。但不可否认的是其分析范式中也存在一些缺陷。

首先，与许多经济学家对企业的认识一样，交易费用理论更多的是考虑组织分析的可处理性，对企业组织进行了高度的抽象，忽略了组织中最基本而且也是最重要的因素——人。虽然威廉姆森在分析资产专用性时也包含了人力资产的专用性，但他未将其作为内生因素纳入研究之中，因而他的组织创新研究中自然也就缺少人力资本分析的内容。当然"像道德风险分析、偷懒行为和机会主义行为分析等这些激励相容问题所诱发的对企业内部组织的说明是没有办法仅从交易费用观点得出来的。"(黎常,盛亚,2003)同时,交易费用理论仅把人们的注意力局限在诸如"企业为什么存在"或"为什么纵向一体化"这一类问题上,而企业内部的激励、控制等诸多重要内容被舍弃。

其次,威廉姆森所用的分析方法是一种比较静态分析法,而企业组织是一个开放的动态系统,这是诸多组织理论家所达成的共识。比较静态分析法不能解释组织何时出现以及怎样出现,也不能解释组织如何随着环境的变化而采用不同的形式。

再次,只把交易作为组织创新研究的基本分析单位,在当今的知识社会中特别在人力资本起关键作用的经济中逐渐丧失其分析的说服力和影响力。

最后,交易费用理论的着眼点仅在组织的结构层面,以费用最大化作为结构分析的标准尺度,以追求交易费用的节约作为组织创新的目标,对于新一轮的组织创新不能做出较为全面、深入的分析。因此,我们在组织创新的分析中引入人力资本因素。

三、基于人力资本理论的企业组织创新

人力资本理论兴起于 20 世纪 60 年代。首先由舒尔茨提出,他认为人力资本特别是人力资本的教育是现代经济增长的主要动力和源泉。而罗默和卢卡斯也分别建立了知识推动模型和人力资本模型。他们认为专业知识和专业化人力资本不仅能使自身形成递增收益,而且能使资本和劳动等投入要素也产生递增收益,从而保持经济增长。产权经济学认为人力资本的产权特征与其他非人力资本的产权特征的不同在于:人力资本天然只能属于个人,但与其所有者是不可分的。所以人的主观动机、努力和敬业精神决定着人力资本作用的发挥。

随着以信息技术为基础的知识经济在当今世界经济中占据越来越重要的地位,知识已成为经济发展的主要推动力。当知识已作为资本纳入经济运行中以后,知识存量就以三种形式表现出来:一是体现于专门的研究与开发中研制出来的生产工具或机器中的知识;二是体现于个人,尤其是经过教育培训并拥有专业技能的劳动者的知识;三是那些虽耗费了一定的成本创造、传播,但并未密不可分地体现于特定的知识载体或产品上的知识。劳动者通过不同的途径获得这些知识后,能力得到提高,能创造更大的价值。OECD 的报告也指出:体现于人力资本和技术中的知识是经济发展的关键。而野中郁次郎在《创造知识的公司》中写道:在一个唯有不确定才是确定的经济中,企业持续竞争优势的资源是知识。他断言,如果企业的组织成员创造了新知识,他们也就重新创造了自己,重新创造了公司。因此,知识管理的最终落脚点是要对负责创造知识价值的人力资本进行激励和支持,将人力资本的创造性和革新能力同信息技术的信息处理能力相结合,以完成知识的应用和创造。这也就意味着作为知识的载体介入生产过程的人力资本在现代经济中发挥着越来越重要的作用,人作为知识的创造者及不可分割的载体有了更加重要的意义。

在以智力和创造力为主体的劳动中,管理的重点转向人力资本。传统的组织结构、组织形式、组织文化等方面应相应地发生变化,以建立具有强大的竞争性、创新性、灵活性、适应人才脱颖而出的新型企业组织形式。

(一)组织结构创新

• 企业的组织形态日趋扁平化、柔性化,一些临时性的、以任务为导向的团队组织逐渐取代一些正式的组织结构。由于知识已成为企业组织中超越土地、资本的重要的生产要素,

因此拥有知识的人力资本在企业中也就占据着主导地位，他们需要的是一个能大大提高自己独立工作能力，能够被充分授权且承担较大责任的组织形态。他们认为上下级之间不是一种传统的被动者和发号施令者之间的关系，而是一种新型的团队成员之间的关系。网络信息技术的日趋完善又为扁平型组织的运行提供了有效的实现手段。同时柔性化的团队组织的和谐、平等、开发的气氛使具有各种经验、技能、知识的成员能自由地交流和沟通，使员工的才能得到充分的发挥，使员工感受到工作的责任性、挑战性和成就感。

扁平化最早的源头是美国管理学家德鲁克运用两个通俗的例子来说明组织结构的"扁平化"特征，一个是医院，一个是交响乐团。"每个人都是专家，这是扁平化组织成功的秘密"。每一个成员，不仅对共同愿景有着共同的理解，而且彼此之间建立最快捷的网络联结。20世纪90年代哈默和钱皮提出的流程再造以及后来的学习型组织都可以看作扁平化思想产生的来源。事实上，扁平化组织产生的直接原因是信息技术的迅速发展使社会组织各层次的活动量显著增加，知识流动大大加速。

所谓的扁平化组织就是指在组织的决策层和操作层之间的中间管理层级越少越好，以便尽最大可能将决策权延至最远的底层，从而提高企业的效率（徐希燕，2004）。扁平化组织结构本身的特征以及嬗变过程，本质上要求必须对传统的企业组织模式进行创新。扁平化的内部组织创新的基础是建立知识团队，这种团队将个体和组织有机联合起来，促进用户知识的显性化和实体化，最终形成完整、统一的知识转化机制。根本上讲，扁平化组织的运作核心就是通过这种知识团队的自我管理，不断释放整体知识能量，进而实现企业价值创造空间的创新和拓展。扁平化的外部组织创新方向是建立企业的知识合作机制，通过联盟从其他组织学习和吸收知识，或者同其他组织合作创造知识，从而对市场、用户的需求满足不仅仅局限在企业本身、企业知识范围内（王蔷等，2004）。

信息技术是引发组织创新的一个非常重要的外因，它对组织的影响最终要通过管理活动这种内生因素来实现。就在企业组织寻求通过投资信息技术追求最大化收益的过程中，信息技术将逐渐转变为影响组织结构的内生因素（余菁，2004）。

信息技术带来的企业组织工作规则的变化如表9-2所示。

表 9-2　信息技术带来的企业组织工作规则的变化

旧规则	影响组织的信息技术手段	新规则
手工检索方式	追踪技术；群件 工作流软件；客户/服务器架构	每位员工都可以便捷地自动检索需要的信息
信息只在特定的时间和地点出现	可共享的数据库 电子邮件；客户/服务器架构	信息总是适时地在需要的地方出现
一线员工需要总部提供信息支持	无线通信设备和可移动电脑 信息高速公路；电子邮件	一线人员可以随时地存储、接收、发送和处理信息
人们必须赶到指定地点一道工作	群件和群组（决策）支持系统 远程通信；电子邮件；客户/服务器架构	来自不同地点的员工可以一道工作
只有专家才能执行复杂作业	专家系统 网络计算	新手也能准确地执行各种复杂工作
周期性修订计划	高性能的计算机系统	计划可以根据需要及时调整

旧规则	影响组织的信息技术手段	新规则
管理者负责决策	决策支持系统 专家系统;企业支持系统	决策是每位员工的工作
定制产品或服务费用高、耗时多	CAD/CAM,CASE 工具 JIT 决策系统;专家系统	低成本、快捷地实现产品服务定制
创意付诸实践的过程总是漫长的	CAD/CAM,电子数据交换 群件;多媒体处理系统	新产品设计上市时滞被缩短 90%
工作向低劳动力成本地区转移	机器人;成像技术 目标导向的项目管理系统;专家系统	工作可以由不同地区的高收入员工高效地完成

资料来源:余菁.扁平化组织的信息视角.经济管理,2004(5):42-46.

• 在职权结构上,赋权管理成为组织内部权力配置方式的特点。哈耶克首先提出了经济效率取决于决策权威和对决策起支撑作用的知识之间的匹配关系。詹森和麦克林提出了使决策权威与可利用知识相匹配,即要么将知识转移给具有决策权的人,要么将决策权转移给具有知识的人。但不管哪种方式,具有知识的人力资本将成为决策的主体。萨维奇也提出了让拥有知识的人成为以任务为中心的团队的关键人物。因为在知识经济时代,知识实现了向员工的回归,存在于员工头脑中的隐性知识的作用已超越了存在于机器、资料上的显性知识成为企业长期竞争优势的来源。这些知识员工在基层从事不同的工作,自主管理、自主决策。

(二)组织流程创新

组织学习已成为知识型企业最重要的组织流程,企业组织创新的过程实际上也是一个复杂的组织学习过程。因此,进行组织流程的创新实际上就是创造便于组织学习的流程,这样的组织流程应当体现以下特征:

• 有利于个人学习与组织学习的兼顾。最新的研究认为员工具有的技能可分为一般技能和特殊技能,一般技能适用于所有的企业,而特殊技能则只对本企业适用。大量人才的频繁流动使企业认识到竞争优势主要来自员工所拥有的企业的特殊技能。因此通过组织学习注重员工的特殊技能的开发能增强核心层员工的稳定性。

• 有利于隐性知识和经验的获得。它是一个连续循环的探索过程,不断发现知识、生产知识、扩散知识、积累知识的过程,逐步形成在吸收外部先进技术、有效传播内部知识的基础上的核心能力。

• 有利于跨越组织边界的学习。不但可在组织内建立有效的组织学习,还可建立跨越边界的组织学习。如以"知识联盟"为基础的虚拟组织和战略联盟等新型组织形式,其中心目标是培养创新能力,创造出新的交叉知识。

• 有利于不同形式组织学习的开展。由于不同的组织学习形式在组织创新过程中起着不同的作用,因此在组织创新的不同阶段也要伴随不同形式的组织学习。如在组织创新思想的形成阶段,以获取新的组织知识为主导组织学习形式。

(三)组织文化创新

• 在充分发挥组织成员的创造力的基础上倡导组织的整体价值观。在知识经济条件下，人力资本在企业的核心地位更加突出，组织对人力资本的发掘方式出现根本的变化，日本模式的组织文化注重的是人力资本的组织价值，而忽视人力资本的个性需求，强调共性，忽视个性，因此人力资本的创新精神发挥不足。

• 培养知识共享型的组织文化。若员工有知识的"本位主义"和"利己主义"，那么其隐性知识就不能外化成为组织的显性知识为组织所吸收和利用。因此组织应创造一种文化环境，能激励员工把个体的隐性知识拿出来共享。而且对人才的评价标准不是其自身拥有多少知识，而是他为组织传播、创造了多少最新、有用的知识，他在协调、组织和提供思想等方面做出了多少贡献。鼓励员工与他人共享自己拥有的知识，这样才能使知识创造最大的价值。

• 创造富有弹性的适应性文化。由于企业的人力资本都是有理智、善于思考、创新能力强的知识员工，因此强力型文化有可能压抑员工的积极性和创新性。企业应创造一种宽松的、开放的、可以自由交流的、富有弹性的适应性文化，让员工拥有一种有创造性思考的环境，鼓励员工实现自身价值最大化。

Pixar 电影公司的物理环境能量

一个企业的物理环境对能量有重要影响，那些创造了充满活力的空间的公司获得了最大的回报。当 Pixar 电影公司位于加利福尼亚埃默里维尔设计新总部时，采用了从内到外的设计风格，确保想法能够在公司内部不同专家之间交流。确保想法在像大型飞机机库那样的空间交流的关键是建筑的"心脏"——大且开放的核心区域，在这里，公司的左脑（技术人员）和右脑（创意人员）能够彼此碰撞，即使他们属于不同的独立领域。为了促使员工进入共享区域，设立了收发室、餐厅、游戏室和放映室。空间的巧妙利用消除了障碍，并使员工能够和临时团队以外的成员进行交流。

资料来源：乔·蒂德，约翰·贝赞特.创新管理：技术变革、市场变革与组织变革的整合（第四版）.陈劲，译.北京：中国人民大学出版社，2012.

[本章精要]

1. 20 世纪以来逐步发展起三种理解组织的视角，分别是理性系统视角、自然系统视角和开放系统视角。

2. Scott 和 Davis（2007）的组织理论分层模型中，存在封闭理性系统、封闭自然系统、开放理性系统、开放自然系统四种理论。

3. 组织理论分析的层面也在变化，从社会心理层面到结构层面，再到生态层面。

4. 目前的研究组织创新的分析范式可分为基于技术论的、基于交易费用理论的和基于人力资本理论的三个方面。

5. 在技术论的组织创新中，组织创新仅仅只是被动地适应技术的变化，这种观点比较符合工业化时代的要求。

6. 威廉姆森提出了组织结构设计的三原则：资产专用性原则、外部性原则、等级分解原则。

问题及讨论

　　1.分析理性系统和自然系统组织理论的区别。

　　2.为什么说开放系统理论是组织理论发展的方向?

　　3.为什么说企业组织创新取决于技术创新和市场扩大两个因素?

　　4.分析信息技术与组织创新的关系。

[案例应用]　既顽强又温和的谷歌

1.天鹅绒监狱

　　为了在初期吸引到最好——在专业技术和共同价值观这两方面——的科学家,谷歌创始人拉里和谢尔盖不得不出手大方,提供了一个所有计算机天才都会喜欢的"科技竞技场"。在资金尚充足的情况下,他们提供了其他网络初创公司所能提供的一切条件——员工额外福利。

　　谷歌的文化被描述为"部分是大学校园,部分是幼儿园游乐场"。更符合实际的说法则是,它是年轻人的"竞技场"。这里有互联网公司全盛时期技术初创公司里典型常见的熔岩灯、有台球桌的游戏室、桌上足球和视频游戏。但谷歌远不止这些,它还有按摩椅、员工可以小睡的"沉睡的豆荚",谷歌还聘请了公司按摩师。

　　谷歌有名声在外的免费美食和饮料:嫩羊排和肋眼牛排、卡真菜、扇贝,以及汉堡包和热狗、鱼肉三明治和沙拉。快餐也很注重健康:燕麦条、育高薯片、脱咖啡因的咖啡。谷歌的前厅通常会有透明门冰箱,里面是满满当当的果汁。

　　有员工将其工作环境形容为"天鹅绒监狱",那里的额外福利和友好气氛被疯狂工作的时间压力所抵消。"每天工作 12 个小时,每周工作 6 天很常见。""工作时间是自选的,但有一种压力迫使你去完成它。他们随时供你吃喝,所以没有理由为了吃东西而下班。谷歌的生活方式是 24 小时/7 日制。"

　　高级工程副总裁兼工程人员招聘负责人艾伦·尤斯塔斯解释了由拉里最初设定的任务:"重要的是要知道,你所做的一切包括了何种价值主张。"他说:"比如说园区里没有咖啡店,那么数千名员工就得在 11 点半下班,为涌入餐厅赶时间。所以你会问这两小时的价值是多少,如果人们不这样而是待在园区里会对你有何影响?而且如果你打算在园区里提供食物,食物好坏之间的价格区分是什么?这种增量的差值相当小。"

　　谷歌的大部分原始工作文化传承到了今天。谷歌人享受着作为补贴的日间护理中心、免费膳食、免费洗衣房以及其他额外福利。整个公司园区到处停放着谷歌的自行车,员工们可以跳上去往返于各座大楼之间。所有自行车都没有上锁,可以在需要时直接骑走。一些人带着赛格威踏板车、溜冰鞋或滑板上班。一位医生定期造访谷歌园区,谷歌人无须离开办公室就能接受体检。

2."预期我们将增加福利而不是将其削减"

　　随着谷歌的发展,它的一些传统的福利也开始削减。首先,拉里和谢尔盖对他们能够自由处置公司资金显得过于乐观和天真。他们认为,不管公司发展到多大规模,丰厚的待遇都可以永远持续下去。在谷歌首次公开发行股票的招股说明书中,拉里和谢尔盖在概述了公司提供的一些福利后,提请潜在投资者注意:"随着时间的推移,预期我们将增加福利而不是将其削减。"

　　但他们未能履行承诺。他们过去甚至曾为购买混合动力汽车——拉里和谢尔盖共同选定的汽车——的员工提供 5000 美元的补助，但在判定混合动力汽车市场本身已经有了足够的冲击力之后，他们终止了这一做法。2008 年中期，他们停止了一些自助餐厅的免费晚餐供应——在没有工程师的大楼里。理由是工程师要工作到深夜，而其他人可以回家享受自己的现实生活。谷歌发言人说，非工程大楼里的自助餐厅在晚餐时使用率很低，让它们开至深夜代价高昂。不过非工程师员工在夜间工作时仍然可以免费用餐，只不过得去工程大楼领取。

　　在最严重的公开削减阶段，谷歌于 2008 年决定减少对员工子女园区日托中心的特殊补贴。该系统建立的时候，选择的是风险资金所能买到的最好的日托服务，其中包括自我导向的学习理念、高薪教师、小型化班级以及最好的教学玩具和学习用品，这绝对是一种昂贵的额外福利。事实上，公司为每位员工子女提供了每年高达 3.7 万美元的补贴，而像思科和甲骨文那样的硅谷大公司也只提供 1.2 万美元。这比在斯坦福大学攻读计算机科学博士学位的学费（大约 3.4 万美元）还要高。它曾经将补贴削减到不到 2 万美元，但仍比同期其他公司要高。

　　高级工程副总裁兼工程人员招聘负责人艾伦·尤斯塔斯赞同削减额外福利的决定，他说："随着时间的推移，小额的额外福利乘以很大的员工人数，突然就变成一个庞大的数字。看看每位员工的瓶装水，将它与 2 万相乘，你会感到震惊。我们每年光在饮水上就花费了 100 万美元。"至于日托补贴，他指出："这项福利仅向相对少数的员工提供，但是我们对每个孩子的付出比雇用全职保姆的费用还高……得出这样的数字不太正常。逐一审视这些事情，对我们来说，削减的做法是合理的。"

　　当 2008 年经济衰退冲击全世界时，这个问题变得更加紧迫，谷歌开始第一次裁员。它首先从数千名合同工人开刀，他们是不直接为谷歌工作的临时员工。但到了 2009 年 1 月，谷歌宣布将放慢其疯狂的招聘步伐，并削减了 100 个招聘岗位。它还关闭了一些外地办事处，即使要为这些员工在谷歌公司内部寻找其他的岗位。

3. 小即是美

　　谷歌最有名的还是它的"20％时间"，即员工每周有一天时间可以用来尽情做自己真正感兴趣的事情。他们可能会开创一个新项目、参与一个进行中的项目或是组成自己的团队。这有一种不可抗拒的吸引力，"这可不是在空闲时间里你想做就做的问题，而是你必须设法腾出时间来做点事情"，一位谷歌新员工在博客中写道。

　　拉里和谢尔盖创立了一种事实上废除了固有等级制度的管理制度，高层之下的管理层极少。2005 年，每 20 名员工有一名管理人员。人们频繁转换工作，有一段时间，项目经理每隔几个月就会调动一次工作，以便学习所有必要的程序。现在他们待在一个岗位上的时间大约是 18 个月。

　　谷歌还坚持以很小的团队进行项目攻关。通常五六个人就足以应付一个重大项目，如谷歌的图书搜索项目，这些项目往往被有限的目标和较短的期限（一般很少超过 6 周）所界定。这不但减少了协调和管理的费用，也使得众多项目可以同时进行（进而产生更多的创新），以及可以更快地解决问题。

　　即使在谷歌这样资金丰裕的公司，小规模团队能够使用的资源还是不可避免地受到限制。小团队没有能力在为获得额外资源的政治斗争中赢得胜利，因此他们趋向于避开走廊政治，并充分利用手边可快速得手的资源，以寻求可替代的技术解决方案。比如，当现有的工具可以满足项目的需要，他们就会毫不犹豫地使用。

小规模团队同样可以避免"搭便车"，同时可以减少冲突。团队中每位成员的表现都可以被轻易观察到，同时来自同事的压力可以确保每一个人都尽心尽职。当项目最后期限逼近的时候，一旦成员企图逃避责任，就会很快被发现并遭到严惩，根本没有给他说废话的时间。

4."有组织的混乱"和官僚政治的诱惑

随着公司的发展，维护那些能够使小型公司具有强大适应性的非正式沟通方式变得更加困难，而且脆弱的管理结构也很容易遭受打击。为了应对这类问题，谷歌公司采取了等级和官僚化的管理措施，设法使业务顺利运转。但是，这些措施往往不仅降低了公司的反应速度，还为日常管理工作增加了繁重的负担。

具体地说，和所有缺乏透明结构的、快速增长的公司一样，谷歌也出现了责任模糊的现象。员工的技术和职责交叠对于产品的开发非常有效，但当每个人对每一件事都有发言权的时候，往往会适得其反。谷歌曾经在比利时忘记聘请一位为公司诉讼进行辩护的律师，以及未能在 2007 年年初更新其在德国的域名，这仅仅是由于公司发展过快导致内部职能混乱的两个小例子。

谷歌的企业文化多年来已经产生了其他问题。比如，其文化在某种程度上将员工分为两个阶层。"谢尔盖和拉里有些轻视非技术人员，"一位前员工说，"他们是好人，尽管他们并不总是知道怎样做好人。"一些非技术员工抱怨说，他们感觉自己像谷歌的二等员工。他们通常在公司园区的外围大楼里工作，远离创始人和高层管理人员。而且科学家、工程师以及高层管理人员得到的股票期权最多。

阻止被宠坏的工程技术人员和那些没有享受同样有利条件的管理人员或销售人员发生冲突，已经被证实是非常困难的。所有员工都在高度压力下工作，但是他们并不都能享受到同样的权利。当谷歌沉浸在不断获取成功的喜悦中时，这一点点的挫折显得不那么重要，但是在困难时期就更有可能带来压力。

2007 年谷歌实施了"可转让股票股权"（Transferable Stock Option，TSO）计划，允许员工出售股票期权。但当员工变得富有时，他们的行为举止很快就可能改变，其中既包括那些已经变得富有的员工，也包括那些尚未变得富有的员工。随着在一些人中可能会出现的骄傲和自满情绪，另一些人则会感到嫉妒和愤恨。

对于"20％时间"政策来说，不断增长的员工数也意味着不断增加的个人项目数，这将无法与谷歌的生产线接轨。那些工程技术人员感兴趣的项目一旦遭到否决，可能导致他们对工作不再充满兴趣。如果他们已经从谷歌的股票上赚到了钱，或许会离开公司，然后到别处去开发这些程序，而且说不定哪一天会再将它卖给谷歌。这与硅谷的一个旧传统刚好相符，但它却向谷歌创新机器的齿轮中扔了一把沙子。

另一个极端的情况是，当一份互联网出版物报道谷歌削减了员工的额外福利时，几个自称谷歌员工或前员工的匿名人士写出了自己的抱怨——大部分抱怨是尖刻的批评。其中一人说，"20％时间"是一个笑话，因为他们的正常工作消耗的时间太多，以至于他们不可能去做任何其他事情。

谷歌正在变成"全然不同的一家公司"的想法有些夸大其词。但是，对于像谷歌这样强大的公司,这都是不可避免的。它的棱角被磨圆,理想屈从于现实,高管们向困难的抉择让步。谷歌公司正在变得既顽强又温和,拉里和谢尔盖也同样如此。

资料来源:理查德·勃兰特.谷歌小子.谭永乐,译.北京:中信出版社,2010.

思考题:

1.谷歌案例体现了怎样的组织系统理论视角?

2.如何理解谷歌组织创新面临的挑战?

第四篇
创新领导

第十章 创新的领导概述

学习目的

- 理解创新中领导者的角色
- 通过管理领导化趋势掌握创新管理中领导工作的意义
- 学会分析领导对创新的作用

引 例

2006 年,惠普交出了一份漂亮的成绩单。激光打印机销售突破 1 亿台,PC 全球出货量超过戴尔,重新拾回 3 年前丢失的冠军宝座。年收入高达 917 亿美元,不仅创下新纪录,还一举超越 IBM 成为全球最大的 IT 公司。人们将荣耀归于惠普 CEO 马克·赫德的同时,也会想起他的前任卡莉·菲奥莉娜。2005 年 2 月,卡莉因为业绩不理想,离开了惠普。但值得一提的是,她为惠普制定了正确的战略。赫德上任后,仍然沿用卡莉的战略。他只是纠正了卡莉在推进变革时犯下的错误,从而带领惠普顺利转型。

赫德与卡莉到底有哪些不同呢? 从两个细节,可见一斑。卡莉被人称做明星 CEO。惠普一位老员工这样描述卡莉的出场:每次去听卡莉的演讲,就像是到了某支冰球队的主场。台下的观众会配发道具。我有一次拿到的是会噼噼啪啪作响的塑料手掌,还有一次是那种一吹就会出来的小玩意儿。赫德却像一位普通员工。2006 年,赫德访问中国的时候,惠普公司中国区信息产品及商用渠道集团总经理庄正松跟他偶遇过。当时,赫德微笑着拦下他打了声招呼,很自然地和他攀谈起来。这次经历给庄正松留下了深刻印象。他说,赫德给人的感觉一点也不遥远。一个高调,一个务实。卡莉与赫德的差异不仅表现在管理风格上,还表现在激励员工和识人、用人等方面。

领导是领导者、追随者和情境三者之间的复杂互动过程。领导是一个过程、一种互相影响的关系、领导者与追随者的博弈、一个与众不同的角色、一个追随者所处环境中的主要因素、一种相互交流的关系(乔恩·L. 皮尔斯等,2003)。创新过程中领导工作主要体现在领导者在创新过程中的活动内容和发挥的作用,即领导的职能。领导的职能很多,从大到小,从具体到抽象,从内容到形式,不胜枚举。一般来说,领导职能可以归纳为两大类:决策和用人。"决策"就是要求企业领导者对关系到企业全局和未来的创新战略问题做出正确的决定;"用人"则要求企业领导者知人善任,研究创新团队中每个人的特长和心理特征,给他们安排合适的工作岗位,懂得激励艺术,善于激励人,调动人,推动创新工作的高效率开展。正如管理大师彼得·德鲁克说过这样的话——把"对"的事情做"对"。前一个"对"是指工作的方向要正确,这是"决策"问题。方向正确是第一位,方向错误了,一切都无从谈起。后一个

"对"是指领导的方式方法要得当、合理，关键在于"用人"。无论是"决策"还是"用人"，本质在于创新（盛亚等，2012）。本章着重分析创新过程中领导者承担的角色，阐释管理理论演变的创新过程，最后从一般意义上分析领导对创新的影响。

第一节　领导工作的本质是创新

现代企业是一个不断与外界环境进行物质、能量、信息交换的动态开放系统，作为管理主体和客体的人又各自具有独特的个性特征，这使得现代企业领导活动的内外环境具有许多不确定性因素。正如彼得·德鲁克所说的"管理者不能把明天简单地理解为只是今天的延续"。因此，领导工作本身就是一个需不断维持与创新的动态过程，且是一个沿着一定的创新目标方向持续向前的并不断超越的过程。微软公司因其精明而高素质的总裁——比尔·盖茨的领导，连续创新而获得举世瞩目的业绩；国内企业如海尔从开始单一生产冰箱拓展到家电、通讯、IT数码产品、家居、物流、金融、房地产、生物制药等多个领域，成为全球领先的美好生活解决方案提供商；万向集团从"小铁匠铺"发展到以汽车零部件为主业同时涉及十大产业领域的大型企业集团，没有张瑞敏、鲁冠球的领导创新是不可想象的。尤其在企业员工越来越知识化的当今，即领导者在领导"追求自主性、个性化、多样化和创新精神"的知识员工时，"创新"就显得越加紧迫。

> **惠普公司前 CEO 卡莉·费奥瑞娜**
>
> 惠普公司前任首席执行官卡莉·费奥瑞娜（C. Fiorina），是世界首位进入全球前20位大公司的女性 CEO。1999年上任后立即进行了大刀阔斧的改革，一扫这个创建已逾60年的著名公司略显沉闷的组织氛围，令公司上下焕然一新。2001年9月她以惊人的胆略合并康柏公司（Compaq），形成了一个年营业额达800多亿美元的 IT 巨无霸，计算机行业全球排名第一位。尽管由于各种原因费奥瑞娜于2005年离开了惠普公司，但其在商业上的创新精神却是无人否认的。
>
> 资料来源：云小风.浅析创新与领导的关系——创新型领导人才出现的条件.荆楚理工学院学报，2010(4)：63-66.

一、创新角色特征分析

在创新过程的不同阶段，经常需要有不同的人物扮演促成创新活动成功的关键性角色。一般而言，可以归纳为创意产生者、创新倡导者、项目领导者、信息守门人、创新保护者等五个关键角色。在创新的实际经验中，有时一人可担任多个角色，但也可能分别由不同的人担任不同角色。

(一)创意产生者

在创新过程中，创意的产生是首要的驱动步骤。企业组织中需要有一些具有科学家或工程师特质的人物，擅长概念化和思维创新，对科学与技术的发展趋势有深入观察，经常能有先见之明，提出大量超乎寻常的业务活动之外的新构想与创意。这些人喜爱做创意工作，常愿意独自工作,产生新构思并测试其可行性,促进难题解决,以新的和不同的方式做事,努力寻求对现实的突破等。六种领导和管理实践对于鼓励创意产生特别有帮助:智力挑战、选择方法的自由、提供合适充足的资源、有效设计工作团队、上司的鼓励和组织支持(安德鲁,2006)。

(二)创新倡导者

创新倡导者可能是一位对于创新与创业活动有高度兴趣的高层主管,也有可能是具有创新精神的普通员工,他们有将创新活动推进和实现的企图心与行动力。他们经常在组织内宣扬有关创新的理念,倡导重视创新的企业文化,能够支持进行中的创新活动,并勇于承担创新失败的风险。这样的人物,通常不会参与创新活动的具体事务,但他们是驱动组织内创新活动的关键人物,并对创新团队的激励与资源支持起了关键性的作用。他们对创新的应用有强烈的意向;具有广泛的特长;对开发基础知识不感兴趣;精力充沛和果断;愿意在第一线。他们向组织内其他人员宣传新构思,促使他们接受,寻求资源支持,积极倡导新"事业"。有创新精神的员工的自我动机程度高,因此想取得高质量的工作结果。为了达到高质量的工作,他们通常需要足够的资源,例如最新的设备、充足的出差费用以便进行调研(安德鲁,2006)。

(三)项目领导者

项目领导者是创新项目的经理人与创新团队的负责人,具备良好的组织、企划、协调、激励、控制的领导能力,也扮演创新过程中问题与困难解决者的角色。这样的人物需要凝聚创业团队的共识与信心,适时做出关键的决策,提供有关的信息与取得必要的资源,并对组织内外部环境变化具有敏锐的观察与掌控能力,他必须对于创新项目的成败负起责任,能动员、组织人力去完成某事业。他的主要工作是为小组提供领导职能和激励,计划和组织项目,在小组成员间提供必要的协作,维持项目有效地向前推进,保持项目目标与组织目标一致。

(四)信息守门人

信息守门人具有对信息的高度敏感与融洽的外部人际关系,通过多方面的渠道来源(杂志、研讨会、学会社团、人际网络等),经常能拥有许多第一手的信息。他在创新团队中扮演信息传播与内外部沟通协调的角色,能够促使创新活动不至于与变动的外部环境及市场需求脱节,是创新过程中不可或缺的重要角色。

(五)创新保护者

虽然领导者有时不直接参与或指导创新活动的进行,但却经常协助创新团队取得资源或排除阻碍,并在企业高层决策中公开或不公开地给予创新活动支持。创新保护者类似一种组织中不正式的顾问角色,因此较容易突破正式组织对创新活动的局限。由于创新过程经常充满了挫折与组织内的权利冲突,因此这位充当创新团队在企业高层中的保护者角色,往往就能发挥起死回生的关键作用。

二、创新过程中领导者的角色分析

能否进行富有成效的创新,关键在于创新人员配置是否合理,是否具有团队精神,创新工作的领导者应当在其中承担重要角色。英国剑桥工业研究所的梅雷迪斯•贝尔宾博士用十年时间潜心研究发现，一个能进行各种有效创新的组织需要有八种人：主管（chairman）、总设计师（shaper）、智多星（plant）、审计师（monitor-evaluator）、实干家（company worker）、外交家（resource investigator）、凝聚师（team worker）和管家（finisher）。在配备创新人员过程中，应该注意两个角色的定位：一是要格外注意选择"主管"这个角色，即要突出管理者的作用。他应该能鼓励、调动组织成员，使大家产生信赖感；他善于发现他人的能力并知道如何运用这种能力；他勇于开拓并能承担创新活动中的风险。当"主管"正好是这个组织中的"一把手"，而他又恰恰具备"主管"的角色特征时，创新活动的开展就较容易展开。二是出色的"智多星"，他应有较高的智力和较全面的知识结构，极富创造性，他是大量思想的源泉，但"智多星"太多，又会适得其反，这样的集体效率反而会低下，因为他们常常把大家陷入缺乏建设性甚至是破坏性的争议中（邢以群，2000）。

谷歌与苹果不同的创新驱动模式——员工与领导

有些企业的创新源来自员工层面。以谷歌为例，公司放权给所有员工去主导自己的工作，没有打卡制度，项目主管和技术经理仍然不能摆脱一线的技术工作，所有人都可以直接发邮件给所有人，这种平等的氛围消除了复杂的流程管理带来的沟通障碍，鼓励员工更多地提出自己的看法。另外一些企业的创新源则来自于领导层面，苹果和微软都属于此种模式，创新的管理方法与员工驱动型大不相同。

资料来源：佚名.美式创新的领导力推动.商学院，2013（Z1）：87.

（一）领导者的决定性作用

创新过程中涉及不同的创新行为主体，他们是组织或参与创新全过程，并将创新成果成功地付诸实施的人。按照全面创新管理和利益相关者主体理论的思想，企业的全体员工都是创新行为的主体，他们可能是创意提出者（负责新观念、新思想的提出）、创意形成者（负责具体方案的拟定）、创意评估者（负责方案优势的分析）、创意决策者（负责方案的最终选择）、创新过程管理者（负责提出创新目标、提供创新资源、组织创新活动的开展）、创新成果实施者（负责创新成果的贯彻落实）、创新成果操作者（负责创新成果的具体执行）。但领导者在创新提出、创新决策、创新过程管理、创新成果实施方面起着决定性作用，尤其是高层领导在创新活动中起着重要的推动作用。

1. 提出创新目标

任何一个创新总是有目的的，并且需要有一个目标。高层管理者由于对组织负有全责，因而在考虑问题时比较全面，这有助于其在创新过程中，从组织的全局出发，提出最为合适的创新目标。

2. 规划创新活动

一项创新活动，要求高层管理者及其下属管理部门进行细心的规划以使创新活动顺利地进行。同时，创新是一个系统的过程，涉及企业内各部门的利益和权力，如何创造一个良好的有利于创新的组织环境，协调好各部门人员之间的关系，配置好创新所需要的各种资源，对各创新方案进行合理评价，都是高层领导者的创新规划组织职能。

3. 建立有效的支持网络

在提出创新或进行创新评价及推行创新的过程中，为了保持公正性、权威性和充分利用专家的专业知识,需要获得外部的支持和理解。高层领导者的重视和强有力的人际交往能力,将为获得这种支持提供条件。在组织内部,同样需要高层领导者致力于创新的组织文化的建设,为各种创新活动的开展创造良好的环境。

4. 推进创新成果的实施

创新成果的实施不同于一般的管理工作,由于创新必然带来原有组织管理方式的变化,因而不可避免地会涉及一部分人员的利益和权力调整,这就使得创新成果在实施过程中可能会遇到很大阻力。这就需要高层领导者凭借其手中的权力和在组织中的个人威信,凭借其高超的领导艺术,排除各种阻碍,推动创新的顺利实施,最终使创新成果能取得预期的效益。

(二)领导者的多重角色

领导者在创新过程中的决定性作用,体现在领导者扮演的多种角色中。按照经理角色理论的创始人明茨伯格 1973 年出版的《经理工作的性质》中所提出的关于经理角色[①]的分类,企业领导者在创新过程中扮演着以下三方面角色:人际关系方面的角色、信息方面的角色和决策方面的角色。

人际关系在领导工作中起着重要的作用。领导者由于其正式权威,必须履行许多职责,其中都涉及人际关系活动。领导者必须经常对下属进行引导和激励,把各种分散的因素结合成一个协作的企业。联络者角色则是领导者同他所领导的组织以外的无数个人和团体维持关系网络。

领导者不停地监测环境、探问各种联络者以获取完整的信息,而这些信息的获得绝大多数来自人员接触。领导者将某些权威信息直接传递给无缘得到信息的下属,当各下属之间由于某种原因难于沟通时,领导者便为其传递信息。领导者需向组织外人员传递信息,与那些对本组织有控制力的人保持联络,并力图做到使其满意。3M 的一个创新团队在寻求模式识别领域的突破性产品创意时,向一位长期以来经常要回答"图片上显示的是树下的石头还是弹道导弹弹头"之类问题的军事专家咨询。在研究完军事上的应用之后,3M 公司开发了新的模式识别产品并在商业上取得成功(安德鲁,2006)。

领导者是变革的发起者,作为企业家角色要承担不确定性、创新和盈利的责任,追求组织的不断改进和企业的持续成长。亨利·福特解决问题的创造力有口皆碑。一个肉品加工企业的经理人邀请福特参观他在芝加哥的工厂,观察员工如何加工牛肉。这位汽车业的领导者在工厂的某处发现,所有已经被屠宰的公牛都放在一个巨大的传送带上。牛肉在厂内传送时,工人把牛肉一块一块地切下来。看到这些,福特脑中灵光突现:如果把切肉的过程倒过来,所有的牛肉又能合成一头真牛了! 福特自问:"为何不能用这样的方式制造汽车呢?"他带着这个创造性的想法回到位于底特律的福特汽车厂,制造了世界上第一个制造业装配线(安德鲁,2006)。

---

① 根据明茨伯格的观察和研究,经理在工作中具有十种角色,包括挂名首脑、领导者、联络者、监听者、传播者、发言人、企业家、故障排除者、资源分配者和谈判者。这十种角色可分为人际关系方面、信息方面和决策方面三类。按照角色的不同,明茨伯格又把经理的类型分为八种:联系人、政治经理、企业家、内当家、实时经理、协调经理、专家经理、新经理。概括起来,可以用一组数字来描述经理角色学派,即六大特点,十种角色,八个类型。

领导者还承担着资源分配和整合的职责，他要为此做出许多重大决策。领导者还需要用许多时间进行谈判，这些谈判构成领导者工作中不可分割的组成部分，因为只有他有权动用组织资源，并拥有谈判所需的重要信息。

第二节　管理的领导化趋势

管理实践和管理理论的历史就是管理创新的过程，以"分工"为例，从亚当·斯密的"劳动分工"，到泰勒的"职能分工"，到亨利·福特的"工艺分工"，再到阿尔弗雷德·斯隆的"权力分工"，既是管理实践的发展，也是管理理论的创新。总结企业管理实践和管理理论的创新历史，可以认识其中存在着的创新规律，即从注重理性管理，到注重人性管理，再到两者之间的融合。

管理科学自20世纪初诞生以来，发展至今已有一个多世纪的历史，从泰勒的科学管理理论、法约尔的一般管理理论和韦伯的行政管理理论，到人际关系理论及行为科学理论，再到企业文化理论、知识管理理论的出现，管理科学理论层出不穷。尽管有那么多形形色色的、无法一一列举的管理理论或学派，但存在一个很清晰的线索，即管理的中心由"物"转向"人"、由有形转向无形、由制度转向文化、由官僚结构转向扁平结构、由刚性转向柔性的大趋势。一句话概括就是由理性化管理转向人性化管理。

理性化管理的实质在于以科学确定的制度规范为组织协作行为的基本约束机制，主要依靠外在于个人的、科学合理的理性权威实行管理。人性化管理则企图以人的需要、动机、士气为出发点，通过内在的价值观、根本态度和精神激励等非理性手段实行领导。前者强调规范、原则、制度，后者强调权变、权宜；前者借助于约束、强制手段规范个人行为，后者依靠个人自我控制、自我管理来约束个人行为。领导工作的对象是"人"，因此，领导学的产生是管理人性化的必要要求，"多一点领导，少一点管理"就是对管理人性化的呼吁。总结领导工作的经验，寻找领导工作的规律和基本原理，也就成为管理科学理论发展的一个重要组成部分。管理科学知识本身也为研究领导科学奠定了良好的理论基础。

一、从经验管理到理性管理的创新

在小生产条件下，规模狭小，技术落后，联系不广，变化迟缓，与之相适应的领导方式主要是凭借领导者个人的经验和智慧（尽管有时也采用幕僚的计谋），称为"经验领导"。随着社会化大生产的发展，规模越来越大，专业化分工越来越细，社会联系越来越密切，企业经营面临的外部环境出现了重大的变化，经营环境越来越复杂，这就向现代企业管理者提出了越来越高的要求，过去仅凭经验进行管理的方式已经不适应新形势的需要。泰勒的科学管理理论、法约尔的一般管理理论、韦伯的行政管理理论以及管理科学理论的创新促进了管理工作的科学化。

（一）泰勒的科学管理创新

泰勒的科学管理主要有两大贡献：一是管理要走向科学；二是劳资双方的精神革命。前者是有效管理的必要条件，后者是有效管理的必要心理。泰勒的科学管理的根本目的是谋求最高工作效率，而最高的工作效率是雇主和雇员达到共同富裕的基础，使较高的工资和较低的劳动成本统一起来，从而扩大再生产。达到最高工作效率的重要手段是用科学化的、标准化的管理方法代替传统的经验管理。为此,泰勒提出了一些基本的管理制度,如对工人提出科学的操作方法,以便有效利用工时,提高工效;对工人进行科学的选择、培训和晋升;制定科学的工艺规程,使工具、机器、材料标准化,并对作业环境标准化,用文件形式固定下来;实行具有激励性的计件工资报酬制度;管理和劳动分离等。

上述这些措施虽然在现在已成为管理常识,但当时却是重大的创新。科学管理不仅仅是将科学化、标准化引入管理,更重要的是泰勒所倡导的精神革命,这是实施科学管理的核心问题。许多人认为雇主和雇员的根本利益是对立的,而泰勒所提的科学管理却恰恰相反,它相信双方的利益是一致的。对于雇主而言,追求的不仅是利润,更重要的是事业的发展。而正是这事业使雇主和雇员联系在一起,事业的发展不仅会给雇员带来较丰厚的工资,而且更意味着充分发挥其个人潜质,满足自我实现的需要。只有雇主和雇员双方互相协作,才会达到较高的绩效水平,这种合作观念是非常重要的。正像1912年泰勒在美国众议院特别委员会听证会上所做的证词中强调的,科学管理是一场重大的精神变革,每个人都要对工作、对同事建立起责任观念,每个人都要有很强的敬业心和事业心。这样雇主和雇员都把注意力从利润分配转移到增加利润上来。当双方友好合作,互相帮助以代替对抗和斗争时,通过双方共同的努力,就能够生产出比过去更大的利润,从而使雇员提高工资,获得较高的满意度,使雇主的利润增加,使企业规模扩大。

泰勒是科学管理的先锋,其追随者和同行者也对科学管理做出了重要的贡献。亨利·甘特用图表进行计划和控制的做法是当时管理思想的一次革命。在一张事先准备好的图表上,管理部门可以看到计划执行的进展情况,并可以采取一切必要行动使计划能按时或在预期的许可范围内完成。甘特根据这个思想设计的甘特图现在还常用于编制进度计划。亨利·福特在泰勒的单工序动作研究基础之上,进一步对如何提高整个生产过程的效率进行了研究。他充分考虑了大批量生产的优点,规定了各个工序的标准时间定额,使整个生产过程在时间上协调起来,创建了第一条流水生产线——福特汽车流水生产线,使成本明显降低。同时,福特进行了多方面的标准化工作,包括产品系列化,零件规格化,工厂专业化,机器、工具专业化,作业专门化等。

泰勒等的科学管理创新为工业生产效率的提高和推动工业化发展做出了巨大的贡献,其贡献甚至超过了历史上任何一次技术创新。

(二)法约尔的一般管理理论创新

法约尔的研究是从"办公桌前的总经理"出发的,以企业整体为研究对象。他认为,管理理论是"指有关管理的、得到普遍承认的理论,是经过普遍经验检验并得到论证的一套有关原则、标准、方法、程序等内容的完整体系"。法约尔的贡献首先表现在区别了经营和管理,认为这是两个不同的概念,管理包括在经营之中。通过对企业全部活动的分析,他将管理活动从经营职能(包括技术、商业、业务、安全和会计等五大职能)中提炼出来,使其成为经营的第六项职能,进一步得出了普遍意义上的管理定义,即"管理是普遍的一种单独活动,有自己的一套知识体系,由各种职能构成,管理者通过完成各种职能来实现目标的一个过程"。法约尔还分析了处于不同管理层次的管理者其各种能力的相对要求,随着企业由小到大、职位由低到高,管理能力在管理者必要能力中的相对重要性不断增加,而其他诸如技术、商业、财务、安全、会计等能力的重要性则会相对下降。

法约尔十分倡导管理教育,他认为管理能力可以通过教育来获得,"缺少管理教育"是由于"没有管理理论"，每一个管理者都按照他自己的方法、原则和个人的经验行事，但是谁也不曾设法使那些被人们接受的规则和经验变成普遍的管理理论。法约尔提出的五大管理职能（计划、组织、指挥、协调和控制）和十四项管理原则（劳动分工、权力与责任、纪律、统一指挥、统一领导、个人利益服从整体利益、人员报酬、集中、等级制度、秩序、公平、人员稳定、首创精神、团队精神）是以后各种管理理论和管理实践的重要依据，对管理理论的发展和企业管理的历程均有着深刻的影响。他提出的管理五大职能（后人将"指挥"和"协调"统称为"领导"）成为管理学教材的基本范式，本书的篇章构思也源于此。

（三）管理科学理论的创新发展

管理科学理论对管理理论与实践的贡献是很大的，突出表现在科学技术的运用与引入、决策理论的构造和管理信息系统的建立。管理科学理论将现代科学技术和方法用于研究管理中诸如生产、作业等方面的管理，使管理定量化成分提高，科学性增强，尤其是一些数学模型的建立以及计算机技术使部分管理工作成为程序化的工作，从而使这部分管理工作效率大大提高。决策理论深深扎根于统计学和行为科学领域之上，目标是在制定决策中增加科学成分。决策理论的集中点在于对所有决策通用的某些组成部分，并提供一个系统结构，以便使决策者能够更好地分析含有多种方案和可能后果的复杂情况。

在任何一个组织中，有效的计划和控制都需要得到有关的信息，决策的质量很大程度上有赖于对一件事情的周围环境的了解，以及对各种备选方案、自然状态和竞争策略方面的知识。管理的有效性需要信息的支撑，因此管理科学理论的一个合理发展是管理现有的信息，利用计算机的大量数据供给形成科学决策能力。管理信息系统就是由此产生的。管理信息系统通过提供作为制定决策依据的统一信息，来为一个组织的计划、控制和作业的职能服务。

虽然泰勒、法约尔等人的理性管理理论是管理上的一次重大创新，其革命意义无论怎样大书特书都不为过，但理性管理的缺点也是很明显的。在理性管理理论思想指导下的企业领导者必然会产生专制、独裁式的领导行为。事实上，尽管法约尔提出的管理的五项职能中，"协调"与"指挥"已经具有领导的内涵，但这个时期的"领导"还没有成为专门的管理职能，关于领导理论的研究还没有引起重视。

二、从理性管理到人性管理的创新

（一）行为科学对管理的创新

行为科学开始于 20 世纪 20 年代末、30 年代初的霍桑试验，创始人是美国哈佛大学教授、管理学家梅奥。霍桑试验的研究结果对理性管理理论关于人的假设提出了质疑，试验表明工人不是被动的、孤立的个体，其行为不仅仅受工资的刺激；影响生产效率的最重要因素不是待遇和工作条件，而是工作中的人际关系。据此，梅奥提出了自己的观点：工人是"社会人"而不是"经济人"；企业中存在着非正式组织；新的领导能力在于提高工人的满意度。梅奥等人创建了人际关系学说（早期的行为科学）以后，经过 30 年的大量研究工作，许多社会学家、人类学家、心理学家、管理学家都从事行为科学的研究，先后发表了大量优秀著作，提出了许多很有见地的新理论，逐步完善了人际关系理论。1949 年在美国芝加哥召开的一次跨学科的会议上，首先提出了"行为科学"这一名称。行为科学本身并不是完全独立的学科，而是心理学、社会学、人类文化学等研究人类行为的各种学科互相结合的一门边缘性学科。

　　行为科学以人的行为及其产生的原因为研究对象。具体来说，它主要从人的需要、欲望、动机、目的等心理因素的角度研究人的行为规律，特别是研究人与人之间的关系、个人与集体之间的关系，并借助于这种规律性的认识来预测和控制人的行为，以提高工作效率，达成组织的目标。行为学派虽然没有研究出一套完整的管理知识，却已经为人们提供了许多有用的素材，他们的行为论题主要有激励、领导、群体、组织设计、组织变化与发展等。第二次世界大战后的行为科学主要包括以下几个部分：马斯洛的需求层次理论、赫次伯格的双因素理论、麦格雷戈的"X 理论—Y 理论"等。

　　行为科学对管理学的贡献主要表现在以下两个方面：一是行为科学引起了管理对象重心的转变，强调要重视人这一因素的作用。它显然认识到，一切事情都要靠人去做，一切产品的生产都要靠人去实现，一切的组织目标都需要人去实现。因而，应当把管理的重点放在人及其行为的管理上。这样，管理者就可以通过对人的行为的预测、激励和引导，来实现对人的有效控制，并通过对人的行为的有效控制，达到对"事"和"物"的有效控制，从而实现管理的预期目标。二是行为科学引起了管理方法的转变。随着对人性的认识和管理对象重点的变化，管理的方法也发生了重大的变化。由原来的监督管理，转变到人性化的管理。行为科学强调人的欲望、感情、动机的作用，因而在管理的方法上强调满足人的需要和尊重人的个性，以及采用激励和诱导的方式来调动人的主动性和创造性，借以把人的潜力充分发挥出来。由此，管理实践中的领导职能得到了加强，领导学也就逐渐成为一门独立的学科。

　　（二）企业文化理论对管理的创新

　　20 世纪 80 年代产生的企业文化理论是"人性管理"发展的一个新阶段。行为科学理论虽然也重视企业管理中人的作用，提出了"以职工为中心的"、"弹性的"管理方法，出现了"参与管理"、"目标管理"、"工作内容丰富化"等各种新的管理方式，但它注重的只是个体的人，强调对个体的激励和积极性的发挥。企业文化理论则是将人性管理的重点放在群体和组织上，追求的是人性化管理的更高境界，可以从企业宗旨、企业哲学、企业价值观、企业精神、企业群体意识、企业道德等企业文化构成内容上得到证明。

　　正如企业领导学专家科特所指出的，确定企业的战略目标是领导行为的核心和主要职能，是任何企业的最高领导人员不可推卸的责任；团结群众则是要求领导者与领导活动相关联的所有利益相关方建立联盟，使一群彼此相关的人对某一远景目标和整套战略能达成共识，承认方向的有效性并乐意为之变成现实而奋斗的状况，这是企业领导行为的重要内容，而要团结群众，就需要沟通，需要激励；领导激励与管理激励不同，管理激励侧重于控制和物质方面，领导激励则通过满足人们的成就感、归属感、自尊感而产生巨大的精神力量，以战胜困难实现远景目标。加强企业文化建设，发挥价值观和企业精神的力量也就成为领导激励的重要组成部分。

　　（三）权变领导理论的创新

　　领导理论经历了三大发展阶段：素质论、行为论和权变论。权变领导理论是把领导者个性，工作任务的性质，被领导者的期望、需要、成熟度等特性，以及工作环境等方面的因素加以综合研究来研讨领导有效性的理论。所谓权变，简单地说是权宜应变，即因时因地因人而变通的方法。权变领导理论是以系统观点为依据，研究领导者如何根据所处的内外部环境可变因素的性质，在变化的条件下提出最适合于具体情境的领导方式和领导活动的一种理论，即领导的有效性取决于领导者、被领导者以及领导环境的互动结果(盛亚等,2012)。

权变领导理论有很多,最典型的是美国著名的心理学家和行为学家弗雷德·E.菲德勒首先提出的权变领导理论,其研究成果反映在他的 100 多篇论文和 4 部学术著作中。该理论把领导环境分为领导者与被领导者关系、工作任务结构和领导者的职位权力三种,并把它们分成两种情况,由此组合成 8 种不同的领导环境。该理论认为,在环境很有利和十分不利的情况下,采用任务型的领导比较好,而处于两者之间采用关系型的领导比较好,但有时却很难说。菲德勒认为,一个组织的成功与失败在很大程度上取决于领导。如何寻求最佳的领导者是一个十分重要的问题,但更现实、更重要的是如何更好地发现现有领导者的才能。依靠培训使领导者的个性适合管理工作需求的做法从来没有取得过真正的成功。相比之下,改变组织环境即领导者所处的工作环境中的各种因素,要比改变人的性格特征和作风容易得多。领导者应该尝试着变换工作环境使之适应人的风格,而不是硬让人的个性去适合工作的要求。

阿里巴巴的 C2C 创业

2003 年,全球的电子商务仅有三种模式,一是阿里巴巴的 B2B,另外分别是 B2C 和 C2C。当时,阿里巴巴在 B2B 领域一枝独秀,是全球最大最好的 B2B 网站。然而,阿里巴巴全然没有涉及 B2C 和 C2C 两个领域。这一年,美国 C2C 的霸主 eBay 收购了美国一家 B2B 的公司,这个信号让马云一下子就察觉到了 eBay 要进军 B2B 领域。当时,阿里巴巴虽然是全世界 B2B 最优秀的网站,可是其收入还不到 eBay 的 1/32。面对气势汹汹的 eBay,马云不是选择坐以待毙,而是迎难而上,给自己设立了更高的目标——进军 C2C。当时,提供类似网络市场服务的易趣已经占领了中国 80% 以上的市场份额,eBay 也早已在 2002 年以 3000 万美元的代价,收购了易趣 1/3 的股份,2003 年以 1.5 亿美元的价格收购了易趣剩下的股份,并许诺继续增加对中国市场的投入,以增强其在中国市场的绝对领先地位。在这样的情况下,马云仍旧信心满满,敢于豪赌,他说:"在 C2C 领域,我们能在中国创造一个比 eBay 更加 eBay 的 C2C,那就是淘宝,我相信淘宝现在的人,我们可以做到。"马云将孙彤宇等 7 人叫到办公室,对他们说:"我想派你们去做一个 C2C 的新项目,这个项目目前还处于绝密状态,全公司的人都不知道阿里巴巴会进入 C2C 领域。公司派你们去做这个项目,要求你们不许告诉身边的任何人,哪怕是父母或女朋友。如果你们愿意的话,这里有一个合同,全是英文的,你们马上签字。"

这 7 个人,都是当年的十八罗汉中的猛将,一直跟随马云创业。此次马云一开口,7 人没有多加考虑甚至没有犹豫,立刻答应了马云的这个绝密的任务。7 人签了合同,并找了个理由向各自的经理请了假,搬离了办公室,回到最初创业的湖畔家园,开始了 C2C 领域的创业之路。最终,淘宝网开发前后仅用了 24 天的时间,比马云规定的时间提前了 6 天。事后,团队成员回顾当时的场景,说"当时大家收到任务,由于合同是全英文,大家没来得及读懂,直接翻到合同最后一页就签字了"。而这其实一方面是对马云的信任,另一方面是对团队自身能够完成任务的自信。

资料来源:周小虎,陈莹.企业家自我效能感对组织集体效能感的影响研究——以变革型领导为中介变量.第八届(2013)中国管理学年会——组织与战略分会场论文集,2013:242-252.

第三节 领导对创新的影响

在影响创新的众多因素中,领导是有实质影响的关键因素。领导对创新的影响可以分为两个层面:员工创新行为和创新氛围(组织和团队)。员工创新行为由个体对问题的认知及观念起始,经过汇集新的想法和思路,进而寻求相应的支持和帮助,对其创新构想予以执行和实践,最后形成商品化产品或服务。创新氛围(组织和团队)是一种个体对组织(团队)政策、实践和流程的认知,并将创新目标具体化为新产品和服务的开发和创意、流程再造以及从整体上提升组织(团队)创新能力的环境氛围。对创新氛围的理解有两种观点,一种是将组织创新氛围看作是组织中与创新相关联的客观的工作环境特征,另一种则认为组织创新氛围是个体主观感知到的与组织创新相关的工作环境,代表了员工对组织环境中创新元素的主观认知和知觉体验。

领导一方面对员工创新行为产生直接影响,另一方面以创新氛围(组织和团队)为中介间接影响员工创新行为。所以,领导对创新的影响最终通过员工创新行为反映,本节从一般意义上阐述领导对员工创新的影响:①领导者自身因素(素质、行为等)对员工创新的影响;②领导通过影响员工的创新认知、能力、动机和自我概念作用于员工创新。

一、领导自身因素对创新的影响

与一般员工相比,领导在组织中具有更高的地位,拥有更多的权力,掌握着更多的资源。领导直接决定着员工的切身利益,他负责评价员工的绩效,分配工作任务,调配组织内部资源并推荐或决定员工的晋升。因此,领导对员工有着非同一般的影响力,正因为如此,员工对于领导总是充满敬畏,对于领导在工作中的特点,表现出更多的认同和欣赏。因此,面对领导的创造力表现,下属们具有强烈的动机去学习和模仿领导的思维模式和行为特点,他们会在有意或无意中花费更多地认知资源观察领导的工作行为,记忆领导的创新方式并在实践中运用这些创新技能,从而达成创新绩效(潘静洲等,2013)。

（一）领导素质对员工创新的影响

个性特征是创新产生的基础。如果说员工的某些个性特征能够帮助他们产生创新行为,那么相应的领导者也应具备某些个性特征来促使员工创造性地工作。社会认知理论认为,人们可以通过观察学习学得相应的技能。因此,工作伙伴尤其是领导的创新特质和示范作用对员工的创新行为具有不可忽视的影响。现实生活中充满创新特质的领导所带领的企业往往充满活力(如苹果公司的史蒂芬·乔布斯、微软的比尔·盖茨、阿里巴巴的马云、华为的任正非、新东方的俞敏洪等),其旗下的员工也极具创新精神。比如,新东方的老师都颇有俞敏洪之风格,讲课风格不拘一格,授课方式多种多样,极富创新性。

领导者素质[①](quality)涉及很多方面,如动力(成就、雄心、精力、坚韧性、主动性)、领导欲望(权力动机)、诚实和正直、自信心(情绪的稳定性)、认知能力(智慧)、商业知识、其他(感

---

① quality 也有译成"特质","特质"一词有较多的先天含义,而"素质"既有先天意义又有后天含义。

召力、创造力、灵活性)(乔恩·L.皮尔斯等,2003)。这里根据现有的研究成果,就相关内容进行分析。

1.领导者的创新动机和认知风格

个人动机是促进创新的关键因素之一,领导者自身需要有动机去指导下属进行创新活动,领导者有效激励创新是其工作热情的一种表现。当具有内在动机的员工遇到具有内在动机的上级,他们会得到较高的创新激励。但是,当员工缺乏创新动机时,具有内在动机的上级会对员工的创新激励会产生负面影响(曲如杰等,2012)。认知水平高的领导者能准确地了解员工的个性特点、工作能力,帮助其挖掘自身创新的能力,并致力于营造一种鼓励创新的组织文化和组织氛围,通过他们的示范对员工产生激励作用。

2.领导者的智力和对创新的敏感性

领导者的智力对员工创新有影响。在员工参与创新过程的各个阶段,领导的情绪、智力也会通过多种方式促进创新行为的产生。领导者必须清楚地了解员工在创新过程中需要经历哪几个阶段,以及在此过程中促使他们产生创新行为的认知需要有哪些,并在此基础上加以引导。比如,领导者必须具有直觉和敏感性,能够感知到员工不同于他人的认知过程以及他们创造性的问题解决方式,并能够将不同员工的创新潜能整合起来,调动所有员工一起参与创新。

3.领导者自身的创新能力和计划能力

领导者自身拥有创新能力,才能恰当评价员工的创新,并对员工的创新想法给予有效反馈,成为其创新的榜样,为员工敢于创新、勇于创新提供支持,包括领导者感知环境变化的能力、识别问题产生原因以及预估解决方案成效的能力。有效的计划能力能够促进领导者提供高质量的创新方案(曲如杰等,2012)。

4.领导者的包容性

包容性被定义为领导者表现出来的能够接受和欣赏其成员贡献的言语和行为,即领导者要具有开放度、亲和度和宽容度(姚明晖等,2014)。

开放度主要反映领导者的民主性,接纳并肯定员工对组织的贡献,鼓励员工积极参与和讨论以实现团队和组织目标,提升工作绩效。具有高开放度的领导者,会关心任何可以提高工作绩效的机会,给予员工高自由度,并鼓励员工积极提出新想法,提倡公开讨论解决问题和实现目标的方法。这有利于提升组织创新氛围,激发员工创新行为。亲和度指领导者具有亲切、随和的形象,并善于倾听和关注员工的需求,与员工缔造以信任和尊重为基础的人际关系。领导者的高亲和度,有利于提高员工对组织良好创新氛围的感知度。宽容度指领导对任务的失败和员工所犯错误的容忍程度。宽容度低或不具宽容度的领导者会让员工感知到错误与失败在组织内是不能被接受和容忍的,因此,便会减少创新行为以降低错误与失败发生的可能性。领导者的高宽容度会让员工感到一定的心理安全,不畏错误与失败,提出更多创新性想法和意见,积极地参与创新。

(二)领导行为对员工创新的影响

1.领导期望

领导者有责任对员工的创新努力及结果提供奖励并表示认可,这反映了领导对创新的重视。领导对员工的创新期望不仅对员工创新绩效有直接作用,还会通过领导支持和创新自我效能间接作用于员工创新。考虑到创新过程的复杂性和不确定性,员工必须具备坚定的自信心和创新自我效能,领导应该在其中提供支持和鼓励,帮助员工增强自信心。在领导的帮助下,员工容易对自己的创新能力建立较强的自信心;同时,领导可以为员工提供榜样作用并对他们的创新努力给予言语上的鼓励,也可通过鼓励员工设置创新目标,来激励员工的创新行为(曲如杰等,2012)。

2. 领导信任

员工创新行为以领导信任为前提。不同的领导对员工信任的表现方式不同,起到的作用也不同。高层领导主要是对公司的未来发展方向做规划,通过间接的方式(如改善员工的工作条件等)使员工感受到组织上对他们的支持和信任,从而也对组织产生信任;直接的领导通过经常性的见面以及与员工进行日常的沟通、对员工关心和帮助,使下属感受到关心并对其产生信任,这样能有效地提高员工的工作积极性,推动员工的创新行为(刘晖等,2012)。

3. 领导授权

领导授权就是在组织系统内部,领导者将组织的部分职务权力授予下属,以便下属能够在领导的监督下自主地行动,从而为被授权者提供完成任务所必需的客观条件。对领导授权的认识主要分为心理和行为两种观点:心理视角认为授权是在上级授权行为的影响下,下属的授权感知;而行为视角则认为授权是将权力授予下属,以使下属在没有监督和阻碍的情况下制定决策和付诸行动,关注授权领导的行为。授权有利于强化员工的创新行为,由于工作环境的不确定性和工作内容的复杂性,很多时候单靠领导个人的能力,很难对问题进行及时全面的了解并提出解决方案,这时领导则需要下放适当的权力,鼓励员工培养能力独自解决问题(马智妍等,2014)。由于员工在创新过程中面临着高度不确定性和风险,授权通过授予员工权力和责任,让员工对自己的工作拥有自主决策的能力,使下属认为领导与组织对他们是信任的,员工会以信任组织和领导而回报组织。因此,授权领导增强了组织承诺,员工也就对组织有非常强的认同感和归属感,这种认同和归属便能降低因创新的不确定性和风险对员工产生的心理压力,从而提升了员工创新的内在动机。

领导者在多大程度上向员工授权参与创新活动,对员工创新行为影响很大。有创新精神的员工认为笨重的结构是发挥创造力的“丧钟”。对这些员工而言,“结构”指的是条条框框、一级又一级的审批手续、严格的着装规定、固定的工作时间、呆板的任务以及像填表一样的文案工作(安德鲁,2006)。

4. 领导支持

领导者对员工进行学习与创新的指导、培训及支持。领导者的支持会增强员工参与创新活动的积极性。研究表明,领导者为员工提供的支持性环境,包括进展反馈、公平表现和信任都会强化员工的创新行为。领导者对员工创新提供的支持,无论是对其创新理念的支持,还是对具体工作和人际关系的支持,都会对营造良好创新环境、激励员工创新行为起到重要作用。领导者对员工的支持性培训与指导减少了失败对创新的抑制性影响,也为营造良好的创新氛围起到一定的积极作用(姚明晖等,2014)。创新最有力的保障条件是每个层次的领导都能相互协调,支持创新。但是不同层次的领导对创新的支持很有可能不一致,甚至相互抵触。较高层次的领导者可能为较低层次的领导者订立边界条件,也有可能直接上级对员工创新的影响行为与最高领导的影响相互独立(曲如杰等,2012)。

二、领导对员工创新特征的影响

员工认知、动机、能力和自我概念是影响员工创新的因素(曲如杰等,2012)。由于员工创新不是孤立的个体行为，组织应该为员工创新提供必要的工作环境。作为组织中的核心人物，领导者有义务为员工提供一个有利于产生创新想法、动机、能力和自我概念的环境。

（一）领导对员工创新认知的影响

认知是创新的最基本要求。"任务风险和鼓励冒险"、"创新是一个很长的过程"、"避免为了创新而创新"、"不在此处创新"、"创新不等于创造、发明"等都是领导者对员工创新认知产生影响的重要方面。对于员工来说，在做出投入创新的决定前，对于工作环境中的可用信息有自己的理解，这些理解决定了员工对创新相关问题的认识，比如说在工作领域中哪些创新活动是合时宜的而且容易被接受的，以及有多大的可能性得到奖赏。

领导者可以通过自身行为和方式来影响员工创新的观念和认识。在鼓励创新的环境中，领导者是帮助员工准确理解创新的意义和重要性的关键人物，领导者所从事的这些活动非常有意义而且是跨组织层级的。比如说，员工可能会通过团队领导者提供的信息，来判断组织的创新导向，进而决定是参与还是回避创新。团队层次的领导会在以下两方面影响员工的创新认知系统：①员工在多大程度上认为自己有创新能力；②员工在多大程度上相信自己的领导期望他们在工作中积极创新。组织的高层领导者可以通过发展共同的创新愿景来引导员工创新；领导者公开宣讲清晰而激动人心的创新愿景也是向员工宣传创新活动的一种手段。由于创新的重要意义在组织中各个层级的侧重点均有所不同，因而，要考察领导对创新认知的影响需要考虑领导如何在多个层级上帮助员工认识到创新的意义，以及这些认知过程是如何相互作用的（曲如杰等，2012）。

（二）领导对员工创新动机的影响

工作情境中的创新激励导向是员工投入创新的必要条件。像领导这样的情境因素，可能主要通过员工内在动机来影响其创新行为。以下两项实证研究探讨了变革型领导对创新动机的激发作用：一项实验室研究表明，如果被试的上级表现出较多的变革型领导行为，那么这些被试通常有积极创新的动机。同样的，另一项现场研究也发现变革型领导的下属通常有较高层次的内在动机，而内在动机对创新行为有正向作用。智能激发、领导魅力、个性化关怀和感召力的综合作用能够鼓励员工敢于挑战现有模式，以创新的方式方法完成任务，解决问题（曲如杰等，2012）。

（三）领导对员工自我概念的影响

自我概念[①]，或者说我们看待自己的方式，对我们如何感知、思考和行为具有至关重要的作用。员工的自我概念决定了他们/她们对领导作用的应对方式，领导可以通过持久的改变员工看待自己的方式来影响员工的工作态度和行为。自我概念包括自我认同、自我效能、自信以及自我一致性等。研究表明，创新动机和以下几方面因素有关：创新自我效能[②]、目标以

---

① 自我概念（self-concept），即一个人对自身存在的体验，它包括一个人通过经验、反省和他人的反馈，逐步加深对自身的了解。自我概念是一个有机的认知结构，由态度、情感、信仰和价值观等组成，贯穿整个经验和行动，并把个体表现出来的各种特定习惯、能力、思想、观点等组织起来。

② 自我效能是自我概念的一个核心成分，创新自我效能是一种专门指向创造力的自我效能，指个体对自己能够在特定的任务或者工作中做出创造性表现的一种主观评价，本质上它是员工对自己创新能力的觉察和认同（曲如杰等，2014）。

及情绪,领导通过外在支持和鼓励提高员工的自信心,进而提高员工的创新动机,使他们深入且持续的投入工作活动和创新工作。领导对创新努力的认同和奖励能够成功提升员工的创新自我效能(曲如杰等,2012)。

(四)领导对员工创新能力的影响

员工必须具备以下两方面能力。首先,必须娴熟掌握完成工作所需要的技能。这些技能为创新提供了必要的知识、经验以及对现有工作本质的深入理解,因而是创新的基础和前提条件。同时,领导理论认为,组织领导应负责培养员工的专业技能,从而帮助员工顺利完成工作任务。员工创新所必需的专业知识和技能的培养,要求领导者树立典范和榜样,提供适宜的培训,并根据员工的技能和特长适当安排工作任务。领导也可以通过提供适当的任务反馈来增强员工技能和知识。上级的启发式反馈(即关注学习、发展和绩效提升)是预测创新的一项关键因素。另外,创新实践和投入的重要性也要求领导为员工提供时间和空间上的自由和支持。尽管参与式领导对员工创新的积极作用被认为是激发动机的一大功能,但是给员工提供机会使得他们通过参与大量的工作活动来发展技能也非常重要(曲如杰等,2012)。

其次,除了一般性的专业技能之外,员工还必须具备一系列与创新相关的技能。领导在鼓励员工进行创造性思维过程中可以发挥多种作用,如领导有能力影响问题构建、信息收集与集成以及创新的实施过程。领导者处理问题的方式会帮助员工发展创造性解决问题的技能。领导对决策时间的分配以及适当的信息同样会影响员工对创新技能的使用(曲如杰等,2012)。

3M 公司鼓励员工创新

3M 公司以为员工提供创新的环境而著称,在中国也同样保持了注重创新的传统,在 3M,有创意的员工极受欢迎。

John Nesheim(3M 中国有限公司的人力资源部经理)告诉记者,3M 要的人首先要勇于创新,东西学得要快,基础要扎实,责任心要强。用一句话说就是,给你一个活去做,不管是扫地还是做一个项目管理者,任何事情都要做得漂漂亮亮。而且要自己掌握方式方法,不需要别人给你具体的指导。这样的人不仅能把事做好,他还会经常对上司说:"我还有一个想法,能做得更好。"因此,公司鼓励员工在自己的本职工作或主管分配的工作之外,自己去做一些有兴趣的事情,或尝试一些特别的工作方法。"我总是告诉我的员工,勇于尝试是创新的开始,敢于冒险更是成功的基石。"3M 从来没有过员工因为希望多做点事情,结果没有做好而被惩罚的例子。

资料来源:王可.3M 公司:欣赏有创意的员工.http://www.xue163.com/sell/3/33600.html.

[本章精要]

1.一般来说,领导职能可以归纳为两大类:决策和用人,但本质在创新。

2.在创新过程的不同阶段,经常需要有不同的人物扮演促成创新活动成功的关键性角色。一般而言,可以归纳为创意产生者、创新倡导者、项目领导者、信息守门人、创新保护者等五个关键角色。在创新的实际经验中,有时一人可担任多个角色,但也可能分别由不同的人担任不同角色。

3. 领导者在提出创新目标、规划创新活动、建立有效的支持网络、推进创新成果的实施等方面起着决定性作用。

4. 按照经理角色理论，领导者在创新过程中扮演着三方面角色：人际关系方面的角色、信息方面的角色和决策方面的角色。

5. 总结企业管理实践和管理理论的创新历史，可以认识其中存在着的创新规律，即从注重理性管理，到注重人性管理，再到两者之间的融合。管理实践中的领导职能得到了加强，领导学也就逐渐成为一门独立的学科。

6. 领导一方面对员工创新行为产生直接影响，另一方面以创新氛围（组织和团队）为中介间接影响员工创新行为。

7. 领导对员工创新的影响包括领导者自身因素（领导者的创新动机和认知风格、智力和对创新的敏感性、自身的创新能力和计划能力、包容性、期望、授权、支持等）对员工创新的影响和领导通过影响员工特征（创新认知、创新动机、自我概念、创新能力）作用于员工创新两方面。研究表明，虽然影响的大小和方向存在争议，但这些影响都是存在的，且关系复杂。

问题及讨论

1. 基于创新过程，分析不同创新主体在其中扮演的角色。不同层次的领导在创新过程中扮演的角色有何差异？

2. 根据管理领导化趋势，讨论管理者和领导者各自在创新工作中的不同作用。

3. 环境对领导者影响创新有哪些权变因素？比如文化环境、市场环境、产业环境、制度环境、体制环境等。

4. 运用本章理论和知识，分析阿里巴巴马云是如何影响创新的？

[案例应用] 变革领导力：赫德 PK 卡莉

赫德与卡莉在变革领导力上的 PK，恰恰给有志于变革或者承担了变革重任的经理人，提供了两面镜子。

高调与务实

卡莉视野开阔，高瞻远瞩，急于率领惠普去追逐宏大的目标。赫德则为人低调、务实。他的业务报告有时长达 9 个小时，甚至详细到琐碎的地步，员工要耐着性子才能听完。

卡莉：天马行空

"我一直在苦苦思索怎样和大家谈变革。我知道不可能命令大家变革，我也无法得到大家对比尔和戴维（惠普公司的两位创始人）的那种顶礼膜拜。"卡莉在自传中写道。卡莉知道为了推进变革，需要做些事情。但她并不清楚要做哪些事情。于是她将目光投向了最擅长的领域——制定战略。2001 年，她决定和康柏合并。之后又开始声势浩大的重塑新惠普行动。比如改造松散的组织结构，合并成四大业务集团；将"invent"加入已沿用 60 年的标识中；后来又紧跟 IBM 的"随需应变"战略，推出"动成长"企业战略；并于 2003 年提出"享受更多（enjoy more）"的数字消费市场策略，进军个人消费者领域。在卡莉时代，员工往往还没来得及理解上一个战略，就得开始做出调整，拥抱下一次变革。

赫德：稳健持重

赫德则倾向于给员工一个比较长的适应期。华尔街不少分析师建议惠普出售或分拆PC业务，以便能集中力量做好打印机业务。他却明确而坚定地拒绝了这些建议。他说："我们不要抱有这样的想法——这家公司必须每15分钟就发生一件惊天动地的大事。"赫德关注提高运营效率，控制成本。惠普一位老员工说，赫德在逐渐把惠普"压平"。比如，2006年6月，惠普宣布将关闭全球运营部门，并将该部门的供应链管理、采购、后勤等职能分配给打印及成像集团(IPG)、信息产品集团(PSG)、技术与服务集团(TSG)这三大业务集团。

此后，惠普的三大业务集团将独立承担绝大部分的经营职能，并且在很大程度上拥有决策权。这无疑是解决"大企业病"的一剂良方。在节约成本方面，赫德也几乎到了斤斤计较的地步。除了众所周知的裁员，赫德2006年还推出了全球不动产整合计划。比如精简所租赁的写字楼的面积，关闭惠普自有办公大楼内的一些楼层等。2007年2月初，惠普决定从纳斯达克退市，而只在纽约证券交易所上市交易。当时，惠普中国区总裁孙振耀说，原因是这对降低成本有很大帮助。因为在不同的交易所上市，要面对不同的审计要求，比如报告会多出很多份，开支也会增多。销售出身的赫德有句名言："好的公司要么善于成长，要么精于效率，而只有伟大的公司才能同时做好这两件事情。"

为什么与怎么做

麦肯锡的两位咨询顾问卡罗琳·艾肯和斯科特·凯勒，分析了数位CEO的变革历程，如宝洁公司的雷富礼、塔塔公司的拉维·康特、EMC的乔·图斯、意大利联合银行的帕瑟拉等人。从他们的经验中，两位顾问总结认为：变革中，CEO的首要任务是给员工提供精神动力。CEO应该解答员工心中的三个疑惑：为什么我们要变革？变革和我们有什么关系？我们将怎么做？卡莉解决了前两个问题，赫德则关注第三个问题。

卡莉：灌输，灌输，灌输

卡莉经常发表演讲，仅2004年就有47场。曾经有人指责她"爱出风头"。对此，她并不接受。她认为，全公司上下系统的变革，需要一种坦诚而清晰的交流。这种交流要持之以恒，前后一致，无时不在。她说："每次我都是应客户或是员工的要求才发表演讲，而且我拒绝演讲的次数绝对还要多。"她利用每次论坛、发言和每个其他场合同员工交流。"不管当时我在和谁交谈，不管我身处世界何方，我都在对员工讲话。"她说。讲故事和打比方是她经常使用的沟通工具。惠普的一位老员工回忆，卡莉的每次演讲都颇具煽动性，故事很能鼓动人心。"我们也会奋力鼓掌，但是听完演讲，大家往往会面面相觑，不知道接下来应该怎么做。"她很少和员工面对面交谈，指导他们应该做些什么。她的想法是："去130多个国家的每个分公司走一趟不现实，即便我想这样做，也会占用太多的时间。"

卡莉的激励之路只走了一半。她帮助员工理解了变革，但是没有告诉他们该怎么做才能攀上成功的高峰。

赫德：跟进，跟进，跟进

剩下的一半路程是赫德完成的。一位媒体记者曾说，他接触的每一个员工，好像都刚刚和赫德做过交谈。惠普美国业务高级副总裁戴夫·布斯表示，赫德对登上《财富》杂志封面不感兴趣，与在媒体露面相比，他宁愿花时间去和员工接触。深入员工当中了解情况后，赫德透彻地把握了公司状况。赫德讲评公司的季度性经营情况时非常详细，不仅涉及惠普的四大业务部门，而且具体到笔记本电脑、电视等各个产品领域。惠普的一位经理说，赫德"几乎对所有业务都了如指掌，他让人们觉得他们要对业绩负责"。

赫德注重用数字说话。庄正松说："他谈事情不用 PPT，就拿一支笔，像大学教授一样，跟大家说数字。"每次开会，赫德都列出大量数字。他在前面来回踱步，说出一个数字，在写字板上记下，并分析原因。找出缺点和不足后，他会激励员工努力达到目标。赫德强调以业绩为导向，这让惠普的员工找到了行动的方向。不仅如此，他既充分授权，又不遗余力地进行督导。自上任伊始，他就推行"结果问责制"。如果某项业绩没有达到要求，负责这个业务的员工要向自己的直接上级汇报，然后一层层往上延展，所有这条链上的员工和管理者都要为此负责。赫德的理念是，即使你是管理者，不对具体事务负责，但是你也要对一件事情的结果、后果负全部责任。

个人与团队

仅靠赫德一人之力，并不能帮助惠普顺利实现华丽的转身。赫德还打造了一支优秀的管理团队。这也是赫德不同于卡莉的地方：赫德知人善任，而卡莉疏于育人。

卡莉：疏于育人

卡莉在任期间，董事会一直督促她带入新鲜血液，但她只从外部引进了为数不多的几位高层管理者。为此，董事会表示过不满。管理大师拉姆·查兰也批评她"不能正确地挑选管理者"。合并康柏后的新惠普，大约有 31% 的销售额来自个人电脑业务，但是这个部门并未盈利。竞争对手戴尔不断利用低成本优势保持低价，新惠普必须快速降低成本。卡莉选择了原康柏掌管笔记本电脑部门的亚历克斯·格鲁岑，让他负责新的笔记本电脑部门。但是拉姆·查兰认为，亚历克斯·格鲁岑并不是最合适的人选。这个部门的管理者应该懂得如何击败戴尔的高效供应链，善于观察，能快速改正错误的行动。亚历克斯·格鲁岑加入惠普前，曾在索尼工作六年，在康柏也工作过六年，有丰富的管理产品线的经验。他上任后，推出了一批新型笔记本电脑，但在改善供应链方面的业绩乏善可陈。

赫德：知人善任

反观赫德选择的托德·布拉德利，原来是奔迈的前任 CEO，管理方式灵活，具有国际运营经验，而且特别擅长管理供应链。在他的带领下，惠普的 PC 业务告别了"失败者"形象，信息产品集团（PSG）也成为惠普内部最大的事业部，收入占到了 32%。2006 年，PSG 集团赢利 12 亿美元，这种利润水平目前只有苹果电脑公司可以与之相提并论。和布拉德利一样，赫德挑选的兰迪·莫特也堪称奇兵。莫特原来是戴尔的首席 CIO，加入惠普至今，已经为公司节省了 10 亿美元。赫德还邀请托马斯·荷根担任副总裁，主管惠普软件业务。他曾是管理软件开发商 Vignette 的 CEO，具有 24 年的软件从业经验。这些精英的到来，为惠普带来了久违的活力。

赫德在识人、选人方面，有两个很好的做法，值得学习。一是按图索骥。先列出某个职位需要的各种技能，然后再去找符合条件的人。比如在选拔首席营销官时，赫德先画出一张"技能图"，然后根据这些技能对所有人进行筛选，最后选定了在惠普工作了 26 年的凯西·里昂。凯西·里昂敢于表达想法，而且在打印机业务等不同部门工作时屡有建树，尽管她资历不深，从事营销只有 11 年时间。里昂的理念是"没有客户的支持就不可能有任何成功"。她改变了以往提供优秀产品的销售策略，更重视提供出色的用户体验。2006 年，惠普的激光打印机销售突破 1 亿台，PC 出货量超过戴尔，这其中凯西功不可没。

二是公开选择的标准。给某个人安排某个职位时，需要向员工说明他在哪些方面做得好,是通过什么行动来得到职位的。这将为其他员工树立一个好的榜样。赫德解释说:"如果整个公司都觉得是因为他们的工作报告做得好,或是因为他们和赫德关系不错,这就有问题了。如果是因为他打造了一个强而有力的团队,而且业绩突出,那么下一个人或许就会这么想:嗯,我也得这么做。"

资料来源:Cindy Bin. 变革与领导力赫德 PK 卡莉. http://www.ceconline.com/leadership/ma/.

思考题:

1. 卡琳和赫德各自在创新中扮演什么角色?

2. 根据卡琳和赫德的差异,分析他们对员工创新行为产生哪些不同的影响。

第十一章　创新的领导职能

学习目的

■ 熟悉领导者在推动理念创新中的作用和意义
■ 理解和认识领导者如何加强创新团队建设
■ 掌握和熟悉领导者进行创新人才激励的各种方法

引　例

A公司成立于2003年，是煤炭直接液化和间接液化技术项目的主要实施者。目前A公司的经营范围集中为三大业务：煤直接液化和间接液化等煤炭液化及其配套项目的建设和经营；煤直接液化和间接液化产品的生产和销售；煤直接液化和间接液化技术的研究与开发。截至目前，世界上还没有一座可以运行的煤直接液化工厂，因此，A公司面临着技术和工程上的不确定性。技术和工程上的风险只是对公司的运营提出了单方面的挑战，另一方面的挑战和压力来自该项技术和项目对自然环境造成危害的可能性。

处于复杂且充满矛盾需求环境中的A公司，正是在CEO的带领下，通过不断的解决矛盾和问题，经过多年的积累和发展，逐步提高了自身的自主技术创新水平。A公司近年取得了一系列的技术突破，并获得了许多专利成果。仅在建设当今世界第一套煤直接液化工业化装置方面，A公司实现了六项具有里程碑意义的重大技术突破：拥有自主知识产权的世界第一套商业化煤直接液化技术；拥有自主知识产权的世界首套纳米级煤直接液化催化剂制备成套技术；世界最大最重的加氢反应器制造与吊装技术；世界最厚达88mm的347H不锈钢厚壁管道焊接与热处理技术；国内首套沸腾床加氢（T-STAR）应用技术；国产的世界首台8800千瓦增安型无刷励磁同步电机。同时，A公司还开发了适合我国煤炭特点、符合我国国情并拥有我国自主知识产权的煤直接液化工艺。在其自主开发的煤直接液化工艺方面，也创造了诸多世界之最和同行业之最，如采用了我国首创的、拥有自主知识产权的"863"催化剂；在世界上第一次设计、制造和吊装单台重达2100吨的煤液化反应器；在同行业建设项目中首创同时建设两套每小时13.8万立方米的煤制氢装置，项目采用的特大型钢混凝土框架高达82.7米，其土建施工难度堪称行业之最；直接液化工艺由于采用"863"高效合成催化剂，添加量少，与国外煤液化工艺相比具有单系列处理煤量大、油收率高的优势。

正如该公司CEO所言，"A公司煤直接液化装置投入运行成功世界瞩目，是一次伟大的成功"。那么，该公司CEO是如何领导企业的自主技术创新呢？

创新不仅强调新颖，更强调成功的实际应用，即创新的目的主要在于提高企业各项工作的效率与效益，更有效地实现企业经营目标。创新涉及包括市场营销、国际经营、制造、服务、技术、组织、管理和控制等有内的内容,领导工作在其中发挥着重要作用。本章分别从理念创新、团队建设、学习型组织、企业文化、沟通和激励等方面对创新活动中的领导作用进行研究。

第一节　推动理念创新

领导者在创新中的作用首先表现在理念创新方面,理念创新是指革除旧有的既定看法和思维模式,以新的视角、新的方法和新的思维模式,形成新的结论或思想观点,进而用于指导新的实践的过程。[①] 理念创新能够形成比以前更好地适应环境的变化并有效地利用资源的新概念或新构想,是以前所未有的、能充分反映并满足人们某种物质或情感需要的意念或构想,来创造价值的活动(邢以群,2000)。

一、建立共同愿景

领导者要进行理念创新,首先必须要在组织中建立共同愿景。共同愿景是组织中人们所共同持有的意向或景象,它创造出众人一体的感觉,并遍布组织全面的活动,从而使各种不同的活动融汇起来。共同愿景由个人愿景汇聚而成,借着汇集个人愿景,获得共同愿景能量和行为。愿景就是解决企业是什么、要成为什么的基本问题,如中国联想集团的“未来的联想应该是高科技的联想、服务的联想、国际化的联想”和美国贝尔维尤医院(Bellevue Hospital)“贝尔维尤医院是为实现社区居民最高终生健康水平而提供必要资源的领先者”。当亨利·福特在一百年前说他的愿景是“使每一个人都拥有一辆汽车时”,你会认为他是神经病,但在现在的美国社会,他的梦想早已实现。这种梦想通常会使人感到不可思议,但又会不由自觉被它的力量所感染。

(一)领导者愿景

每一个领导者在自己的愿景背后都有内心深处的使命感,它阐明这个组织为什么存在,以及要迈向何处的理由;它使领导者能够对他个人和组织的愿望赋予独特的意义。领导者拥有的使命感使他们毅然采取行动解说自己的愿景。领导者不但追求自己的愿景而且还细心聆听别人的愿景。虽然他们明白个人愿景是某种更大事物的一部分,但这并不会减弱而且只会加深领导者对愿景的责任感。因为放弃现有典范的意愿来自你甘心成为愿景仆人的忠诚。成为愿景的仆人,改变了领导者与个人愿景的关系。这种关系不再是“这是我的愿景”那种拥有的关系,而是愿景变成了一种召唤。

领导者要精于运用深度汇谈和讨论,将领导者愿景融入组织成员中。深度汇谈是自由和有创造性地探究复杂而重要的议题,先暂停个人的主观思维,彼此用心聆听。讨论则是提出不同看法并加以辩论。深度汇谈与讨论是互补的,二者之间只有配合使用,才能产生综合效果,具有威力,才能使团队拥有持续开创性学习的能力。

(二)成为愿景领导

愿景领导的基本原理是通过高远的抱负和目标形成激励企业强大追求的拉动力。它是

[①]　理念创新. baike. baidu. com/view/11790167. htm.

基于这样的一种哲学的基本假设，即人的生命是短暂而有限的，职业者应将其个人发展融入企业发展之中以共同实现社会价值，因此，人的潜能是无限的并且应该以高不可攀的目标来激发这样的潜能。目标设定的艺术决定在同样时间内人发挥自身主观能动性所能达到的不同高度。因此，愿景领导本质上是一种哲学思辨模式，是一个思想工具，是一个远远超脱于生硬照搬战略管理概念及流程的思维模式。

一些企业领导者目前仍认为愿景、哲学、文化是虚无缥缈的，只相信战略规划本身才是成功的关键，同时认为应当坚持使用战略规划的套路，在月度、季度和年度进行战略评估与调整，以便对战略方向有足够的把握。战略规划是重要的，但仅仅停留在对战略规划的依赖阶段，只能使高层领导者的思维束缚于现有问题的解决上，而难以放远眼光掌控全局、展望未来。因此，愿景领导必须高于战略管理，赋予工作更大意义、更高的价值。这是一个必须进行自我澄清的思想流程，并在管理出现障碍或停滞的时候在适当的需要解决问题的场合使用启发的方法来引导管理者们找到共同的方向。

二、塑造创新价值观

共同愿景是建立在企业核心价值观上的。企业在日常的经营管理活动中，存在许许多多的价值判断，从而决定了企业需要在全体员工中构建各种不同的价值观，如对企业社会责任、利润、效率、时间、敬业、诚信、创新等方面的价值判断。实际上，企业价值观[①]不是唯一的，如何对诸多的价值观进行排序，即做出优先顺序的安排，也就成为企业价值观塑造中的一项重要任务。比如，优秀企业的价值观排序一般是：在企业内部确立人的价值高于资本的价值、共同价值高于个人价值、团队价值高于个体价值、社会价值高于经济价值的价值观。

不同企业的核心价值观是不一样的，但都是为追求愿景、实现使命而提炼出来并予以践行的指导企业上下形成共同行为模式的精神元素。比如，为了实现"在电子信息领域实现顾客的梦想，成为世界一流的通信设备供应商"的愿景追求，我国华为公司将"创新"作为自己的核心价值观，并依靠点点滴滴、锲而不舍的艰苦追求，逐步使自己向着梦想接近。

一旦确定了企业的核心价值观，其他价值观也就成为次价值观，这些次价值观是为核心价值观服务的，成为核心价值观的重要支撑和手段（在核心价值观基础上的展开）。华为公司围绕"创新"这个核心价值观，在战略、文化、体系、过程、机制等方面形成了相应的次价值观，并通过一系列的措施和手段，保证了公司核心价值观的落实和执行（见图11-1）。

三、理念创新的特点与领域

（一）理念创新的特点

理念创新从不同视角分析具有不同特点，其主要特点有如下几个方面。[②]

1. 客观深刻性

理念创新产生于客观的实际需要和可能，根植于客观实际。没有客观实际需要的理念

---

① 企业价值观是指企业及其员工的价值取向，是指企业在追求经营成功过程中所推崇的基本信念和奉行的目标。企业价值观是企业全体或多数员工一致赞同的关于企业意义的终极判断。简而言之，企业的价值观就是企业决策者对企业性质、目标、经营方式的取向所做出的选择，是为员工所接受的共同观念。

② 理念创新，baike. baidu. com/view/11790167. htm.

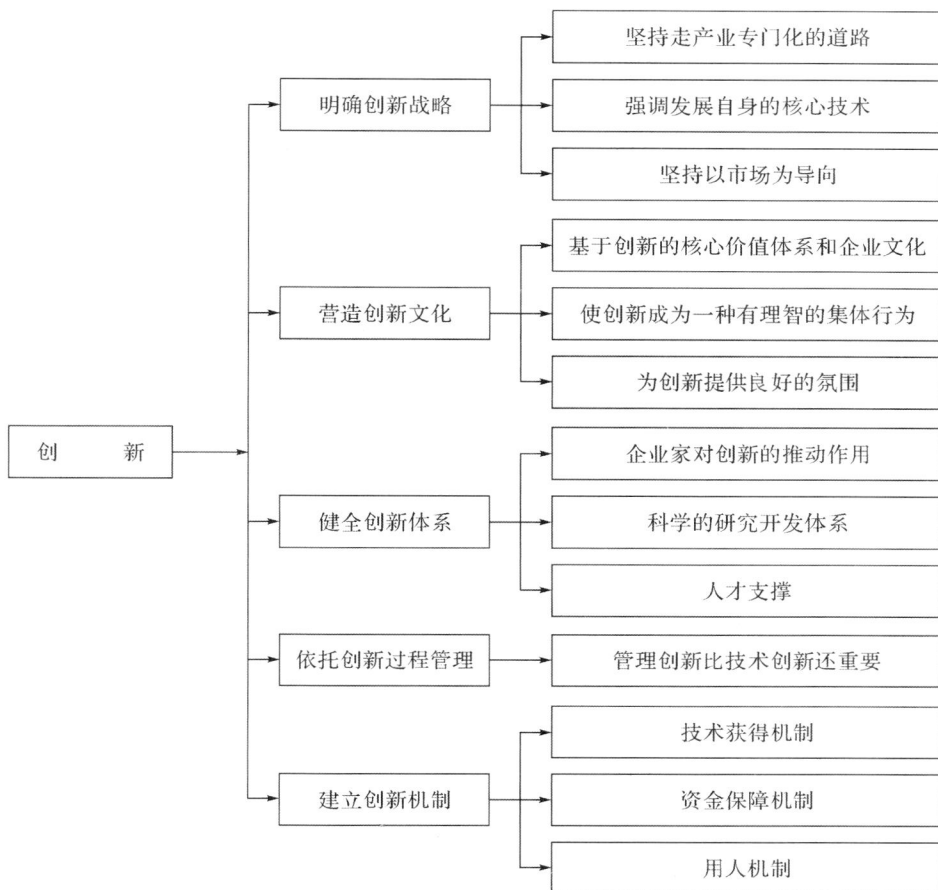

图 11-1　华为公司的创新价值观及其支撑体系

创新是没有意义的,没有客观实际可能的理念创新只能是异想天开。新理念的产生主要来源于社会实践,不论是自身变革社会实践的挫折和失败,还是经验教训的概括总结,或者是来自外部的变革经验和教训。理念创新的实质是认识不断深化的过程,进而对社会实践具有指导作用。理念是对客观对象的理性认知与概括,没有认识就没有理念,理念随着认识的深入而产生变革。理念创新既然是认识的深化,就要在认识深化方面下功夫,以实事求是的态度深入实际,调查研究,注意总结实践中正反两方面的经验教训,不断将感性认识上升到理性认识,进行理性的认知与概括,促进认识的深化,实现创新。

2.继承稳定性

理念创新的前提是继承,继承是基础,创新是结果。依凭对纷繁复杂变迁着的客观需求,不断调整自身的认知,改变自身的行为方式,使自身发展与客观环境变迁相一致,提高自身生存与竞争能力。所以,理念创新都具有一定的继承性,即以继承为起点,以适应时代为特点,通过内在的运行机制更新、创新使其得到不断发展。

3.超越突破性

理念创新的本质在于超越,在于对原有观念的突破。这种超越和突破往往使人的思想和行为偏离社会和事物运作的常规，具有大胆探索客观世界的精神品质。理念创新的过程是破与立相统一的过程。"破"是对过时的或错误的观念的扬弃和否定；"立"则是对符合时代要求的、正确的新理念的创立和完善。随着对旧观念的否定和怀疑，进一步发展到理性的分析和判断，从本质上认识到旧观念与客观规律不符合的实质，进而要突破和超越，进行理念创新。

4.动态发展性

主客观的统一是实现理念创新的根本。客观事物的变化是必然的、经常的，人的理念也应随之变化。理念属于精神现象，它是以主观形式体现的，其内容是主观对客观事物的反映。在实践中，主观形式与客观实际不统一主要有两个原因：一是主观认识的原因，即将主观愿望当作客观实际，不注重理论联系实际，照搬他人的经验模式等；二是客观实际方面的原因，即理念所反映的实际情况发生了变化，或者所反映客观事物本身没有发生变化，但其外部环境条件却起了变化。

(二)理念创新的领域

领导者在理念上的创新涉及企业经营管理各个领域，需要将企业传统的理念转变为现在或者将来的理念，彼得斯(2002)对此进行了描述。

1.市场营销

传统的企业领导者关于市场营销的理念是：大规模市场、大规模广告，为市场份额增加一个百分点必须拼死搏斗。彼得斯认为，必须转变为创造市场，侧重局部优势小市场，接近市场获取创新的源泉，靠市场细分求发展，对任何产品(不论其如何成熟)不断特色化。

2.国际经营

传统的国际经营理念是，"全球性"品牌在本土上加以管理，国际化是附带的经营活动，而且只有大公司才有国际业务。应将重点转变为创造新市场，一开始就在海外发展工作，是各种规模的公司的主要战略。

3.制造

要将制造的重点放在数量、成本、硬件以及职能的完整上，制造是首要的营销手段(质量、反应能力、创新的源泉)，一开始就是产品设计小组的一部分。

4.营销和服务

传统的营销和服务将顾客和消费者视为二等公民，"把产品卖出去"是主要任务；现代的营销和服务理念是，顾客和消费者是主要角色，联系每一位顾客的顾客关系管理者(甚至在零售业也如此)，是附加价值的重要源泉，新产品构思的主要来源。

5.技术创新

传统的技术创新理念是，由集中进行的研究与开发工作带动，通常是搞大项目，以科学技术而非顾客为主要推动力，设计得巧妙比装配和外观更重要；现代的技术创新理念关键在于自主和分权的单位从小处(小改小革)开始搞起，创新是每一个人的事，希望做出顾客注意得到的小改进是创新的主要推动力。

6.职工

传统的理念将职工假设为"性本恶"，因此需要严格控制，试图分工更加专业化并缩小职工的作用；现代的理念是，职工作为增值的主要源泉，无论怎样强调培训或使职工参与管理都不过分，职工与企业成果之间有着巨大的经济上的利害关系。

7.机构

改变传统的层次等级型结构,保持各职能部门的完整性,使之层次减少,职能部门间的障碍被破除,基层主管为自我管理的小组所取代,中层领导者成为提供方便者而不是管区的看守员。

8.领导

传统的领导者是脱离实际的,重分析的,集中进行的战略规划,由公司职能人员操纵;现代领导者则热爱变革,宣传共同理想和价值观念,彻底自下而上地制订和形成战略,一切职能部门都要支持生产经营的第一线而不是相反。

9.管理信息系统

管理信息系统要由为求一致性而集中化,以内部使用为目标,转变为信息利用和将与顾客、供应商的直接联系视为战略武器,由第一线来管理,分散化管理信息系统成为必需。

10.财务管理和控制

将传统的集权化,财务人员是警察,转变为分权化,大部分财务人员到生产现场作为"业务小组成员",让基层拥有很大的开支决定权限。

突破禁区思考的商业案例

● 传统的智慧认为 ATM 监视器只能显示与银行账单相关的信息。但美国银行不是这样——他们出售 ATM 机的广告空间,比如宗毓华为 CNN 做的广告。CNN 广告销售的总裁 Larry Goodman 说这个广告"很创新,前所未有;这个地方的确很独特"。

● 移动电话曾被认为是简单的通信工具。微软总裁比尔·盖茨考虑将其变成迷你个人电脑。通过与 Intel 的联盟,两家公司把它们的移动电话的内部工作蓝图授权给其他制造商,无线公司可以决定手机的外部设计以及安装多少微软软件。

● 传统智慧认为你要带着笔记本电脑才能传输出差时需要的文件,比如幻灯片、数据文件、照片等(一个问题是有些手提电脑没有软驱)。电脑制造企业中的某些突破禁区的思考者已经开发了一种钥匙链式存贮装置,例如 Disk On Key。当你到达目的地时,把三英寸长的可移动存储装置插入电脑的 USB 端口就可以下载你的数据、图像甚至音乐。

● 公司要签订长期固定价格的合同才能使用只供顾客使用的软件和硬件,这话是谁说的? IBM 集团引入一种服务,允许顾客在 IBM 的数据中心的大型计算机上运行自己的软件,根据其使用的计算能力来收费。这种使用缴费的模式符合为得到效用而付费的逻辑。

第二节　建立创新团队

一、建立学习型组织

一个具有创新性的团队首先应该是一个学习型组织。学则变,变则新。学习是知识的积累过程，是创新的前提。有效的组织学习必须使组织行为改善，组织中的每个成员遇到问题时，愿意求助于组织学习或者愿意将经验与其他成员共享，最终建立起一个学习型组织。要创造有效的组织学习，需要依照彼得·圣吉提出的"五项修炼"。除了前文提出的建立共同愿景外，还需要自我超越、改善心智模式、团队学习和系统思考。

（一）自我超越

它是学习型组织的精神基础，是个人成长的学习修炼。具有高度自我超越的人，能不断扩展他们创造生命中真正心之所向的能力，而这需要通过个体学习来实现。个体学习是组织学习的主体和基础。个体在组织中的学习至少有以下三个特点：第一，个人的学习过程是在行为过程中的学习，即干中学（learning by doing）。个体组织中的学习过程是一种经历、经验、技能和见识的学习。第二，个体的学习最初往往是一种模仿过程。模仿的对象主要是周围环境中其他人的行为，或者是操作方法，或者是思考方式和注意的焦点。第三，一定时期学习过程的积累，个体会形成某种类型的知识结构和观点、思维方式，遇到问题，往往用自己头脑中已有的知识去分析和处理，即个体学习具有定型化倾向。

（二）改善心智模式

心智模式是指"根植于心中，影响人们如何了解世界，以及如何采取行动的许多假设、成见或甚至图像、印象"①。比如不愿说出心中真正的想法，不愿接受他人的观点，不愿与他人交流经验等。因此，首先要营造轻松、宽容而非原来紧张、苛责的组织学习氛围。组织中的每个成员对他人提出的任何观点（即使他人的观点存在明显不足），一开始不做任何批驳，这要求组织成员从根本上改变心智模式。和他人讨论的过程不仅是发现不足的过程，更是发现价值的过程。组织成员必须学会倾听，转换角度，设身处地重新思考，并加以检视和改善，有助于改变其心中对周围世界如何运作的既有认知。

（三）团队学习

团队学习的直接目的不是达成形式上的一致，而是以陈述不同意见和建议开始，以达成共识为终点。它的终极目标是通过改变组织成员的心智模式改变组织的行为。因为团队学习是组织作为人组成的集体的学习，是集体的知识积累和认识变化的提高，是个体学习相互作用的产物。因此，学习不仅存在于个人学习之中，也存在于团队的合作中、组织中和产业中。知识的难以转移性决定了隐含类的知识常常体现在个人能力中，因此，转移这种知识主要依靠有经验的个人的能动性。无论个体学习在其中能够发挥多大作用，最终需要将个体学习的知识让组织成员分享，并在此基础上实现二次创新。

（四）系统思考

如果每个人、每个部门都采用非系统思考，做出的决议也是片断的或根本自相矛盾的。它要求组织成员环状、动态地思考问题。比如销售部门不遗余力地促销一项新产品，销售状

---

① 心智模式又叫心智模型。所谓心智模式是指深植我们心中关于我们自己、别人、组织及周围世界每个层面的假设、形象和故事，并深受习惯思维、定式思维、已有知识的局限。心智模式这个名词是由苏格兰心理学家 Kenneth Craik 在 20 世纪 40 年代创造出来的，之后就被认知心理学家 Johnson-Laird 和认知科学家马文明斯基（Marvin Minsky）（1975）、西蒙·派珀特（Seymour Papert）所采用，并逐渐成为人机交互的常用名词。

况仍不甚理想,转而指责研发部门产品设计不成功。研发部门也不示弱,埋怨销售部门当初提供的市场信息不准确。销售和研发部门都处于一个动态循环系统中,这两个部门也许都没有错。销售部门提供了市场上最新、最详细的需求信息,而研发部门也完全按照市场需求设计了产品。但是,系统存在时滞,从信息获得、研制、生产到投放市场,这段时间内市场的需求又会发生变化。该企业内部系统与外界紧密相连,不是一个完全封闭的静态系统。所以,各部门要做的不是相互推责,而是看出一个个事件背后的系统结构。

需要指出的是,根植于组织文化和精神地图的过去的学习能成为有用的组织导向的同时,也会阻碍组织进一步学习,于是产生了术语"忘却学习"(unlearning)。之所以需要忘却学习,是因为学习并非只是积累知识的过程,有时候为了发展新的行为和构建新的精神地图,尤其是在技术范式转变时期,组织面临的"游戏规则"、标准和基础都发生了变化,很难对从实验和历史中得到的反馈信息做出解释,内部知识整合丧失了目标,大量知识的过时使公司对知识的运用迷失了方向,组织必须对过去观察和办事的方式提出质疑并将它们抛弃一旁。因此,组织学习与忘却学习的平衡在组织的长期生存中显得尤为必要(吴晓波等,2004)。

二、团队领导与沟通

团队不同于一个正式组织,它存在于组织的各个层次,一个小组、一个部门乃至一个组织都可能是团队,也可能不是团队。团队的人员组成有一个鲜明特征,即这些人可能来自不同部门、不同专业,具有不同背景和技能。对于企业的创新工作来说,团队运作方式最为合适,这就给开展创新的领导工作提出了很大的挑战。领导者必须摒弃传统的垂直式的领导方式,而采取横向扁平式的团队领导方式。熟悉管理学原理的人都知道,扁平式领导幅度大,增加了领导工作的难度,因此,必须放权。而一旦放权,团队就可能失控,这时制度建设固然需要,但团队领导自身的人格力量和魅力显得更为重要。

IBM 组建团队开展创新工作

20世纪80年代初期,个人电脑开始得到市场的关注。IBM也希望推出自己的个人电脑产品,而经理们却不认为个人电脑可以赚钱,以各种方式推诿拖延。最后,高层经理们一致认为,达到老板要求的唯一办法就是单独设立一个团队,离开公司,到一个不受经理制约的地方独立进行开发工作。组长唐•埃斯特里奇是著名的不守IBM规矩的人。在他的带领下,小组摒弃了IBM产品的所有构件都必须自己制造的成规,最终开发出来的IBM PC轰动了整个市场,使大众对个人电脑有了新的认识。

资料来源:佚名.美式创新的领导力推动.商学院,2013(Z1):87.

(一)团队领导的工作

一个高绩效的团队领导者在团队的领导工作中需要重点突出以下几方面。

1.明确具体目标

有效的团队具有一个大家共同追求的、有意义的目标,它能够为团队成员指引方向,提供推动力,让团队成员愿意为它贡献力量。

2.建立相互信任

研究发现,五个维度(正直、能力、一贯、忠实、开放)有助于团队成员彼此建立相互信任的关系。团队领导可能通过以下方法解决成员之间的信任问题：及时提供反馈；坦率地承认自己的缺点和不足；对团队成员和蔼可亲，平易近人，鼓励和支持他们的意见与建议；真正授权给团队成员，倾听他们的想法；在绩效评估时能做到客观、公正，应予以表扬的尽量表扬；处理日常事务应有一贯性，明确承诺并能及时兑现；通过展示自己的工作技术、办事能力和良好的职业道德，培养下属对自己的钦佩与尊敬。

3. 做好团队文化建设

团队文化是企业整体文化的组成部分，具有企业文化的共有特性，但根据创新的独特性和自身要求，创新的团队文化应该鼓励原创性的工作、鼓励随时随地通畅的交流、重视细节和不同意见，以及具有强烈的时间观念和责任意识。如果没有好的团队文化，创新过程中就会出现一些莫名其妙甚至是不可挽回的严重失误。创新团队文化与创新所需要的专业知识和技能无关，但是它却深刻影响着创新工作的质量。可以说是团队文化塑造了创新成果。

4. 开发团队能力

团队能力基于但又高于团队成员的个体能力，在赋予团队成员使命的同时，团队领导必须重视团队能力的开发和提高。如让团队成员分享与工作有关的所有信息，强化团队处理问题、解决问题的能力，以及保证团队善于决定最佳的工作方式等。

此外，领导者在组建团队时尤其是创新团队时，尽可能选择传统性程度低的人作为主要成员。企业在组建高层领导团队时，在人员的组合上能够体现出个性的互补，不能只将传统性高的成员纳入高层领导团队，同时也应该提拔和吸纳一些年轻的、富有开拓精神的中层领导干部进入领导团队。在技术创新项目团队中，挑选那些传统性程度低的员工作为主要成员，可以提高项目团队的创造性和创新能力。企业还可以组建技术创新委员会，挑选传统性程度低、创新性程度高的领导人员或技术人员组成一个专门委员会来领导企业的技术创新：高层领导团队只提供宏观的战略指导和资源支持，具体的技术创新任务则由该创新委员会来负责，以降低技术创新过程中下属传统性所带来的消极影响（刘子安等，2009）。总之，团队领导工作很多，下面针对研发项目中团队的沟通问题进行分析（陈伟，1996）。

（二）影响项目团队沟通的因素

1. 任务特性对沟通的影响

团队项目的任务特性可进一步分为研究项目、技术服务项目和开发项目：①研究项目的任务和目标比较复杂并且只给出一般性定义，涉及的技术人员都是有较高学历或文化程度的专业人员，这类项目较少依赖管理上的指导，而更依赖分散和密集的关于技术难题和管理问题的交流；与企业内专业化导向的部门有较强联系，同时依靠守门人和直接接触从企业外部的学术领域获得信息。因此，与那些能提供技术信息和关键评价的领域进行多样化和密集的沟通交流，能够提高研究项目的有效性。②技术服务项目的任务不太复杂，技术服务人员一般没有太高的学历，并且不像研究人员那么专业化；技术服务项目内有关难题解决或管理的交流相对较少。较少依靠同级决策和咨询，主要依靠管理层的指导和参与；与项目外部沟通交流的目的更为明确和专门。比较有效的技术服务项目不是对组织各领域进行全面的沟通交流，而是依赖于指导者来完成这种以组织为导向的沟通交流；与企业外部的沟通交流集中于供应商、买主和顾客，指导者成为跨边界人物，将项目与外部信息领域相联结。③开发项目的目标和任务都比较明确，相对来说，其复杂性低于研究项目、高于技术服务项目。项目内沟通方式介于研究项目的分散化性质和技术服务项目的集中化性质之间，与项目外的沟通交流也有专门目的;要求与营销与制造领域进行广泛的直接接触和口头交流,与企业外部的交流以业务领域为焦点;这种技术守门人并不是管理者,他们只是更为专业化的项目成员。

2.任务相互依赖性对沟通的影响

任务相互依赖性与难题解决和协作要求相关。对实验室或组织相互依赖性要求越大的项目,实验室或组织间的交流量就越大。依据项目发展的时间框架和目标导向的不同,联结机制的性质则有所不同。具有不同时间框架和目标导向的领域,以守门人为沟通媒介比较有效;具有相同时间框架和目标导向的领域,则直接交流更为有效。

3.环境条件对沟通的影响

环境的骚动对各种项目的影响有着系统的差异。如环境变化使研究项目的沟通交流方式变得更加频繁和更加分散,开发项目的沟通方式变得更为频繁和集中,技术服务项目的交流方式变得不太频繁却更为集中。

(三)项目团队沟通管理

设计或管理团队沟通交流网络是一个三阶段过程。首先,项目内沟通交流的量和方式必须能够达到特定任务和任务环境的信息处理要求;第二,项目必须与企业内相互关联的领域以及能提供技术反馈和技术支持的领域相联结;第三,项目必须通过直接接触以及跨边界人物与外部信息源联结。

要解决好这些管理问题,必须注意以下两点。

1.项目的不确定性程度

首先,项目任务在工作日常性或非日常性程度方面有所不同。随着项目任务的性质越来越复杂,与工作相关的不确定性上升,完成任务所要求的信息处理量也就上升。其次,随着项目外部信息领域变化程度的增加,项目成员则必须注意和处理更大的外部信息要求。因此,与工作相关的不确定性有所增加。最后,项目的相互依赖性越大,协作的要求越大,项目越难以进行。

2.沟通交流方式的不确定性程度

频繁的和分散的项目内沟通交流方式提供了反馈、改正错误和对不同观点进行综合的机会,而且分散的项目内沟通交流方式不拘于形式、规则和控制,具有更频繁的同级间咨询。这些都使得对不确定性的处理更加有效。全面联结的交流网络比具有等级性的交流网络更能很好地处理大量不确定性。当然,代价更大,网络消耗更多的时间、努力和能量,管理上控制也比较困难。

面临不同数量不确定性的创新项目,要想取得成功,必须使信息处理能力与处理要求相匹配;由于不同的沟通方式意味着不同的信息处理能力,因此,并不存在什么最好的交流网,交流网与工作性质一致时,对项目最有利。由于信息处理要求随时间不断变化,创新的交流管理问题将一直存在,如图 11-2 所示。

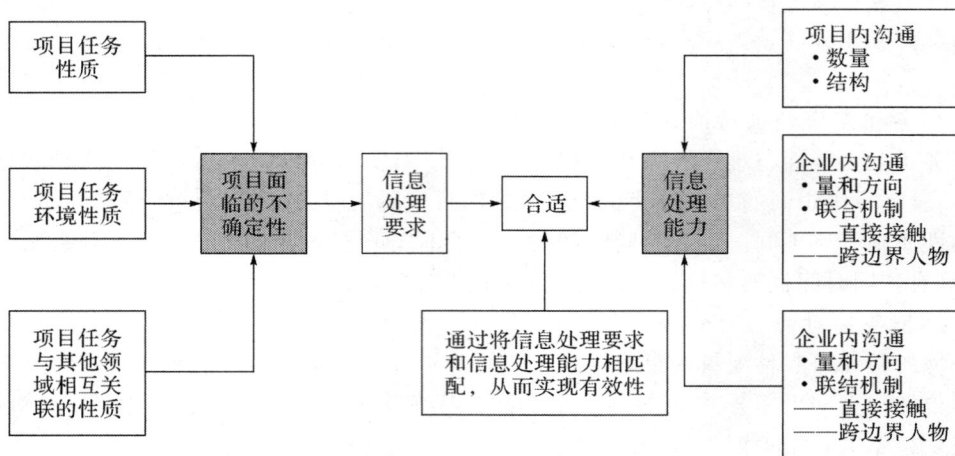

图 11-2　沟通管理的信息处理模型

第三节　激励创新人才

一、创新文化与创新人才

任何高绩效的企业文化都是难以复制的，而创新文化天生就属于此类企业文化。企业员工一旦接受了创新文化，它就成为日常工作的一部分。创新文化将确保企业中的所有人力资源被调动起来，为实现企业的价值而共同奋斗。企业领导人和高层管理部门必须具备不屈不挠的进取心，这是企业文化成功转型的关键。如果企业要想成为市场领先者，创新就必须成为企业的核心竞争力之一（斯蒂芬·M.夏彼洛，2003）。

可以从一般意义上将文化分为人文文化和科学文化。人文文化包括人文知识、人文思想方法和人文精神等几个层次的内容，其中人文精神是核心，它是人文文化的精神理念，是人文知识、人文素质的内化和升华。科学文化包括科学知识、科学思想方法和科学精神几个方面。科学知识是构成科学文化的基础。科学的思维方式、方法是科学家在认识、探讨复杂客观世界的过程中，所创造并运用的思维方式和思想方法。科学精神是科学共同体[①]在追求真理、逼近真理的科学活动中，所形成、发展的一种精神气质。理性精神、有条理的怀疑精神和实证精神是科学精神的最基本方面。长期以来，我国企业文化建设偏重于企业的人文文化建设，这与我国的民族传统文化是密切相关的，也是塑造中国企业文化的基础和条件。但中国企业文化要实现现代化，必须引入代表现代文明的科学文化。

---

① 科学共同体是遵守同一科学规范的科学家所组成的群体。在同一科学规范的约束和自我认同下，科学共同体的成员掌握大体相同的文献和接受大体相同的理论，有着共同的探索目标。

创新文化的建设首先需要拥有优秀的创新人才。所谓创新人才[①]，就是具有创新意识、创新精神、创新思维、创新知识、创新能力并具有良好的创新人格，能够通过自己的创造性劳动取得创新成果，在某一领域、某一行业、某一工作上为社会发展和人类进步做出创新贡献的人。这样的创新人才同时具有人文文化和科学人文相应的知识、精神和思想方法。其次要正确区分人文思想方法和科学思想方法在创新活动中的作用，人文思想方法在认识社会、人生、历史过程中涉及的价值命题更有意义，科学的思维方式、方法具有理性思维特征，如逻辑的、系统的、实证的等特征，因而更适合运用于探讨相关的事实命题。最后，求真唯实是科技文化的本质与价值核心，创新本身就是求真唯实，在创新文化的建设中必须体现实事求是、勤奋踏实、严谨精细、孜孜以求等科学精神。

盖茨：微软创新之神

在微软发展的早期，盖茨负责产品规划和编程，艾伦负责公司的业务经营。盖茨总是用下面的话来激励程序员：不论时间有多紧，只要交货时间将近，需要的话他都会亲自来解决这一问题。结果在微软公司形成了一种文化，那就是盖茨领导是微软之神。每一位在盖茨之下工作的人，都觉得自己是相对较差的程序员，在技能或驱动力上完全无法与之抗衡，因而他们彼此相互竞争。他们长时间地工作，尽最大努力效法盖茨——他的驱动力、他的雄心和他的技能。这种内部竞争激励着编程员工，并使微软成为计算机行业中最成功的、也是盈利水平最高的公司之一。公司拥有巨大的财富——它的很多员工在为微软工作期间成为百万富翁，当然，这也包括比尔·盖茨本人，他是目前世界上最富有的人之一。在 20 世纪 90 年代，比尔·盖茨的个人净值按每天 3400 万美元的速度增长，那也就是每周 2 亿美元！

资料来源：比尔·盖茨：变革型领导的代言人. http://www.12reads.cn/32492.html.

二、创新人才激励的要素

创新行为的形成取决于四个方面：行为主体的动机、行为主体的能力、环境的激励和环境的制约。其中行为主体的创新动机是创新行为产生的前提，行为主体的创新能力是产生创新行为的必要条件，行为主体的动机和能力共同决定了主体从事创新的目的和追求的目标。外部的刺激可激发和诱导行为主体的创新动机，并为行为主体实现其创新目标创造条件，而环境的制约则会抑制行为主体的创新动机，并影响行为主体实现其创新目标的程度（邢以群，2000）。在创新管理中，创新人才的激励问题更加复杂。一方面创新是多个主体复杂作用的结果，激励既要考虑到个人的贡献，又要考虑到团体的作用；另一方面，创新具有高度不确定性，失败是难免的，而失败的原因却是多方面的，如果因为失败而否定所有人的努力和整个创新过程，必将影响激励效果。因此，创新管理的激励问题需要充分认识到创新管理的复杂适应性特征，做到公正、系统、富有柔性。将物质激励和精神激励相结合，外部激励

[①]　在国外的有关文献中，并未发现与"创造型人才"或"创新型人才"对等的概念。一些相关的概念如"creativemind"、"creativeman"、"criticalthinking"等，大都是从心理学的角度研究创造性思维、创造性人格的特点。

与自我激励相结合，政府激励、市场激励与企业激励相结合，最大限度地使企业目标与个人目标相吻合，充分激发员工的创新积极性，提高个人和组织的适应性。

激励是通过某种方式引发行为并促使行为以积极状态表现出来的一种手段。激励就是激发人的动机、热情和活力，强化下属与企业目标一致的积极行为。人的行为背后总是潜伏着一种内在的心理状态，这一心理状态往往通过人的具体行为表现出来。激励过程是由需要未能满足开始的，需要引起动机，动机激发行为，行为又指向一定的目标。目标的实现反过来又作为结果反馈使人产生新的需要，继而产生新的动机及行为。需要和动机是两个内在的因素，行为和目标则是两个外在的因素，激励是通过"满足需求"、"激发动机"、"鼓励行为"和"引导目标"来实现的（盛亚等，2012）。

（一）满足需求

需求意味着使特定的标的物具有吸引力的某种心理状态。人的需求多种多样，而且由于时间、场合的不同，人的需求的内容和强度也不一样。这就需要领导者尽可能地去了解人才的需求，尤其是人才的合理需求和内在需求，并千方百计地给予满足。创新人才大多是知识型员工，他们更希望得到他人的注意、尊重、赏识和信任。即创新人才既拥有外在性奖酬（如收入报酬和福利待遇）的需要，又拥有内在性奖酬的需要，而且内在的心理需求更为强烈。因此，必须重视其内在奖酬体系的搭建，如创造自由宽松的工作环境并给予一定的管理参与权，以满足其主动参与而不是被动接受管理的需要；提供富有挑战性的工作并给予一定的成长和发展机会，以满足其追求卓越的需求；积极营造彼此信任、彼此扶持、团结友好的组织文化，以激发创新人才合作进取的热情和动力（赵峰等，2013）。

（二）激发动机

动机与需求、行为密切相关，动机是由特定需要引起的，是满足各种需要的特殊心理状态和意愿，影响着行为的发端、方向、强度和持续性。与需求一样，动机也可分为内在动机和外在动机，内在动机表现在心理状态上是酣畅，表现在人格上是毅力，表现在行为上则是勇于尝试。创造性结果的成败或解决问题的可能性，与创造者的尝试次数有很深的关系。同等条件下，能够提出更多不同的观念和做出更多尝试的人，肯定要比提出常见的解决方案和不愿意做出积极尝试的人更有创造力，也更有可能获得成功的机会。领导者要善于把握创新人才所具有的内在性质的动机，并将激励重点落到下属积极向上的高成就动机上。领导者更要重视对那些具有追求高成就动机者的激励，因为他们是企业的宝贵财富。要知道，企业或部门中的很多工作主要就是这些高成就动机者完成的，不把他们的积极性激发出来，工作是干不好的，创新性工作更不可能完成。

（三）鼓励行为

鼓励正确的行为相对来说比激发动机、满足需求要容易一些，因为行为属于外在因素，它比内在因素易于识别，易于掌握。领导者发现下属有符合企业的利益和需要的行为时，应及时给予表扬、奖励，以有效地强化这种行为。对下属不符合企业要求的行为则应给予批评甚至惩罚。不善于惩罚错误行为，对正确行为的鼓励就失去意义。但要特别注意的是，创新人才经常做的是创新性工作，创造力的研究者或相关领域的共同体通过创新性的成果去认定创新人才的价值，要容忍他们那些不符合企业常规要求的创新行为。因此，企业领导者要学会区分下属行为是常规行为还是创新行为，对常规行为要有制度约束和行为规范，并把遵守这些行为规范的人物作为学习榜样,但对创新行为要宽容、鼓励和引导。

(四)引导目标

人的内在需求会产生一种驱动力并指向特定的目标,这就要求企业领导者要采取措施促使员工的个人目标和企业目标结合起来,而这两个目标的一致性程度对正确采用目标引导的激励手段起着决定性作用。如果目标达到,人追求目标的心理紧张程度就会降低,这时就会寻找能满足需要的新的特定目标。

科学合理的绩效评估是引导目标的重要手段。一般情况下,创新人才都比较重视组织对自身工作业绩和努力程度的认可和肯定。因此,一个系统科学的绩效评估体系对其工作积极性的调动十分重要。首先,设置清晰明确的绩效考核标准,既要关注组织成员业绩上升的绝对额度,又要关注组织成员间业绩的横向比较;其次,选拔合格的考核主体并进行科学分工;再次,设计客观透明的考核程序并严格按章程办事;最后,公开考核结果并切实将考核结果运用于对创新人才工作的奖惩之中,做到赏罚分明(赵峰等,2013)。

三、创新人才的物质激励

物质激励是通过满足个人物质利益的需求,来调动人才完成任务的积极性。物质激励的手段主要包括提高薪酬[①]、增加福利、改善工作环境、提高设施配备水平等,对创新人才可考虑实行年薪制,将薪酬与绩效挂钩,提供具有竞争力的薪酬、带薪休假、参加会议资助的、股票期权等形式多样的物质激励方式。一般而言,创新人才的薪酬水平应略高于同类组织的平均水平(陈劲等,2013)。

(一)提高物质激励的有效性

要提高物质激励的有效性,领导者需要注意以下几点。

1.物质激励与精神激励的结合

物质激励作用于人们的生理方面,是对人们物质需要的满足,多以加薪、奖励和福利的形式出现;精神激励作用于人们的心理方面,是对人们精神需要的满足,多以授予称号、颁发奖状、开会表扬、宣传事迹等形式出现。作为满足人们精神需要的一种重要手段,精神激励有着激发作用大,持续时间长,影响范围广等特点。在激励工作中,物质激励与精神激励是很难截然分开的。一般来说,物质激励本身就体现着精神激励的作用,精神激励中也含有物质激励的因素。随着社会经济条件的发展和人们思想水平的提高,物质激励有向精神激励转化的趋势,所以,对创新人才的激励要强调物质激励与精神激励相结合,并以精神激励为主的原则。

2.注意激励公平

公平激励理论认为:下属的工作动机和积极性不仅受自己绝对报酬的影响,更重要的还受相对报酬的影响。下属总会把自己的贡献和报酬与一个和自己相等条件的人的贡献和报酬相比较。当这种比值相等时,就会有公平感,就心情舒畅,积极性高涨;反之,就会导致不满,产生怨气和牢骚,甚至出现消极怠工的行为。公平激励就应积极减少和消除不公平现

---

① 薪酬是员工因向所在的组织提供劳务而获得的各种形式的酬劳。狭义的薪酬指货币和可以转化为货币的报酬。广义的薪酬除了包括狭义的薪酬以外,还包括获得的各种非货币形式的满足。

象,但正确的做法不是搞绝对平均主义,而是领导者要做到公平处事、公平待人,不搞好恶论人,亲者厚、疏者薄。如对激励对象的分配、晋级、奖励、使用等方面,要力争做到公正合理,使人人心情舒畅。但对创新人才而言,由于创新成果评价困难,也缺乏可比性,绝对公平难以实现,提供公平感知是可以做到的。

3.依托物质条件激发凝聚力和自豪感

企业领导者应该在尽可能的情况下,不断提高员工的收入水平,不断改善福利条件,尤其是提高管理骨干、创新人才各方面的待遇。这是把物质激励转化为精神力量的一条重要渠道。领导者要把物质激励的重点放在最能激动人心、最能培养荣誉感的地方。青岛双星集团前董事长汪海说:"经济手段运用的好坏,并不在于奖金的多少,而是要奖到点子上,奖得既叫人眼红,又让人服气。"这里强调的也是物质激励要向重点倾斜(盛亚等,2012)。

(二)物质激励的一个制度安排——双梯阶制度

双梯阶制度是在组织中设计一个平等的层级结构:一个是管理生涯道路,另一个是专业或研究人员的发展道路。双梯阶制度允许对两个层级中相同级别的人员给予同样的地位和同样的报酬与奖励。其目的在于为组织中的专业技术人员发展自己的事业生涯提供一种有意义和特殊的奖励机制(Laurie Michael Roth,1988)。如图11-3所示,处于第四层次的高级工程师Ⅱ有两个发展通道:一是从事技术的管理工作,如实验室负责人;二是专门从事专业研究工作,如高级工程师。

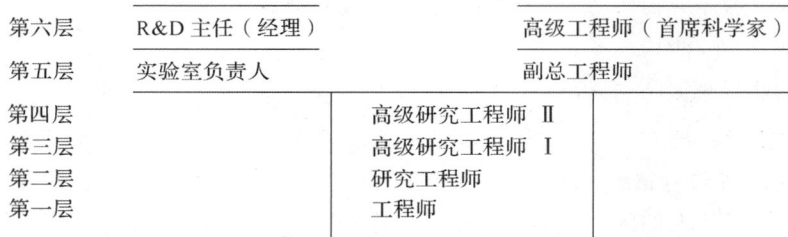

第六层	R&D 主任（经理）	高级工程师（首席科学家）
第五层	实验室负责人	副总工程师
第四层		高级研究工程师 Ⅱ
第三层		高级研究工程师 Ⅰ
第二层		研究工程师
第一层		工程师

图 11-3　双梯阶模型

设计双梯阶制度主要原因在于专业研究与开发人员对其职业的看法有其独特性,如视专业组织为主要活动场所,服务于公众信仰,认为专业上的同行最有资格评价专业人员的工作,愿献身于专业工作等。双梯阶制度在企业得到了广泛的应用,但也存在不少问题,如在现实中,组织常常不能明确地根据不同阶梯位置的行为标准、责任标准来定义并用文件来说明双梯阶机制;对双梯阶机制存在着组织上的混淆,在设计时故意造成两个梯阶的不平等,专业梯阶常常无法得到同等程度的认可、地位和报酬等。事实上,双梯阶制度只是通过职业生涯的安排,为专业技术人员提供了物质上的保障,要想达到精神上的激励还远远不够,更何况创新人才不能只限于专业技术人员,企业的每位员工都可能成为创新人才。

四、创新人才的精神激励

创新人才的精神激励涉及对创新人才精神追求的认识。根据马斯洛的五层次需要理论,精神层次的需求是一种高层次需要,这种层次的需要相对来说比较难以满足。

(一)鼓励向风险和不确定性挑战

创新需要创新者艰苦探索,锐利进取,不怕失败,并准备承受创新失败后来自各方面的诋毁。这是一种精神——一种对现状不满并试图实现变革的精神。企业是否有这种精神,是否创造出一种有利于创新的宽松环境和文化氛围,是否给创新者以积极的支持和帮助,是否提供创新必需的技术、资金、人力供应以及政策上、制度上和组织上的保障,并对那些创新失败者以保护和鼓励,直接影响着创新人才的主动性和积极性的发挥,影响到企业的创新能力。企业如果对不确定性的未来感到威胁,并试图加以回避,如采用各种严格的规章制度控制创新者的思想和行为,不许越雷池一步,这种"不确定性回避程度高"的文化不利于企业的创新。只有当企业教育其成员容忍和接受那些有差异的行为方式,真正营造一个有利于企业创新的文化,才会有助于创新工作开展。

(二)提倡团队合作精神

创新始终充满着个人主义的冒险精神和集体主义的合作精神。个人主义价值观推崇每个人按自己的利益选择其行动方向和各种活动,从而使个人在选择上有更大的自由空间。毫无疑问,个人主义精神在创新过程中(尤其在早期阶段)是不可缺少的,但更要鼓励集体主义的合作精神。对一个组织而言,特别是一项规模大、涉及面广的创新活动,没有集体配合、齐心协力,而单枪匹马,孤军奋战,成功是不可想象的。因此,企业在倡导个人冒险和探索精神的同时,需要塑造一个以集体为力量的创新文化。

(三)打破各种阻碍创新的陈旧体系

创新需要创新人才不懈的追求和太多的付出,他们不仅要承担创新工作的沉重负荷,而且还要为可能遇到的风险和失败忍受物质和精神上的打击。作为承担可能遇到风险的报酬,创新人才理应享受创新成功后的物质和精神奖励。因此,企业必须勇于打破原有的利益和权力分配的框架,对那些有突出贡献的创新人才在利益和权力分配上给予特殊考虑。此外,组织需要给创新人才直抒胸臆、坦诚相见、自由发表意见的机会。企业若仍维持原有的权利结构和组织等级,势必压抑创新人才的创造性思维和创新性工作。企业领导者应该眼光卓越,有胆有识,给那些带来企业生机、希望和发展机会的创新人才(无论其地位如何,有无权力基础)应有的权力和利益,这样就能使企业的全体员工感到,只要自己努力进取,有所作为,有所创新,消除目前企业员工之间的权力分配与占有方面的不平衡的创新行为都将得到鼓励,并使之成为可能。反之,维护等级森严和权力,利益分配不公的现状,并竭力阻止一切破坏现状的行为,必将成为创新的严重桎梏。

(四)正确理解创新的价值实现

从个人角度看,创新的动机有对金钱和物质的追求,但更多的是个人实现需要和个人成就感,即追求一种个人的价值实现。但这种追求靠个人的力量难以实现,必须将自己置身于某个具有创新性的组织中,依靠集体智慧,融个人目标于集体目标之中,在实现组织目标的同时,实现个人价值。创新过程中,创新者个人缺乏自信,没有主见,没有积极向上、勇于献身的精神是不行的。但无视他人的价值观,不尊重别人的意见,主观武断,唯我至上,唯我独尊更是不可取的。

华为公司的创新人才激励

华为公司围绕其核心价值观——创新，为企业创新工作的开展提供了有力的人才保障。

选择和重用创新型人才　华为公司认为：人力资本是公司价值创造的主要因素，人才是一种特殊的战略性资源，人力资本的增值目标，优先于财务资本的增值目标。在华为公司的人才招聘、录用过程中，注重员工的素质、潜能、品格、学历，其次才是经验，公司更看重人有无发展培养的潜力。公司还采取鼓励伯乐的政策，提拔一些敢于和善于任用比自己能力强的人。用强过自己的人，说明他首先考虑的是公司的发展，是具公心和有社会责任的品德高尚的人，而不是狭隘自私者。

形成能上能下的用人机制　华为公司实行的是自由雇佣制而非终身雇佣制，当然不搞终身雇佣制不等于员工不能终生在华为工作，只是在自由雇佣制的大环境下运用考核、工资、股权、分配等人事政策把优秀员工凝聚在公司里。公司还推行任职资格审查，不具备上岗资格不能担任职务，并根据员工目标与任务把对员工的绩效改进作为考核评价的依据，以鼓励大家改进绩效。审查不合格的，采取下岗培训、末位淘汰制等措施，促使大家做好工作，铲除沉淀层。

使创新者共享创新成果　在华为的内部机制中，试图构筑一条价值链，即让员工全力地创造价值，通过360度的考核评价体系科学地评价其创造的价值，最后依靠公司的价值分配体系合理地分配价值。价值回报不仅包括工资、奖金、福利，还包括员工持股、预付安全退休金、机会、职权、晋升、教育培训等长期回报。其中公司通过内部股权的安排，让每个员工通过将一部分劳动、知识所得转成股本，使员工成为企业的主人，与公司结成利益与命运的共同体。此外，公司还不断地使最有责任心与敬业精神的明白人进入公司的中坚层，形成公司的中坚力量和保持对公司的有效控制，使公司可持续性成长，使价值评价与价值分配向创新与创业倾斜。

资料来源：转引自盛亚等(2012).

[本章精要]

1. 领导者在创新中的作用首先表现在理念创新方面，理念创新是指革除旧有的既定看法和思维模式，以新的视角、新的方法和新的思维模式，形成新的结论或思想观点，进而用于指导新的实践的过程。

2. 领导者要进行理念创新，必须要在组织中建立共同愿景。共同愿景是组织中人们所共同持有的意向或景象，它创造出众人一体的感觉，并遍布组织全面的活动，从而使各种不同的活动融汇起来。领导者首先要有个人愿景，然后才能成为愿景领导。

3. 共同愿景是建立在企业核心价值观上。不同企业的核心价值观不一样，但都是为追求愿景、实现使命而提炼出来并予以践行的指导企业上下形成共同行为模式的精神元素。

4. 理念创新从不同视角分析具有不同特点，其主要特点有客观深刻性、继承稳定性、超越突破性和动态发展性。按照彼得斯的描述，理念创新涉及十大领域：市场营销、国际经营、制造、营销和服务、技术创新、职工、机构、领导、管理信息系统、财务管理和控制。

5.一个具有创新性的团队首先应该是一个学习型组织,依照彼得·圣吉提出的"五项修炼",除了建立共同愿景外,还需要自我超越、改善心智模式、团队学习和进行系统思考。

6.团队不同于一个正式组织,它存在于组织的各个层次,对于企业的创新工作来说,团队运作方式最为合适。一个高绩效的团队领导者在团队的领导工作中需要重点突出以下几方面:明确具体目标、建立相互信任、做好团队文化建设、开发团队能力和促进团队沟通。

7.影响项目团队沟通的因素有任务特性、任务相互依赖性和环境条件,团队沟通管理要注意项目的不确定性程度和沟通交流方式的不确定性程度,并注意两者之间的匹配。

8.创新人才的激励首先需要建立企业的创新文化。在建立创新文化时注意人文文化和科学文化的结合。创新文化是创新人才精神激励的主要内容,包括鼓励向风险和不确定性挑战、提倡团队合作精神、打破各种阻碍创新的陈旧体系、正确理解创新的价值实现等。

9.创新人才的激励应从"满足需求"、"激发动机"、"鼓励行为"和"引导目标"四要素着手,其中满足需求、激发动机属于内激励,鼓励行为和引导目标是外激励。相对于外激励而言,内激励难度更大,但效果更好。

10.创新人才的激励手段分为物质激励和精神激励两大类。在进行物质激励时要注意物质激励与精神激励的结合、力求激励公平、依托物质条件激发凝聚力和自豪感,以及物质激励的一个制度安排——双梯阶制度。双梯阶制度是在组织中设计一个平等的层级结构:一个是管理生涯道路,另一个是专业或研究人员的发展道路。

问题及讨论

1.领导者在创新中的作用首先表现在理念创新上,如何理解理念创新?

2.创新团队建设是企业创新的载体,如何做好创新团队工作?

3.激励创新人才是企业创新的根本,如何设计创新人才的激励机制?

4.选择一个案例,从理念创新、团队建设和人才激励三个方面分析领导者在企业创新中的作用。

[案例应用]　如何领导企业自主技术创新

1.民主决策与权威执行

通过对 A 公司人力资源副总的访谈发现,"领导班子成员在决策和开会中能够发表自己的看法,不管这个意见对或不对,提出来至少能够引发大家的思考和讨论,所以在领导班子开会时大家总是争得面红耳赤。CEO 他本人作为团队的中心很少在刚开始就提出自己的想法来左右大家的思考方向,他总是试图创造一种能够争论和讨论的会议气氛,在决策过程中当出现僵局或死胡同时,他会不时提出一个想法以转换讨论的思路,或者重新抛出原来的问题让大家不至于跑题太远"。另外,该公司的 CEO 除了是国内煤制油技术的专家外,还具备多年的海外学习和工作经历,可能这种海外经历也对他采取民主讨论的方式具有一定的影响。这种民主讨论的氛围最大的优势在于,能够调动领导团队成员提出更多的决策方案和技术创意,可以从多个角度来进行选择和评价,从而有利于提高技术创意和决策方案的质量和多样性,有利于打破成规和现有规则,获得新颖的技术方案。

虽然 CEO 倡导"民主决策"和开放的会议讨论氛围,但是在决策制定之后,则开始全力贯彻"权威执行"的原则,从而采取了另外一种不同的领导方式。即一旦决策确定下来,通常很少更改，以保证事前的决策能够符合既定的决策目标，除非是在执行过程中发现了严重的漏洞或问题。因此，为了保证决策的执行力，CEO 通常会在领导团队成员明确了任务目标和奖励标准后，通过严格的控制措施来保证决策目标与执行之间的一致性，防止发生在执行过程中的偏离和错误，这其实是其例外管理行为的表现。正如该公司人力资源副总所言："有时候会觉得他（CEO）表现得很友善，有时候又觉得他很严厉，如果谁在任务完成中出现偏差或没有如期完成任务，他是说到做到，该奖则奖，该罚则罚。他的民主和开放让我们在决策制定过程中体会到了自己的价值，但是他的严格和认真让我们在决策执行过程中也感受到了压力。"决策过程中的权威执行，以严格控制和纠正偏差为原则，可以保证公司所制定的技术方案能够按照既定的标准执行下来，有利于提高对先前决策结果的执行能力。因此，从以上分析中可以看出，在决策制定和执行过程中，该公司的 CEO 遵循不同的领导原则，而这两种不同的原则在同一个领导者身上得到了有效的平衡。

2. 愿景激励和权变奖励

A 公司通过愿景传递的方式来提高员工对所从事任务的信心和信念，并将未来愿景与员工的日常工作联系起来以赋予工作本身更深的意义和价值。由于该公司所从事的煤制油技术的研发和生产面临着较高的不确定性，如何让公司的员工愿意并且能够与领导者一起应对挑战，并且能够更深刻地认识到公司和自身所从事任务的价值和意义，便是摆在 CEO 和其他高层领导团队成员面前的一个难题。与其他公司不同，A 公司并没有以本公司的未来发展目标为激励员工的措施，而是将公司从事的煤制油技术的研发和生产上升到关系国家和民族命运的高度来"内化"员工对于其工作意义和价值的深层次认识，激励员工"以做事业的态度来做工作"。

A 公司在成立之时就提出了以"提供可靠的煤制油产品与煤化工品保障国家能源安全"为己任，以关乎国家能源发展的战略高度来激发员工的工作动机，提升他们对自身工作的意义和价值的认识和觉悟。这种超越公司层面的愿景激励让员工能够深刻认同公司和自身所从事的任务的重要性和价值，提高了其对公司的忠诚度。这种愿景激励的领导方式属于着眼于未来的愿景激励行为，即通过描绘和传达崇高的愿景达到激励员工的目的。

虽然未来愿景能够提高员工对公司所从事的事业认同度，但是要让员工一步步去达成这个愿景则需要相应的制度保障和激励措施，以便让"未来"的愿景能够转化为员工"日常"工作的动力，这需要采取不同于愿景传递的领导方式。为此，需要建立相应的奖励制度和人才激励措施来对员工所做的符合愿景目标的日常行为进行奖励。例如，在薪酬激励上，该公司设立了技术、业务和管理"三条薪酬通道"，只要员工能够按照公司所期望的目标努力，各个领域和专业的员工都可以获得相应的薪酬奖励。这其实属于一种着眼于现状的权变奖励行为，即通过设定相应的奖励制度来对员工符合制度规范的行为进行相应的奖励。因此，在企业的自主技术创新过程中，CEO 同时展现愿景激励和权变奖励的领导角色，而这两种领导角色在传统领导理论中被认为是相互冲突的，只有高明的领导者才可能同时驾驭这两种角色。

3. 动态授权和领导影响途径

煤制油技术知识的专业化和复杂化使得动态授权在 A 公司非常普遍。由于煤制油技术需要员工具备较为复杂和全面的知识结构，领导者往往并不一定是具体项目的专家，可能具体的技术人员具备更为专业和特殊的知识，为了更有效地处理技术难题，提高技术创新的效率,授权行为在该公司非常普遍。在技术创新过程中,CEO通过向高层领导团队成员授权,以使其能够最大限度地发挥自己的技术和知识专长,提高其自主性和创造性。同时,高层领导团队成员向中层和基层领导者的层层授权,也调动了其积极性和自主性。而基层领导者则通过给一线员工授权使其更有效地处理技术问题。这样,CEO所倡导的授权行为在公司内实际上形成了一个授权链条,通过层层授权来最大限度地提高一线技术员工的自主性和创造性。但是,该公司并不是简单的授权,而是采取一种动态授权模式,正如CEO所言,"我们不是'喜欢'授权,而是'善于'授权,根据具体情况来选择是否应该授权,授予多大的权力,甚至在适当的时候还要收回一部分权力"。这种动态授权模式对不同层次的领导者都提出了更高的要求,他们不仅要判断授权的情境和下属的成熟度、胜任能力等因素,还要把握住授权的"度",这要求授权者与被授权者之间能够建立一种高水平的互动和信任关系。

在大中型企业中,许多基层员工并没有机会接触到CEO,那么处于组织高层的CEO的领导方式如何跨越组织不同层次来影响基层员工? 领导网络在这种跨层次的影响过程中起着关键的媒介作用。根据社会信息处理理论(social information processing),员工的行为和态度其实是受到其身边的人,如领导者、同事或朋友等所发出的社会信息的影响。CEO作为公司的最高领导者,其行为往往向下属传递代表某种意义的社会信息,借助这些社会信息来影响下属的态度和行为。这样在由不同层级所组成的领导网络中,CEO的行为往往向其直接下属传达某种社会信息和信号,其下属再将这种社会信息扩散给更低层的领导者或者基层员工,这样的层层传递将影响员工的行为,而员工的不同行为将导致在技术创新过程中创造出不同类型的知识,进而通过知识的跨层次聚合来影响最终的技术创新水平。

4. 领导的模范表率作用

在A公司的发展过程中,CEO以及高层领导团队成员很注重塑造自身的个人魅力以及发挥模范表率作用来提高企业内员工的士气和热情,并对自己及其领导团队成员的言行和修为提出了明确的要求。例如,CEO对自身和领导班子成员提出了"三一"总体要求,即:以"一团火"的精神干事业,以"一盘棋"的思想抓项目,以"一杆旗"的形象做表率。"一团火"的精神要求领导团队成员不仅能够自我激励,更要能够激励下属和员工的工作热情和士气;"一盘棋"的思想要求CEO具备全局思维和战略布局意识,能够从总体上权衡利弊;"一杆旗"的形象要求CEO在各方面都能够树立典范,为中基层领导者和员工树立一个标杆和楷模,加强与下属的沟通和交流,以便发挥公司上下员工的学习和效仿效应。作为国有企业,为了做到"一杆旗"的表率作用,CEO除了要求自身和其领导团队成员不断补充和学习业务知识外,还重视领导团队成员的道德和政治素养,即在企业中发挥共产党员的模范先锋作用。该公司设置了专门的纪律检查部门来定期检查领导班子成员是否存在违纪受贿行为,以确保高层领导者的模范和表率形象。

除在日常行为中需要发挥模范表率作用外,该公司CEO还重视在技术创新实践和项目难题攻关等出现难题的时候来发挥自己和领导班子成员的模范表率作用。通常在项目攻坚过程中,都是某位高层领导者作为项目总负责人,但是当出现难题时,CEO会亲自下一线,与基层员工一起来研究解决问题的方案,带领员工攻克难关。例如,在某次处理厚壁管道焊接裂纹难题中,CEO亲自带领科研院所和咨询机构一起调研、讨论、参与到难题攻关活动中,与普通员工和调研人员吃住在一起,这种行为鼓舞了大家克服困难的信心,最终比预定时间提前攻克难题,这是他通过在特殊事件或危机事件中发挥模范表率作用来达到提高员工凝聚力,加快技术创新速度的一种方式。因此,CEO 的模范表率行为不仅在日常行为中向其领导团队产生了社会效仿效应,领导团队成员也能够效仿他的行为以影响更低层的下属,而且也在特殊事件中向全体员工中传达一种信号,用行动去表明什么样的行为在公司内是符合规范并受到鼓励的,在处理危机或难题的过程中向基层从事技术创新的员工表达其鼓励这种行为的社会期望,以调动员工从事技术创新的热情和积极性。

资料来源:陈建勋.如何领导自主技术创新:一个案例解析.科学学研究,2010(11):1737-1744.

思考题:

1. 对 A 公司 CEO 在高层决策的制定和执行过程中采用不同的领导原则做出评价,有什么样的管理启示?

2. A 公司 CEO 在领导企业创新时采取了愿景激励和权变奖励相结合的二元领导行为,结合本章理论和知识,谈谈你对二元领导行为的认识。

3. A 公司 CEO 如何通过影响力和表率作用调动员工创新的积极性?

第十二章 创新的领导方式

学习目的

■ 掌握交易式、变革式、家长式领导的内涵及其维度
■ 学会分析本章提出的三种领导方式与创新的关系
■ 权变理解和准确评价企业创新领导方式的效果

引 例

苹果公司建立于 1976 年 4 月 1 日,其核心业务是电子科技产品,在高科技企业中一直以创新闻名。2011 年 2 月,苹果公司打破诺基亚连续 15 年销售量第一的地位,成为全球第一大手机生产商。2011 年 8 月 10 日苹果公司市值超过埃克森美孚,成为全球市值最高的上市公司。现今,人们会惊讶地注意到苹果公司是一个具有高度管理意识和创新意识的公司,它不仅专注于开拓新市场,而且不断地重新塑造自我,通过推出其新型产品打开新的领域,以此来提高它的声誉。这些辉煌的成就都是建立在其出色的战略管理上,这要归功于公司总裁的领导,史蒂夫·乔布斯的领导力为苹果的成功打下了坚实的基础。

没有人有史蒂夫·乔布斯这样传奇的经历:21 岁白手起家,创立苹果公司,从而引发了个人电脑行业的革命;30 岁被赶出自己创立的公司,黯然开始二次创业,从而创立了 Next 和 Pixar,制作了世界上第一个用电脑完成的动画电影——《玩具总动员》;12 年后临危受命,再度重返苹果公司,从而掀起全球数字音乐的时尚浪潮;45 岁时遭遇第一次癌症,坚持不懈地与病魔做斗争,直到他 56 岁逝世。当 21 岁的史蒂夫·乔布斯和斯蒂夫·沃兹尼亚克创立苹果电脑公司的时候,可能不会想到有一天苹果会成为世界上市值最高的高新科技公司,乔布斯会获得总统授予的国家级技术勋章,会登上《时代周刊》成为封面人物,会被《财富》评为 10 年来全球 50 大 CEO 之首,但这一切已皆成事实。不仅如此,国际青年成就组织进行的调查表明,乔布斯因"以与众不同的方式提升了人们的生活质量,使世界变得更加美好",而成为最受青少年尊敬的企业家。在乔布斯的带领下,苹果公司摆脱困境和危机,在全球市场上一路高歌猛进,他和苹果公司的成员用 iPod 超越 MP3 的鼻祖——索尼,用 iPhone 甩掉手机霸主诺基亚,用 iPad 挑战 IT 巨人微软和英特尔,每推出一次新产品,都会令粉丝疯狂,令对手震颤。乔布斯和苹果的命运紧紧相连,他的传奇人生和独特魅力辉映苹果的激情与浪漫,他的非凡成就影响整个 IT 产业和电子世界。乔布斯对苹果公司创新的领导方式是什么? 其魅力和独特性体现在哪些方面呢?

领导方式指领导者与被领导者之间发生影响和作用的方式,是领导者对待被领导者的行为模式,是领导过程中领导者、被领导者及其作用对象相结合的具体形式,所以领导方式

也是一种行为——一种相对稳定的行为。组织管理的成效如何，取决于领导者的领导方式是否得当。了解和认识领导方式，并且善于随着时代的变化转变领导方式，是实现领导目标、做好领导工作的重要条件。

领导方式有很多划分类型，有员工导向式和任务导向式①，有管理方格理论中的贫乏式、任务式管理、俱乐部式、中间式、理想式，有魅力式和非魅力式，有豪斯（House）路径—目标理论中的指导式、支持式、参与式和成就式，有基于情景分类的告知式、推销式、参与式和授权式，有巴斯（Bass）的变革式、交易式和郑伯埙的家长式，以及基于决策和控制权分类的专制式、参与式和放任式等。这里主要就变革式领导、交易式领导和家长式领导与创新的关系进行阐述。

格力掌门人董明珠

作为中国为数不多的女性企业掌门人，董明珠能吃苦、独立、不服输的精神为业界称道。在长期的市场实践中，董明珠摸索出一整套独特的营销模式——"格力模式"使业界纷纷效仿。即使这样董明珠遭遇的质疑也从未间断。"营销女王"的头衔仿佛也暗示着不懂技术的讽刺。

但是，董明珠这个与"格力"、"空调"画等号的"铁娘子"，无论做空调，还是卖空调，都推向一种极致状态——投入巨资自主研发，自己掌握核心科技。2000 年开始，格力电器注重对技术的投入，现在格力在全国已经有 5 个研究院，接近 8000 人的研发队伍，研发人员占全体员工的 1/10。2013 年，在董明珠的带领下，格力创下总营收 1200 亿元。面对市场的追逐，董明珠并没有让格力迷失方向。董明珠带领格力在技术创新、提高能源效率和缓和环境恶化方面进行着不懈的努力。2014 年 9 月 17 日，董明珠被联合国正式聘为"城市可持续发展宣传大使"。董明珠认为，"格力电器是一个国有企业，却身处竞争非常激烈的家电行业，格力电器的出路在哪里？怎么在市场上脱颖而出？格力电器唯一可以依靠的就是质量"。

资料来源：佚名.格力电器董事长兼总裁董明珠.中国经济周刊,2014(48):85.

第一节　交易式领导

现有领导理论中，变革式领导②（transformational leadership）和交易式领导（transactional leadership）成为学术界两种有代表性的领导方式。交易式领导被称为是一种传统的领导，即在一定的体制和制度框架内，领导者和被领导者总是进行着不断的交换，在交换的过程中领导者的资源奖励（包括有形资源奖励和无形资源奖励）和被领导者对领导者

---

① 也有叫"员工导向型"和"任务导向型"，为表达方式的统一，本章用"员工导向式"和"任务导向式"，类似地，"变革型领导"、"交易型领导"和"家长型领导"分别用"变革式领导"、"交易式领导"和"家长式领导"，等等。

② 也有翻译成"转换式领导"。

的服从作为交换的条件,双方在一种"默契契约"的约束下完成获得满足的过程。交易式领导是 20 个世纪 80 年代由美国政治社会学家詹姆斯·麦格雷戈·伯恩斯在他的经典著作《领袖论》中提出的相对于变革式领导的一种领导类型,虽然被称为"传统的领导",而且有不少研究结论认为,相对于变革式领导而言,它对创新产生阻碍作用,但也有一些研究和实际工作者认为交易式领导对创新是有积极意义的。

当今企业处在比以往竞争更激烈与环境更不确定的情境中,组织内成员更需要明确的工作目标和实现目标后的既得利益,交易式领导可以通过持续地实现承诺和明晰的互动交换来满足员工需求,促使员工保持对创新和探索性工作的共同关注。有研究表明,交易式领导主要不通过精神激励影响员工,而是通过物质激励的方式直接促使员工为实现个人目标而工作,通过奖赏的方式来对员工的工作表现进行认可,能正向影响员工的态度和行为;在东方文化情境中,交易式领导对员工创新的影响效果略微上升而变革式领导的作用明显下降;交易式领导比变革式领导更容易获得员工的组织承诺(刘小禹等,2013);交易式领导与变革式领导相互作用,对员工的态度和行为产生显著影响(Judge 等,2004)。

下面主要从交易式领导的三个维度"目标导向(权变奖励)"、"公平性"和"例外管理"与创新的关系展开分析。

一、目标导向与创新

目标导向行为是为了达到某个目标而采取的一系列准备活动。在交易式领导下,采取目标导向可以将创新任务分成多个阶段,设置每个阶段的目标,当员工完成某个阶段的目标时,给予相应的物质激励或精神激励,提高员工的士气,并鼓励员工大胆创新。员工会在工作中勇于尝试各种不同的办法,从中选取最佳解决方案,同时会觉得目标设置中的不确定性是一种挑战,大胆面对各种挑战,直到找到好的解决方法。目标导向行为使员工行为的复杂性增强,员工需要的强度随着目标行为的推进而提高,当越接近目标时,员工的需要就越强烈。因此,交易式领导的目标导向行为可以促进员工创新(吴文华等,2010)。

目标导向需要与权变奖励方式结合,才能产生激励效果。权变奖励方式视员工的努力、业绩表现以及对所要完成目标的认识给予奖励,是一种为取得员工支持而提供的一种有价值的资源交易,从而建立一种努力工作与预期成绩之间的联系,通过外在动机激励下属为满足高绩效并为团队目标的实现而努力工作。这一强烈的工作动机可能会促进员工创新,因为提出新的有利于流程、产品和服务的想法有益于团队达成目标、提高绩效。特别是当领导者向员工明确阐明创新目标以及目标达成后的奖励时,权变奖励领导对创新的促进作用将尤为显著(曲如杰等,2014)。通过对新希望集团刘永好的领导方式研究发现,从对交易型领导方式出现的行为频次分析,在创业阶段交易型领导行为有 28 项,而在成长阶段变革型领导行为频次为 79 项,在成熟阶段变革型领导行为频次为 78 项。在三个不同的发展阶段,对领导行为分析的结果显示了刘永好擅长采取"权变报酬"手段激励员工(吴春波等,2009)。

目标导向的交易式领导能否有效促进创新,取决于对以下几个问题能否正确处理。一是注意奖罚的公平性。交易式领导强调在领导与下属之间存在一种契约式交易,在交换中,领导给下属提供报酬、实物奖励、晋升机会、荣誉等,以满足下属需要;而下属则以服从领导的命令指挥,完成其所交给的任务作为回报。因此,这种交易(或奖惩)是否公平影响着员工创新的积极性。二是正确对待例外管理。交易式领导建立在组织中官僚制度的权威和合法性的基础上，强调任务、工作标准和产出，关注任务的完成和员工的顺从，员工自主性受到较大限制，他们往往以领导的指示任务为目标，采取相关的措施去提高工作绩效，而对任务之外的学习和创新则无暇顾及。实际上，员工的创新行为常常是发生在任务之外，需要突破明确的界限、井然的秩序、规则的信守。因此，对从事创新工作的员工要学会正确采取例外管理。三是注意创新成果的测量问题。交易和奖惩的公平与否取决于是否能准确测量创新成果，然而，那些拥有知识并且运用其知识进行创新性工作的人，具有自主性较高、成就动机较强、注重学习和创新、重视个人的职业和发展、重视与领导的沟通、劳动成果一般难以量化等特点。由于创新的劳动成果难以衡量，交易式领导只注重结果，不顾及过程中员工的行动和方法，这势必会使得员工只关注结果，而忽视对创新的重视。此外，交易式领导更多地强调短期利益，而创新是一个漫长的过程，其中充满着风险和不确定性，创新成果的应用也不会立即产生效益，从而进一步增加了创新成果的测量难度。

总之，交易式领导在营造创新氛围，激励创新行为，提高创新绩效方面还是有所作为的，如：①下属完成既定目标，领导给予奖励和认可，是一种更加积极主动的交易行为。②下属发生差错，领导立即实施惩罚以达到纠正警戒意图，也是为了确保员工达到创新目标、不至于偏离方向应该采取的行为。此时，交易式领导对员工发生偏差的容忍程度、采取的纠偏方式方法就显得尤为关键。③共同目标是团队合作的前提，交易式领导通过确立团队规则与合作基础，让员工了解如何去做，什么时候去做，与谁一起来做以达到良好的创新绩效。④通过目标设置和绩效评估，交易式领导可以视创新绩效来确定对员工的权变性的奖励。

新希望集团刘永好的交易式领导

一位受访者向我们谈到了刘永好的奖励政策。"在公司发展的早期，老板就非常重视对员工的奖励，他认为'干好得到奖励，干不好要惩罚'，这是用人的重要原则。事实证明，这种敢于奖励的政策帮助企业获得了市场，也增强了企业内部的活力。"另外一位受访者给我们讲了一个在新希望流传很广的故事。"老板在用人上有两点很厉害。第一点，看人很准；第二点，不拘一格用人。我们公司以前有个司机，由于工作业绩出色，人也认真，于是就不断得到提拔。最后一直被提拔成一个业务部门的总经理。这在公司被传为佳话，也激励了许多年轻人。老板的风格就是敢于奖励，敢于提拔。"研究发现，在新希望发展的各个阶段，刘永好都坚持了绩效奖励、奖惩分明的原则，透过这种"权变报酬"的方式，不断开发组织环境中的资源与机会，促进部属努力达成工作标准。随着企业的不断发展，他的"权变报酬"行为逐渐增强，并且逐步从短期激励向长期激励过渡，这表明其对员工的利益，特别是物质利益越来越关注，这是优秀领导者的重要特征。

资料来源：吴春波，曹仰锋，周长辉.企业发展过程中的领导风格演变：案例研究.管理世界，2009(2)：123-137.

二、公平性与创新

交易式领导与成员之间是基于经济的、政治的及心理价值互换的关系，领导者的任务是界定员工的角色、设定员工需要达成的目标以及相应所能获得的奖酬，提供资源，以帮助员工达成目标、获得奖酬。个体之所以贡献心力,是因为其从交换中得到最大的满足,交换不仅局限于物质利益,也包括赞赏、尊敬、自尊、情感等心理层面的互换。交易式领导主要透过个人的利益诉求来激励下属,强调工作标准、工作分派以及任务导向,关心任务的完成以及下属的顺从(刘小禹等,2013)。相对于变革式领导,交易式领导更重视保障其与员工互动"交易"过程中的"公平性"——否则"交易"难以持续。在中国情境下,公平问题是一个不可忽视的因素。

公平主要包括分配公平和程序公平两个维度,分别强调分配结果和程序的公正合理性。组织实现这些公平,可提高员工的积极感受,诱发自发自愿的工作行为,促进组织功能的发挥并最终提高组织的创新绩效。相对而言,分配公平表征的是暂时的、不稳定的组织决策结果,而程序公平则更依附于组织制度持续发挥稳定影响,保障的是长期和稳定的决策结果。随着企业管理方式的规范化,人们重视程序公平更甚于分配公平。程序公平是指在资源分配过程中所使用的程序的公平性。当创新团队运作过程中体现出程序上的公平时,团队成员会不自觉地映射到领导决策的公正性评价上。交易式领导本质上与强调程序公平的LMX[①]是一致的,即当下属绩效达到了创新绩效期望后,领导者会以平等交换方式满足该下属,当下属工作出现错误或者偏差,没有达到期望的创新成绩时,会受到惩罚和批评。因而程序公平在某种程度上能够替代交易式领导的作用,促进团队成员更加积极地创新(刘小禹等,2013)。

尽管如此,基于组织公平理论的研究表明,分配公平对员工的态度和行为也会产生重要影响,公平的环境能够提高员工对工作的投入并提升任务绩效水平。在重视中庸、和谐、"不患寡而患不均"的中国文化下,组织公平对员工行为的调节作用可能更为突出。尽管交易式领导对员工创新行为的直接作用不显著,但相对于变革式领导会给员工创新造成"圈内人、圈外人"的认知,在交易式领导的组织中,当出现高水平的分配公平时,员工的创新水平则越高(霍伟伟等,2011)。

随着公平感越来越成为当今社会密切关注的问题,企业管理者和领导者在我国企业从传统管理向现代管理的转型过程中,有必要加强组织公平(尤其是程序公平)建设,这对企业创新绩效的提升具有重要的促进作用。在加强程序公平建设的同时,领导者还应该考虑通过合适的领导方式与程序公平进行配合,更好地实现创新,即领导者需要明晰组织的程序公平水平,当程序公平水平较低时,领导者应更多地采用交易式领导,以促进团队创新;当程序公平水平较高时,则应该减少交易式领导行为。

三、例外管理与创新

例外管理是领导者对下属工作中所发生的例外问题所持的态度和所采取的管理方式,是指领导者根据领导成员间交换的结果来采取修正行动。也就是说,领导者监控下属的行为与绩效,当下属的行为发生错误或不合乎标准时,领导者对此加以纠正、反馈或处罚(Bass等,2003)。一般认为例外管理不会有效影响创新能力,甚至会有负面作用,因为例外管理

---

① LMX(leader-member exchange)即领导—成员交换理论,是指领导者对待下属的方式是有差别的;组织成员关系的集合中往往会包括一小部分高质量的交换关系(圈内成员之间)和大部分低质量的交换关系(圈外成员与圈内成员之间),圈内成员更受到信任,得到领导更多关照,也更可能享有特权。

的领导行为密切监督员工的绩效和工作，当员工的行为发生错误或不合乎标准时，领导者对此加以纠正、反馈或处罚。这种领导方式强调对现行规则和秩序的服从，并不鼓励员工开发创造新的方式方法。根据认知评价理论，强调监督和纠正活动的领导行为会使得员工认为他们处在领导者的严密控制下，因而降低他们工作的自主性和能动性。研究证实具有极强控制导向的领导者对员工的内在动机和创新均会有所损害（曲如杰等，2014）。但有研究表明，交易式领导行为也会积极支持员工创新能力的提高。变革式领导往往出现在企业产生危机和变革的时期，交易式领导更容易在秩序井然的社会中产生。因此，并不仅仅是变革式领导会对员工的行为和产出带来积极作用，交易式领导也能从正面对员工产生影响。

这需要借助动机理论加以分析。动机分为内在动机与外在动机，内在动机产生于对工作的浓厚兴趣和对工作的参与，以及好奇心、快乐或工作带来的挑战性；外在动机则产生于希望达到工作以外的目标，例如获得报酬。交易式领导主要通过外在动机对员工产生激励，如明确阐明对员工的期望，为员工制定目标，向员工传达如何通过高的绩效满足其需求。当员工达到目标时给予奖励，以激励员工高效完成任务。特别地，当员工在工作中发现某些新方法能带来效率和绩效的提高时，这种激励更能促使其快速采用新方法，实现创新。再如，交易式领导对员工工作提供建设性反馈，及时肯定员工的创新工作和贡献，增强员工自信心，并使员工获得重要信息进一步提高其能力，进而积极创造更多新方法（丁琳等，2009）。但交易式领导对员工外在动机的激励也会产生负面影响，如组织中的竞争、对员工想法的负面评价、对奖励的过分关注以及对员工工作方式的制约等。因此，交易式领导的外在动机激励必须建立在变革式领导的内在动机激励上。当内在动机与外在动机都很高时，二者能够共存并对创新能力产生正面作用。

交易式领导需要根据动机的不同，正确理解和有效使用例外管理，促使其对创新产生积极意义。例外管理分为积极例外管理（management by exception-active）和消极例外管理（management by exception-passive）两个方面。积极例外管理是指领导者会主动随时观察员工的行为，并对其工作中的失误和问题进行及时纠正，确保任务的有效完成；消极例外管理则是指只要目前工作情形可以接受，领导者就不会主动干涉下属工作的管理行为。领导者对创新观点的赞赏和奖励，对项目目标的明确制定以及对员工工作经常性地反馈都会支持员工的创新。以往研究认为，积极例外管理既无正面作用也无负面作用，因为虽然积极例外行为对员工提供反馈信息，但同时领导的监督和对员工工作的干涉使员工在一定程度上需服从领导的安排，不能充分享有工作自主权，抵消了积极例外管理行为的正面影响；消极例外管理是无效的行为方式，严重降低了变革式领导行为的有效性，因此它与变革式领导的交互作用抑制了员工创新能力的产生。丁琳等（2009）研究指出，在与变革式领导的共同作用下，积极例外管理行为能够为员工及时提供工作反馈信息，促使员工工作的改进和完善，支持其创新能力的产生，虽然这种支持不够显著。

即便有上述研究结论，但从例外管理的定义看，它对创新的有效性还有待进一步研究。领导者对下属采取例外管理（无论是积极的还是消极的），如果考虑到不同文化背景下员工的内外部动机差异，还是有正面价值的。如有研究认为（霍伟伟等，2011），从跨文化视角来看，东方文化情境下，变革式领导与员工创新之间的相关性较高；而西方文化情境下，交易式领导与员工创新之间的相关性较高。此结论表明，在集体主义倾向较明显、高权力距离及高风险回避的东方文化情境下，员工更为看重责任、道德标准和愿景激励，故变革式领导对创新的影响作用更为突出；而在西方文化背景中，员工比较奉行个人成就，追求物质及社会交换的平等，他们更倾向于接受交易式领导的权变激励和交换互动。

第二节 变革式领导

领导方式可以被理解为要么是一个交易过程，要么是一个变革过程（乔恩·L. 皮尔斯等，2003）。[①] 变革式领导是继领导素质论、领导行为论、领导权变论之后，在 20 世纪 80 年代提出的一种领导类型。为提升员工的创新水平，同一位领导者在不同的情境限制下，可以选择交替运用交易式或变革式领导行为，只是侧重点不同。当组织氛围不利于创新时，变革式领导可以通过提升组织创新氛围进而促进个体员工产生创新行为；但是，变革式领导在提升领导—成员交换（LMX）关系平均水平的同时，必须要注意不能扩大 LMX 差异水平进而形成"圈内人与圈外人差异"，并最终降低员工对创新活动的投入。当组织公平水平较低时，交易式领导则可以通过组织分配公平提升员工创新水平。

变革式领导是一种领导向员工灌输思想和道德价值观，并激励员工的过程，被认为是与员工创新紧密相连的一种领导方式（郭骁，2011），其主要特征有：①通过对员工的开发、智力激励，鼓励员工为群体的目标、任务以及发展前景超越自我的利益，实现预期的绩效目标；②集中关注较长期的目标，强调以发展的眼光鼓励员工发挥创新能力；③引导员工不仅为了他人的发展，也为了自身的发展承担更多的责任。

变革式领导能满足员工高层次的内在需求，为员工提供智能激发的机会，鼓励员工质疑原来的观念和假设，引导员工打破原有的观念束缚，鼓励员工开发新思路，创造新方法，这有利于促进员工创新行为的产生。变革式领导为员工提供个性化关怀，注重员工的个人需要和发展并鼓励员工表达自己不同的需求和想法，这使得员工乐于承担责任，自由发挥想象力，产生新观念和新方法。同时，领导对员工的理解、支持和鼓励促使员工勇于冒险、敢于尝试新的突破而不担心因为偏离了标准而受到惩罚。变革式领导向员工描绘美好的愿景，领导者激励员工在完成本职工作的基础上，超越原有的期望，向更高的目标靠近。为了获得更好的工作业绩，员工在努力工作的同时，将不断尝试新方法来提高工作绩效。这些都有利于创新的形成和发展（曲如杰等，2014）。

变革式领导可以概括为四个方面：理想化影响力（idealized influence）、鼓舞性激励（inspirational motivation）、智力激发（intellectual stimulation）和个性化关怀（individualized consideration）。下面从这四个方面阐述变革式领导与创新的关系。

---

① 变革式和交易式两种领导方式是互补的，在组织的实际运作中，为提升成员的动机，同一个领导者在不同的情境和时间下，可以同时运用交易式领导及变革式领导，有效的领导者会兼具变革式和交易式共同的特点，如果领导者对下属缺乏交易式领导，那么变革式领导也可能变得无效（吴春波等，2009）。

杰克·韦尔奇变革的第一板斧——裁员

当 45 岁的杰克·韦尔奇执掌 GE 时，这家已经有 117 年历史的公司机构臃肿、等级森严，对市场反应迟钝，在全球竞争中正走下坡路。按照韦尔奇的理念，在全球竞争激烈的市场中，只有在市场上领先对手的企业，才能立于不败之地。韦尔奇重整结构的衡量标准是：这个企业能否跻身于同行业的前两名，即任何事业部门存在的条件是在市场上"数一数二"，否则就要被砍掉——整顿、关闭或出售。

于是韦尔奇首先着手改革内部管理体制，减少管理层次和冗员，将原来 8 个层次减到 4 个层次甚至 3 个层次，并撤换了部分高层管理人员。此后的几年间，砍掉了 25% 的企业，削减了 10 多万份工作，将 350 个经营单位裁减合并成 13 个主要的业务部门，卖掉了价值近 100 亿美元的资产，并新添置了 180 亿美元的资产。可当时正是 IBM 等大公司大肆宣扬雇员终身制的时候，从 GE 内部到媒体都对韦尔奇的做法产生了反感或质疑。也正是由于不为所动的铁腕裁员行动，韦尔奇还得了个"中子弹杰克"的绰号。

多年后，韦尔奇为当年的决断寻找的理论依据是：这是一个越来越充满竞争性的世界，游戏规则在发生变化。没有一个企业能够成为安全的就业天堂，除非它能在市场竞争中获胜。更让韦尔奇自豪的是："在 GE，我不能保证每个人都能终身就业，但能保证让他们获得终身的就业能力。"

资料来源：管理纵横：韦尔奇的过人之处. http://finance. sina. com. cn/jygl/20020613/220863. html.

一、理想化影响力与创新

理想化影响力是指能使他人产生信任、崇拜和跟随的一些行为，包括领导者成为下属行为的典范，得到下属的认同、尊重和信任。具有理想化影响力的领导者一般具有公认较高的伦理道德标准和很强的个人魅力，深受下属的爱戴和信任。大家认同和支持他所倡导的愿景规划，并对其成就一番事业寄予厚望。所以变革式领导的一个理论基础是魅力领导理论（theory of charismatic leadership）。

魅力领导系指领导者具有不凡的能力或人格吸引力，成员能够感受到领导者此一特质，而对其产生情感上的依附。魅力（charisma）一词源自希腊语，意味不凡的天赋（gift），如过人的智慧、预知的能力等。魅力领导理论认为追随者看到领导者的特定行为时，会将之归为英雄型或卓越型的领导。其研究重点在于借由追随者的角度区分魅力型领导者与缺乏魅力的领导者，根据其研究结果魅力型领导者通常有下列几项特质：自信、坚持理想、表达力佳、行为异于常人等。这种类型的领导者通常能善用其天赋与独特的人格特质，透过沟通能力及形象塑造影响其追随者。变革式领导强调领导者借由个人魅力激起成员对领导者的信任与遵从，可见魅力领导理论乃转型领导之重要基础。

魅力领导行为主要包括以下三方面的行为特性：①能够向企业内的员工传达一种共同的使命感，为企业描绘鼓舞人心的未来发展愿景；②向下属表达对他们高绩效的期望；③领导者在完成目标的过程中显示出决心和魄力。从追随者的角度来看，魅力领导行为通常能够对追随者（包括直接下属，也可能包括非直接下属）产生以下三种效应：①追随者对领导者完全有信心；②追随者与领导者在一起感觉很愉快；③领导者能够赢得追随者的尊敬和崇拜（刘子安等，2009）。

　　创新通常具有比较大的风险和挑战性，并且在此过程中往往面临着很多不确定性，领导者在此过程中的决心和魄力会通过传导机制增强企业内部员工对创新的信心和信念，有利于提高全体员工解决问题和克服挑战的创新士气。领导者对下属高绩效的期望，会使下属除了完成既定的任务标准外，还主动超越既定标准或完成"额外"任务。例如，研发人员不仅能够完成既定的技术创新指标，还能够超越既定指标，或者超额完成规定的技术创新任务，这些都有利于提高技术创新的速度和效率。因此，领导者在创新过程中，需要注意自己的形象所带来的扩散效应，其在创新过程中所表现出的决心和魄力，会在企业内部产生一种潜移默化的影响，这要求领导者学会"管理"企业内员工的认知，尤其在最困难的时期更要表现出自己的魄力和决心以坚定员工的信心和决心（刘子安等，2009）。变革式领导者有实施创新战略的信心和决心，他们让员工感觉到在组织公平、组织信任、组织支持的氛围下，充分授权给员工去创新，并且运用各种激励手段不断地正强化员工的创新行为，敢于打破传统力量的束缚，积极引导员工创新，使员工大胆创新，把创新作为自己的自觉行动。其主动性和参与性也因此大大提高，这样就在企业中形成了创新氛围（吴文华等，2010）。

二、鼓舞性激励与创新

　　鼓舞性激励是指领导者向下属表达对他们的高期望值，激励他们加入团队，并成为团队中共享梦想的一分子。在实践中，领导者往往运用团队精神和情感诉求来凝聚下属的努力以实现团队目标，从而使所获得的工作绩效远高于员工为自我利益奋斗时所产生的绩效。

　　共享的企业目标和良好的创新氛围是提高创新程度的必要条件，变革式领导者向企业内成员传达共同的使命感，以及塑造鼓舞人心的未来愿景，有利于提高企业内员工在创新目标认识上的一致性。企业内员工对领导者的信心和尊敬，以及领导者所创造的宽松的人际氛围，有利于员工创新灵感的涌现和对新知识的探索，从而有利于促进创新的实现。所以，领导者需要学会建立和向员工传达一种共同的企业使命，以高于企业层面的使命来凝聚员工的向心力，使员工能够从更高的层次上认同企业所从事的事业和任务，以便能感受到其日常工作的价值和意义，这些都有利于员工创造性的发挥和创新积极性的提升（刘子安等，2009）。当创新思想渗透到企业每位员工的意识深处，成为其行为习惯，尤其是当员工认知到企业创新的价值与其自身的价值相一致时，他们会投入更多的热情参与创新活动。变革式领导者善于为其下属揭示价值与价值之间、价值与实践之间的矛盾，以及重新调整下属的价值等，通过美好愿景和信念的灌输来鼓励员工创新，为他们的进一步发展给予激励、指导和帮助，尽力使创新与员工的价值体系相一致（吴文华等，2010）。

　　如果高层领导者只是提出了愿景，或停留在形式上的未来发展规划，但却将其"束之高阁"，只有企业内部少数领导者清楚其未来愿景和发展战略，大部分中低层领导者和员工并不了解"我们是谁，我们将是谁，我们应该是谁"这样的企业发展基本问题，以及企业将采用什么样的技术创新战略来获得持续的竞争优势，认识上的模糊将很难提高员工的凝聚力从而会削弱愿景和目标的激励效应。变革式领导者对愿景和目标的阐述和表达，如通过培训、座谈会、年度总结会等多种方式向全体员工传达和解释企业未来的发展方向，可以让员工目标与企业目标紧密联系在一起。例如，为了实现企业未来的技术创新战略，变革式领导者需要不断向员工传递此战略对于每个员工的意义和价值,让员工从思想上意识到企业和自己所从事的任务和工作的重要性,从而有利于发挥员工的创造性,提高部门之间在技术创新过程中的配合程度,提升企业内部的协同性(刘子安等,2009)。

变革式领导者还需要不断传达和表示自己对下属的高绩效目标的期望,让下属能够感受到这种高标准的期望,这种期望能够使其感受到被信任和支持,促使其实现"从优秀到卓越"突破,在技术创新过程中能够"高标准严要求",超越既定标准或超额完成任务。而欲达成此目标的关键在于领导者对期望目标的传达能力,不论是采用明示还是暗示的方式,重要的是能够让下属感受到这种期望(刘子安等,2009)。

三、智力激发与创新

智力激发指鼓励下属创新,挑战自我,包括向下属灌输新观念,启发下属发表新见解和鼓励下属用新手段、新方法解决工作中遇到的问题。通过智力激发领导者可以对下属在意识、信念以及价值观的形成上产生激发作用并使之发生变化。

变革式领导通过智力激发,鼓励员工去追求并满足自己的智力好奇心,鼓励员工打破旧标准、试验新想法、探索新方法、包容新思想,能够促进企业内新知识的涌现和产生,促进以探索和冒险为特征的学习型氛围的形成,从而有利于推动创意的产生和创新的实现。所以,建立学习型组织和营造学习氛围是实现创新的重要促进要素。技术创新离不开企业内员工对新知识的探索和开发,高层领导者如何激励员工去探索、共享和应用新知识是建立学习型组织的重要环节,它要求领导者在决策过程中能够进行民主决策、采用头脑风暴式的讨论方式,目的是能够使团队成员在讨论过程中挑战所持有的潜在的假设,在激励的争论与冲突过程中相互学习和相互激发,以寻找到新的方案和决策。领导"示范"会促进企业内部学习氛围的形成,这种氛围对技术创新具有积极的影响。在企业的技术创新项目团队中,新创意的涌现往往需要发挥员工的创造力,而组织学习氛围的培养则有助于员工大胆共享自己的想法,愿意承担风险和接受挑战(刘子安等,2009)。

为了鼓励员工通过智力激发,创造性地解决问题,领导者不应该成为或尽可能回避以下阻碍者和抑制者:①说"不要翻船"、"不要兴风作浪"和"如果没有破不要去修理它"之类的陈词滥调,表达要维护现状的态度;②通过摄像设备去监控团队成员;③对新观点说"yes"但是不去做任何事情的人;④对所管辖领域内的每一件事都是唯我独尊的发言人;⑤通过正规渠道提出每一项主张;⑥听到大部分的变革建议,都会报以痛苦的表情,并说"但是那要花钱的";⑦使"这儿不创新"的综合病征加剧;⑧怀疑来自基层的任何想法,就是因为这些想法是新的并且是来源于基层的;⑨将问题视作没能力和失败的信号;⑩对批评持自由和开放的态度,但是对赞扬却表现出吝啬(安德鲁,2006)。

四、个性化关怀与创新

个性化关怀是指关心每一个下属,重视个人需要、能力和愿望,耐心细致的倾听,以及根据每一个下属的不同情况和需要区别性地培养和指导下属。这时变革式领导者就像教练和顾问,帮助员工在应付挑战的过程中成长。通过个性化的关怀,变革式领导者能使员工得到个人发展方面的理解和支持。让员工放弃被动地接受或顺从、冷漠或回避等消极行为反应,选择积极地改进目前的工作处境,从而激发他们的创新行为,加快他们将自己的创新想法付诸实施,切实地提高创新绩效(吴文华等,2010)。

因此,为了实现创新,领导者需要学会管理自己与下属之间的情感关系。如何获得下属的追随与参与,保持与下属之间良好的情感关系是领导者在创新实践中需要重视的问题。下属对领导者的信心、信任、崇拜感的产生离不开上下级之间良好的情感和人际关系。与基层和中层领导者不同,高层领导者的言行往往会在企业内部产生放大和效仿效应,其与直接下属的情感关系的质量会在中层与基层领导者之间产生效仿效应,进而间接影响到整个企业内不同层次上的领导者与下属之间关系的质量。为了建立良好的上下级情感关系,高层领导者首先需要转变对上下级关系的传统认识,将下属从被指挥者的角色转变为协作者的角色,将下属看作是具备同等组织地位的合作者,实现双方在心理和情感投入上的对等,下属才会更加尊重和信任其领导者。在企业技术创新实践中,技术专长权往往掌握在下属手中,领导者与下属之间良好的情感关系更能够提高授权的质量,下属更愿意在技术创新中发挥自己的潜力和创造力,以超额完成任务指标(刘子安等,2009)。

领导—成员关系作为社会网络中的一种关系,强调了领导与下属有效的沟通与交流以及知识和信息的相互传递。上下级成员联系紧密,特别是加强领导与下属之间的朋友互助关系,能够使领导者更多了解下属,并有利于消除企业的不同层级之间员工的隔阂,便于员工积极参与企业管理。但同时,这种关系也会产生一些负面影响,例如,上下级关系过于密切会增加管理成本,使管理者权威受到挑战,并且领导对各下属的亲疏不同,也使组织中难以建立公正、平等的平台,阻碍员工创新的发挥。因此,任何过于亲近或疏远的关系,都有可能引起不必要的误会,对组织的管理产生影响。曾有机构做过一项以最理想的上下级关系为主题的调查,该调查显示,最理想的上下级关系是"亦师亦友",最差的则为"如同鱼水"和"领导与员工是一家人",说明领导与下属打成一片并非明智之举,而应该指导、帮助下属。领导建立了与下属的朋友式互助关系,不仅使员工对其充分信任,愿意畅所欲言,积极地提出自己的想法,还能够促进与下属之间的交流,迸发创造性的火花(丁琳等,2010)。

华为的制度创新:工者有其股

这应该是华为创造奇迹的根本所在,也是任正非对当代管理学研究带有填补空白性质的重大贡献——如何在互联网、全球化的时代对知识劳动者进行管理,在过去百年一直是管理学研究的薄弱环节。

从常理上讲,任正非完全可以拥有华为的控股权,但创新一定是反常理的。在华为创立的第一天起,任正非就给知识劳动者的智慧——这些非货币、非实物的无形资产进行定价,让"知本家"作为核心资产成为华为的股东和大大小小的老板,到今天为止,华为有将近8万个股东。股权创新方案是,外籍员工也将大批量的成为公司股东,从而实现完全意义上的"工者有其股",华为无疑是人类有商业史以来未上市公司中员工持股人数最多的企业,也无疑是一种创举,既体现着创始领袖的奉献精神,也考验着管理者的把控能力:如何在如此分散的股权结构下,实现企业的长期使命和中长期战略,满足不同股东阶层、劳动者阶层、管理阶层的不同利益,从而达成多种不同诉求的内外部平衡,其实是极富挑战的——前无经验可循,后面的挑战依然很多。

资料来源:华为最少提创新　任正非:只推动有价值的创新. http://money.163.com/14/0515/08/9S9AB7KU 00253G87.html.

因此，领导者必须积极主动走进员工之中，增强沟通，保持与员工的良好关系。所谓"地利不如人和"就强调了"人和"的重要性，各抒己见、集思广益只有在"人和"的前提下才会实现，而这种"人和"的局面能否形成取决于组织或团队能否做好上下沟通。领导通过沟通及时地传达组织或团队的目标愿景，员工通过沟通提出自己的想法和意见。这样，领导者与员工（或团队成员）之间保持的是一种朋友式的互助关系，但不要把与员工的私人关系带入组织或团队中，影响组织和团队的有效运转（丁琳等，2010）。

第三节　家长式领导

尽管诸多研究支持变革式领导对员工创新的积极作用，但实证研究的结果却出现了很大的不一致。如有研究显示，变革式领导与员工创新出现了负相关现象，即变革式领导抑制了员工创新的产生；变革式领导对员工创新没有显著作用。这里既有研究设计问题，也与研究的不同文化背景有关，即变革式领导更倾向于出现在集体主义文化背景下。因此，一些学者对变革式领导和交易式领导的文化适用性提出了质疑。从领导的二重性（自然属性和社会属性）角度看，社会属性更加本质（盛亚等，2012），所以，领导方式是一国文化体系中的组成部分，东方文化与西方文化的差异性将显著影响领导方式的内涵、风格和行为，如印尼、新加坡等以及我国香港、台湾地区华人家族企业（Chinese Family Business，CFB）中高层管理者的领导方式具有中国文化特征，由此有研究者提出了"家长式领导"（paternalistic leadership）的概念。

"家长式领导"是在一种人治的氛围下，所表现出来的严明纪律与权威、父亲般的仁慈及道德廉洁性的领导方式。家长式领导虽然是从中国企业领导实践中总结出来的，但包括东西方在内的所有企业在领导过程中都存在家长式领导内涵的一个或多个，区别只在于重点强调的维度不同。因此，家长式领导、变革式领导和交易式领导是互不相同的三类领导方式（郭骁，2011）[①]。

可以将家长式领导概括为三个维度，即威权、仁慈和德行。①威权：指领导者强调个人的绝对权威和对下属的严密控制，要求下属毫无保留地服从自己，涵盖威服、专权、隐匿、严峻和教诲等立威行为（如对下属严密控制、不愿授权等）；②仁慈：指领导者对下属及其家庭做个别、全面、长久关怀的领导行为，包含个别照顾和体谅宽容等施恩行为（如视下属为家人、整体照顾等）；③德行：指领导者展现较高的个人操守和道德品质，以赢得下属的敬仰与效仿，强调领导者的公私分明及以身作则，包括正直尽责、不占便宜和无私典范等树德行为（如对下属一视同仁、正直等）。对应于领导者的"立威、施恩、树德"等领导行为，下属也会表现出"敬畏顺从、感恩图报、认同效法"等认知性心理反应（李珲等，2014）。所以，家长式领导对创新的影响可以从仁慈、威权和德行三个方面，并结合下属的认知性心理反应进行分析。

---

① 变革式领导和交易式领导是一对相互对应的概念，其根源于对西方领导者的研究，家长式领导的概念则源于对华人本土企业的研究，是与变革式领导既有相通之处又有显著差异但更能反映本土企业领导行为特点的一种领导模式（鞠芳辉等，2008）。

一、仁慈、威权、德行与创新

一般认为,"仁慈"和"德行"正向影响员工的创新行为。

仁慈领导在充分调动基层部门的工作热情、提高员工积极性、增加员工满意度方面具有优势。因此,为激发员工做出更多的创新行为,领导者应表现出更多的仁慈行为,通过关爱下属,想员工之所想,急员工之所急,为员工提供工作和生活上的支持。仁慈更能容忍差异和冲突,使得员工在决策过程中能勇于发表自己的意见、贡献自己的智慧,能保障员工创新思维的产生。但也有研究认为,仁慈领导在集中调动资源、强制推行有争议的计划等方面均缺乏效率,因此不利于探索式创新[①]的实施。

德行领导能影响员工,让员工对领导者产生一种敬佩之情,因此,员工会对领导者倡导的探索式创新行为有较深的认同感,从而全身心地投入到探索式创新活动中。另外,员工对领导者的认同和效仿,也有助于利用式创新行为的实施(傅晓等,2012)。所以,领导者可以通过提升自身的职业素养和道德品行,为员工做出表率,通过道德榜样和创新榜样的力量引发员工的认同与效仿,推动员工做出创新行为。

一些研究认为,"威权"对员工创新行为产生消极作用。立威是威权领导行为,它涵盖了四类行为,包括专权作风、贬低员工能力、形象整饬及教诲行为。威权领导下的员工会表现出顺从、服从、敬畏及羞愧,其大胆、冒险的创新行为可能会受到抑制。但立威也是创新的基础,它使企业员工不会不顾后果、肆意妄为地进行创新活动,保证了创新活动的可靠性。由于威权领导便于集中调动资源,因此可以保障探索式创新计划的实施。同时,探索式创新计划的变革幅度很大,通常会损害一些员工的既得利益,容易遭到抵制和怀疑,威权领导可以使领导者力排众议,做到令行禁止,在员工有不同意见时也能坚决推进探索式创新计划。而对于利用式创新来说,由于其更多由基层部门组织实施,此时,威权领导进行利用式创新,会削弱员工积极性、降低员工满意度等。总之,威权领导不利于利用式创新的实施(傅晓等,2012)。因此,领导者在使用威权行为时要视领导情境而定,有时需要加强威权行为,有时需要减少威权行为,如适时授权、宽容员工的试错行为、注重与员工的沟通交流等。

但就仁慈、德行和威权各自对企业创新和员工创新行为的影响得到的结论似乎不难理解。如果对这三种行为进行两两组合,比如仁慈与德行的组合,可以想象"高仁慈、高德行"领导有助于产生更多的创新行为,这意味着领导者在积极助人过程中应辅以"以德服人"的方式,双管齐下更能促进员工做出创新行为。一个权变领导者可能会在仁慈、德行和威权三者中进行权宜之变,那么在何种情境下(如任务结构、下属特征)采用这三种领导行为之一或组合更有利于企业创新,答案就不那么一目了然了。

家长式领导与创新的关系很复杂,可能与创新阶段有关,如研究发现,在创新采纳过程中,威权领导和德行领导对管理创新无明显影响,而仁慈领导对管理创新的采纳有促进作用;在创新实施过程中,威权领导和德行领导负向调节管理创新的效能输出,而仁慈领导正向调节管理创新的效能输出。研究还发现,在创新采纳和实施过程中,家长式领导所产生的

---

① 探索式创新(exploratory innovation)是探索新的知识和资源所进行的突破式的、风险较大的创新活动,对应的利用式创新(exploitative innovation)是利用现有知识和资源进行的渐进式的、风险相对较小的创新活动,这两类创新活动统称为双元性创新(ambidextrous)——两类相互冲突的创新活动的组合和共存。

影响也不完全一致：威权领导和德行领导对管理创新的采纳无明显影响，却抑制了管理创新的实施；而仁慈领导既有利于管理创新的采纳，也有利于管理创新的实施（林春培等，2014）。家长式领导与创新的关系，也与企业战略相关，在不同的企业战略下家长式领导对创新的影响不同：防守者战略下，仁慈领导对探索式创新有负向影响；前瞻者战略下，德行领导对利用式创新有正向影响；分析者战略下，威权领导对利用式创新有负向影响，仁慈领导对利用式创新有正向影响，德行领导对探索式创新有正向影响（李忆等，2014）。

二、心理授权是关键要素

授权指领导授予下属权力、赋予下属职责、容许下属自主决策、与下属分享信息、给予下属提高工作技能的发展机会以及给下属提供创新指导等行为。心理授权指个体在对工作情境的认知和评价基础上所形成的心理状态。家长式领导的"仁慈、威权、德行"三个维度是通过组织创新氛围、心理授权和组织承诺等三个中介变量对员工创新行为产生影响的，其中心理授权是关键（王振华，2014）。

心理授权主要包括四个方面：①工作意义（个体对自身工作价值的认知）；②效能感（个体对自身完成工作的能力的认知）；③自主性（个体对工作任务的控制能力）；④影响力（个体对所在组织的战略、管理及工作运营成果的影响程度）。一般而言，较高心理授权感的个人会意识到工作较有意义，挑战性比较高，并激发内在的创新动机。同时，心理授权感高的个人会表现出较高的效能感，有勇气打破常规，产生创新性构想，并将其付诸实践。此外，心理授权感较高的个人有更大自信和心理自由、更强的资源运用能力、更强的组织把握能力，所有这些心理特点有助于员工打破现有条件限制，主动尝试全新的工作方式。事实上，实证研究也表明，心理授权可以充分激发员工的创新行为，使其敢于承担责任、打破常规，乐于改进求新（王振华，2014）。

家长式领导在表现出不同行为方式时，其对员工的心理授权会产生不同作用，进而对员工的创新行为产生影响。①仁慈领导会给员工工作成绩以积极的鼓励和肯定，而对员工的工作失误采取宽恕包容的态度，避免公开的批评和揭发。同时，仁慈领导下的员工会获取较多与工作相关的资源。因此，仁慈领导会提高员工的自我效能感、工作自主性和影响力。②德行领导的高道德标准也有助于团队成员提高对自身工作价值和能力的认识，明确工作意义，增强自我效能感。相关研究也证实，变革式领导中的德行垂范维度对员工的心理授权有正向影响。由此可见，仁慈领导与德行领导均能增强团队成员的心理授权感，进而提升团队成员的创造力；③威权领导下，组织资源的集中度较强，而且成员的行为会受到较多的控制与监管，其自由发挥的空间较少，对决策的参与程度不足，工作自主性、自我效能感、工作价值感和影响力较低，削弱员工的心理授权感，进而抑制员工的创造力（王振华，2014）。但正如前文所指出的，在一定情境下，或针对不同的创新类型，威权领导也会对创新产生正向影响。

领导者可以通过提升下属的心理授权水平来激发创新行为，如给予员工一定的工作自由度，让员工有发挥能力的空间；通过明确工作的意义及在组织中的重要性，让员工感受到工作的价值。此外，还应对员工进行积极的鼓励，不断增强他们的自我效能感。"仁慈"和"德行"也可能通过其他的中介机制影响员工的创新行为——使领导者成为权变领导者，在努力提升员工心理授权水平的同时，还可以尝试增强员工对领导者的信任、忠诚、认同等，进而激励员工参与创新(李珲等,2014)。

刘永好的权变领导

在企业发展的不同阶段,新希望集团创始人刘永好的领导方式也在发生演变:变革型领导方式从创业阶段到成长、成熟阶段呈现逐渐增强的特征;交易型领导方式在企业生命周期的各个阶段变化不是太明显,从创业阶段到成长阶段略微增强后呈现相对比较稳定的特点;家长式领导方式从创业阶段到成长、成熟阶段呈现逐渐减弱的特征,但依然保留着家长式领导的一些行为特征。

资料来源:吴春波,曹仰锋,周长辉.企业发展过程中的领导风格演变:案例研究.管理世界,2009(2):123-137.

[本章精要]

1. 领导方式指领导者与被领导者之间发生影响和作用的方式,是领导者对待被领导者的行为模式。领导方式有很多划分类型,其中变革式领导和交易式领导是目前有代表性的领导方式划分类型。

2. 交易式领导是指在一定的体制和制度框架内,领导者和被领导者进行着不断的交换,在交换的过程中领导者的资源奖励和被领导者对领导者的服从作为交换的条件,双方在一种"默契契约"的约束下完成获得满足的过程。一般认为,交易式领导对创新产生阻碍作用,但也有一些研究和实际工作者认为交易式领导对创新是有积极意义的,这可以从交易式领导的目标导向、公平性和例外管理三个方面加以理解。

3. 交易式领导的目标导向行为可以促进员工创新,但需要与权变奖励方式结合,注意奖惩的公平性、正确运用例外管理和准确测量创新成果,才能产生激励效果。

4. 公平包括分配公平和程序公平,随着企业管理方式规范化,人们重视程序公平更甚于分配公平。当程序公平水平较低时,领导者应更多地采用交易式领导,以促进团队创新。

5. 例外管理是领导者对下属工作中所发生的例外问题所持的态度和所采取的管理方式。例外管理分为积极例外管理和消极例外管理。交易式领导需要根据动机或情境的不同,正确理解和有效使用例外管理,促其对创新产生积极意义。

6. 变革式领导是一种领导向员工灌输思想和道德价值观,并激励员工的过程,被认为是与员工创新紧密相连的一种领导方式,可以从变革式领导的理想化影响力、鼓舞性激励、智力激发和个性化关怀四个方面来理解它与创新的关系。变革式领导对创新的正面促进意义已成共识,但不同情境下效果可能不一样,如果与交易式领导结合,或成为权变领导,效果会更显著。

7. 家长式领导是在中国文化特征下提出的,与变革式、交易式领导既有区别又有联系的概念,是指在一种人治的氛围下,所表现出来的严明纪律与权威、父亲般的仁慈及道德廉洁性的领导方式。一般认为,"仁慈"和"德行"正向影响员工的创新行为,"威权"则起阻碍和消极作用。但并不尽然,可能与创新阶段、企业战略、任务结构、下属特征等有关。

问题及讨论

1. 根据本章提出的创新领导方式与创新关系得出了哪些基本结论，如何理解？

2. 如果在考虑其他情景因素时，三种领导方式对创新会产生什么影响？

3. 除本章提出的三种领导方式外，如果按照其他划分类型，企业领导方式对创新的影响是怎样的？请进行讨论。

4. 举例说明，企业领导方式对创新的影响。

[案例应用]　苹果的奇迹——乔布斯的领导力

1. 乔布斯的领导特质

研究者发现七个特质与有效的领导有关，它们是：内在驱动力、领导愿望、诚实与正直、自信、智慧、工作相关知识和外向性。乔布斯作为一名成功的领导者，几乎具备了这七个领导力特质。乔布斯的坚毅和自信充分地体现了他内在驱动力的强大，他几经坎坷，跌宕起伏，依然屹立不倒，傲视群雄，他用行动诠释了海明威的名言"一个人可以被毁灭，但不能被打倒"。短短 10 年内，他就将苹果从自家车库里的小作坊，发展为雇员超过 4000 名、价值超过 20 亿美元的大公司。在事业巅峰的时候被自己创立的公司扫地出门，遭遇几近毁灭性打击，然而他 12 年后卷土重来，重新主宰了苹果公司，并将其带到前所未有的高度。钢铁般的意志与决不轻言失败的坚韧使他对困境和打击毫不畏惧，把挫折视为生活的一部分，看成是人生必修的功课。

乔布斯在很小的时候就表现出异乎常人的智慧和想法，并且常常运用自己所学的相关知识提出一些奇特的想法。他拒绝去读高中，强迫父母搬了家，之后说服父母让他去一个收费高得让家里难以承担的大学读书，然后却辍学了。在生意场上，他曾经提出界面的按钮颜色可以模拟红绿灯：红色代表关闭窗口，黄色代表缩小窗口，而绿色则代表放大窗口。开始时开发人员都觉得这种想法莫名其妙，不可理喻，做完后才发现乔布斯是对的。乔布斯认为，要充分地运用自己的智慧和所学知识，要勇敢地追随自己的心灵和直觉，要全心全意地去找寻梦想，永不放弃。他告诫人们，不要被教条所限，不要活在他人的观念里，若想成就一番伟业，唯一的途径就是热爱自己的事业。

乔布斯的体内从来都不缺少外向的性格特点，每次的演讲或发言都会使其他人感受到他的充沛精力，感受到他的坚定和自信。在斯坦福大学里，他借助自己所经历的故事和生活中所获得的经验，完成了一次精彩的演讲，他的幽默和交际能力博得了在场全体学生的喝彩，给学生们留下了深刻的印象。

2. 变革式领导的先驱

如今越来越多的证据显示变革式领导者在社会上的众多企业中具有优势，他们效率更高，绩效更优，更容易得到晋升，人际交往的意识也更强。此外，变革式领导也更具领袖魅力，因为变革式领导者试图给下属灌输的不仅是运用那些已有观念来解决问题，而且要采用新观点、新视角来解决问题。乔布斯绝对是众多变革式领导者中最典型和最成功的一位领导者，他带给公司新时代的创新和变革能力，以及带领下属运用新视角来看待问题，为能够激励、调动和鼓舞下属取得辉煌成就而付出更大的努力。

活力四射的乔布斯是一位鼓动人心的激励大师，"活着就是为了改变世界"与"领袖和跟风者的区别就在于创新"，是他始终秉持的理念。他将计算机作为工具，协助填补科技与艺术的缺陷,将理性与感性相互交融,实现高科技产品的不断创新,是他梦寐以求的愿景。他将自己的理念传递给苹果的全体员工,并将其融入研发设计产品,后来的 iPod、iPhone、iPad 等产品的独特操作系统中都蕴含着乔布斯的独特创新理念,这使得苹果产品在功能上领先、强大、精湛,具有卓尔不群的高品质,其外观又典雅唯美、时尚新潮。用创新的方法改变商业图景,改变社区面貌,改变人生轨迹,引领并改变整个计算机硬件和软件产业,是乔布斯矢志不渝的追求。此外,乔布斯非常重视选人、用人和团队建设。乔布斯认为,一个出色的人才能顶 50 个平庸员工。因此,他将 1/4 的时间用来招募一流的创新型人才,并为发掘和吸引人才不遗余力。

遇到困境时,乔布斯总能够率先变革公司制度或结构,以最快的速度帮助苹果摆脱危机。1997 年 9 月,乔布斯重返苹果并任首席执行官,他对深陷发展困境、危在旦夕的公司进行了大刀阔斧的改革。一上任他就迅速砍掉了没有特色的业务,将公司的产品数量从 350 种砍到只剩下 10 种。在苹果公司受到微软、IBM 强烈冲击后,他更加注重员工间的合作,大力提倡减少内耗,致力于消除沟通障碍,这使得苹果的团队凝聚力大大增强,整体效率也大为提高。这些举动在今天看来十分明智,但当初做决定时却阻力重重且令人提心吊胆,在以后的回忆中,乔布斯正色道:领导者不必保证每个决定都是正确的,只要大多数的决定正确即可。

3. 领袖魅力

何为领袖魅力? 一些研究者分析出一个特点:领袖魅力型领导者都有一个目标,他们能够清晰生动的描述这个目标,他们愿意为了实现这个目标而勇于前进不惧失败,他们对环境限制及下属需要十分敏感,他们的行为表现常常超乎常规,最重要的是他们凭着自己的人格魅力和活动能力影响着下属的工作绩效和态度。

毋庸置疑,乔布斯的领袖魅力已经得到世界上众多人的认可,并且说乔布斯是世界上最具沟通能力、最擅长演讲的顶尖高手也并不为过。他对语言的驱遣游刃有余,对场面的驾驭、情绪的调动和人心的掳获均得心应手。他的演讲才情奔溢,极富亲和力、感染力和思想张力,极具传播力的语句信手拈来,脱口而出,使与会者印象深刻。每当有重大产品发布时,乔布斯都会亲自上阵,与世界分享苹果的新创造,让世人感受苹果产品的惊艳与震撼。他为新产品演讲拟定的标题简洁具体,卖点鲜明。例如,"今天,苹果重新发明了手机"(发布 iPhone 时),"把 1000 首歌装进你的口袋里"(推出 iPod 时)。这样的标题令人印象深刻,过目不忘,不仅能调动听众、读者的好奇心,更能激发消费者的购买欲。在向全球市场展示苹果的新产品 iMac、iPod 和 iPhone 时,他所使用的精美的 PPT 以及高超别致的表达技巧,使苹果产品大放异彩,他个人也赢得无数粉丝。

4. 权变的情境理论——乔布斯的不足

企业界不乏由于不了解工作的环境而没有实现伟大目标的领导者的故事,而且世界上再完好的美玉也总免不了会有瑕疵。

乔布斯确实是一位优秀的领导者,但事实上,乔布斯的缺点和他的优点一样显著。他精于算计、疑心重、桀骜不驯、傲慢偏执,有时甚至粗暴,在创业早期常被批评为顽固倔强、刚愎自用、脾气糟糕、喜怒无常。一提起乔布斯,恐怕苹果公司的一些员工多少有点胆战心惊,甚或不敢和他同乘电梯,唯恐电梯还未坐完,即被炒鱿鱼。正因为乔布斯前期的怪僻性格,以及他对领导者与成员之间关系的忽视和低估岗位权力的作用,使他被自己所创立的公司抛弃,遭受毁灭性的打击。然而,难能可贵且弥足珍贵的是,这位有缺点的能人,有着超常的自我反省意识,有从错误中检讨感悟的自觉和从失败中学习振作的能力。新时代的乔布斯变了:几次重挫使他变得谦逊了,孩子们的出生使他变得温和了,年龄的增长使他变得成熟了。后来,作为佛教徒的他,几经磨砺后滋养出宗教般让人镇静的力量,并且重新执掌苹果公司的运作,成为一名更具领袖魅力的领导者。

史蒂夫·乔布斯虽然有些在性格上的缺陷,但不可否认,他是当今世界上最优秀的领导者之一。无论是他的坚定自信,还是他的创新意识,都结合了他与生俱来的演讲天赋,充分地体现了他独特的领袖魅力,在他身上散发出来的气质给人们留下了深刻的印象。而由于他的传奇人生和他在苹果的骄人成就,他的那些独特个性乃至他人难以容忍的缺点,似乎也成为他领袖魅力的一部分。不过重返苹果的乔布斯,已经变得比以前更加平和与淡定,在他的领导下,苹果公司从一个电脑制造商过渡为一个消费者电子产品制造商,并且苹果确立了两个目标:①苹果公司是一个专注于开拓新市场和变革公司制度的创新型高科技公司;②苹果公司将会一直致力于塑造创新品牌。美国当地时间 2011 年 10 月 19 日下午,苹果在总部举行了一场乔布斯纪念会,题为"纪念史蒂夫·乔布斯的一生",参加者纷纷在 Twitter 表达自己的追思之情,同时,世界各地的粉丝们也在纪念乔布斯,抒发自己对他的敬佩之情。这足以说明乔布斯作为苹果公司的 CEO,他的领导能力不仅为苹果公司带来奇迹,而且还向世人诠释了如何成为一名优秀的领导者。

资料来源:范文杰.苹果的奇迹——乔布斯的领导力.广东科技,2013(Z1):15-16.

思考题:
1.乔布斯对苹果公司创新的领导方式是什么? 如何理解?
2.乔布斯的魅力和独特性体现在哪些方面? 对创新有何促进意义?
3.从权变角度看,乔布斯还缺少什么?

第五篇
创新控制

第十三章 创新控制概述

学习目的

■ 理解创新控制的概念、理论依据
■ 理解创新控制的内涵、原则以及关键问题
■ 结合实践,学会分析评估与控制流程的支撑结构设计

引 例

鞍山钢铁集团公司(简称鞍钢)是新中国第一个恢复建设的大型钢铁联合企业和最早建成的钢铁生产基地,被誉为"中国钢铁工业的摇篮"和"共和国钢铁长子"。鞍钢已成为以黑色金属采矿、冶炼及加工和钢铁贸易、冶金工程技术服务为主业,适度发展装备制造、建筑施工、耐火材料等上下游相关产业,由一家 A+H 股上市公司(钢铁主业)、30 余家全资和控股(含相对控股)子公司组成的大型多元化控股集团,具有年产钢 2500 万吨的生产能力。2008年 12 月,胡锦涛总书记视察鲅鱼圈新区,对鞍钢工作给予充分肯定,希望鞍钢当好钢铁企业排头兵,为促进我国经济平稳较快发展做出更大贡献。

企业集团对子企业的创新控制力成功在哪里呢?鞍钢集团充分借鉴国内外同行业优秀企业的成功经验,打造了一套适合鞍钢集团化发展的较为先进的管理创新控制模式,有效提升了企业整体竞争实力。一是在整合层面,集团作为资源调度中心,统筹运用协同机制,对各项资源进行优化配置,使资源最大限度地得到应用和共享;二是在管控层面,集团发挥战略管控功能,成为所属企业强有力的指挥部,保证了各业务单元在集团的统一领导下,围绕共同的经营目标开展业务运作,为企业开展国际化经营,实现全面腾飞提供了有力支撑。

有人或许会提出这样一个问题:一个人怎么能在不知道会得到什么的情况之下做出选择呢?要回答此问题就需要运用预测性思维与控制性思维。前者强调"我们只有预测未来,才能控制未来",后者则强调"只要我们能控制未来,我们就不必预测它"。显然控制性思维强调了作为控制的方法,无需对未来进行趋势的预测。具体到创新的实践层面,在处理相关创新与效率之间的矛盾时,无论是是组织还是个体都会应用控制性思维来形成和创造不可预知的未来(迈克尔·A.希特等,2008)。假如我们在创新战略方向确定、创新计划和创新预算时,能积极主动地将利益相关者纳入战略范畴内,创新控制系统就能密切扫描和监控利益相关者的利益、权力及其责任和行为,创新将会更加有效。进一步地,无论是创新战略方向确定,还是创新战略计划和创新预算,都离不开控制系统。其实,控制是管理的基本职能,是保证方向、计划和预算在正常轨道运行的必要手段。一旦实际工作偏离了正常轨道允许的范围,系统就会得到及时反馈,控制的作用就开始发挥。如果控制工作做得更加积极主动的话,还可以实现事先控制。

第一节　创新控制的概念、理论依据及模式

一、创新控制的概念

在管理学中，控制往往指管理、操作、指挥和调节等含义。控制是监督活动的过程，其目的在于确保活动按计划完成，并能够纠正任何明显的偏差。管理者在评估哪些活动已完成，并把实际绩效与期望标准进行比较前，是无法真正知道他们的工作团队是否正确运作了的。一个有效的控制系统能确保活动的完成有利于组织目标的实现，其有效性取决于它促进目标实现的程度，越是能帮助管理者实现组织目标的控制系统就越好。

据此，我们认为，创新控制是调整组织创新行为过程并确保它们能够与期望既定的创新目标相一致或相吻合的管理活动的过程，其确保了企业的创新实践和创新战略目标相匹配、相协调、相一致。简言之，就创新管理控制来说，一是快速变化的内外部环境使创新计划的时效性大大缩短，企业很难单纯地依靠计划及相应的控制来管理企业；二是假设创新计划正确，如果过程不通过控制促使组织素质等"软因素"与动态变化的环境发生，当实际与计划出现差距时也无法及时扭转被动的困境局面。

就控制与创新的关系方面，罗伯特·西蒙斯早在其著作《控制》中指出："从 100 多家公司收集到的信息资料可以发现一个令人困惑的异常现象，即越具有创新力的企业越是更多地使用控制系统。"因此，实施控制是为了保证企业健康发展，并非使控制成为企业发展的障碍。其实控制只是为企业发展导航，其自身没有资产再生的功能；保持企业生产经营活力的源泉在于创新，包括技术创新、管理创新、制度创新等。只有不断创新，企业才能不断适应市场变化，生产经营才有足够的动力。王萍（2011）认为，创新管理不仅要实施控制，更要促进创新。有活力的控制应是推动创新的控制，对创新工程要给予足够支持，同时在支持中不断创新内部控制，防止在打破常规的创新过程中产生差错和舞弊行为。总的来说，企业要实现可持续发展，走向卓越，当然离不开创新，但也更离不开控制，两者缺一不可。于是，我们又认为，创新为企业带来活力，而控制为企业带来安全阀，创新控制之所以重要是因为它对创新目标是否按计划实现和授权是否被滥用进行监督。

二、创新控制的类型

组织内控制有很多种分类方式。而对采取创新战略的组织而言，可行的控制机制基本上可以分为三类：财务控制、战略控制、文化控制。尽管其中一种控制机制会占支配地位，但企业通常还是会采用这些机制的组合。每一种机制将会在下面进行详细的论述（White，Bruton，2012）。

（一）财务控制

Chenhall（2003）认为管理控制系统涵盖了管理会计系统，即 Chenhall 将管理会计系统看作是系统应用管理会计达到既定目标的系统，管理控制系统不仅包括管理会计系统而且包括人事和群体文化控制系统。我们认为管理创新控制系统将涵盖财务控制系统。财务控制关注的焦点问题是，在创新过程中那些预期的财务状况与企业实际的财务状况之间的差

距。因而企业会设立利润、增长、费用等目标,这些目标包括了短期与长期目标。当大多数企业进行事中和事后控制时,基础审计工作会将企业的预期目标与企业实际运作结果进行比较,一旦某一环节出现问题,企业将会引入方法对这些财务指标进行改进。但实践表明,大多数企业往往没有一个完整的基本规范可供参考。即对于创新控制的完整性、合理性及有效性依然缺乏一个公认的标准体系,再加上组织内部控制观念的淡薄、组织结构和人员配置的不合理等因素的影响,许多企业内部财务控制制度残缺不全、存在漏洞,会计监督不力。因此存在财务核算不规范、会计信息失真、控制程序紊乱等现象。

(二)战略控制

战略控制主要是指在企业经营战略的实施过程中,检查企业为达到目标所进行的各项活动的进展情况,评价实施企业战略后的企业绩效,把它与既定的战略目标与绩效标准相比较,发现战略差距,分析产生偏差的原因,纠正偏差,使企业战略的实施更好地与企业当前所处的内外环境、企业目标协调一致,使企业战略得以实现(黄丹,2007)。战略控制关注企业战略目标的实现,例如企业将成为特定产品的市场领先者、成为新产品市场的首个先行者、被视为产业内最具创新的企业等都是一些典型的战略目标。假如不能达到上述所预期的目标,战略控制便可跟踪实施的状态,提供必要的反馈:修正战略、改变实施途径,或继续创新,使企业完成目标的能力得到显著提高(见图 13-1)。其实,战略创新中的战略形成和实施同控制是协同共生的,即创新战略形成和实施过程通常与控制过程相伴随。White 和 Bruton 提出,创新型企业需要进行战略控制,但在实行战略控制之时,企业需要寻找战略目标与实际结果间的偏差,并通过战略调整来解决差距问题。这些调整通常会涉及研发资源的投入,而且还包括扩大企业的创新活动,从而开发新的产品线与新工艺。

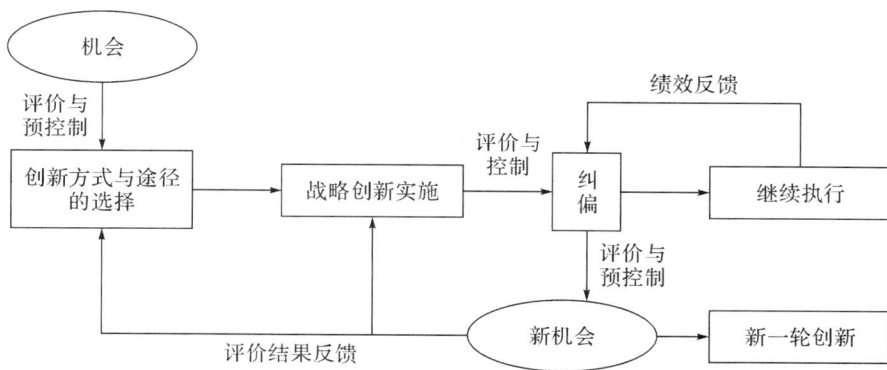

图 13-1　战略创新控制过程

(三)文化控制

周昕皓等(2011)认为,组织文化本质上是一种特定的基本信念和价值观,为组织成员所认同和拥有,作为根植于组织之中的思想体系,影响组织的行为准则,对组织具有导向作用。文化包括企业环境、价值、习俗和仪式以及文化网络等要素,文化要素通过其内在和外化组成三个层次即理念层、媒介层、制度和行为表现层(李志锋,2013)。其中尤其要注意的是,对于理念方面,如果企业没有明确的经营管理理念,则表现出只顾眼前利益而牺牲长远利益,只顾经济利益而忽视社会利益的不当倾向,企业管理活动局限在狭隘的范围内。实践表明,知识经济背景下，中国的一些企业的经营思想仍然守旧。例如，重视金融资本而忽视人力资本、重视人际关系而轻视信息网络和现代科技手段、重视职工的政治思想和道德品质的培养提高而忽视职工科学文化素质的教育培训等现象较为普遍。由此，企业假如缺乏现代管理意识，则缺乏技术创新的自主精神。作为一种控制机制——文化控制，对技术密集型企业来说可能是最为重要的。文化控制是典型的定性控制（见表 13-1），文化控制是一种让个体行为符合企业要求的能力。组织文化有助于企业战略的实施，例如，实施中创新文化有助于确保信息共享，容忍风险，采取决定创新成败的关键行动。在解决差距问题时，企业文化也会有相类似的积极影响（White 和 Bruton，2012）。

表 13-1　控制类型的优点与缺点

	优　点	缺　点	例　子
财　务	定性 容易理解	可能导致分析麻痹 狭义得只关注内部	新产品利润增长 X%
战　略	设定方向 较定性 与环境匹配	很难根据财务指标进行调整 易导致企业不明确目前所处的情况	市场份额增加
文　化	非常行为化 非常定性	要求管理者更深入地介入人事层面	价值增加

资料来源：Margaret White，Gapry Bruton. 技术与创新的管理、战略视角. 北京：电子工业出版社，2008.

三、创新控制的关键理论依据

创新控制的基础理论内容比较丰富，我们将基于人的有限性、人的机会主义倾向以及环境因素具有不确定性等三方面来梳理（王桂莲，2011）。

首先，人的有限理性方面。西蒙指出组织中的人只是介于完全理性和非理性之间的"有限理性"的"管理人"，"管理人"假设才更接近现实世界的真实状态。因此，按照有限理性的要求，行为主体要在所有可行的备选方案中做出选择。但在现实情境下，管理者这一主体却往往仅想到有限的几个可行方案。总之，鉴于未来的不确定性和知识的不完整性，人们不可能对未来无所不知，可见，企业控制必须提倡学习与激励。西蒙又指出，从"经济人"到"管理人"有两个重要的变化：一是"经济人"追求优化，而"管理人"却追求满意，也就是寻求一种令人满意的行动方案。二是"经济人"旨在与这个"真实世界"的一切复杂要素打交道；而"管理人"认为，感知的世界只是对纷繁复杂的真实世界的极度简化的模型，各种情境只是松散地连接在一起，因此可以把在特定时间看似无关紧要的大部分现实暂时置之不理，只考虑少数几个最攸关也最关键的情境要素。特别地，"管理人"一次只能处理一个或少数几个问题，其注意力存在限制。所以"管理人"只用相对简单的经验法则。在西蒙看来，组织的出现就是为了弥补人的有限理性。由此，组织需要透过学习进行控制，以弥补人的有限理性的不足。

再次，人的机会主义倾向方面。威廉姆森曾指出，行为主体在经济交易活动中不仅追逐自利的目标，且在追逐自利目标的同时，使用策略性行为，这些策略性行为包括了隐瞒真实信息、交易意图不实的陈述和欺诈等行为。即当人们有机会去满足欲望时，只要他人识别其行为需要付出较高的信息成本，人们就会采取自利行为。原因在于在信息不对称的条件下，人们可以在博弈决策过程中策略性地发出一些信号,最终导致资源配置效率发生扭曲(赫维茨,1960)。

再次,环境因素具有不确定性方面。环境是复杂多变的,具有不确定性。有限理性之所以重要是因为环境通常是不确定或者复杂的。当不确定性或复杂性不复存在时,人们在行动一开始就可以对这一行动整个过程事先加以规定,这种情况下的行为通常被称为是理性的。对此,有学者指出创新控制的新的思路必然是,把管理控制的根本点放在能够迅速响应快速变化环境的企业素质和综合能力等方面,且应引入"柔性控制"和"模糊控制"的新概念。前者是针对传统的"刚性控制"提出的,即"柔性控制"主要是对影响或决定直接生产经营过程的企业素质、企业文化、企业伦理、创新氛围等的控制;此思想意味着此举不仅能有力地在企业生产经营过程中渗透管理者的思想,从而更好地实现企业目标,更重要的是能对企业生产经营过程起导向的作用,使企业通过不断创新来释放发展潜力,同时提高对环境变化的适应性。后者强调的是对生产经营发展态势,尤其是创新能力、科技领先能力、市场开发能力发展态势的控制。"模糊控制"包括先进的管理思想、新的创新思维的引入,以期改变某种状况或强化已有成果的控制(鲍步云,2004)。

最后,信息压缩方面。其是指交易活动中一方掌握了与交易有关的更多信息,而另一方要想获得这一信息,通常是要花费一定代价的。可以认为,在交易活动中,如果信息在交易双方的分布是不对称的,则交易活动的风险就会出现。信息不对称的两个关键因素是:获得信息需要较高的成本;信息不对称所引起的机会主义倾向带来的问题是,拥有较多信息的一方会产生机会主义倾向。如果员工隐瞒一些事实,会增加内部控制的难度。赫维茨(1960)认为,信息交流系统会碰到信息处理和信息传递这两个难题。因此,需着眼于成本管理和内部管理控制的概念框架的设计,应考虑提升服务战略管理的层面(傅元略,2012)。

需要明确的是,创新控制理论研究中的许多学者已经将兴趣集中到对企业技术创新行为的研究领域中。由于成功地实现创新并获取创新收益必须要求企业能够对创新活动和市场化过程中存在的风险进行有效的控制(Martin,2002)。因此选择某种控制机制方式,将降低创新所带来的风险,也是企业控制理论在创新领域中的主要研究问题。就控制机制问题,Anderson 和 Oliver(1987)指出"控制机制"是用来调整组织行为过程并确保其能够与期望既定目标相一致或相吻合的管理机制,它是组织管理能够有效运行的核心要素。因此,企业常常利用有效的控制方式来常规化它们的创新行为,推动促进非路径化的新知识学习、风险承担和有效的创新产出(王栋等,2010)。

但控制机制不同于控制制度,制度是外生的规范,机制则是内生的机能;企业控制制度是企业被动执行的,企业机制则是自动运作的。两者又有密切关系,设计控制制度的目的就是形成控制机制,控制机制则是制度加执行。只有建立符合企业运营发展规律的控制制度才能形成良好的控制机制。因此,如何设计一套机制就是企业发展的一个关键课题。根据机制设计理论的研究结果,可将管控的机制设计归结成两个主要问题:首先,内部报告的信息成本问题。即所制定的管理会计机制是否只需要较少的信息运行成本,就能满足企业管理会计控制和内部责任人绩效管理的需要。其次,激励问题。即在所制定的机制下,企业的每个员工都可以得到恰当的激励,使当事人能权衡个人目标、责任单位目标和企业整体目标的关系,努力完成企业整体目标。

四、创新控制机制的典型模式

管理控制系统的理论研究仍在不断拓展，傅元略（2012）提出在学界有关管理控制机制模式大致可分类为以下四类。

一是 Anthony（1965）的经典模式。其中，构成经典框架的要素有：通过预算把组织目标分解为部门或个人的绩效目标，以业绩评价计量实际绩效并将之与预算目标比较，以管理绩效报酬机制对绩效偏差进行纠正，并联结上述三方面的信息传输网络。

二是 Simons（1995）提出的驱动战略革新的管理控制模式。其分别由信念控制、边界控制、交互控制和诊断控制等四种控制形式构成。

三是 Otley（1999）的整体观模式。其主要是基于以下五个问题的描述性控制框架：①组织未来成功的关键目标是什么？如何衡量这些目标的实现程度？②组织所采取的战略和计划是什么？为成功实施战略和计划所需要的流程和作业是什么？如何对这些作业进行评价？③为实现上述两个问题所界定的任务，组织应达到什么样的业绩水平？应如何设置恰当的业绩标杆？④对实现了业绩目标的管理者将给予什么样的奖励？⑤为保证组织学习并根据经验改进当前行为，需要什么样的信息交流？在 Otley 模式基础上，Chenhall（2003）提出了管理控制系统设计应当考虑企业环境、技术、IT 应用、规模、文化、人力资源和战略等因素的动态性，并尽力使设计的系统能适应各因素的变化。

四是 Robert Kaplan 和 David Norton（1996）为商业实践提出的"领航仪表板式模式"。他们指出，就像飞行员通过监控多种仪表来评估一架飞行器的性能一样，管理者也应该监控多重的测量标准以评价本企业的绩效。这一领航仪表将实际情况与引导企业所需的测量标准之间进行类比。

第二节　创新评估的基本原理与关键问题

企业的环境会随着时间而改变是进行评估和控制的关键原因之一。由于环境的变化，目标所依赖的假设与目标自身可能会不再相关。如当竞争对手开发出一种新的、更好的产品制造工艺而降低了成本或改进了产品时，企业就不能继续采用竞争环境改变之前的那些目标和行为。如果企业不及时进行调整，很快就会发现自己在市场中处于劣势，而这些劣势将有可能导致企业失败。

一、创新评估

（一）创新评估的概念

创新评估就是采用定性和定量研究的科学方法，预先对企业创新过程各环节的创新性、领先性及最终创新结果的商业化实现、社会后果及效益的利弊得失进行综合评价，从而保证创新预期顺利进行。根据此概念可以发现：首先，在创新评估对象方面，由于创新具有过程与结果的双重内涵，那么创新评估对象自然就包括了若干要素组成的系统、创新的过程所产生的经济效益功能、技术产品的商业化实现等。其次，创新评估的内容方面，包括了产品创新和工艺创新及其实现产业化和市场成功相应的组织、管理及市场创新。其中，产品创新评估是创新的基本评估,工艺创新评估是产品创新的核心,同时,产品的生产、工艺流程得以有序进行都离不开科学的组织与管理创新与新的技术发展创新相匹配。市场的商业化评估是创新评估的最后环节,同时也是关键环节,需要明确的是,市场的商业化评估并非追求产品技术的先进和产品的完美,而是以开拓新的市场创新空间而创造新的需求为宗旨。

(二)创新评估的原则

有关创新评估的原则方面,由于企业管理创新是一个过程,每一环节与之相关的利益相关者有其多样性特征,由此给创新评估带来复杂性,为确保评估的客观性、科学性,必须遵循以下基本原则:一是系统性原则。由于创新评估对象是一个由多元素组成的有机系统,且评估目标是寻求总体最佳效果,因此,评估要从创新的最终结果即产品的商业化实现程度出发,协调各个环节之间的关系,以便全面综合评价。二是可行性原则。创新评估的结果要付诸实施,必须对多种方案从需要和可能、现实和未来、技术后果和经济效益方面进行审定,分析其可行性,尤其在市场竞争条件下,市场更具不确定性和多变,可行性分析显得尤为重要。三是动态性原则。虽然创新评估对象和过程本身是相对稳定的,但创新的内容与环境是多变的,因而评估工作不可能一次完成,必须相应地做出随机的动态评估。四是时效性原则。判断技术的最终成果是以商业化实现为标志,即产品的市场实现与时间密切相关。产品的生命周期与消费者心理变化均为时间的变化函数。总之,创新评估离不开时间效应性(王恕立等,2000)。

(三)创新评估的基本原理

效用原理与系统控制原理是开展科技评估活动的理论基础,创新评估是科技评估活动的一个分支。因此,创新评估行为也应当遵循这一基本原理。在创新活动众多构成单元或要素中,无论是机构、经费、人员、计划还是成果等,都可以简化为一个投入—产出模型,与之相对应都有一个设定目标,并在一个活动周期之后达到一定的结果。评估就是在设定目标与结果之间、投入与产出之间建立起联系,从而评估某项创新活动的效果、效率或效益。从经济理论的观点出发,效率可视为效果与获得此效果有关耗费的比值。但是创新活动有多方面的性质,因此对它的结果不能只就经济效果方面进行评估,也就是说仅就物质表现方面来评估科技行为是不全面的,还需从科技的、社会的、国防的、对环境影响等各方面综合考虑(李琳,2007)。

图 13-2 展示了评估与控制的过程,也总结了评估与控制的各个要素。我们也可以发现:首先是一个类似的反馈,通过这些反馈,企业获得信息从而调整行为,该模型是本章讨论的基础。其次,也隐含了创新目的—创新结果,创新投入—创新活动—创新产出—影响等环节构成了一个信息反馈并可实施预控制以及反馈控制的闭环,与之相对应的是事前评估、中间评估、成果评估和跟踪评估。这些对于诸如标准、绩效测量、比较活动、采取行为等行动都是需要的,并且不同阶段、不同种类的评估,可以起到不同的作用。在创新评估中,一般针对的是企业技术创新的绩效评估,即对企业技术创新行为的最终投入产出结果评估。

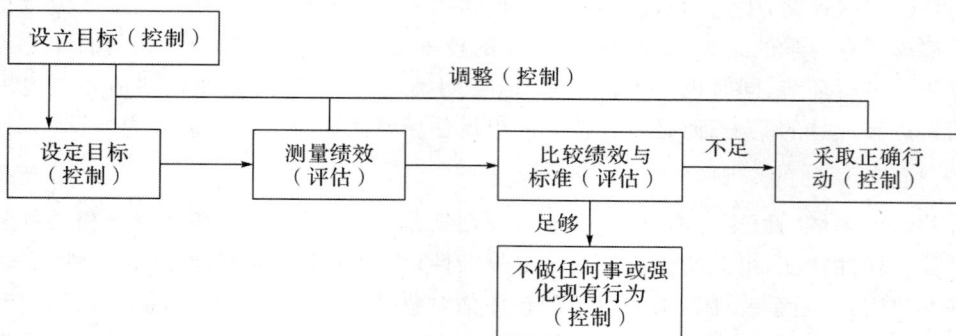

图 13-2　评估与控制过程

资料来源：Margaret White，Barry Bruton. 技术与创新管理：战略视角. 北京：电子工业出版社，2008.

二、创新评估的关键问题

企业创新行为的评估围绕着以下三个关键问题：一是与预期相比企业现在的进展情况如何？二是前面有哪些因素会对企业有积极或消极的影响？三是按原路径继续下去结果会是什么？

回答上述问题则需要进行差距分析。企业在期望发生的情况、实际发生的情况及可能发生的情况三者之间寻找差距。差距分析对于企业内部创新来说尤其重要，如果在内部创新过程中不及时地对差距进行处理，企业就可能会偏离它的目标，导致其绩效遭受消极的影响，且没有办法使问题立即得到解决。反之，如果较早地处理偏差，企业就可以进行及时的调整来实现目标（White，Bruton，2012）。

首先，现在的进展情况如何？差距分析的第一步是确定创新战略是否有效，也就是将创新过程中我们现在所处的情况与想要的实现情况进行对比分析。这实际上是对企业从现有状态转向未来状态的一系列行为进行评估。在计划过程中组织往往设立了短期和长期的目标与目的。因此，企业应该通过其短期目标与目的以及长期目标与目的的进展情况来判断目前的状态。

以技术型企业为例，将实行以下几项关键评估：

（1）战略环境评估：企业需要针对所属产业的战略方向以及产业中主要竞争对手的战略行为展开评估。例如可以采用波特五力模型来进行具体的分析。

（2）外部环境评估：企业随时面临环境变化而带来机会与威胁。其环境评估不仅仅限于评估竞争对手对企业创新成败是否起到关键作用，且企业需要评估它的目标客户是否满意。另外，需要考虑企业与其供应商及相关管理机构等微观环境之下的利益相关者之间的关系网络，如这些网络目前还处于未连接状态，若这样则它们是处于被创建中还是维持着现状中？这一分析需要同时对外部联系的质量和数量进行研究。

（3）信息系统评估：企业的信息系统包含所有用于沟通的系统，这些系统确保了正确的信息能够在正确的时间传递给正确的团队或个人，从而使他们做出正确的决策。企业是否拥有这些流程？信息是否被系统正确地处理了？信息系统评估可以通过确保正确数量、正确信息的产生以及及时到达正确的人，来帮助降低这类风险。

（4）结构分析评估：企业还需评估其组织结构和流程能否支持有用的创新行动。进一步地，评估在组织内部进行较早的协调和干涉是否有助于上述过程的顺利。其实，组织结构需与其他利益相关者及时地协调与沟通，由此这一行为能使成员更早、更频繁地对产品和工艺进行交流。

除了上述差距分析工具之外，还包括了其他类似的分析工具。如平衡计分卡，其认为企业除了关注财务指标之外，还需要关注与客户、业务流程、组织学习相关的指标，企业不仅要关注目标，同时也要关注离目标有多远，及这些目标对组织战略的价值有多大。这一拥有完整细致分析过程的方法与差距分析方法十分相近。当然在相关实践中还包括了 Skandia 导航器、DEA 法、德尔斐调查法、专家级差评分评估法以及技术经济学等方法。

其次，哪些因素会影响企业发展，这些影响可能是积极的也可能是消极的。差距分析的第二步是要评估组织是否通过监测环境变化来获取相关信息，例如以个人微机制造商为例，当宏观经济不景气时，企业的销售额可能也会因此而下滑。原因在于此类电脑属于高弹性系数商品。因此，微机制造商必须监控宏观经济趋势的发展并适时做出相应策略调整。

最后，企业对是否需要改变方向进行基本评估。企业应该周期性地进行这样的质疑："按原路径继续下去结果会是什么，这些结果是不是计划时所预期的？"在基本评估中企业需要周期性地关注那些刚出现的或是以前未发觉的机会和路径。同时需要定期的反思最能够确认企业的目标和计划是否适配，且是否能够使企业发现未拓展的创新空间。

第三节　实施创新评估与控制

企业的评估与控制是一个持续不断的过程。作为实践，评估与控制将会影响创新过程的计划与实施。图 13-3 描述了这种交互关系，并证明了战略中各个阶段都是建立在前一阶段的基础之上，这种关系实际上就是对控制活动进行分析。

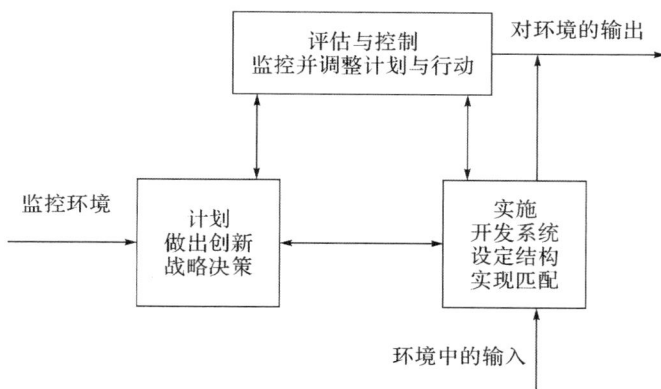

图 13-3　战略各阶段的交互关系

资料来源：Margaret White，Garry Bruton. 技术与创新管理：战略视角. 北京：电子工业出版社，2008.

一、整合评估与控制：计划

在设定创新战略的目标与目的时需对组织外部环境进行分析。由于战略包括了很多因素，且需要进行大量的内部组织工作，因此企业需要经常检视外部环境并对其进行研究，从而明确外部竞争者及对内部资源条件以及创新管理的各个方面有影响的外部变量是否出现了重大变化。如一些企业特别是那些高技术企业的战略不是在孤立状态下制定的，组织的目标与目的需要依据竞争对手可能的行动与反应而制定。计划带有全局性，它也同时强调组织的整体性，因此计划阶段需设立战略使命与可测量的目标和目的。因此，在计划与实施过程中，所有的目标与目的的行为导向担负着关键的理念作用，且应有助于组织使命的实现，这些目标为评估阶段的比较提供了基础。

二、整合评估与控制：实施与组织结构

（一）实施

整合实施、评估与控制时，战略匹配这一概念十分重要。如果组织各个部分没有达到匹配状态，组织就很难实现目标。简言之，如果战略不匹配，在评估与控制时差距将会扩大而非缩小，这会导致低效率与低效益。一旦发现差距，可考察实施中的输入与现有流程的输出来对差距进行分析，这样可明确差距性质并进行有针对性的调整与完善。

事实上，填补差距通常需要组织结构、流程和步骤等多要素来支持创新。如企业的目标是向市场推广新产品，那么实现目标过程中涉及组织的相关流程与结构就必须准备配置到位。此外，企业管理者或许更倾向于针对创新问题出现之处投入较多的资源要素，此类举措忽视了创新问题的本质或现有的利益相关者需求。实践已经表明，大多数技术的创新失败并非由技术问题引起，而是由流程设立与管理等"软性"实施问题所引致。由此，发现差距后，管理者必须仔细地设计与实时控制，以确保企业采取的行动能够产生预期结果。对此，White 和 Bruton（2012）也提出要确保企业可持续创新项目的成功实施，必须做出以下几个关键决策：一是确保管理上给予支持，理解项目目标并与一线的组织集体创新行动相衔接。二是评估技术能力方面的需求，以确保项目所需人员能够顺利参与到创新活动中去。三是基于创新项目情境提供必备的基础设施，同时也需准备相应的组织冗余以备其他创新情境所需。四是对企业文化与组织外部环境要有充分的考虑。五是建立监控系统，识别潜在技术与确认市场风险，这是实施过程中必不可少的活动。在战略实施或支持特定战略的项目实施中，必须采用一套方法来监控潜在风险。

（二）组织结构

在实施过程中，整合评估与控制尤其要关注企业采用的组织结构。由于组织结构的本质是工作任务如何进行分工、分组和协调合作，其是企业全体员工实现企业创新目标而进行的分工协作，在职务范围、责任和权力方面所形成的结构体系。当然其也是用于说明沟通与协调的途径，因此，当创新工艺、产品流程系统发生改变时，组织结构也必须做出相应的同步调整。其实，没有尽善尽美的组织，组织之间总是不同程度地存在摩擦和冲突，因此，从创新项目一开始启动，管理者就要经常检查、监督组织的运行情况，并及时做出调整，使之不断发展。

随着组织的演进与发展，组织结构会越来越复杂。即在组织通常采用简单结构的情境

下,企业创始人或高层管理者通常会参与所有重要的决策,工人的专业化程度较低,组织内信息流通顺畅。因此在绩效评估时,CEO很清楚每个人的表现,评估非常直接。同样,这一结构也使得组织内部反应迅速,从而控制的反馈也非常快速。在职能式结构中,员工通常被分到不同的岗位领域中,当人数增加时,这种结构能够将员工分组,此举有利于提高效率。然而,分组也使得不同类型的员工之间更难交流,并导致员工更加关注部门利益而非整个企业的利益。因此随着组织结构的复杂化,相应的评估与控制也逐渐变得复杂。

国美的组织结构

国美现有的连锁店,均采用了"正规连锁"或"加盟连锁"的经营形态,它们都由国美总部或分部全资经营,国美电器连锁系统组织结构纵向设立,分为三个层次:总部:负责统一管理,实行经营方针、经营规划、工作计划、人事、培训、采购、财务、保险、法律事务、店铺的选择、设计及装修、商品配置与陈列等工作的规划、服务、调控和发展等各项管理职能。地区分部:依照总部制订的各项经营管理制度和规定,负责对该地区的各门店实行二级业务经营及行政管理,并实施对所属门店的监督、指导、服务、沟通等功能,同时接受并服从总部各职能部门的职能管理。门店:接受并服从总部及地区分部的领导和职能管理,依照总部制订的各项经营管理制度和规定,负责对本门店实施日常经营管理。基本职能是商品销售、进货及存货管理、绩效评估。

随着组织进一步地发展,可能会从事多项不同的业务,此时采用事业部结构,其优点是职责范围明确,分工细,各事业部内部办事效率高,每个事业部都有自己的产品和市场,能够规划其未来发展,也能灵活自主地适应市场出现的新情况迅速做出反应,既有高度的稳定性,又有良好的适应性。便于组织专业化生产,形成经济规模,采用专用设备,并能使个人的技术和专业知识在生产和销售领域得到最大限度的发挥,因而有利于提高劳动生产率和企业经济效益。但是事业部制的缺点也是明显的:容易形成小团体利益冲突及各事业部之间协作能力下降,或者可以认为,此种之下的创新决策与信息处理也会越慢。此外,组织越大,评估和控制就会越困难。因此,大企业不断地寻求能够更有效地管理员工和流程的组织结构,但由于每个团队的贡献很难清晰辨别,这些结构使企业实施全面的评估与控制机制的难度增加。此外结果与目标之间的差距被识别后,这种结构也使得定义与实施相应变革的难度增加。

GE公司科学的组织结构

GE有60多项不同的业务,每一个业务都可以成为单独的部门。但这么多部门会使CEO管理起来非常困难,于是GE将其业务分成了8大类:飞机引擎、商业金融、消费者金融、日用消费品、设备管理、保险、娱乐及电力系统。这8个领域就是所谓的战略业务单元(SBU)。这些SBU是组织结构的基本组成部分,而组织结构又将各个区域有机地组合在一起。每个SBU的负责人直接向CEO汇报。而60项业务的负责人则向他们所属的SBU的领导汇报。GE高层也同时明白:SBU能够更加有效地安排业务,但也使组织增加了一层管理,使得绩效判断与控制实施变得更加困难。

此外，为了更有效地监控组织，不能仅仅依据规模来决定何时及如何改变组织结构，还需考虑其他因素，包括集权程度、标准化程度、规范程度以及企业内层级的个数。对于真正的创新型企业来说，双重的组织结构——机械的职能型结构和较有机的矩阵或网络结构的一个混合体是比较理想的。因为这一结构的目标是挖掘长期的创新机会并提供多种途径实现短期的效率。

三、评估与控制中应考虑的其他因素

组织开发评估与控制系统时，还要考虑到其他一系列因素，这些因素包括组织焦点、价值创造以及最佳实践的标杆管理等。

(一)组织焦点

大型组织的评估与控制，需考虑组织是否实现了所有的目标。对大型组织来说每个利益相关者都需关注企业的整体创新输出，即将每个战略单元或职能的创新绩效都与企业整体绩效相联系，此类理念在创新实践中是十分重要的。评估与控制对于确保将组织的整体绩效作为组织关注的焦点起到了十分重要的作用，这种作用可通过将企业整体绩效纳入评估之中来实现。

(二)价值创造

评估与控制行动必须体现价值创造。既然企业的目标是创造价值，因此，无论是小企业还是大企业，创新的评估与控制都需强调对企业整体的价值创造。在创新型企业中，价值创造的首要任务应该是企业经营活动边界的界定，并在此基础上产生新的可行方案的积累。如果这些新方案被用于实践(工艺)或是应用于市场(产品)，作为回报可能是组织直接的财务收益也可能是其他方面潜在价值的增加。此外，企业的间接价值也需要进行评估与测量，其虽然难以测量但却异常重要，因此企业管理者必须关注其为其他股东的创造价值，同时也需对这些股东的行为作出判断。

> **麦当劳注重间接价值的创造**
>
> 麦当劳总是强调社会责任，该公司发现重病孩子家庭的需要后，就创造性地开发了罗纳德·麦当劳小屋。这些设施并没有给麦当劳的生产线或流程带来直接的利益，但是麦当劳利用这一创新提供的服务识别客户需求，提出解决方案并最终实施想法。这带来的结果是正面的宣传效果——一个非直接的价值。麦当劳从中获得的间接价值是难以衡量的，对于有重病孩子的家庭来说这更是无价的。

(三)内外部标杆

大型组织要确保自己正在进行最佳实践并监控环境的变化。大型组织有可能会根据已过时的预言来设立目标，这种情况常常是团队、部门和区域仅仅关注自己的利益而非组织的整体利益，致使组织内的信息无法共享所造成的。同时也可将其产品、服务和其他业务活动与自己最强的竞争对手或某一方面的领先者进行连续对比衡量，此对比衡量的目的是发现自己的优势和不足，有助于企业有效地观察绩效、展望未来。企业若能在发现差距时，及时获取这些信息并做出相应的行动将有利于企业的发展。

IBM 企业不断地成为标杆

当 20 世纪 80 年代个人微机出现时,IBM 并没有跟上竞争对手及新技术的变化。IBM 开始衰退,并不是因为它没有内部标杆流程,而是因为它没有监控环境,也不关注标杆战略。成功会使企业满足现状,因此这些大型的成功企业很难察觉范式转移。在不断变化的环境中,IBM 忙于调整其他产品和工艺。实际上,在 20 世纪 70 年代,IBM 的内部流程还是其他企业的标杆。在 2005 年,IBM 将其亏损的价值 100 亿美元的 PC 业务卖给了联想。这个中国企业希望与 IBM 的 ThinkPad 建立一个卓越的全球品牌,这个品牌深受商务旅行者和经理人员喜爱。另外,在 2008 年,IBM 又将其 x86 服务技术授权给了联想,这使得如今的 IBM 已经成为一个大型的电脑服务企业,而不是一个电脑制造企业,而且运行良好。因此,IBM 现在又被作为一个标杆,其他企业寻找和跟随着 IBM 的成功路径。

[本章精要]

1. 创新控制是调整组织创新行为过程并确保它们能够与期望既定的创新目标相一致或相吻合的管理活动的过程,其确保了企业的创新实践和创新战略目标相匹配、相协调、相一致。

2. 企业要实现可持续发展,走向卓越,当然离不开创新,但也更离不开控制,两者缺一不可。创新为企业带来活力,而控制为企业带来安全阀,创新控制之所以重要是因为它对创新目标是否按计划实现和授权是否被滥用进行监督。

3. 组织内控制有很多种分类方式。而对采取创新战略的组织而言,可行的控制机制基本上可以分为三类:财务控制、战略控制、文化控制。

4. 创新评估是采用定性和定量研究的科学方法,预先对企业创新过程各环节的创新性、领先性及最终创新结果的商业化实现、社会后果及效益的利弊得失进行综合评价,从而保证创新预期顺利进行。就创新评估对象方面,创新评估对象包括若干要素组成的系统、创新的过程所产生的经济效益功能、技术产品的商业化实现等。创新评估的内容方面,包括了产品创新和工艺创新及其实现产业化和市场成功相应的组织及管理及市场创新。

5. 创新评估应遵循的原则包括了系统性原则、可行性原则动态性原则以及时效性原则。

6. 企业创新行为的评估围绕着以下三个关键问题:预期相比我们现在的进展情况如何、有哪些因素会对我们有积极或消极的影响以及按原路径继续下去结果会是什么?

7. 企业的评估与控制是一个持续不断的过程。作为实践,评估与控制将会影响创新过程的计划与实施。

问题及讨论

1. 结合实例,谈谈创新的评估与控制过程是怎样的。

2. 结合实例,谈谈作为评估的反馈,管理者需要怎样调整战略目标或者组织行为,从而产生相应的控制。

3. 选择实例,分析评估与创新流程需要哪些支撑结构设计。

[案例应用]　鞍山钢铁企业集团的管控体系建设

1.管控体系建设的背景

（1）管控体系建设的背景方面。一是不论从国际大型企业发展实践看，还是从国有企业监管实践看，增强集团控制力都是中央企业集中资源做强做大主业的重要措施，是企业加强管理、规避经营风险的必然要求。二是钢铁企业大型化、集团化的发展趋势决定了未来钢铁行业的竞争将更多是集团与集团之间利用综合管控手法，在资产组合、产业组合、协同效应以及知识管理和组织智商层面的竞争。三是随着集团规模和管理领域的逐步扩大，母公司与子公司之间、各子公司之间的沟通与互动日趋频繁、复杂，集团内部交易成本、代理成本、控制幅度等问题日趋突出，原有单一基地的工厂、公司式管理模式已经成为鞍钢集团化发展的巨大障碍，亟需实施系统化变革与创新。

（2）国有大型钢铁企业集团管控体系建设的主要做法是诊断管理问题，明确工作思路和方法。鞍钢通过引入第三方管理诊断，将原有管控体系存在的问题归纳为战略措施、资源管理、集团职能、发展历程等七个方面。且鞍钢从长远发展的眼光、企业全局的视野、系统管理的角度、持续改进的意识和国际运营的理念出发，确定了管控体系建设总体思路，明确了现实性、先进性、系统性以及目标性原则等四大工作原则。

（3）明晰集团发展战略，夯实管控体系建设基础。例如，鞍钢基于对企业未来战略群体定位、业务选择定位、价值链定位、竞争因素对比等因素的分析，确定了"全面腾飞"的战略目标，到2015年，产钢进入世界钢铁行业前10位，成为钢铁业特强、多角化产业具有国际竞争力、能够引领世界钢铁工业发展的特大型跨国集团。总的来说，在总体发展战略上，壮大钢铁主体，实施多角化经营，拓展国际化经营，实现可持续发展。

2.确立集团管控模式

（1）确立集团管控模式。依据发展战略和业务选择，鞍钢将管控模式定位为战略管控和操作管控相结合的战略操作型管控模式。提高集团对重要资源的整合和管控能力，在集团层面搭建信息平台、供应链平台和营销平台，实现集团各类资源的共享和有效利用，为各子公司业务的高效运营提供支撑；在规划、计划和重大决策层面进行统筹管理，保证各子公司的业务发展与集团的整体战略和经营策略相一致，实现横向协同，避免内部竞争。在总的战略操作型管控模式之下，针对子公司和职能领域的具体情况进行管控模式细化。一是根据业务贡献度和主业的业务相关度，对不同类型的子公司采取不同的管控模式。二是使用价值链工具，从纵横职能和基础职能两个方面对集团总部和下属子公司的管控职能进行定位分析和总体设计，明确集团总部在不同职能领域的定位和管控模式。

（2）明确母子公司定位。集团总部成为"六大中心"，享有"五项权力"，实施"十个统筹"。"六大中心"指战略管理中心、资本运营中心、财务管理中心、风险管理中心、经营协调中心和资源共享中心，"五项权力"指享有国有资产管理权、重大决策权、管理者选择权、国有资产收益权和财务监督管理权。

3.优化组织结构，完善集团管控的运行平台

（1）优化集团总部组织架构。依据集团管控职能定位和母子公司管控界面划分，以提高集团管控能力、解决诊断问题为目标，确定集团总部组织架构优化重点。一是加强集中采购部门建设，发挥采购协同效应；二是将原燃料采购作为战略重点单位成立部门管理；三是营销部门实现产销一体化和内外贸一体化管理；四是加强技术管理与技术研发部门建设；五是加强支撑职能管理平台的组织建设；六是实施专业资本运营和安环管理；七是发挥党群管理在现代企业管理中的重要作用。

（2）规范子公司及下属单位组织架构。子公司按照精干高效、扁平化、集中一贯原则进行组织优化，统一组织架构模式为物资采购部、市场营销部、产品制造部、设备保障部、科技质量部、安全环保部、计划财务部、管理创新部、人力资源部（组织部）、办公室、企业文化部（宣传部）、监察部（纪委）、工会、团委等。对子公司内部不符合集团产业发展方针、业务重叠、长期亏损扭亏无望、投资经营不规范的经营实体和四级企业，采取合并、注销等方式予以清理，将集团组织层级控制在三级以内。对辅业改制企业和参股企业，集团总部以出资人身份推动和监督其按照现代企业制度要求，建立健全规范的法人治理结构和科学有效的组织体系。

4. 优化核心业务流程，保证集团管控有效实施

（1）明确管控流程优化思路和原则。按照集团新的管控模式和组织架构要求，针对集团核心流程存在的问题，确定管控流程优化总体思路及实施步骤。明确流程优化五项原则：一是以客户满意为核心原则；二是以流程而非职能为中心原则；三是遵循环境和资源约束原则；四是明确规定下充分授权原则；五是兼顾公平和效率原则。

（2）实施流程体系优化。鞍钢以战略管理、计划管理等五个职能流程模块以及计划预算制定、人力资源规划和风险管理三个单项流程（简称"5＋3"流程）为重点，从时间、成本、质量三个方面确定流程优化目标，运用流程分类、5W2H 法、鱼骨图法、标杆超越法、时间标记法等方法，按照流程体系构建、流程绘制诊断、流程系统优化、支撑体系建设四个步骤，分三个阶段（前两个步骤作为第一个阶段）对集团流程体系实施系统优化，形成新集团总部流程目录体系，其中一级流程 25 项，二级流程 150 项，三级流程 414 项，四级流程 205 项。

（3）建立流程保障机制。明确集团流程管理部门和其他部门在流程管理中的职责，确定集团流程管控模式，在实施流程分级管理基础上，突出集团流程管理部门、流程管理体系和流程管理标准建设的重要地位，促进流程管理工作在集团各职能领域、各下属业务单元的实施和推广；搭建基于流程总图、流程目录、流程管理和流程管理制度的流程管理体系，为流程管理工作的正常运作奠定基础；总结管控流程优化的理论体系、工作步骤、工作方法等，将流程优化知识和技巧内化到集团内部；采取有效措施对集团核心流程和关键点进行监督管理，采用"流程和企业成熟度模式"对子公司流程和集团核心流程进行评估，及时发现问题，修正错误和偏差，实现对流程体系和关键点的管控，促进流程体系持续改进。

5. 建设管控支撑体系，保障管控体系有效运转

一是完善制度体系方面，集团编制《鞍钢集团总部部门职责汇编》、《鞍钢集团总部流程目录表》等相关管控制度，固化组织优化和流程优化成果。二是强化信息化系统，研究设计并逐步实施通过信息化建设固化管控模式和核心流程，实现信息资源共享，提高集团管控效率和效果。三是建立绩效评价体系，鞍钢根据各业务单位在新管控模式下的功能定位和行业特点，以业绩评价引导战略执行，通过战略逐层分解，进一步明确新管控模式下的岗位要求和业绩期望；通过科学设定关键业绩指标，实现对运行过程和结果的控制与掌握。四是培育统一、融合的集团文化，鞍钢坚持把企业文化作为集团管控体系建设的重要切入点，积极培育统一的企业文化，加强集团的凝聚力。五是加强审计监督体系建设，即将管理功能再造、强化集团控制力全面融入监督体系之中。

6.鞍钢集团管控体系建设的效果

（1）建立了有效的集团管控体系。集团管控体系的建设与有效实施，极大地提升了鞍钢的管控能力，激发了集团下属各业务单元的经营活力，实现了集团上下目标一致、资源共享、优势互补、行动协调和快速响应。集团资源利用率和管理效率显著提高，充分发挥了大型企业集团 1＋1＞2 的规模效益和协同效应。

（2）提高了企业抗风险能力。2008 年，鞍钢努力克服国际金融危机的不利影响，大力推进"四个转变"，以高效的内部管控体系促进战略措施的有效落实，各项工作取得了新的进展。同时也实现了企业规模及效益的稳步增长和国有资产的保值增值。

（3）提升了企业整体竞争力。2007 年以来，鞍钢以增强集团管控能力作为提高企业核心竞争力的重要抓手和推动引擎，通过优化整合内部资源，最大限度发挥战略协同作用，规模效益稳步增长，综合竞争力显著增强。国内产业布局基本形成，实现了鞍钢从内陆发展向沿海发展的转变和从单一生产基地向多基地跨区域战略布局的转变。国际化经营实现新突破，与澳大利亚金达必公司合资开发的卡拉拉铁矿项目进展顺利；与英国斯坦科集团联合组建的鞍钢西班牙有限公司正式投入运营；收购意大利维加诺公司 60％股权，拥有了首个海外钢材加工基地。集团整体管理水平显著提升，总部的决策力、职能部门的支撑力、子公司的执行力等得到强化，增强了企业的可持续发展能力。

资料来源：刘虹，蔡跃成.国有大型钢铁企业集团管控体系建设.经营管理，2010(12)：53-54.

思考题：

1.结合上述案例谈谈鞍钢集团的创新控制有哪些有效措施。

2.鞍钢集团在创新控制中哪些值得人们学习与推广的？

第十四章　创新风险控制

学习目的

■ 理解创新中风险的内涵
■ 掌握三维结构模型及其在具体创新项目风险分析中的应用
■ 学会分析创新风险生成机理与提供风险防范措施

引　例

上海电气电站集团是上海电气集团股份有限公司的核心企业,从事发电成套设备和单机制造、电站工程总承包以及与发电设备和电站工程建设相关的服务项目。2002 年以来,发电设备产量、销售额以及订单总量一直保持世界第一。一直以来,上海电气主要从事火力发电设备制造。在为国家经济建设提供强大动力的同时,也排放了大量的二氧化碳,同时,在以石油、煤炭等为代表的自然能源资源日趋紧张的背景下,作为传统的煤电设备制造商,上海电气率先走出了技术创新之路,发展核电、风电等新能源产品,发展低排放、低污染、高效率的大功率创新火电机组。但技术创新本身是一项充满风险和挑战的事业。新能源、新产品的发展,需要确定产品的发展方向,需要大规模的投资,需要经历从不成熟到逐渐完善的过程。近年来,上海电气实现了飞速的发展。但在产销规模不断扩大的同时,企业承受的风险,比如金融风险也在同步放大。基于上述背景,上海电气在加大创新力度的同时,控制好了技术创新的风险,建立了促进创新而不是阻碍创新的风险管理体系。

相对于企业的其他工作,创新活动的主要特征之一是它的高度不确定性带来的巨大风险,以产品创新为例,欧洲投资银行 20 世纪 90 年代的统计分析揭示,技术创新在研究与开发阶段的失败率为 70％左右,在创新企业开业阶段的失败率为 30％左右。由此,以技术创新为典型代表之一的创新活动是一种高风险行为。创新控制研究的着重点是如何识别创新的风险及其风险的类型,认识创新过程中的各种风险特征,对其风险性进行评价并加以控制,以保证创新目标的实现。本章首先分析创新风险的内涵及其类型,然后对创新不同阶段和层次的风险特征进行描述并做出定性评价,最后对企业合作创新中的风险问题进行分析。

第一节　创新风险的特征及其分类

一、创新风险的客观性

创新风险是指创新外部环境的不确定性，创新系统的难度与复杂性，以及创新者经济、技术与心理等综合能力的有限性，导致创新失败、中止、撤销或达不到预期的技术经济指标。简而言之，一些因素的复杂性使得创新结果与相应预期相背离而导致权利损失的可能性，其内涵之中应当包括创新风险是客观存在的、创新风险是可以预测的以及创新风险与收益是并举的等思想。企业的创新风险不仅引发业务类型、管理模式以及研发和推广新的产品与服务风险而导致企业发生有形的经济损失，而且导致时间损失、机会损失、心理损失等无形的损失。

海恩斯（Haynes）早在 19 世纪末就指出，风险其实意味着损害的可能性，同时奈特（Knight）认为，风险应当作为企业利润的源泉进行处理。正是从这个意义上说，创新风险具有二重性，即获利与损失机会并存。实践表明，创新的风险与收益之间呈现某种对称性，即高收益项目具有高风险，而低风险项目一般只能带来低收益。即企业因创新取得的报酬和收益是风险承担的等价物。尽管创新的风险很大，失败率很高，可一旦创新成功，创新者可以获得超额的利润回报。创新者不是没有意识到风险的存在，而是看到了隐藏在风险背后巨大的利益诱惑。

每一种创新模式都会面临一些典型的风险。如产品创新需要重点关注市场需求分析的准确性、产品创新的技术风险、质量风险等诸多问题。在业务创新过程中，常见的问题包括现有团队缺乏经验、管理能力不足、各项创新资源不匹配、新业务与传统业务无法有效协同等。在管理创新过程中，也因涉及利益相关者的权利调整可能带来意想不到的变革阻力，以及相应人的能力与组织制度设计等问题。综上分析，创新风险的客观存在主要来源于创新活动的不确定、复杂性等特征。

首先，不确定性是风险之源，但不确定性之中存在确定性的成分，企业要控制创新风险，也就必须从不确定性中寻找和把握其中隐含的确定性，将风险降到最小。这也是创新风险管理乃至创新管理研究的价值所在。事实上，创新的魅力之处就在于它的不确定性，只有那些善于把握不确定性中隐含的确定性的企业，才能在竞争中立于不败之地（谢科范，1996）。

其次，创新是一个复杂系统，创新中涉及的各项风险因素之间表现为相互依赖、相互影响。单一风险的产生将引致另外一个或其他几个风险因素的发生或变动。或者说，由于创新风险系统是一个开放系统，创新风险因素的相互作用并非是线性关系，系统内各种要素的微小变化都可能会使系统出现动荡，远离平衡状态，即系统存在复杂性特性（林汉川，2003）。

二、创新风险是一种可管理的投资风险

风险理论把风险分为纯粹风险和投资风险。纯粹风险是指只有损失机会而无获利机会的风险，如火灾、地震等。其后果只有两种可能，即有损失或无损失。投资风险是指既有损失机会又有获利机会的风险，其后果有三种可能：盈利、损失、不盈不亏，如股票投资、经营活

动中存在的风险。投机风险因有利可图而具有程度不同的吸引力,使人们为求得利益而甘冒风险(吴涛,2000)。

（一）创新风险属于投机风险

创新主体希望通过成功的创新获取期望的利益。但是创新系统在外部因素和内部因素的作用下可能有三种结果:一是创新成功,实现了预期的目标;二是创新失败,未能实现预期目标,甚至无法回收前期投入的资金;三是创新没有达到理想的效果,仅使投入与收益基本持平。所以创新风险属于投机风险。

（二）创新风险是一种动态风险

所谓的动态风险是指由于自然力的非常变动或人类行为的错误导致损失发生的风险,如地震、火灾等。即由创新系统的外部因素或内部因素的变动,如经济、社会、技术、政策、市场等因素的变动,研究与开发、市场调研、市场营销等方面的管理不到位,均可能导致风险的发生。

（三）创新风险在某种程度上是可以防范和控制的

创新活动是一种有目的、有组织的技术经济活动。通过对创新系统的组织管理,尤其是树立风险意识,完善风险管理,则能够在一定程度上防范和控制风险损失的发生和发展,使受控的创新活动向预期目标发展。事实上,影响创新的风险因素有一些是可以控制的。在改变某些可控因素之后,能够改变原来失败的结果。

（四）创新风险是可管理风险

虽然创新风险不可能完全灭除,但总的来说,创新管理比较完善的创新主体,能够有效地防范和控制某些风险因素,其创新成功的可能性相对就会高一些。因此,要取得创新的成功,必须加强创新的风险管理。美国著名管理学家彼德·杜拉克说过:"许许多多成功的创新者和企业家,他们之中没有一个有'冒险癖'……他们之所以成功,恰恰是因为他们能确定有什么风险并把风险限制在一定范围内,恰恰是因为他们能系统地分析创新机会的来源,然后准确地找出机会在哪里并加以利用,他们不是专注风险,而是专注机会。"

三、创新风险的识别

关于创新风险识别研究,国内外学术界都做了大量的分析,但由于研究目的和研究对象的差异,风险因素的分类还没有统一的标准。从现有文献来看,主要有风险源角度、创新过程角度以及实证分析角度等三个方面。为不失一般性,我们从风险源角度来考察,即创新风险可分为技术风险、市场风险、财务风险、管理风险、政策风险等。

（一）技术风险

技术风险是指在创新过程中技术方面因素及其变化的不确定性而导致创新失败的可能性。如技术本身的不成熟,技术发展的飞速变化、技术替代的影响,技术难度太高,技术可靠性和适用性不确定,技术寿命的不确定和技术在行业中的地位的不确定性以及技术扩散的影响等。同样,M. V. Tatikonda(2000)通过研究指出,技术先进性与复杂性是产品创新的本质属性。技术先进性或技术复杂性越高,技术创新过程存在更大的不确定性,研发团队出现错误的概率也就越大。加之一旦遇到企业系统集成失败,创新者就只能延长创新周期或投入更多的创新要素才能保证完成技术创新任务。

（二）市场风险

市场风险是指由于市场方面的有关因素及其变化的不确定性而导致创新失败的可能性。由于市场因素决定了创新的可能性以及创新的动力，并推进或延缓创新的进程，而且对最终产品投放市场也产生较大的影响，因此市场因素是创新活动充满风险性的原因。如对市场的发展和趋势没有清晰的认识以致市场分析和定位的不准确，消费者需求发生变化或消费者难于认同，市场竞争激烈，市场处于衰退期，创新产品被模仿或替代的影响等。总的来说，企业要到市场上去寻找不满意与不满足的市场空间，此类创新随着社会的发展与人民生活水平的提高，将显得越来越重要。市场创新难度大，但发展前景广阔，因此有条件的企业应力求这种创新。

> **福特汽车应对日系汽车冲击**
>
> 美国福特汽车公司受到日本汽车的严重威胁，为了面对日本汽车的冲击，福特公司决定开发几种新车型来与之竞争。事前，福特公司通过各种办法来了解顾客的意见，顾客们抱怨福特公司生产的汽车后排座位前面留地方太窄。于是，福特公司在新产品开发设计中，吸收顾客的上述意见，把汽车前座下面地方改为坡形，加大了前后座之间的空间。这种改进型新产品，立即受到顾客欢迎，市场占有率大增，连续5年被评为加利福尼亚畅销车。

（三）财务风险

财务风险是指影响创新资金筹措、使用、偿还的因素及其变化的不确定性而导致创新失败的可能性。如风险投资机制不健全，贷款利率过高，企业资信度低，融资能力不强，投资强度不高，资金不能及时到位，创新成本超过预算过高，汇率、利率变动等。

（四）管理风险

管理风险是指在创新过程中，管理方面的因素导致创新失败的可能性。如对创新必要资源——资金、创新人员、技术和创新设施、环境的管理不利，对创新所需能力——员工能力、顾客能力、高层管理者的能力的管理不利，对创新战略和组织管理不利，创新的制度和机制管理不利，知识获取的管理不利，市场动向和竞争态势的预测、分析管理不利，企业外部关系管理不利等。

（五）政策风险

政策风险是指国家或政府的法律、法规、方针、政策及其变化对创新项目的不利影响而导致创新失败的可能性。如不符合国家的管制规则、行业法规和科技政策，无法获得辅助性材料与设备的进口许可等。需要指出的是，由于制造业企业创新管理特殊的战略性地位，国务院于2006年颁布了《关于加快振兴装备制造业的若干意见》到高端装备制造业的十二五规划，各级政府的积极引导、资助和扶持力度不断加大，政策因素将更有利于制造企业管理创新这一可持续性行为。

除以上风险外，创新风险还有社会风险、金融风险和经济风险等，在此不再赘述。

第二节　创新的风险分析

产生创新风险原因既有主观原因，如缺乏正确的风险态度、调研失真或不全面、决策失误、方案或计划考虑不周、经济技术预测分析偏差等；也有客观原因，如技术创新自身实力不足，创新对象存在难度、费用过高、生产工艺要求高、市场开拓任务大，外部环境原因。

掌握创新风险的主客观原因可以更好地对创新风险进行评价。创新风险评价是利用指标或指标体系，对创新风险进行量的测度，以有助于创新决策者对创新风险有一个准确的判断，进而在此基础上进行创新方法选择、创新项目遴选以及创新方案优化。

一、创新风险的三维结构分析模型

在创新管理活动中，创新决策就是指为解决企业面临的问题或者为完成某项创新活动，管理主体选择创新项目和创新活动方案的过程。创新活动表明，创新由最初随意性和缺乏系统性的过程逐渐转变为在企业整体战略指导下有意识和系统化组织的过程。因此，创新是以创新主体的理性行为为主导的一个过程。创新风险是这一过程中的风险，而风险的产生、演变及其后果在很大程度上取决于创新主体的理性行为，其中最为重要的是创新主体的决策。从纵向过程看，创新活动涉及创新概念的产生和形成、系统开发、创新的测试和服务营销等全过程。在这一过程中决策是否有科学的依据，决策是否正确，都决定了创新风险是否产生及其后果的危害程度。

不同类别的决策产生的创新风险也是不同的。按照决策所导致的创新风险的影响范围大小程度，将决策分为三个层次：战略性决策、战术性决策和作业性决策。这三个层次决策引发的创新风险是不同的，即不同特征的风险如技术风险、市场风险、财务风险、管理风险、政策风险和生产风险在各决策层次有不同的分布。基于此，我们可以分析不同决策层次对创新及其风险的影响。由于不同创新阶段，不同决策层次，创新的风险及影响程度是不同的，为此可以构建一个将创新风险的类别分析、创新风险的决策分析、创新各阶段风险分析三方面都考虑进去的创新风险三维结构分析模型，三维结构分析模型如图14-1所示。下面根据三维结构分析模型，针对风险、决策、创新过程、创新风险进行展开分析（吴涛，2002）。

（一）基于创新阶段特征与风险类型的创新风险分析

创新过程与创新风险两者存在着一定的联系，单独从创新过程或创新风险的分类来分析创新风险割裂了它们之间的联系。事实上，创新的不同阶段均可能存在技术风险、财务风险、市场风险、管理风险、政策风险等。但在不同的创新阶段，创新风险的分布是不同的。因此有必要结合创新的阶段特征和风险特征对创新风险进行研究。

创新概念的产生与形成阶段主要包括对市场进行调研，考虑国家或当地法规政策，对创新概念进行严格的筛选等内容，因此这一阶段的主要风险是市场风险，其次是管理风险和政策风险；系统开发阶段是一个倾注大量物力、财力协调各部门按照创新设想进行开发的阶段，这一阶段可能会由于技术难度太大、开发成本过高、各部门无法协调及管理不力而使开发中断，该阶段的主要风险是技术风险、财务风险和管理风险；创新测试阶段主要解决有关生产技术、辅助性技术和服务产品质量等问题，该阶段的主要风险是技术风险和管理风险；

营销阶段可能会由于消费需求已改变、市场竞争过于激烈、替代品的出现、营销力度不够、国家或当地法规政策发生改变而导致创新失败，该阶段的主要风险是市场风险、管理风险、财务风险和政策风险。

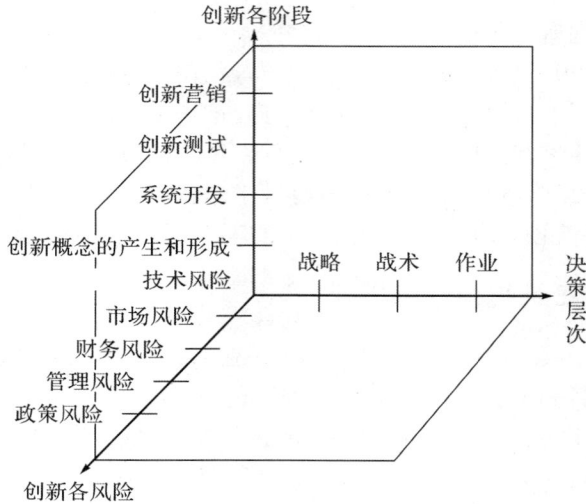

图 14-1 创新风险三维结构分析模型

表 14-1 给出了创新的不同阶段，风险的分布情况。其中"＋"的多少表明风险的强弱程度（下同）。

表 14-1 基于创新阶段特征和风险类型的创新风险分析

风险类型 创新的不同阶段	技术风险	市场风险	财务风险	管理风险	政策风险
创新概念的产生与形成		＋＋＋＋＋		＋＋＋	＋
系统开发	＋＋＋＋＋		＋＋＋＋	＋＋＋＋	
创新测试	＋＋＋			＋＋	
服务营销		＋＋＋＋＋	＋	＋＋	＋

（二）基于决策层次特征与风险类型的创新风险分析

创新主体的决策贯穿创新的整个过程，对创新风险的产生、演变及其危害后果具有重大的影响。不同决策层次都可能引发技术风险、财务风险、市场风险、管理风险、政策风险等，但同一风险特征在不同决策层次上的影响程度是不同的。战略性决策是指那些影响创新方向的重大决策，战术性决策是指那些影响创新的局部的决策，属于相对次要的决策，作业性决策是指那些只对创新活动的细节有影响的决策，因此，战略决策层所引发的创新风险的影响程度要比战术决策层、作业决策层广，引发的危害后果要严重。表 14-2 给出了不同决策特征与风险类型的创新风险分析的模型。如表 14-2 中显示的技术风险在不同决策层中的分布，战略决策决定着创新的方向，战术决策只影响创新的局部，作业决策只影响创新的细节，因此，不同决策层的决策错误引发的创新风险的影响程度是不同的。

表 14-2　基于决策层次特征与风险类型的创新风险分析

风险类型 决策层次	技术风险	市场风险	财务风险	管理风险	政策风险
战略决策层	＋＋＋＋＋	＋＋＋＋＋	＋＋＋＋＋	＋＋＋＋＋	＋＋＋＋＋
战术决策层	＋＋＋	＋＋＋	＋＋＋	＋＋＋	＋＋＋
作业决策层	＋	＋	＋	＋	＋

（三）基于决策层次特征与创新阶段特征的创新风险分析

创新是一个以创新主体的理性行为为主导的理性过程,创新风险的产生在很大程度上取决于创新主体的决策。同时,创新决策贯穿创新概念产生和形成、系统开发、创新测试、营销的整个过程。战略决策层主要决定创新的技术路线、投资计划、目标市场选择、市场定位和组织管理架构等决策问题,它引发的风险最有可能发生在创新概念的产生和形成、系统开发这两个阶段上;战术决策层主要决定具体的开发活动、拟定营销组合、职能部门的协调等决策问题,它导致的风险最有可能发生在系统开发、营销这两个阶段上;而作业决策层主要是决定具体的生产方案、促销方案等决策问题,它引发的风险可能会出现在创新测试、营销这两个阶段。

不同决策引发的创新风险在创新各阶段的分布是不同的。表 14-3 给出了结合决策特征与创新各阶段特征的创新风险分析模型。

表 14-3　基于决策层次特征与创新阶段特征的创新风险分析

创新阶段 决策层次	创新概念的产生和形成	系统开发	创新测试	营　销
战略决策层	＋＋＋＋＋	＋＋＋＋＋	＋＋	＋＋＋
战术决策层		＋＋＋＋＋	＋＋	＋＋＋＋＋
作业决策层			＋＋	＋＋

从创新各阶段的风险来看,创新概念产生和形成、系统开发、营销这三个阶段容易产生风险,风险主要体现在技术风险、市场风险、财务风险和管理风险。在决策层次上,不同决策层都有可能引发技术风险、财务风险、市场风险、管理风险、政策风险,但战略决策层所引发风险的影响程度和危害后果要比战术决策层、作业决策层广和严重。同时,战略决策层引发的风险最有可能发生在创新概念的产生和形成、系统开发这两个阶段上;战术决策层导致的风险最有可能发生在系统开发、营销这两个阶段上;作业决策层引发的风险最有可能出现在创新测试、营销这两个阶段上。

二、技术创新风险因素分析

技术创新风险因素可以分为两个部分,即成功因素分析和失败因素分析。长期以来,国内外对技术创新的成败进行了大量的分析研究(参见第五章第二节),这里主要给出其中的两个分析结果。表 14-4 给出了 77 个技术创新成败因素,它们被分成六大类:市场环境、企业综合能力、新产品特性、新产品开发效率、产品商业化条件和产品开发信息。胡树华(2000)运用库帕(Cooper)模型进行统计实证分析,得出的结论是,在目前技术创新条件下,影响技术创新成败最为突出的因素共有 11 个(相关系数大于或等于 0.7)：新产品投资的相对大小、市场同类产品原理性能的一致性、产品开发、产品价格、用户对产品系列化要求、是否是订制产品、产品机械工艺复杂性、市场细分的作用、新的产品系列、试销和用户数量。

表 14-4 技术创新的成败因素

市场环境因素	· 是否是订制产品	· 市场研究
· 市场同类产品原理性能的一致性	· 产品机械工艺复杂性	· 市场评价
· 用户对产品系列化要求	· 产品技术水平	产品商业化条件因素
· 用户数量	· 产品新颖性	· 产品价格低廉
· 政府部门对市场的作用	新产品构思来源特性	· 属于首次投入市场
· 竞争者数量	· 市场细分的作用	· 广告促销得力
· 用户对竞争者产品的满意程度	· 技术推动的作用	· 广告促销目标明确
· 价格竞争的激烈程度	· 战略指导作用	· 能满足用户的特殊需要
· 竞争的激烈程度	· 市场导向作用	· 推销目标明确
· 用户需求迅速变化的程度	新产品给公司带来的新变化	· 与企业生产条件吻合
· 用户对竞争者产品的依赖程度	· 新的产品系列	· 生产规模适中
· 竞争者的实力	· 新的广告促销方式	· 产品质量高
· 存在潜在的市场需求	· 新用户	· 销售力量强大
· 市场成长率	· 新的竞争者	· 能较好满足用户需要
· 市场需求率	· 新的产品工艺	· 有独一无二的特性
· 市场中新产品的品种数量	· 新技术	· 能降低用户使用成本
企业综合能力因素	· 新的用户需求	产品开发信息因素
· 广告及促销能力	· 新的销售渠道	· 企业对产品成功的信心
· 管理能力	新产品活动效率因素	· 熟悉购买行为
· 资金能力	· 产品开发	· 了解使用需求
· 生产能力	· 试销	· 掌握产品技术
· 售后服务能力	· 技术评价	· 了解新产品的风险性
· 研究与开发能力	· 市场开拓	· 精通产品设计
· 推销能力	· 样品测试、鉴定	· 了解用户对价格的反映
· 市场研究能力	· 试生产	· 了解竞争环境
新产品特性因素	· 财务分析	· 了解生产工艺及设备
一般特性	· 投产准备	· 了解生产成本
· 新产品投资的相对大小	· 初始方案筛选	· 了解市场规模
· 单位产品的价格	· 样品用户测试	

资料来源：胡树华. 产品创新管理. 北京：科学出版社，2000.

这项研究运用主成分分析发现，有 15 个主成分对技术创新成败影响最为集中，它们依次是(重新命名)：市场研究与营销效率、生产效率与促销力度、竞争强度与市场细分、产品技术优势与开发能力、竞争强度与产品趋同、产品市场新度与使用成本、需求潜力与市场细分、产品经营的资金能力、市场评价与产品质量、企业对产品成功的信心、产品制造成本、需求潜力与使用成本、政府部门的作用、产品价格优势和市场规模与市场细分。经过对 15 个主成分进一步归纳，可以发现它们集中反映在五个方面，即市场营销、生产效率、产品开发、企业精神和政府作用。

此外,从国内外的研究来看,对技术风险因素数目的设置跨度较大,最多为 241 个,最少为 6 个,平均为 68 个。国内学者谢科范(1999)则主要分析技术创新的失败因素。该研究把技术创新的失败因素总结为 58 个,并将其归纳为四类:环境因素、技术创新本身因素、企业能力因素和新产品管理因素,同时他还在 112 份企业的有效问卷调研的基础之上,对技术创新风险影响因素的重要性做了评分排序。其中,评分区间为[0,10]。分值越高,对技术创新的影响作用越大,0 分为没有影响,10 分为影响作用最大。同时,兼顾各因素类的单排序(每类至少取 3 个因素),则企业新产品开发中需要重点考虑的因素有:企业科技人员实力,企业管理能力,项目负责人水平与能力,技术成熟度,技术难度与复杂性,技术先进性,项目组的总体实力和能力,新产品的生产成本,项目的资金需求,中间试验的难度与复杂性,企业信誉与知名度,对市场、技术信息的了解程度,消费者需求变动情况,竞争对手的实力和竞争对手的数量(见表 14-5)。

表 14-5 技术创新失败因素分析

失败因素	评分值(平均)	内类单排序	全因素总排序
环境因素			
• 宏观经济形势变动	6.49	7	
• 消费者需求变动	6.83	1	
• 潜在的市场容量偏小	6.52	6	
• 竞争对手的数量过多	6.69	3	
• 竞争对手的实力过强	6.81	2	
• 竞争者的不正当竞争行为	5.95	8	
• 消费者对竞争对手产品的依赖性	6.65	4	
• 用户对产品的需求	6.68	5	
• 新产品所属行业不景气	6.52	6	
• 主管部门或相关部门的制约	5.35	12	
• 信贷资金来源困难	5.74	10	
• 原材料及零部件供应困难	4.83	14	
• 地方或部门保护主义	5.85	9	
• 知识产权保护不力	5.09	13	
• 进口产品冲击	5.40	11	
技术创新本身因素			
• 技术不成熟	7.92	2	4
• 技术不先进	7.44	4	6
• 技术难度与复杂性高	7.48	3	5
• 产品的资金需要量大	7.27	6	9
• 中间实验的难度与复杂性高	7.26	7	10

续表

失败因素	评分值（平均）	内类单排序	全因素总排序
• 新产品对原材料或零部件的技术性能要求高	5.70	16	
• 新产品对企业现有产品的替代与影响	5.63	17	
• 新产品与企业现有产品的相关性差	6.92	9	
• 生产新产品对现有设备与工艺的调整	5.99	13	
• 引进技术或引进设备工艺中的困难	5.76	14	
• 新产品的生产成本过高	7.39	5	8
• 新产品实现系列化、多规格的可能性低	5.72	15	
• 新产品的质量与性能差	7.94	1	3
• 新产品难以利用企业现有市场渠道	6.99	8	
• 新产品促销困难	6.53	10	
• 用户对新产品不了解	6.04	12	
• 新产品的价格过高	6.04	12	
• 新产品的寿命周期过短	6.22	11	
企业能力因素			
• 企业生产规模偏小	5.54	10	
• 企业资金实力弱	6.73	6	
• 企业现有设备技术水平差	6.77	5	
• 企业科技人员实力弱	8.11	1	1
• 企业技术积累不足	6.91	4	
• 企业技术设备、实验与中试条件差	6.58	7	
• 企业技术协作关系不畅	5.88	9	
• 企业广告及促销能力差	6.55	8	
• 企业信贷与知名度不高	7.23	3	11
• 企业管理能力低	8.00	2	2
新产品管理因素			
• 对市场、技术信息的了解不足	7.14	4	12
• 民主决策与科学决策水平低	6.80	5	
• 可行性论证与计划不科学	7.27	3	9
• 对消费者需求及目标市场了解不足	6.77	6	
• 对竞争对手情况及国外厂家情况了解不足	6.35	9	
• 项目组织管理不力	6.33	10	
• 项目进度控制不力	5.78	14	
• 项目负责人的水平与能力低	7.94	1	3

失败因素	评分值（平均）	内类单排序	全因素总排序
• 项目组的总体实力与能力低	7.41	2	7
• 技术开发人员待遇低	5.48	15	
• 项目开发资金供应不及时	5.95	13	
• 对不利因素防范不力	6.27	11	
• 广告和促销不力	6.47	8	
• 定价不合理	6.05	12	
• 市场实验与试销不足	6.51	7	

资料来源：谢科范.技术创新风险管理.石家庄：河北科学技术出版社，1999.

尽管上述两项研究的结论有差异，但以下观点是一致的：即在我国市场经济日益成熟的情况下，研究市场要求，预测市场参数的变化，制定营销战略，成为企业技术创新的首要内容。同时，企业应努力缩短技术创新周期，不断提高生产能力和生产效率，加强产品广告、人员推销和售后服务等工作。

第三节　基于创新过程的财务风险控制

随着创新项目复杂度和资金规模的加大，财务控制在创新管理过程中的作用日益凸显，本节基于创新过程对此做重点阐述。

一、可行性研究的财务控制

（一）可行性研究阶段主要的项目活动

创新过程的可行性研究阶段的主要项目活动包括：编制创新项目建议书，确立研制的目标；对国内外市场需求情况的初步预测，对国内外同类创新产品的现状和发展趋势的初步分析；创新过程总经费的初步估算和资金来源预测；经济效益和社会效益的初步估算；创新周期初步预测；对创新过程进行可行性研究，提交可行性研究报告；建立设计技术指标，并申请立项。

（二）可行性研究阶段的主要财务活动及财务控制目标

此阶段的财务活动主要有项目可行性分析，项目估算、概算及总体融资计划的制定。创新项目的可行性分析是指对创新过程总体的投资规模、预期收益情况、预期回收周期进行分析，论证创新的经济可行性；项目估算、概算是对项目的总体资金需求进行初步的预计和估算；总体融资计划是对项目所需资金的整体筹措计划，包括筹措渠道、筹措方式、筹措进度等。财务评价结论是判断创新经济可行性的依据，因此财务控制在创新可行性研究阶段的目标是保证财务评价结论的客观性和可靠性，确保创新总经费的估算和概算的准确性以及资金筹措计划的可行性。

二、预算与成本费用的财务控制

（一）预算管理的财务控制目标

创新项目涉及多个研制单位，各研制单位及创新主体分布在不同的地域。预算的编制过程实际上就是各单位在风险共担条件下相互的博弈过程，最终预算的结果即是研制经费分配的均衡状态。预算管理的财务控制目标要与项目的财务控制目标相适应，不仅要满足项目经费和成本管理的需要，更重要的是为项目的各参研单位提供协同工作平台，有助于形成项目研制体团队有效运行的机制。

在分析创新过程特点的基础上，结合对创新项目参与对企业的调查，可以将创新项目的预算业务按照不同的财务控制主体划分为项目主体的预算管理和参研单位的项目预算管理。不同的主体对预算的控制目标也有区别。

（二）预算管理的特点

长期以来，创新管理更侧重于在设计、材料、工艺等复杂技术方面取得突破，而缺少在复杂管理方面（包括预算、费用成本等重要活动的内部财务控制方面）进行研究从而取得成果。这反映出了创新管理方面的薄弱。

创新的预算管理的特点有：第一，有风险共担原则，共担风险意味着参研单位需要自筹资金，在之后的运营中也要按照所承担的风险份额确定自己的收益。这就决定了在设计预算控制流程时，要考虑如何在预算编制、考评中体现风险共担的原则。预算的资金不等于创新研制所需要的全部资金，参研单位需要根据自身承担的研制任务，自筹部分研制经费，作为风险投入，在未来可能取得的收益中按照风险投入分得利益。第二，创新的预算需要经过多次的综合平衡过程，这是创新主体和各个参研单位之间的博弈过程。第三，需要将创新总体预算转化为各年度预算和累计预算，以达到各年预算控制的目的。第四，对于预算调整工作应当给予特别关注，因为创新中发生不可预期事件的可能性很高，不确定因素很多，调整预算是一个常态，因此，需要将这一过程作为日常管理，而非例外管理，要着重考虑如何对预算进行调整。第五，预算的考评需要同未来成本的控制、预算的调整挂钩，建立文件、文档保存制度，使预算考评成为经验积累，应用到项目的后续控制中。

（三）成本费用控制目标

创新项目在以市场商业模式运行的条件下，项目主体为了达到商业成功的目的，必然要尽可能地降低成本，以期在研制成功、投入市场后，可以快速收回成本。然而，与一般企业成本费用控制不同，创新的成本费用控制不仅仅是研究如何降低成本费用，它还是一个多维、立体的控制系统，关注所有设计、试验、制造环节，同时重点在成本、技术、质量和进度四个方面进行平衡，以实现创新的目标。对创新主体来讲，成本管理的财务控制目标是：确保创新成本费用准确的归集、科学的分配；适当控制成本费用发生；适时地评价成本费用。

（四）成本费用控制的特点

（1）创新项目的成本费用约束不是一个完全刚性的约束。创新过程中出现大量的设计变更是一种正常现象，成本费用预算的不断调整成为常态。

（2）不能单纯运用某些成本控制方法进行成本控制，不能采用以单纯降低成本费用为目的的方案。在一般制造企业和一般项目中普遍采用的定额成本法、标准成本法等，无法完全在创新项目中贯彻执行。创新项目的成本费用控制,只能根据设计、试生产和实验等环节的研制特点,有针对性地采用成本管理办法,并将各种成本管理模式相结合。在创新过程中,责任成本管理必须得到强调,在划清成本费用发生责任的基础上,对成本费用不合理部分追究责任。

(3)创新主体与参研单位"共担风险、共享利益"的原则要求每个参研单位在创新过程中,尽可能地节省费用开支、降低成本,这样才能控制自己的支出,在签订的合同价格下获得收益。

(4)成本费用管理体系包括创新成本费用的日常核算、控制和考评。创新主体负责对创新的成本费用进行总体管理,包括制定成本费用核算办法,在重点节点、年末,汇总各参研单位的成本费用报表,对成本费用差异进行分析,结合进度与质量对创新成本费用的支出进行控制与考评;设计、试验参研单位需要对自身所发生的成本费用进行核算,并按照创新主体的要求对本单位的成本费用进行报告、控制和考评;制造参研单位也同样需要对自身所发生的成本费用进行核算,并按照项目主体的要求对本单位的成本费用进行报告、控制与考评。

三、采购与供应商管理的财务控制

(一)采购与供应商管理的财务控制目标

创新的采购与供应商管理的财务控制直接目标在于保证采购资产完全完整,保证采购业务流程规范并得到有效执行,以及保证采购管理会计信息的质量。其最终目标在于通过财务控制对创新的采购和供应商管理的风险进行管理,有效地防范采购与供应商管理的风险,保证采购及时、准确,为创新按进度、按质量运作提供重要保障,并对创新成本进行恰当的控制和管理,最终促进创新的成功。

(二)创新项目采购与供应商管理的特点和风险分析

采购业务在创新过程中占有重要地位,主要体现在项目设计、质量控制、进度安排和成本控制四个方面,具体表现如下:

(1)采购是联系创新设计与创新实施的纽带,是创新的关键环节。

(2)采购直接关系到创新总体的质量水平,采购质量控制能力强弱决定创新项目质量的高低。

(3)由于采购的时间跨度涵盖整个创新生命周期的各个阶段,所以采购业务将影响创新项目的整体进度。

(4)采购成本占创新成本的60%以上,故采购成本是控制创新项目总成本的基础。

创新项目的采购与供应商管理和一般采购业务相比具有较多的特点,体现出了创新管理的特色。这些特点也给创新过程带来了特有的风险,具体包括管理风险、技术风险、合同风险、财务风险、供应风险、自然环境风险、经济风险和政治风险。

四、创新项目结束的财务控制

在创新项目结束阶段,大部分创新活动已经完成或基本完成,对项目研制阶段的各种活动进行总体评价的条件已经成熟,财务控制的主要活动是创新项目研制成本效益的财务评价。在创新项目研制总体工作完成后,开展研制成本效益财务评价是以在项目起始阶段的项目投资可行性分析和生命周期各阶段的项目预算为依据进行的。因此,创新研制成本效益财务评价的首要目标是对项目起始阶段投资可行性分析和生命周期各阶段项目预算进行总结；第二个目标是通过评价在项目进入批量生产阶段之前确保财务成本效益财务评价的准确性、全面性和预见性。

准确、全面的成本效益财务评价，能够清晰、完整地表述研制项目在整个生命周期中的成本构成情况、资金运行状况以及项目运行中财务活动的效用；而预见性则体现在良好的项目成本效益评价能够有效地对后期批量生产的效益情况进行预测和控制，以为企业后期批量生产提供财务依据。相反，缺乏准确性、全面性和预见性的项目研制成本效益财务评价，会使项目在运转结束后，没有可靠的财务论证和总结，无法了解研制过程中的成本构成，无法了解项目运转中的资金状况，更无法为后期的批量生产提供财务依据和评价。

第四节　企业合作创新的风险防范与协调机制

一、企业合作创新风险的防范

处于经济全球化背景之下的任何企业都不可能拥有创新所需的全部资源和能力，封闭和独立式创新正日益转向开放和合作。然而，针对企业合作创新来说，合作创新利用资源互补创造价值的同时，也受到来自企业合作伙伴是否达到预期的目标的极大威胁。此外，企业合作创新受许多复杂因素影响，其中有些因素难以识别，有些因素在不断变化，有些因素的影响强度无法测定，这就导致企业合作创新活动具有很大的不确定性，给进行合作创新的企业带来风险。我们认为，对于将要进行的企业合作创新项目，能否通过建立组织、制度、重点防范等手段，建立风险防范体系，有效规避合作创新项目的风险，是每一个合作创新企业都将考虑的内容。总的来说，合作创新风险的负面性迫使企业关注联盟风险的防范，应抓住主要风险因素，并采取多种措施来抵御与化解风险。

（1）提高对潜在合作伙伴进行创新合作的意图和真实目的的判断水平，以减少合作伙伴违背原有承诺的机会主义行为。在签订合作契约方面，企业合作创新是一种基于合作契约为的技术交易，它要求合作创新的成员间能够分享具有敏感性的信息和知识，但在合作过程中，由于有限理性和不完全契约的存在，一方专用性资产的投入导致另一方获得采取机会主义行为赚取准租的可能，在这种情况下，首先，相关合作方应转变理念思维并逐渐认识到，专用性资产也可以成为一种互惠型投入以增加合作承诺，即应关注资产专用性提升合作预期的正效应（王节祥等，2015）。

其次，在尽量消除隐瞒或扭曲信息，尤其是有目的的误导、掩盖、迷惑或混淆的基础上，制定一份尽量完善的合作契约以对各合作方加以约束，减少风险。在合作契约中，既要对企业合作创新所产生的权利进行科学合理配置，使各利益相关合作方都能通过满足各自对权利的预期而产生激励机制，同时也要对合作创新过程中违约的机会主义行为进行惩罚，这种惩罚机制能在一定程度上保证契约顺利进行，形成激励相容与惩罚机制。

第三，对合作契约应采取合作后监督机制。合作契约的利益相关合作方监督可以分成两种模式：一是合作的利益共同内互相监督；二是选择与合作企业不存在利益关系的第三方进行监督。其中，在合作的利益共同体内相互监督，由此监督力度得以提高。而与合作企业不存在利益关系的第三方对创新合作过程中的契约履行情况进行监督,即采取委托专业的管理咨询公司对各企业进行监督的形式,专业的管理咨询公司能够在最大程度上减少各企业合作创新中的机会主义行为(刘荣,2010)。

(2)采取其他有效途径以分散风险。企业通过与其他利益相关者联合投资共同承担创新风险,以减少技术创新项目的失败所带来的损失。其实,此类风险转嫁的同时,实际上已经将潜在创新风险的权利配置给了合作方。同时需要指出的是,外部风险转嫁的途径也具有积极意义:一是因合作方的意见得到参考提高了创新本身的决策水平;二是利益相关合作方投入的资金可以使创新企业的投资保持一个合理的水平,且使合作方的风险投资收益权利得到相应的保障(林汉川,2003)。此外,我们在此也提供谢科范(1999)基于 15 种创新风险因素提出相应的对策(见表 14-6)。

表 14-6　15 种主要风险因素的对策思路

序　号	风险因素	对策思路
1	企业科技人员实力弱	高薪聘请项目负责人和科技骨干;聘请专家作为顾问;对科技人员进行培训;开展产学研合作
2	企业管理能力低下	提高科技管理水平,并开展与科学管理相适应的组织创新
3	项目负责水平与能力低下	任人唯贤而非认人唯亲;采取公开、公正的招聘制度,并给予项目负责人相应的待遇;责权利相结合
4	技术不成熟	加强成果中间实验;调整技术创新方案
5	技术难度与复杂性	制定切实可行的攻关计划,组织科技力量集中攻关;合作创新;引进人才,改善实验条件
6	技术不先进	加强对技术市场的调研,科学估计技术的适应性和先进性
7	项目组的总体实力与能力低	引进人才,补充科研力量;与科研院校合作,建立持续的合作;选好项目组的领头人,并建立激励与约束的机制
8	新产品的生产成本过高	改变产品设计方案;采用低成本的原材料;通过扩大规模取得规模经济;加强成本管理
9	项目的资金需要量大	合作创新;利用外资;采取股份制;如果是高技术中小企业,可以争取在证券市场融资
10	中间实验的难度与复杂性	事前充分调研,搞清难度的关键所在;集中科研力量攻破中间实验难题,争取与外部合作
11	企业信誉与知名度不高	进行企业形象设计;培育企业品牌;加强企业文化建设;搞好公共关系;争取地方政府与民间团体的支持
12	对市场与技术信息的了解不够	集中内部力量加强市场调研或委托外部咨询机构进行市场调研;建立企业的内部信息网络体系
13	消费者需求变动	灵活机动,"以变应变";通过促销组合引导消费;通过产品的组合策略分析消费者需求变动的风险
14	竞争对手实力过强	根据自身的竞争力灵活应对。如果自身实力弱,可以采取模仿、追随、迂回等策略
15	竞争对手过多	培育自身的核心能力;谋取低成本、差异化或两者之组合的优势;收购或兼并中小竞争者,形成规模经济

资料来源:谢科范.技术创新风险管理.石家庄:河北科学技术出版社,1999.

二、协调：冲突的控制与化解

企业合作创新的建立与发展在于其组织成员的有效合作，而企业之间的失衡与冲突往往破坏或阻碍合作目标的实现。在企业合作创新发展过程中，合作存在于相互帮助程度高、对抗程度低的时候，而冲突则相反。企业之间在合作创新中的组织关系不协调导致失衡与冲突，冲突的发生又引起新的不协调关系产生，情况严重时将导致企业合作创新的终止。

企业合作创新一旦发生冲突，必须采取妥善办法，及时加以控制和化解，这就需要协调。协调一方面表现为目标和方向的协调，结构和功能的协调，相互关系的协调；另一方面则表现为要素的调控，系统的调整，过程的调节。联盟的冲突，只有通过协调，才能得到控制和化解，合作的整体效益才能得以发挥。

云铜股份的创新风险

云铜股份自成立以来，始终坚持在技术发展进步的各个方面与社会科技力量进行合作，积极发展企业内技术创新体系和企业间技术创新网络。然而。云铜股份在技术创新模式的变革中，在构建和利用创新网络的进程中，存在着诸多行为风险。云铜股份的艾萨熔炼工艺技术创新，实现了由劳动密集型向劳动节约型的转变。这种劳动节约型的熔炼工艺创新，威胁到许多职工的职业安全感，在公司内产生了极大的创新抵触情绪，严重威胁到艾萨熔炼技术在消化、吸收和集成等方面的再创新。公司内部精通艾萨熔炼技术的人才也相对缺乏，并且在整个创新网络中的中心性也较低，因此难以广泛整合外部创新资源，从而严重制约了其技术创新成效。

资料来源：滕明慧.汪戎.企业技术创新行为风险的案例研究.企业活力，2008(5)：74-75.

在企业合作创新失衡与冲突管理过程中，解决问题的方法是否适当，直接关系到冲突的管理效果。按冲突程度的不同，一般可以采取以下几种解决方法（郭军灵，2003）。

（一）调解

通过第三方的调和来解决冲突，对于冲突各方企业，这个第三方一般都是他们共同接受和信任的置身于冲突事务之外的中立方。在调解过程中，第三方帮助冲突各企业冷静地分析冲突成因，帮助他们沟通。冲突调解方的最大贡献是帮助冲突企业获得准确的信息，消除误解，从而间接地解决冲突。

（二）协调

即通过冲突各企业协商解决，要求各方求同存异，顾全大局，相互让步，为解决冲突创造良好的条件。一般在大目标和共同利益基本一致，各企业分歧属非对抗性和暂时性的冲突时，采用此法是较为有效的，通过协商促成冲突各企业的合作，并不一定是公平的合作，但为了各自的利益和今后的合作，各企业在理智的分析和讨价还价的交流中自我解决冲突还是一种较好的办法。

（三）通过组织途径管理冲突

企业组织的管理职能实现和维持着企业的有效运行，对于企业合作创新冲突的管理，正式组织拥有非正式组织及个人无法比拟的支配力、影响力和管理效果。正式组织对企业合作创新的冲突管理依靠的是公正而合理的法则和权力。对于发生冲突较频繁或存在潜在冲突的创新合作企业,企业管理者通过组织协调的方法常能成功地减轻压力和缓和冲突。管理者将冲突人员调离分开,冲突方企业缺少正面的对抗机会,易从对方的压力中解脱出来,客观地思考问题,容易接受主管人员的调解或裁决。

目标差异是引起合作创新冲突的主要原因之一,不同的合作创新成员企业和部门之所以不顾企业合作创新的总目标,为各自的利益相互对抗,在于使他们合作的诱因不足。所以,在联盟中一套有效的奖罚系统,能培养企业成员正确而合理的利益得失观,而且能促进他们共同协作,实现共同目标。因为在奖罚系统的作用下,冲突各方会理智对待来自对方的压力。正确使用奖罚系统,不仅能增强合作,而且能极大地减少和控制冲突行为的发生与激化。许多冲突的产生来源于合作创新成员企业的个性差异,通过对参与合作创新的企业员工组织学习、培训教育,培养员工的团队协作精神,把竞争观念、市场观念、效益观念、信息观念等融合到团队精神培育的全过程中,提高员工的认识水平,减少个性差异。

(四)通过司法部门解决冲突

在企业合作创新中有些冲突非个人或一定组织权力所能解决,这时必须依靠法律。不同于其他解决冲突的方法,法律判决具有公正性和强制性,无论冲突的哪一方,都必须履行司法判决赋予的权利和义务。司法部门对冲突的处理,并非单一的依法判决,而是先调解,调解不成才判决。

三、企业合作创新中冲突的协调机制

企业合作创新冲突的控制与化解关键是构建一个协调机制(郭军灵,2003)。图 14-2 是一个具有三级反馈的协调机制,在企业合作创新冲突的协调机制中,存在三级协调,三次"跟你学"反馈机制。第一级协调系统中,由于各种原因产生冲突Ⅰ,这时合作创新成员企业必然出现"跟你学"现象,这种"跟你学"存在两重性,从好的一面看,也许一方企业由于某种原因出现让步,另一企业也让步,冲突解决;从坏的一面看,也许引起冲突主体企业坚决不让步,另一个企业自然"跟你学",也不让步,冲突加剧。这时首先进行企业内部协调,协调从两方面着手,一方面从思想上协调,如对冲突双方员工进行合作教育,沟通信息等;另一方面从物质上协调,如调整员工利益分配等。经过第一级协调后,冲突大部分降低、消失,但也有少数冲突还存在,于是进入第二级协调系统。

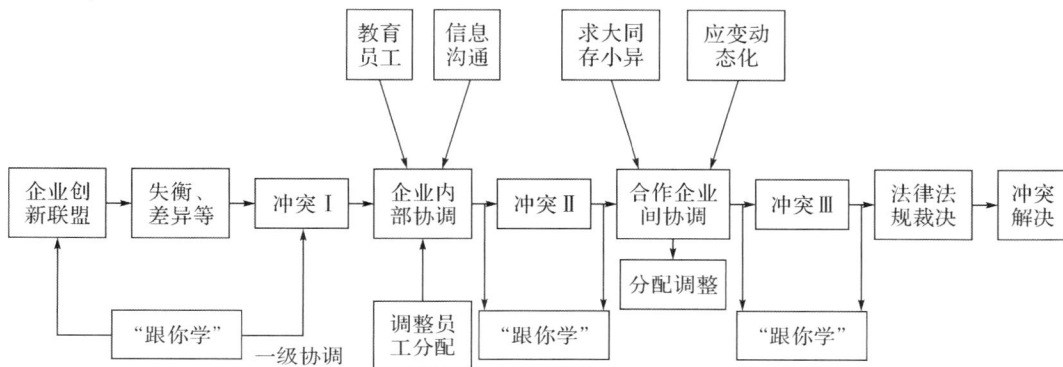

图 14-2　企业合作创新冲突的协调机制

在第二级协调系统中，冲突Ⅱ出现仍然存在"跟你学"现象，这时必须通过外部协调来解决冲突，即通过参与创新合作联盟企业之间的协调来解决冲突，协调仍从两方面着手，在精神方面对企业间进行"求大同，存小异"的认识协调，要求各企业应变动态化；在物质上通过对各企业的成本、效益、风险的分配进行协调。

如果经过第二级协调系统后，冲突还不能解决，就必须进入第三级协调系统，这时对于冲突Ⅲ仍然存在"跟你学"现象，当冲突Ⅲ无法解决时，只有通过法律法规来裁决，法律法规解决冲突是刚性约束，冲突最终可以得到解决。在创新合作联盟冲突的协调机制中，应充分发挥法律控制作用，它是联盟协调机制的重要组成部分，也是实施管理控制的一种重要手段。创新合作联盟在创新活动中，都要承担法律责任，受到法律约束。法律控制的内容主要有：企业必须遵守国家制定和颁布的政策、法律、法令、条例等；企业的合法权益受到法律保护，不遭受侵犯；企业是法人，能以自己的名义享受一定的权利，承担一定的任务；企业违法要承担法律责任，视违法的性质、程度和责任，追究法人或法人代表及其员工的行政、民事和刑事的法律责任；技术联盟企业必须遵守共同签订的协议。

[本章精要]

1. 创新风险的客观性来自创新活动的不确定与复杂性等特征，其本质是创新影响因素的复杂性使得创新结果与创新预期相背离而导致利益受损的可能性。

2. 风险理论把风险分为纯粹风险和投资风险，创新风险是一种可管理的投资风险，由于创新风险属于投资风险、创新风险是一种动态风险、创新风险在某种程度上是可以防范和控制的、创新风险是可管理风险，因此投资风险后果有三种可能：盈利、损失、不盈不亏。

3. 由于研究目的和研究对象的差异，风险因素的分类还没有统一的标准。但现有研究主要围绕风险源角度、创新过程角度以及实证分析角度等三个方面展开工作。一般而言，如从风险源角度来考察，创新风险可分为技术风险、市场风险、财务风险、管理风险、政策风险等几类。

4. 创新风险的产生、演变及其后果在很大程度上取决于创新主体的理性行为，其中最为重要的是创新主体的决策，而决策可分为战略性决策、战术性决策和作业性决策等三个层次。从创新纵向过程看，创新活动涉及创新概念的产生和形成、系统开发、创新的测试和等全过程。由此结合上述创新分类，可以建构三维结构分析模型，此举为推动实践中具体创新项目风险分析提供了一个架构性的思维基础。

5. 财务风险是创新风险控制的重要类型，需要基于创新过程开展财务风险控制。

6. 每一种创新都会面临一些典型的风险，且创新是一个复杂系统工程，其风险因素颇多，从国内外的现有研究来看，对创新风险因素数目的设置跨度较大。如果单从技术创新风险影响因素来看，可以参阅谢科范(1999)的研究结论。

7. 任何企业都不可能拥有创新所需的全部资源和能力，由此企业的创新工作正日益转向开放和合作。然而，针对企业合作创新来说，合作创新利用资源互补创造价值的同时，也受到来自企业合作伙伴是否达到预期的目标的极大威胁。研究表明，可以通过提高对潜在合作伙伴进行创新合作的意图和真实目的的判断水平，以减少合作伙伴违背原有承诺的机会主义行为，采取其他有效途径来分散风险以及控制冲突与化解冲突等措施来抵御与化解企业合作创新风险。

问题及讨论

1.结合实例,谈谈创新风险对创新的两面性。

2.技术创新的成败因素有哪些? 对相关管理人员有何启示?

3.什么是创新风险? 基于创新风险理论与启示,谈谈实践中一些复杂产品创新项目的风险生成机理以及防范措施。

[案例应用]　上海电气电站集团创新风险管理体系与实施

1.上海电气电站集团创新风险管理体系以及实施背景

(1)新能源发展和环境保护的需要

长期以来,上海电气电站集团主要从事火力发电制造设备制造。随着社会经济的发展,以石油、煤炭为代表的自然资源日趋紧张,能源危机的阴影日益迫近。在这一背景之下,上海电气电站集团必须率先走技术创新道路,发展核电、风电等新能源产品。新能源、新产品的发展,显然需要确定产品的战略发展方向、需要大规模的投资,创新需要经历从不成熟到逐渐完善的过程。电气电站集团公司认为,产品创新固然有风险,其中该发电制造企业面临的最大风险应当是不能顺应时代潮流,因而应发展新能源产品与节能减排新产品,发展环保新产品。

(2)产业结构调整与产品升级的需要

不断调整产业结构与产品结构,把经济发展转移到依靠技术创新、技术进步的路上来,是企业获得可持续发展的根本保证。上海电气电站集团深刻地认识到:一是必须紧跟市场需求,推出适应市场需求的新产品;二是必须预测与掌握产品生命周期;三是必须掌握科学技术发展趋势,增强产品技术含量与提升产品功效。所有这些要评估旧产品退出、新产品投入的风险,建立相应的风险管理机制。

(3)实现发展战略的需要

上海电气电站集团的发展战略目标是"打造一个融工程、装备、服务为一体的新型企业集团",实施这个目标的关键在于:一是要完成技术创新推动下的产业结构调整和产品结构调整;二是要完成体制、机制和管理创新推动下的集团一体化整合与企业转型。近年来,在这一战略的指引下,上海电气电站集团实现了飞速发展。但在产品规模不断扩大的同时,企业承受的风险也在同步放大。基于此,上海电气电站集团在加大创新力度的同时,控制好创新风险,建立促进创新而非阻碍创新的风险管理体系。

2.上海电气电站集团创新风险管理体系构建与实施的内涵及主要做法

上海电气电站集团立足企业发展战略,有机结合风险激励和风险防范,通过风险分散和风险转移来控制风险,建立创新利益共享、风险共担机制,充分调动和利用全社会资源、企业集团资源,提高创新成功率,大力推进技术创新和制度创新。上海电气电站集团创新风险管理体系,如图14-3所示。

(1)明确风险管理组织,识别风险源

构建风险管控组织体系,明确职责任务。上海电气电站集团的风险管控组织包括三个层次:一是集团总部的风险管理中枢。总部建立风险管理部门,收集、汇总、衡量和分析宏观经济、各产业模块、各职能条线信息,制定总体风险管理策略、建议,及时反馈给业务部门。

二是集团总部各职能条线建立风险模块。各职能条线根据总体风险管理策略，制定与职能管理相适应的风险管理工具，及时收集、分析、评估风险，并确定职能部门或产业模块的应对措施，传达给执行机构或个人。三是建立风险执行团队。各工厂实际运作人员根据各职能部门条线得出的风险评估结果以及相应的应对措施，结合各自的实际情况，及时处理，并将结果反馈给相关职能条线。

开展风险分析，识别创新风险。根据上海电气电站集团的创新风险特点，将风险界定为五个方面：一是市场风险，如创新产品是否能被市场接受的风险；二是技术创新成败风险，自主创新技术成功概率较低，如风电直驱技术；三是创新投资风险，其中无论是市场开发、技术改进还是产能投入等每一个环节都面临巨大风险；四是创新的政策风险，如企业的自主创新能否得到认可，是否会引发知识产权纠纷等；五是体系风险，创新市场和创新技术需要与之相适应的运营管理体系，上海电气电站集团现有的运营管理体系如果不及时调整、及时跟上，企业创新作用难以发挥，也难以推动创新的成功。

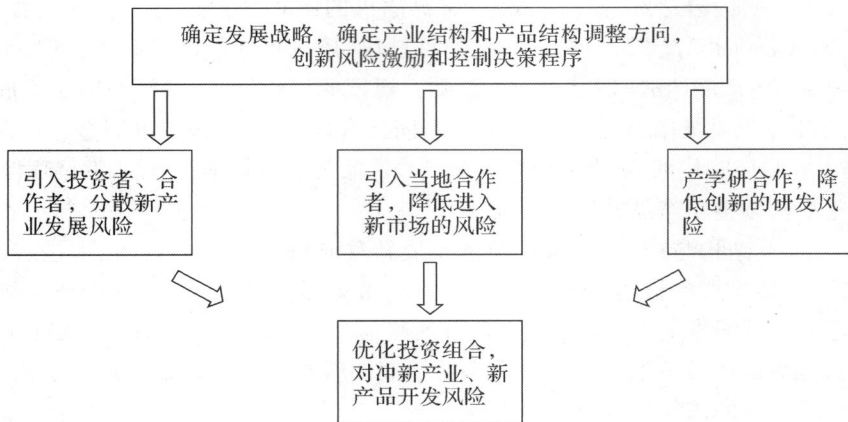

确定发展战略，确定产业结构和产品结构调整方向，创新风险激励和控制决策程序

引入投资者、合作者，分散新产业发展风险

引入当地合作者，降低进入新市场的风险

产学研合作，降低创新的研发风险

优化投资组合，对冲新产业、新产品开发风险

图 14-3　上海电气电站集团创新风险管理体系

（2）引入战略投资者，融资发展风电核电等新能源产业

上海电气电站集团根据中国的风能资源极为丰富这一现实依据，规划了风电产业发展的三个阶段：2008—2011 年，做强基础，塑造 2 兆瓦主流市场，合资合作 1～2 个具备国际竞争力的核心部件，实现了 50 亿～70 亿元的销售规模；2012—2015 年，做大国内市场，优化 2 兆瓦风机性能和成本，发展海上风机等措施，到 2013 年公司销售额突破了 140 亿元；2016 年以后，拓展国际市场，预计销售额将突破 200 亿元，成为风电核心零部件以及整机的全球主要供应商之一。在上述发展规划基础上，公司一方面定向增发，引入投资者，同时与上游大企业开展战略合作。例如与中国长江三峡开发总公司签订合作协议，共同发展海上风电。上述所有举措不仅募集了资金，更从源头上有效分散了新能源发展的战略风险。

（3）与金融、代理中介机构合作，发展电站工程总承包

上海电气电站集团针对东南亚等国际市场蕴含的巨大潜力，采取了工程总承包的方式，然而工程总承包所涉及的资金大、工期长、风险大，同时由于工程产业发展重点在海外市场，会给企业带来汇率、法律等方面与国内市场不同的风险。鉴于此，上海电气电站集团主要通过两种途径分散与转移风险：一是与国内、国际大金融机构展开合作，二是与当地电力公司、

中介代理公司合作。

（4）加强工程风险控制，确保国际化进程

上海电气电站集团在工程产业走向国际化的进程中，受到了汇率变动、原材料价格上涨、生产成本上升等外部环境影响，加强风险防范和风险管理成为突出问题。因此，该公司从以下三个方面强化工程风险的控制：一是设计和实施对工程风险关键点的控制。二是强化外部风险控制。例如积极争取所得税、出口退税等政府政策支持，且加强与业主沟通，系统梳理需要与业主沟通的合同情况与问题，做好相关资料准备与协调工作等管控工作。三是强化内部风险控制。例如在强化内部管理和成本控制上，通过项目优化设计，在方案制定等源头性和关键环节上抓好项目成本；再如建立成本动态管理信息系统，及时反映工程风险，利润动态。

（5）开展产学研合作，形成创新成果共享、风险共担机制

上海电气电站集团不仅把"产学研"合作作为推动技术发展的途径，还把"产学研"组织作为创新风险管理体系的一个组成部分。上海电气电站集团根据不同项目的不同特色，和社会研究机构、大学、企业研究院等机构采用成果共享、风险共担的三种"产学研"合作模式：一是联合研发中心，如针对前瞻性的新能源技术为主的 IGCC、燃料电池等与相关企业共同出资按股比投入，承担风险、享受成果；二是共建试验基地；三是委托开发和联合开发，如对产品订单设计、工艺流程设计中出现的难点、疑点进行攻关，采取与建立或正在建立的国内名校、名企进行"产学研"合作。

（6）优化投资组合与业务组合，对冲新产品、新业务的投资风险

上海电气电站集团针对控制投入的比例关系，在优化投资组合、业务组合，对冲、分散与转移风险等方面做好了三个平衡：一是平衡软实力与硬实力投入；二是平衡新产品与成熟产品投入；三是平衡长周期创新产品与短周期创新产品。

3. 上海电气电站集团创新风险管理体系构建与实施的效果

（1）产业多元化健康发展

上海电气电站集团通过集成创新，二次创新能力不断提高，成套供应能力大幅度增强，主机成套、工程成套的销售比例不断攀升。目前，该电气电站集团已经形成装备产业、工程产业、服务产业齐头并进的局面，成为一家多元化发展的大型企业集团。

（2）产品能级不断提高

目前，上海电气电站集团的百瓦千瓦超临界机组已经成为该集团的重要产品。已经投入运行的玉环机组和"外三"机组，都以优异的产品技术性能、良好的节能环保效果获得用户的高度评价。"外三"两台机组每年节约煤炭 87 万吨，获得上海市国际节能减排博览会节能产品和技术金奖。

（3）新兴产业、新兴技术快速发展

核电、风电、IGCC、海水淡化等新产品不断涌现。核电方面，承接、研制 6 台百万千瓦级核电常规岛。

资料来源：上海电气电站集团. 装备制造企业创新风险管理体系构建与实施//全国企业管理现代化创新成果审定委员会，中国企业联合会管理现代化工作委员会编. 国家级企业管理创新成果第 16 届 2010 上. 北京：企业管理出版社，2010：205-210.

思考题：

1. 什么是创新风险？结合上述案例谈谈创新风险如何识别。

2. 结合上述案例，针对创新风险管理体系构建的背景、内涵与做法，谈谈上海电气电站集团如何建立相关响应机制。

第十五章　创新审计

学习目的

■ 理解创新审计的基本概念和目的
■ 掌握创新审计的一般模型及其工作程序
■ 了解基于利益相关者的创新审计内容

引　例

创立于2001年的M集团,是国内领先的专业从事工业自动化和信息化技术、产品与解决方案的供应商,是长期致力于技术装备自动化控制系统的研发、设计、制造与推广应用的现代化高技术企业。M集团的业务涉及工业自动化和信息化产品的研发、生产和销售,围绕过程自动化、装备工业自动化、工业信息化、测控装置等产业领域,专业从事分散型控制系统(DCS)的开发、制造及工程承包。

M集团从创立至今只有十几年的历史,虽然经历了快速成长,在行业中处于中等水平,但承担创新风险的能力十分有限。企业自主研究与开发技术需要承担创新带来的不确定性风险。为了更好地创新发展,我们对M集团开展了创新审计活动。通过对创新审计结果的分析,可以看出企业在某些方面能力的欠缺有可能成为技术创新的瓶颈。M集团创新审计结果显示,合作创新可以有效弥补M集团的劣势。M集团的自动化设备涉及多个行业,然而,无论企业的规模有多大,技术能力如何多样化,也不可能具备各个领域所需的技术能力,这将成为制约企业从事重大创新的瓶颈。通过参与合作创新,M集团可以获得与自身技术能力互补的知识和技术,激发自主创新的灵感,同时形成技术协同效应和技术组合优势,与相关技术行业的合作创新利于企业实现合作伙伴研发的范围经济,利于从整体上提高M集团的技术能力。那么什么是创新审计? 创新审计到底如何开展?

创新审计具有审计的一般职能——监督和控制。监督即检查、监测和督促。通过审计机构和审计人员对创新活动检查、监测和督促,发现并防范创新活动中的不规范行为,以保证其处于良好的、正常的运行状态,降低创新风险出现的可能。在监督的基础上,创新审计还具有控制职能。所谓控制职能,是指通过指挥、调节和控制等手段,把创新活动纳入公司所希望的轨道,并在最有利的条件下(尽可能地提高经济效益和社会效益)完成预期的目标。

创新审计通过发现问题所在和差距,可以督促管理当局及时安排、调整创新计划,并加强实施。在创新过程中,是否按照计划执行,有无新的信息需要调整计划,有无例外情况加以控制等都需要审计工作及时反馈信息,适时做出决定,采取相应措施,同时督促创新效益的充分实现。一些复杂产品,往往创新投入大,周期长,涉及面广,需要审计对资产占用和利用效率与效果进行评价和鉴定，督促有关方面充分挖掘节约潜力，以求切实提高效益。另外评价效益还发挥着制约和激励的作用，制约创新活动中的不规范行为，同时客观反映绩效，激发员工的工作热情和潜力，提高工作效率。

第一节　创新审计的概念和内容

关于创新审计的概念，说法不一。有人认为，创新审计是借用财务学中的审计概念，其实质是对创新各方面所进行的一种度量和评估（毛荐其，2000）。而 Chiesa 等（1996）则是这样描述创新审计的，"创新审计是指以创新的度量为基础，找出创新目前的状况和期望状况间的差距，确定问题的所在和需改进的环节，进而提供用以提高创新水平的信息，促进计划实施的改善"，"即通过自身或第三方利用审计方法对企业的创新活动进行评估定位，从而为提高创新管理水平提供必要的信息"。

齐萨等人的观点更符合审计的思想。1973 年美国会计学会发布的《基本审计概念说明》ASOBAC（A Statement of Basic Auditing Concept，ASOBAC）对审计是这样定义的：审计是一个系统的过程，它客观地收集和评价有关经济活动与经济事项申明的证明，以便证实这些申明与既定标准的吻合程度，并将其结果传达给有关用户。由此可见，创新审计突破了传统审计的领域和作用，即以会计报表为基础，对会计资料进行大量的检查、核对、加总、重新计算等工作，从而验证会计报表的合法性、公允性、一致性；创新审计作为一种新的管理工具，是对创新活动进行审计，来满足企业内部管理的需要。从其性质和职能来说，也是在特定的经济关系下的一项具有独立性的经济监督活动，由此可见齐萨等人对创新审计的认识来源于审计思想。

科学的审计活动是从审计目标出发，首先确定目标是什么，其次考虑如何实现这一目标，在实现目标的过程中，不可缺少的两个因素，一个是人，即审计人员，一个是审计技术手段。前者是工作的主体，后者是工作的手段，两者相互制约，相互影响。这两个因素又服从于目标，检验审计活动有效性的重要指标是看目标的实现程度。因此审计理论结构分为两个层次，一是审计目标理论，二是研究审计工作主体——审计人员和审计方法的理论。审计目标是在一定的历史环境下，人们通过实践活动所期望达到的境地或最终审计工作目标，它由审计工作目标、审计报告目标和审计质量目标三个子目标组成一个有机整体。

根据齐萨等人的观点，创新审计的目标是提高创新管理水平和提高创新效益。齐萨等人为创新审计提出了工作目标，提高创新管理水平和提高创新效益在创新审计目标体系中处于支配、主导的作用，它说明了创新审计监督应该达到的理想境界，是整个审计运行的总目标。然而，创新审计也是依靠提供的信息发挥作用的，因此目标体系还应当包括技术创新审计的报告目标和质量目标，即提供信息和利用信息，涉及信息使用者，信息用途和信息提供、利用方式三个方面，同时质量目标要求信息具有相关性和可靠性，以及时满足管理的需要。

创新审计主体是指从事这项工作的人员，除了对自身职业水平和道德水平有较高的要求外，企业自身或第三方的审计人员因所处的环境不同，发挥的作用也不同。使用内部职员的优势在于他们了解企业的结构和文化条件、具备和缺乏的资源，以及各经营单元的产品市场组合,缺点是很可能产生偏狭的见解。外部人员能够更客观地评估企业对新风险事业的战略管理能力,或理解、开发和获得新技术的能力,缺陷是很可能错误地理解内部的实情,并提出不可行的建议。因此选择审计人员时,应权衡利弊。

创新审计产生的背景

20世纪70年代,受西方经济大衰退影响,英国政府推出了调整产业结构的一系列政策措施,鼓励企业以技术创新手段提高劳动生产率,1980—1989年,英国产业结构发生了重大变化,劳动生产率提高了50%以上。英国的技术创新热潮,为学术界提供了丰富的研究素材,在这期间,英国著名经济学家Freeman、MIT创业研究中心主席Roberts、斯坦福大学商学院教授Burgelman等对企业技术创新、技术创业、技术创新过程管理实证和技术创新能力审计架构进行了理论研究和实证分析,提出技术创新的成功不仅需要企业内部创新过程,还需要技术向外部市场转化。保障技术创新成功,需要合适、恰当的技术创新管理系统支持——技术创新审计。

审计方法是指执行审计职能和完成审计任务的手段,创新审计利用的方法是传统审计的部分方法(问卷法、询问法、技术鉴定等),来找出创新过程中的不足和差距。传统的审计对象是以财务收支活动为核心的经济活动和以会计资料为重点的经济资料以及以会计工作为中心的经济管理工作,创新审计的对象是以创新活动为中心的经济管理工作,跟踪创新过程,评价创新绩效,故从审计的角度来看,齐萨等人不仅给创新审计下了一个很好的定义,而且初步形成了创新审计理论。

第二节 创新审计模型

完整的创新审计理论还应体现于实务,即如何审计,审计过程是怎样的,Burgelman等(1998)、陈劲等(1997)、樊一阳和侯建明(2014)系统地介绍了有关创新审计模型构建的问题。大致可以将创新审计模型分为三类,即基于创新过程的创新审计模型、基于创新能力的创新审计模型和基于创新绩效的创新审计模型。

一、创新审计一般模型

(一)基于创新过程的创新审计模型

齐萨等人提出的审计模型将创新过程分为核心过程和辅助过程。核心过程包括概念产生、产品开发、工艺创新和技术获得;辅助过程包括资源供给、领导和系统与工具,这个系统的输出是竞争力的提高。核心过程通过创新来源、创新计划、开发过程、组织形式、新工艺实施、有效的技术外部连接等方面来衡量;辅助过程通过高层领导关注、创新氛围、资源供给、人员配置、技术能力积累等衡量。

陈劲教授结合了齐萨等人的过程审计和"奥斯陆"的创新统计指标,构建了陈劲—史密斯模型(简称为C-S模型),即通过普通经济指标(销量、利润、总资产、职工人数、技术人员和销售人员人数,技术和设备水平等)、产品创新数量(根本创新和渐进创新)、工艺创新数量、创新战略（研制还是购买）、创新成本（具体的资金来源的细目）、创新带来的收益（新产品销售、新技术转让等）等指标来帮助审计创新过程，其基本思想也是基于创新过程的审计模型构建的。

（二）基于创新能力的创新审计模型

Burgelman（1998）等人提出的是基于创新能力的审计模型，用于审计技术能力、创新战略的制定和实施及支持它们的组织机构。该模型包括五个方面：①资源的可获得性和分配（表现为 R&D 基金水平、技术的广度和深度、明显的竞争优势和 R&D 的资源分配）；②对竞争对手的创新战略和产业发展的了解；③对技术环境的了解；④组织和文化氛围（表现为 R&D 项目的管理、R&D 到生产的转化和各职能部门的集中化程度）；⑤表现为企业家素质的战略管理能力。

Adler（1992）等人认为需要给产品和战略管理过程基准定位，并提出一种评估所有技术职能的框架。他们提出战略管理的三个主要因素：领导、政策和调节机制。在政策因素中，他们分析了管理过程（如人事管理、技术项目管理、质量控制管理等）、资源（知识产权、基金、设备和设施），以及各种联系（结构、职能间联系、与外部的联系、规章的遵守等）的作用。如何客观、科学、有效、定量地评价企业的创新能力，对于企业在同行业中科学地定位自身的创新能力，采取合理而有效的技术创新战略，保持和提高自身竞争优势，获取最佳的经济效益和社会效益具有重要意义。基于能力的审计就是对创新能力的影响因素和创新能力的表现形式度量和评价，以向相关利益者提供有用信息。

（三）基于创新绩效的创新审计模型

Chiesea 等（1996）除了对审计过程制定了详细的审计标准和问卷外，还研究了业绩审计，即对创新各环节和全部创新过程的业绩及其对企业市场竞争力的影响进行审计。该模型对概念产生、产品开发、工艺创新、技术引进设计了一系列的指标进行评价，如新构想的数量、平均产品生命周期、投入市场的时间、产品性能、设计表现、开发成本、效率等。根据齐萨等人的观点，创新绩效审计是帮助企业审计技术创新结果、对创新进行定量测度的一种方法。

创新绩效审计并非突然产生，它也是理论研究渐进深入的必然结果，它的思想来源是绩效审计。绩效由经济性、效率性和效果性三要素构成，是传统审计和管理咨询二者的混合物，既吸收了审计人员的独立性、客观性和报告技术之类的优点，同时，又从管理咨询中摄取了专业分析系统和专业分析技能的养分。绩效审计报告不应提供详细的解决方案，只应唤起人们对存在问题的注意。绩效审计的经济性是指以最低费用取得一定质量的资源。效率性是指从对一个部门或一个项目的资源投入中，力争取得最大的产出或确保以最小的资源投入取得一定数量的产出。效果性则是确保一定的经营活动正在实现预期结果。创新的经济性、效率性、效果性可从周期时间、资源能力、资源效能、团队效率、竞争比较中得到体现。周期时间除了总创新周期时间外，还衡量一些重要的子周期，周期时间的使用是为了预测过程的进展。为了使之成为全部发展速度的日常能力的预测器，有些人则更注重衡量第一次失败的时间。资源能力和资源效能、团队效率则反映了创新的效率。竞争比较不仅跟踪创意而且不断地将新创意与现有竞争对手的产品进行比较以突出创新效果。

（四）创新审计模型特征的比较

上述几种不同的创新审计模型都是从不同的要求出发而设置的，各有各的特点，如下表15-1 所示。

表 15-1　三种技术创新审计模型的特征比较

创新审计模型	审计对象	审计方法	实施时间	作　用
创新过程审计	过程和环节	多种	事中	创新过程的把握
创新能力审计	技术及相关能力	技术鉴定为主	事中和事后	创新水平的提高
创新绩效审计	经济、效率、效果	多种	事中和事后	创新绩效的比较

　　创新过程审计将创新的微观过程进行划分，从而对每一细小过程进行控制，反馈信息，以达到发现问题、解决问题的目的。审计工作随着技术创新活动起始、终结，采用问卷法、技术分析法等多种方法寻找差距和问题，使得创新过程更好地纳入希望的轨道。创新能力不仅表现在技术的研发能力方面，而且还包括管理能力、投入能力、制造能力、实现能力等相关能力，管理能力、投入能力等在创新过程中有所体现，技术研发能力和实现能力只有事后才可以评价，这就需要创新能力审计在事中和事后都要加以实施，从而有利于创新水平的提高。创新绩效审计针对创新过程中所需资源的利用、分配情况进行监督控制，力争以较少的投入获得较多的产出。将事后创新活动的结果与预期目标进行比较，帮助管理者分析差距，寻找原因，使技术创新取得较好的业绩。

　　总之，三种创新审计模型所具有的特点各不相同，如何使之在实际工作中真正发挥作用，更好地融会贯通来满足管理者的需要，还需进一步研究。

二、创新审计主要步骤

（一）创新审计准则

　　为保证技术创新审计的独立性、客观性、权威性、公允性和可操作性，设立技术创新审计准则体系。该体系是实施技术创新审计的基础，也是技术创新审计是否能实施的关键步骤。其目的是保证技术创新审计的独立性、客观性、权威性、公允性和可操作性。技术创新审计准则是技术创新审计工作遵守的规范，是判断技术创新审计工作质量的权威性规则。准则的公允可以有效地改善技术创新活动中信息不对称、科学测度技术创新活动、合理配置资源、提高技术创新活动的成功率。技术创新审计准则体系包括技术创新审计一般准则、技术创新审计现场工作准则和技术创新审计报告准则。

　　一般准则：审计的独立性要求；审计人员的胜任能力要求；职业道德。

　　现场工作准则：审计计划与可行性；对技术创新过程特征充分恰当的取证；技术创新环境与能力测度；研发产品市场成熟度测度等。

　　报告准则：出具审计报告形式和内容的要求；与审计标准的比较差异披露；审计表达。

（二）创新审计测度

　　创新审计测度既是建立标准源的基础准备工作，也是修正和完善创新审计标准的交叉互补工作。主要研究任务要解决以下问题：收集哪些数据？用什么方法收集信息和数据？如何甄别和筛选数据？用什么方法处理数据？为了保证测度的质量，应采取合理、科学的方法和工具，分析处理数据。检验指标效度，修复数据，提炼与技术创新有关的特征数据。技术创新审计测度也是量化创新过程的主要环节和步骤。创新审计测度工作路径如图 15-1 所示。

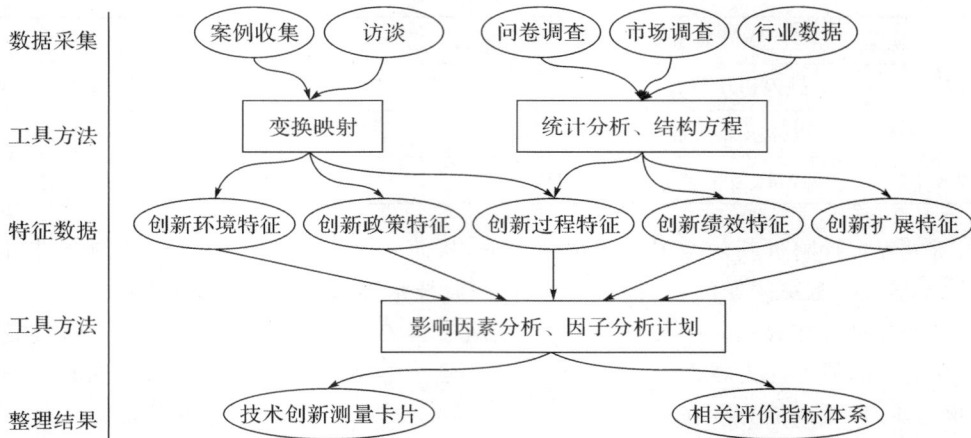

图 15-1　创新审计（较多为技术创新）测度工作路线

创新审计测度是一个广泛收集数据，甄别、筛选、分析数据和评价数据的过程，也是量化技术创新过程的工作。为了保证测度的质量，应采取合理、科学的方法和工具（可采用变换映射、SPSS 统计软件、结构方程），检验指标效度，修复数据，提炼与技术有关的特征数据，最后以创新测量卡片和相关评价指标体系作为测度的结果。

（三）创新审计标准源

创新审计标准源是技术创新关键成功因素的集合，以此作为衡量创新成熟度标杆。"标准源"实质上也是"标准库"，构建技术创新审计标准源不但可以减少目前创新管理中的"多重评价"和"任意评价"现象，而且可以规范创新管理方法，为企业创新活动提供标杆，更重要的是使创新审计从理论研究走向实验操作有标准可依。创新审计标准源构建工作量庞大，需要不断地进行数据积累和更新。经合组织（OECD）为测度不同国家（创新主体）的创新能力，于 20 世纪 90 年代初制定了奥斯陆手册（Oslo Manual），作为 OECD 成员国创新数据采集指导范本。以技术创新审计测度获取的数据为依据，集合技术创新成果因素，分类构建技术创新审计标准，包括通用标准和专用标准。为提高技术创新审计的操作性，标准的选择要简明、可度量和便于使用，需要用科学的方法在众多数据中甄别、筛选。技术创新成功因素诸多，有些是显性的，可以测量，有些是隐性的，很难观测到。必须采用科学的方法处理数据，建立技术创新审计标准源。通用标准适用于任何企业；分类标准适用于不同规模企业、不同行业（领域）、不同标的（测度对象）等。要建立技术创新过程标准化的不同用途的"指示器"。

第三节　基于利益相关者的创新审计

近年来，企业界正经历着一场理念变革，即股东利益至上的传统观念逐渐受到质疑，"企业不只是股东的企业，而更是社会的企业"的理念正在成为企业界的共识。众多企业在讨论经营目标、公司治理、绩效评价等问题时，越来越多地考虑到股东以外的其他利益主体的利益要求。与党的十六届四中全会提出的构建"社会主义和谐社会"的新命题相结合,我们看到不论是国内还是国际,不论是社会还是经济,"利益均衡,协调发展"已成为时代发展的主题。企业是社会的重要成员,企业技术创新是经济发展和社会进步的重要动力。随着经济和社会的进一步发展,企业技术创新活动的有效性、和谐性显得越来越重要。这其中技术创新的利益相关者日益成为重要的作用因素。如何均衡各利益相关者的利益、权力,提高技术创新的总体效益,已是摆在企业面前一个紧迫的议题。而目前技术创新理论界尚未对此展开针对性、机制性的研究,相关的管理实践工具也不能适应企业的这种新需求。因此"技术创新利益相关者的作用机制及其管理策略"研究,对于提高我国企业的技术创新水平,获取持久的竞争优势,从而推动中国经济的进一步持续快速发展,具有重要意义。

一、相关研究现状

技术创新利益相关者的作用机制及其管理策略,旨在研究企业技术创新过程中利益相关者的界定、相互作用机制、利益动态均衡机理,及实用化的审计和分类管理策略框架。该选题涉及技术创新、公司治理、绩效评估等研究领域,并表现在各领域的交叉上。

首先是技术创新的利益相关者研究。目前技术创新领域对利益相关者的研究主要集中在 R&D 管理领域。Reijs(1994)在总结预见研究的经验时指出,研究的成功关键在于使不同利益相关者就未来方向达成一致;Miller(1995)在第四代 R&D 模式中明确引入了利益相关者,Tipping 等(1995)明确给出了 R&D 利益相关者的不同特性描述;Rogers(1996)在全面创新系统设计中引入了诸多利益相关者因素;Carter(1997)认为研究研发管理的主要困难之一在于如何向那些 R&D 的发起人和其他提供研发资金的利益相关者表明 R&D 活动的价值。利益相关者在 R&D 项目管理中的作用也引起了研究兴趣,如 Klimstra 和 Potts(1988)发现,R&D 项目管理需要对个人或团体之间的关系以及他们之间的权力与影响的平衡进行管理;Eckert(1996)强调研发管理者的使命之一是建立一个利益相关者团队,并与之进行交流,从而确保良好的内部工作关系和过程;Coombs 等(1998)则开发了 R&D 项目管理高标定位工具。此外,Polonsky 等(1996)从直接威胁、直接合作以及非直接影响三个维度对绿色新产品开发做了利益相关者分析;Elias 等(2002)借助 Mitchell 等(1997)的合法性、权力性和紧急性与 Freeman(1984)提出的理性、过程和交易三个分析层次对新西兰的一个道路定价 R&D 项目进行了利益相关者分析。国内学者许庆瑞等(2003)提出全价值链创新的概念,对用户、供应商、竞争对手等利益相关者进行了综合的创新资源分析,陈劲等(2002)从社会资本角度对技术创新做出系统研究,也体现了利益相关者类似思想。

其次是基于利益相关者或技术创新的审计研究。传统的审计主要是针对财务展开的,但 20 世纪 60 年代以来人们对企业伦理、社会责任、环境管理等问题的逐步关注,基于利益相关者视角的审计开始建立。几乎与 Freeman(1984)提出"企业应最小化利益相关者的潜在破坏、最大化其潜在利益"的同时,美国《单独审计法案》获得通过。该法案在公司审计中引入对公司规制和相关者控制的审计,将政府和私有部门的要求转换为公司内部审计的要求。基于利益相关者的审计与评估还表现在企业评估理论与实践的新进展,即 Kaplan 和 Norton(1996)提出的平衡计分卡。该法虽考虑了一些利益相关者,如顾客、员工等,但尚未扩展至供应商、中间商、监管单位等利益相关者。

企业技术创新审计的框架表现为,传统的技术创新审计主要从投入产出角度入手,对企业技术创新绩效做出评估。现代的技术创新审计则综合考虑了各种影响技术创新成败的因素，包括基于能力的技术创新审计（Burgelman等，1988）、基于职能的技术创新审计（Aldler等，1992），以及基于过程的技术创新审计（Chiesa等，1996）。Chiesa等（1996）已经初步表现出对顾客（包括领先用户）、员工（包括企业家）、供应商、竞争者等利益相关者的审计关注，尽管相当零散，不成体系，但隐约指出了本研究的方向。

最后是运用利益相关者思想对广义的创新进行审计的实用化研究。这些研究包括Arthur D. Little咨询公司的高绩效业务模型，Accenture咨询公司和Cranfield管理学院共同开发的"绩效棱镜"模型（Shapiro，2003），以及Bunn等（2002）运用Mitchell（1997）框架提出的多部门创新利益相关者审计等。高绩效业务模型包括四个关系创新成功的因素：利益相关者战略、流程、资源、组织与文化。多部门创新利益相关者审计（Bunn等，2002）则以一个五步模式运用于美国集成化交通管理与紧急事务响应的多部门创新实例。

总的说来，以上三方面的研究虽然与"基于利益相关者的技术创新审计"主题有关，但都还存在着一定的不足。运用产权理论分析利益相关者的成果很多，但并不直接涉及技术创新产权理论，更没有通过基于技术创新产权属性和产权形式的指标体系设计来揭示利益相关者利益、权力与企业技术创新活动之间的内在互动机制。技术创新的利益相关者研究则更多地基于R&D管理领域展开，在其成功经验和方法扩展到技术创新的全过程时需要进一步的研究。利益相关者审计特别是平衡积分卡方法的提出，拓展了传统审计与评估的内容，提供了分析的基础思路，但没有涉及技术创新的背景。最后，运用利益相关者思想对广义的创新进行审计的实用化研究，其方法可资借鉴，但还不是直接的技术创新研究。

二、关键问题及其基本思路

基于利益相关者的创新审计研究涉及几个关键问题，如从经济学角度分析技术创新利益相关者、掌握各利益相关者在技术创新行为中的互动机制与利益均衡、以利益相关者视野重新审视技术创新审计框架及其相应的分类管理策略等。下面提出这些问题的基本思路，有关解决方案尚在研究中。

（一）技术创新利益相关者的经济学分析

根据契约经济学的基本观点，从企业是由参与契约的各要素所有者构成的有机系统角度切入，综合运用物质资本产权、人力资本产权、社会资本的有关理论，给出技术创新利益相关者的概念界定。由于各利益相关者在企业技术创新活动中投入的资本形式不同，它们在企业技术创新中的利益要求与权力主张也不同，相对于物质资本而言，人力资本和社会资本的权利属性又存在很大差异，因而确切地给出技术创新利益相关者的定义是困难的。我们尝试性给出的定义是，在企业技术创新的全部活动中，向企业投入了物质资本、人力资本或社会资本，从而影响技术创新目标实现并承担了某种形式风险的人（或群体），以及由于企业的技术创新活动而使之处于风险之中的人（或群体）。这些群体或个人包括股东、债权人、高层管理人员、科技人员、员工、消费者、竞争者、合作者、政府、环境等。

在笔者做过的一次小规模样本调查中，根据利益的考虑先后、重要程度和满足程度进行了排序，可以发现：①股东始终排在第一位，政府和特殊利益团体始终排在最后两位，可以看出无论从哪个角度来看，股东对技术创新都起到了很重要的作用，而特殊利益团体的作用则最小；②消费者较优先被考虑，重要性程度也较高，但其利益的满足不够，说明企业已经充分认识到消费者的重要性,但忽视了对其利益的满足;③员工在技术创新中考虑较少,但其利益的满足却比较靠前,说明企业在技术创新过程中比较重视对员工的激励,但较忽视员工对于创新的重要作用。如表 15-2 所示。

表 15-2　企业技术创新利益相关者的权利要求排序

排　序	1	2	3	4	5	6	7
考虑先后	股东	消费者	管理人员	分销商	员工	政府	特殊利益团体
重要程度	股东	管理人员	消费者	员工	分销商	政府	特殊利益团体
满足程度	股东	管理人员	员工	分销商	消费者	政府	特殊利益团体

根据物质资本、人力资本和社会资本的所有者的终极利益诉求,各利益相关者对企业技术创新行为的影响、利益博弈行为以及参与企业技术创新行使投票权或者有效影响权的通道是不同的。企业应对技术创新各主要利益相关者承担相应的责任并通过一定的管理手段为各主要利益相关者提供相应的权利诉求和主张的方式和通道。如表 15-3 所示。

表 15-3　问卷调查得到的技术创新主要利益相关者权利要求排序

排　序	股　东	管理人员	员　工	分销商	消费者	政　府
1	企业的长期生存和发展	提升自身的人力资本	稳定的工作	获得更高的利润	更优良的产品品质	企业缴纳更多的税
2	高额利润或资本回报	企业的长期生存与发展	更高的工资和福利	企业能提供有竞争力的产品	更好地满足需求	企业提供更多的就业岗位
3	良好的企业形象	良好的企业业绩	培育自己的人力资本	能满足消费者的需求	更低廉的产品价格	企业带动投资环境的改善
4		高额报酬	良好的企业和个人形象	企业的长期生存和发展	更好的企业信誉	企业带动相关产业发展
5		良好的企业形象			企业的长期生存与发展	企业的长期生存和发展

(二)技术创新行为中各利益相关者的互动机制与动态均衡分析

毫无疑问,企业技术创新各利益相关者的权利要求并非一致,常常存在着矛盾和冲突。这种矛盾和冲突不仅发生在企业技术创新的全过程,而且还是动态变化的。比如,政府可以运用行政手段直接干预企业行为进而影响到企业的发展,例如可以通过货币供应、税收、利率和价格管制等经济杠杆的调节作用以及《公司法》、《反不正当竞争法》等法律约束对企业技术创新的边界产生十分大的影响。但是,政府不是企业本身,它考虑到的是宏观经济,有些决策可能会对企业的发展造成阻碍,从而限制技术创新的开发,不利于整个企业良好的经济运行。事实上,表 15-3 已经清楚表明企业技术创新各利益相关者的权利要求的矛盾性。因此,进行冲突分析尤其是从产权理论的深层次研究引起这种冲突的原因,为解决矛盾和冲突找出一条合理的路径是有意义的。

从利益的实现方式与实现程度角度揭示各利益相关者与企业技术创新行为之间的关系及其特征,可以根据质量功能展开(QFD)的思想,通过建立"指标—活动矩阵"研究技术创新行为中各利益相关者的互动机制来实现。其中，"指标"代表利益相关者在企业技术创新"活动"中的各种利益、权力及这些权力的具体细分。比如，企业技术创新活动可能包括创新的信息源、动力源、创新的不同类型以及创新的不同过程等；利益相关者指标可能包括利益相关者分类、利益表现形式、创新行为、诉求通道等。图 15-2 中的圆圈大小表示相应的指标大小。

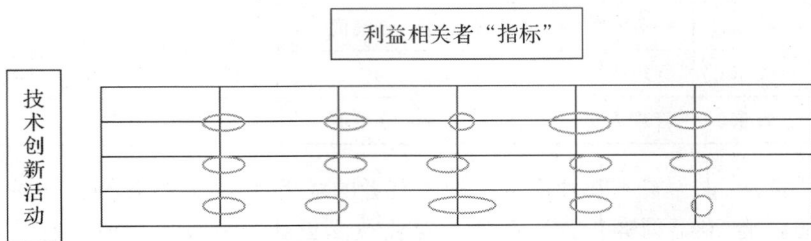

图 15-2 指标—活动矩阵

以笔者的这次调查结果为例，对于不同的创新类型，比如产品创新和工艺创新这两种不同类型的创新，在影响程度排序上，除了政府和利益相关者仍然排在最后的位置之外，排列顺序有较大的差异；在产品创新中，股东和消费者排在前列，说明股东的支持和推动创新起了较大的作用，并且了解消费者的需求对于产品创新也非常重要；在工艺创新中，管理人员和员工则作用较大，原因在于他们直接从事生产工艺活动，对工艺过程最为了解，因此对工艺的创新也起到了最为重要的作用。如表 15-4 所示。

表 15-4 不同类型创新下各利益相关者的影响程度

排　序	1	2	3	4	5	6	7
产品创新	股东	消费者	管理人员	分销商	员工	政府	特殊利益团体
工艺创新	管理人员	员工	股东	分销商	消费者	政府	特殊利益团体

对于不同规模的创新，比如大规模创新和小规模创新，在影响程度排序上，股东和管理人员都排在前两位，起到最重要作用，而特殊利益团体则仍排在最后一位；政府的排名在大规模创新中有了小幅提升，说明企业在做大规模创新时，政府起到了一定的干预或推动作用，这与我国的国情是相符合的，但也可以看到，经过多年的政府职能的改革，其干预企业的作用并不是很大；相反，员工在大规模创新中的排名则非常靠后，可以看出企业在做大规模创新时，主要由高层的战略决策推动，而较忽视基层员工的作用。如表 15-5 所示。

表 15-5 不同规模创新下各利益相关者的影响程度

排　序	1	2	3	4	5	6	7
大规模创新	股东	管理人员	分销商	消费者	政府	员工	特殊利益团体
小规模创新	股东	管理人员	员工	分销商	消费者	政府	特殊利益团体

当然，深层次的研究，比如这些"活动"与"指标"之间究竟存在什么样的内在关系，如何用产权理论对这种关系做出解释，以及在博弈分析和互动机制研究的基础上，动态研究各利益相关者在技术创新中利益、权力的均衡条件及其实现方式和路径等，还需要做进一步的探索。

(三)基于利益相关者的技术创新审计框架

1.理论模型建立

由于技术创新审计涉及不同利益相关者在技术创新过程中的不同利益和权力要求,因此应该首先明确审计目的和准则,笔者认为技术创新审计的目标是提高创新管理水平和提高创新效益,审计要遵循科学性、合理性、操作性和细分性等准则。参照 Mitchell 等(1997)的合法性、权力性和紧急性的维度,根据不同利益相关者在企业技术创新中不同形式的资本投入:物质资本、人力资本、社会资本,我们提出基于利益相关者技术创新审计的概念模型(见图 15-3)和相应的实用性分析框架。

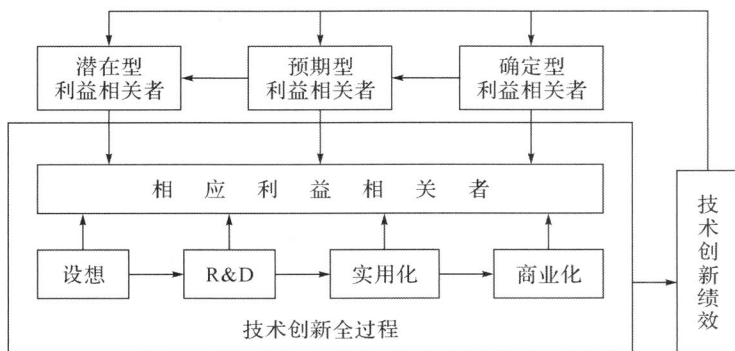

图 15-3　基于利益相关者的技术创新审计概念模型

2.指标体系设计

目前关于技术创新的审计指标体系一般是基于能力的、基于绩效的和基于过程的三个方面。表 15-6 给出的是基于绩效的技术创新审计指标体系,显然该指标体系没有将利益相关者纳入审计中。

表 15-6　技术创新绩效审计指标体系

技术创新过程	指　标
设想阶段	·满足消费者需求的程度 ·去年新产品构想的数量,改进产品构想的数量 ·五年以来新产品投资业务的数量 ·产品计划时间 ·平均产品生命周期
R&D 阶段	·从概念到 R&D 成功的平均时间 ·R&D 成果水平 ·R&D 成功率 ·平均每个新产品的 R&D 成本 ·已完成 R&D 项目的成本同利润的比率 ·三年以来许可证数目 ·三年以来专利数目

续表

技术创新过程	指　标
实用化阶段	· 从 R&D 成功到生产出产品的平均时间 · 新产品满足消费者需求的程度 · 产品的技术指标达成 · 新产品的质量 · 新产品的市场竞争力
商业化阶段	· 消费者对新产品的满意度 · 消费者购买产品的便利性 · 新产品的市场成长率
技术创新总绩效	· 新产品销售收入 · 新产品收益率 · 新产品市场占有率 · 消费者满意度 · 投资报酬率 · 人均利润总额 · 企业拥有专利数目

我们认为，基于利益相关者的技术创新审计指标体系应该这样设计，即根据技术创新的利益相关者分析结果和审计理论模型，设计指标体系，筛选问卷，通过对企业较大范围的发放，以及实证性与验证性因素分析方法的运用，筛选得到相应的审计指标体系，并针对确立的审计指标体系，采用专家调查和 AHP 法确定相应的指标权重，考虑到利益相关者重要程度的动态变化，相应地对指标权重做调整，以适合对技术创新进行动态的审计。表 15-7 是笔者对基于利益相关者的技术创新过程审计指标体系的初步设想，还很不成熟，部分指标尚在研究中，部分指标还需要实际检验。

表 15-7　基于利益相关者的技术创新过程审计指标体系初步设想

过　程	设想阶段	R&D 阶段	实用化阶段	商业化阶段
股　东	· 支持创新的公开表态 · 股东创新建议采纳的比例 · 创造性和风险性	· R&D 资金的投入		· 效益性 · 扩散性
高层管理人员	· 高层管理人员的创新精神 · 营造创新氛围的意识和能力 · 高层管理人员创新建议采纳的比例	· 项目经理在组织中的权限和管理幅度 · 战略指导的正确性 · 领导能力 · 工资水平和股权激励 · 工作满意度	· 战略指导的正确性 · 领导能力 · 工资水平和股权激励 · 工作满意度	· 战略指导的正确性 · 领导能力 · 工资水平和股权激励 · 工作满意度

过　程	设想阶段	R&D 阶段	实用化阶段	商业化阶段
员　工	• 员工的创新思维被引导和激发的程度 • 员工意见和建议通道的完善程度 • 对创新想法和行为进行激励 • 员工创新建议采纳的比例	• 团队中及团队之间的正式和非正式交流频率 • R&D 人员数量和占总员工的比例 • 组建 R&D 团队的结构合理度 • 员工的 R&D 能力 • 评估员工业绩,对优秀员工予以奖励 • 工作效率 • 工作满意度	• 对员工进行培训,提高技能和丰富知识 • 鼓励参与创新设想 • 评估员工业绩,对优秀员工进行奖励 • 员工的操作水平和工作效率 • 工作满意度	• 工作效率 • 工作满意度 • 员工的营销能力 • 营销人员对消费者信息的掌握程度
债权人	• 创新资金投资 • 项目评估	• R&D 投资		• 利益分配
消费者	• 收集消费者需求信息的机制完善程度 • 消费者消费信息的回馈机制完善程度 • 消费者意见与建议通道的完善程度 • 消费者创新建议采纳的比例 • 与主要客户之间的沟通频率	• 将消费者需求融入产品设计的程度	• 领先用户的满意度	• 消费者对新产品的了解程度 • 消费者购买产品的便利性 • 对销售服务的满意度 • 建立消费者的顾客档案,定期回访频率 • 与主要用户建立长期关系
供应商	• 与供应商的沟通频率 • 提出创新设想的频率 • 提供创新资源 • 供应商创新建议采纳的比例	• 与供应商建立联系		
分销商	• 分销商创新建议采纳的比例		• 分销商对新产品的满意度	• 分销商对新产品的了解程度 • 新产品对分销商的获利水平 • 与分销商的关系 • 分销商销售新产品的积极性和主动性
竞争对手	• 对竞争对手的创新动态的掌握程度 • 学习竞争对手的创新进行模仿或跟进创新	• 评估竞争对手的技术能力 • 竞争性合作的竞争对手数量 • 与竞争对手合作的频率		• 对竞争对手的竞争性产品的了解

续表

过　程	设想阶段	R&D阶段	实用化阶段	商业化阶段
合作者	•大学等合作单位提供技术成果、科技信息等创新资源	•有合作关系的大学、科研机构等合作单位的数量 •与大学、科研机构等合作单位的合作频率 •有技术联盟关系的企业的数量 •与技术联盟企业合作的频率		
政　府	•政策支持 •营造良好的创新环境	•政府基金支持		•税收
特殊利益团体	•环保建议的采纳			

注:表格中的空白处是指该指标尚在研究中,还没有明确的指标体系。

[**本章精要**]

1.创新审计是指以创新的度量为基础,找出创新目前的状况和期望状况间的差距,确定问题的所在和需改进的环节,进而提供用以提高创新水平的信息,促进计划实施的改善。

2.创新审计的目标是提高创新管理水平和提高创新效益,创新审计利用的方法是传统审计的部分方法(问卷法、询问法、技术鉴定等),来找出创新过程中的不足和差距。

3.创新审计模型分为三类,即基于创新过程的创新审计模型、基于创新能力的创新审计模型和基于创新绩效的创新审计模型。

4.创新过程审计将创新的微观过程进行划分,从而对每一细小过程进行控制,反馈信息,以达到发现问题、解决问题的目的。创新能力不仅表现在技术的研发能力方面,而且还包括管理能力、投入能力、制造能力、实现能力等相关能力,管理能力、投入能力等在创新过程中有所体现,技术研发能力和实现能力只有事后才可以评价,这就需要创新能力审计在事中和事后都要加以实施,从而有利于创新水平的提高。创新绩效审计针对创新过程中所需资源的利用、分配情况进行监督控制,力争以较少的投入获得较多的产出。

5.创新审计主要步骤包括确定创新审计准则、创新审计具体测度和选择创新审准。

6.企业经营从股东至上向利益相关者管理的转向,对创新审计提出了新要求。关于创新的审计指标体系一般是基于能力的、基于绩效的和基于过程的三个方面,可以基于这三方面构建更趋成熟的利益相关者创新审计指标体系。

问题及讨论

1.结合实例,谈谈创新审计的重要性。

2.简要阐述创新审计工作程序。

3.选择审计对象,采用适当方法开展创新审计。

[案例应用]　M集团技术创新审计工作示例

1.审计对象简介

M集团为自动化有限公司,始创于2001年,是具有独立法人资格的现代化高新技术企业。作为国内领先的专业从事工业自动化和信息化技术、产品与解决方案的供应商,长期致力于技术装备自动化控制系统的研发、设计、制造与推广应用。M集团的业务涉及工业自动化和信息化产品的研发、生产和销售,围绕过程自动化、装备工业自动化、工业信息化、测控装置等产业领域,专业从事分散型控制系统(DCS)的开发、制造及工程承包。经过十几年的不搬努力,现在M集团已经成为为化工、石化、冶金、电力、智能交通、食品、市政、机械、建材、邮电、制药、轻工等十几个行业提供自动化控制系统设计、制造和整合相关产品的民营高科技企业。

M集团拥有各类开发设备、测试设备、试验设备和加工设备,科技人员占总人数的65%。公司已建立并全面实施ISO9001质量保证体系,并已通过认证。M集团在发展壮大的过程中形成了一支由博士、硕士(高工)及各行业佼佼者组成的富有活力、充满创新精神的精英团队,拥有员工600多人,博士学历的员工人16人、硕士学历的员工有87人、本科学历的员工有206人,拥有高级职称的员工79人,从事电厂及电力系统的工程人员有120多人。拥有研发、生产和工程基地,建筑面积三万余平方米。M集团拥有两家制造厂,确保了M集团自动控制系统硬件品质和长期可靠的供应。自公司成立以来,一直保持着快速稳健的发展,已成为国内一流、涉及多个领域的自动化综合性集团公司,现服务于千余家客户,遍及国内20个省市、自治区,以及东南亚等地。

2.参考标准简介

由于企业在进行技术创新审计各维度打分时,要以行业中最强的、最负盛名的竞争企业为基准和参照,从而确定自身技术能力在行业中的真实水平,因此参照标准的选择是技术创新审计的重要环节之一。技术创新审计打分的基础是找准标杆,即可以与之比较的最佳绩效为参照,技术创新审计打分所确定的标准要具有可比性,否则通过高标准定位找出的差距将难以弥补。标杆既可以是行业内某一个领先企业,也可以同时选取几家企业,综合几家企业所有的标杆指标作为参考。本案例中技术创新审计打分时所选取的参照指标为三家自动化企业创新实践的最佳绩效的综合,即通过高标准定位法确定的每一个指标都是行业的最高标准,而不是拘泥于特定的对象作为唯一参考,这样确定的参照标准更利于企业找出与行业最佳业绩的差距。

3.数据搜集与整理

运用本章提出的技术创新审计方法和构造的技术创新审计指标体系,对M公司的技术能力的各个方面进行定量审计。一方面,验证本章提出评价指标体系的科学性与可行性;另一方面,揭示企业技术能力的真实状况,从而为企业制定出符合自身技术能力的创新战略。

在M公司的技术创新能力审计中,所用数据皆为2011年数据,由于企业部分数据的保密性的要求和实际调查情况与设计指标定义的差距,某些数据可能会有所偏差,样本数据基本能够反映M集团技术能力的实际状况。定量指标的数据主要来源于M集团隶属财政局的资料、M公司网上公开资料及来自M公司的调查资料,通过数据的整理得出。根据调查表和深入交流后M集团所反映的信息,汇总求出相关指标的得分。

4.技术创新审计指标权重的计算

指标层权重的计算。指标层权重的得出是在构建层次结构模型的基础上，在 AHP 层次分析法软件下完成的。其中，判断矩阵的数据来源于问卷调查和了解企业相关实践情况的研发、销售人员按 9 级标度的标准给出的重要性程度打分。判断矩阵的得出经历了如下两个步骤，第一步：对首次调查得出的判断矩阵进行一致性检验，将不符合一致性检验的数据拿出来再次反馈给相关的研发、销售人员，让其继续探讨和分析，对各指标重新进行评价赋值；第二步：对反馈之后重新调整的判断矩阵再次进行一致性检验，对符合一致性检验的矩阵直接采用，如果判断矩阵依然不能通过一致性检验，则需要重复以上步骤。根据判断矩阵得出指标层的权重系数如下：

$$R_0 = \begin{bmatrix} 0.0496 & 0.123 & 0.0345 & 0.0208 & 0.029 \\ 0.0183 & 0.123 & 0.0748 & 0.026 & 0.0092 \\ 0.0496 & 0 & 0.0345 & 0.0298 & 0.029 \\ 0.0448 & 0 & 0.088 & 0.012 & 0.0284 \\ 0 & 0 & 0.0748 & 0.0102 & 0.029 \\ 0 & 0 & 0 & 0 & 0.062 \end{bmatrix}$$

准则层指标权重是其所对应的指标层权重的简单相加，它反映着每种技术维度对技术能力的影响大小。可以得出：

$$R_1 = R_{11} + R_{12} + R_{13} + R_{14} = 0.0496 + 0.0183 + 0.0496 + 0.0448 = 0.1623$$

$$R_i = \begin{bmatrix} 0.1623 \\ 0.246 \\ 0.3066 \\ 0.0988 \\ 0.1866 \end{bmatrix}$$

5.技术创新审计项目评分的计算

指标层得分的计算是通过 M 集团与行业中的标杆企业的比较而换算出的，该得分是基于 M 公司研发、销售人员对行业的了解程度和行业信息的开放透明为基础的，由于 M 集团所处的技术行业人才流动性较高，平均每年的雇员变动为 30% 左右，这种较高的流动性环境不仅可以加速技术和技能的传播，且随着技术行业信息的日趋透明化，研发人员可以比较容易地了解到行业中主要竞争对手及标杆企业的状况，从而便于将自身的各项指标与标杆企业进行定量化的比较，最终得出自身技术能力在行业中所处的地位。M 集团的 R&D 人员有 212 人，员工总数为 641 人，则 R&D 人员的比例为 212/641＝33%；据 M 集团部分有过技术职位流动和非正式交流经验的研发人员对同行业的了解，其所选取的标杆企业的 R&D 人员比例为 53% 左右，可以得出 M 企业在 R&D 人员比例方面的得分为 33%/53%×100≈62.3。

$$M_0 = \begin{bmatrix} 78.9 & 74.1 & 61.6 & 81.2 & 0 & 0 \\ 74.2 & 71.1 & 0 & 0 & 0 & 0 \\ 62.3 & 73.5 & 42.6 & 51.3 & 67.7 & 0 \\ 48.5 & 71.3 & 69.4 & 68.3 & 66.7 & 0 \\ 72.5 & 72.1 & 73.4 & 74.5 & 70.9 & 72.4 \end{bmatrix}$$

准则层指标的得分的计算：

$$Q_0 = \begin{bmatrix} Q_1 \\ Q_2 \\ Q_3 \\ Q_4 \\ Q_5 \end{bmatrix}$$

$$Q_0 = M_0 \times R_0 = \begin{bmatrix} 78.9 & 74.1 & 61.6 & 81.2 & 0 & 0 \\ 74.2 & 71.1 & 0 & 0 & 0 & 0 \\ 62.3 & 73.5 & 42.6 & 51.3 & 67.7 & 0 \\ 48.5 & 71.3 & 69.4 & 68.3 & 66.7 & 0 \\ 72.5 & 72.1 & 73.4 & 74.5 & 70.9 & 72.4 \end{bmatrix} \times \begin{bmatrix} 0.0496 & 0.123 & 0.0345 & 0.0208 & 0.029 \\ 0.0183 & 0.123 & 0.0748 & 0.026 & 0.0092 \\ 0.0496 & 0 & 0.0345 & 0.0298 & 0.029 \\ 0.0448 & 0 & 0.088 & 0.012 & 0.0284 \\ 0 & 0 & 0.0748 & 0.0102 & 0.029 \\ 0 & 0 & 0 & 0 & 0.062 \end{bmatrix}$$

$$= \begin{bmatrix} 11.96259 & 18.819 & 18.69521 & 6.3778 & 7.0623 \\ 4.98145 & 17.8719 & 7.87818 & 3.39196 & 2.80592 \\ 8.84633 & 16.7034 & 18.69521 & 5.78246 & 7.13852 \\ 10.21247 & 14.7354 & 20.40035 & 6.43066 & 7.94908 \\ 11.89367 & 17.7858 & 22.29595 & 7.1871 & 13.55512 \end{bmatrix}$$

M 集团技术创新审计评定总值：

$$Q_s \times R_i = \begin{bmatrix} 11.96259 & 18.819 & 18.69521 & 6.3778 & 7.0623 \\ 4.98145 & 17.8719 & 7.87818 & 3.39196 & 2.80592 \\ 8.84633 & 16.7034 & 18.69521 & 5.78246 & 7.13852 \\ 10.21247 & 14.7354 & 20.40035 & 6.43066 & 7.94908 \\ 11.89367 & 17.7858 & 22.29595 & 7.1871 & 13.55512 \end{bmatrix} \times \begin{bmatrix} 0.1623 \\ 0.246 \\ 0.3066 \\ 0.0988 \\ 0.1866 \end{bmatrix} = \begin{bmatrix} 14.25 \\ 8.48 \\ 13.18 \\ 13.66 \\ 16.38 \end{bmatrix}$$

$$Q = \sum Q_i R_i = 14.25 + 8.48 + 13.18 + 13.66 + 16.38 = 65.95$$

6. 技术创新审计结果分析

通过技术创新审计指标体系对企业技术能力各维度的审计，得到如下的结果：审计评分为 65.95 分，企业的技术能力在行业中处于中等水平，接下来将根据指标层得分从 M 集团技术能力的各个方面研究其表现。

从技术创新资源投入角度分析 M 集团的表现：R&D 人员人均科技活动经费（78.9 分）在同行业中处于较高水平，该公司将销售收入的很高比例投入了 R&D 活动（81.2 分），说明 M 集团对 R&D 活动非常重视。M 集团的技术装备先进性（61.6 分）处于行业的中等水平，反映出该企业的研发基础资源与实验平台相对欠缺。

从消化吸收的角度分析 M 集团的表现：根据消化吸收能力在技术创新审计指标体系中的权重，可以看出消化吸收能力也被认为是企业技术能力强弱的重要体现，在对 M 集团的审计中了解到，企业非常重视技术的引进和模仿，由于受到技术引进政策的鼓励，M 集团的在引进、模仿和改进技术方面的投入较高（74.2 分）。由于 M 集团更偏重于应用技术创新，研发人员在长期的技术引进与模仿活动中积累了一定的技术能力，这一点体现在 M 集团对关键技术的破解方面，已成功仿制的产品数量十分可观（71.1 分）。M 集团虽不是行业中的率先创新企业，但这种创新方式的低风险和高回报使得企业在创建的十几年内保持着快速的发展。

从 R&D 能力的角度分析 M 集团的表现：虽然 M 集团的 R&D 人员比例在同行业中处于中等水平（62.3 分），但 M 集团的人员素质普遍较高（73.5 分），研发人员中本科、硕士学历的占到了一半以上，高级技术工人也占据了一定比例，因此，M 集团研发人员有着较强的学习能力，能够较快地领悟并应用新的技术知识。由于 M 集团在教育、培训方面投入的资源不够充足，加之对技术应用的偏重以及实验平台的相对欠缺等因素，即使有着较高素质研发团队，M 集团每百人研发人员专利拥有量在同行业中处于中等偏低水平（51.3 分）。

从技术创新实现能力的角度分析 M 集团的表现：M 集团的自主创新产品率（48.5 分）始终处于行于较低水平，但由于其较强的学习能力，主要是对关键技术的破解能力，M 集团始终保持着一定的产品更新率（68.3 分）。M 集团技术模仿与吸收的组织和机制相对完善，同时具备消化和模仿的人力与财力保障，使其技术产品往往能够克服率先创新者的不足，生产出的新产品性能相对稳定，市场口碑较好。这种仿造、改进的优势使其新产品的销售收入占总销售收入的比例（71.3 分）有一定的优势。

由于 M 集团一直以来是以模仿创新战略为导向的，积累了一定的技术信息获取能力，企业十分看中从外部引进先进技术的必要性，重视对先进技术信息的获取，M 集团信息人员的数量和质量都很有优势，得益于所处行业技术人才的较高流动性和较高学历人才组成的技术信息团队，M 集团在信息搜索和分析方面的能力表现较好（72.4 分）。

资料来源：吴盈莹.技术创新战略管理下的技术创新审计研究.兰州：兰州理工大学，2013.

思考题：
1. 熟练理解 M 集团技术创新审计计算步骤。
2. 能否采用其他指标体系对 M 集团开展技术创新审计？

参考文献

英文部分

［01］Adler，Paul S，McDonald D，William，Macdonald Fred．Strategic management of technical functions．Sloan Management Review，Winter 1992，33(2)：19-37

［02］Bass B M et al．Predicting unit performance by assessing transformational and transactional leadership．Journal of Applied Psychology，2003，88(2)：207-218

［03］Birkinshaw J，Gibson C．Building ambidexterity into an organization．Sloan Management Review，2004，45(4)：47-55

［04］Broekhuis M，de Blok C，Mei Jboom B．Improving client-centred care and services：the role of front/back-office configurations．Journal of Advanced Nursing，2009，65(5)：971-980

［05］Bunn M D，Savage G T，Holloway B B．Stakeholder analysis for multi-sector innovations．The Journal of Business and Industrial Marketing，2002，17(2/3)：181-203

［06］Burgelman R A，Kosnik T J，van den Poel M．Towards an innovative capability audit framework//Burgelman R A，Maidique M A．Strategic Management of Technology and Innovation．Homewood，IL：Irwin，1988：31-34

［07］Carter R．Financial analysis for R&D decisions．SRA Journal，1997，29(1/2)：5-15

［08］Chiesa V，Coughlan P，Voss C A．Development of a technical innovation audit．The Journal of Product Innovation Management，1996(13)：105-136

［09］Clayton M，Christensen，Richard S Tedlow．Patterns of disruption in retailing．Harvard Business Review，2000，78(1)：42

［10］Coombs R，McMeekin A，Pybus R．Towards the development of benchmarking tools．R&D Project Management，1998,28(3)：175-186

［11］David L Appel．Market segmentation—A response to retail innovation．Journal of Marketing，1970(4)

［12］Eckert J L．Preparing to manage an international project．SRA Journal，1996，28(1/2)：33-36

［13］Elias A A，Cavana R Y，Jackson L S．Stakeholder analysis for R&D project management．R&D Management，2002，32(4)：301-310

［14］Eric van Hippel．The Source of Innovation．Oxford：Oxford University Press，1988

［15］Freeman C．Networks of innovation：A synthesis of research issues，Research Policy，1991(20)：499-514

[16] Freeman R E. Strategic Management: A Stakeholder Approach. Boston Pitman Publishing, 1984

[17] Gerald B Tallman, Bruce Blomstrom. Retail innovation challenge manufacturers. Harvard Business Review, 2002, 40(5): 130

[18] Gibson C B, Birkinshaw J. The antecedents, consequences and mediating role of organizational ambidexterity. Academy of Management Journal, 2004, 47(2): 209-226

[19] Gupta A K, Smith K G, Shalley C E. The interplay between exploration and exploitation. Academy of Management Journal, 2006, 49(4): 693-706

[20] Hans-Peter Liebmann, Thomas Foscht, Thomas Angerer. Innovations in retailing: Gradual or radical innovations of business models. European Retail Digest, 2003 (37): 55

[21] Henderson R M, Clark K B. Architectural innovation: The reconfiguration of existing product technologies and the failure of established firms. Administrative Science Quarterly, 1990(35): 9-30

[22] James Wickham. Thematic Report Technological Innovation. Employment Research Centre, 2002

[23] Jansen J J P, Simsek Z, Cao Q. Ambidexterity and performance in multiunit contexts: Cross-level moderating effects of structural and resource attributes. Strategic Management Journal, 2012, 33(11): 1286-1303.

[24] Jim Alexander. Success with Satisfaction, 2003, http://www.leadershipfactor.com

[25] John Dawson. Is there a new commerce in Europe? International Review of Retail, Distribution & Consumer Research, 2001, 11(3): 287

[26] Kalaitzandonakes N G, Boggess W G. A dynamic decision-theoretic model of technology adoption for the competitive firm. Technological Forecasting & Social Change, 1993(44): 17-25

[27] Kaplan R S, Norton D P. The Balanced Scorecard. Baston: Harvard Business School Press, 1996

[28] Katila R, Ahuja G. Something old, something new: A longitudinal study of search behavior and new product introduction. Academy of Management Journal, 2002, 45 (6): 1183-1194

[29] Laurie Michael Roth. A Critical examination of the Dual Ladder approach to Career Advancement//Tushman M L, Moore W L. Readings in the Management of Innovation. 2ed. Cambridge, MA: Ballinger Publishing Company, 1988

[30] Lee T A. A stakeholder approach to auditing. Critical Perspectives on Accounting, 1998(9): 217-226

[31] Chen Leida, Mark L Gillenson, Daniel L Sherrell. Enticing online consumers: An extended technology acceptance perspective. Information & Management, 2002(39)

[32] Judge T A, Piccolo R F. Transformational and transactional leadership: A meta-analytic test of the irrelative validity. Journal of Applied Psychology, 2004(89): 755-768

［33］Majocchi A. Are Industrial Clusters Going International? The Case of Italian SMEs in Romania. Montreal：The Asac-ifsam Joint Conference，2000：7

［34］March J G. Exploration and exploitation in organizational learning. Organization Science，1991，2(1)：71-87

［35］Mansfield E，Rapoport J，Romeo A，Wagner S and Beardsley G. Social and private rates of return from industrial innovations. The Quarterly Journal of Economics，1977，91(2)：221-240

［36］Metters R and Vargas V. A typology of de-coupling strategies in mixed services. Journal of Operations Management，2000，18(6)：663-682.

［37］M V & Rosenthal S R. Technology novelty，project complexity，and product development project execution success：A deeper look at task uncertainty in product innovation. IEEE Transactions on Engineering Management，2000，47(1)：74-87

［38］Miller W L. A broader mission of R&D. Research Technology Management，1995，38(6)：24-36

［39］Mitchell R，Agle B and Wood D. Towards a theory of stakeholder identification and salience：Defining the principle of who and what really counts. Academy of Management Review，1997，22(4)：853-886

［40］O'Reilly C A and Tushman M L. The ambidextrous organization. Harvard Business Review，2004，82(4)：74-81

［41］OECD. National Innovation Systems. Document，DSTI/STP/TIP，1997(2)

［42］Pierre Saulay. Service innovation in the retail environment. INSEE Business Statistics Directorate-8th Annual Seminar-December 11，2002

［43］Pim den Hertog and Erik Brouwer. Innovation indicators for the retailing industry：A meso perspective. Dialogic/center for Science & Policy，Utrecht University，2000

［44］Polonsky M J. Stakeholder management and the stakeholder matrix：Potential strategic marketing tools. Journal of Market Focused Management，1996，1(3)：209-229

［45］Reijs. Foresight studies undertaken by the Ministry of Economic Affairs in the Netherlands. R&D Management，1994，24(2)：167-174

［46］Robert M Weiss，Ajay K Mehrotra. Dynamic pricing on the internet and the future of E-commerce. Journal of Internet Law，2001，4(11)：22

［47］Rogers D M A. The challenge of fifth generation R&D. Research Technology Management，1996，39(4)：33-41

［48］Seigyoung A，Bulent M. Balancing exploration and exploitation：The moderating role of competitive intensity. Journal of Business Research，2005，58(12)：1652-1661

［49］Siegal Jeffrey. Network infrastructure：The superconductor for retail innovation. Chain store age，1997，73 (7)：84

［50］Tipping J W，Zeffren F，Fusfeld A R. Assessing the value of your technology. Research Technology Management，1995，38(5)：22-39

［51］Tushman M L，O'Reilly C. Winning through Innovation：A Practical Guide to Leading Organizational Change and Renewal. Cambridge，MA：Harvard Business School Press，1997

[52] Xu Qingrui，Chen Jin，Liu JingJiang. Developing total innovation management toward the challenge of 21st century. Management of Technology and Innovation in the 21st Century，2002

中文部分

[01] 安德鲁·J. 杜柏林. 领导力：研究·实践·技巧. 4 版. 王垒，译. 北京：中国市场出版社，2006

[02] 鞍山钢铁集团公司. 大型钢铁企业集团管控体系建设. 冶金管理，2009(12)

[03] 彼得·F. 德鲁克，等. 知识管理. 杨开峰，译. 北京：中国人民大学出版社，1999

[04] 彼得·圣吉. 第五项修炼. 郭进隆，译. 上海：上海三联书店，1998

[05] 彼得斯·彼得斯. 创新理念全书. 成明，编译. 北京：九州出版社，2002

[06] 白洞明，邹礼瑞，汪浩. 基于过程管理的企业技术创新系统模型. 软科学，2000(3)

[07] 贝思·罗杰思. 产品创新战略. 王琳琳，译. 大连：东北财经大学出版社，2003

[08] 包鸿. 燃气具行业又起波澜 万华联盟宣告彻底破裂. (2003-04-04). http://business. sohu. com/99/18/artide208101899. shtml

[09] 蔡宁，吴结兵. 企业集群的竞争优势：资源的结构性整合. 中国工业经济，2002(7)

[10] 蔡宁，杨闩柱，吴结兵. 企业集群风险的研究：一个基于网络的视角. 中国工业经济，2003(4)

[11] 蔡文浩. 商业制度创新论. 北京：中国审计出版社，2001

[12] 常玉，刘显东，杨莉. 应用解释结构模型(ISM)分析高新技术企业技术创新能力. 科研管理，2003(2)

[13] 陈建勋. 如何领导自主技术创新：一个案例解析. 科学学研究，2010(11)

[14] 陈劲. 永续发展——企业技术创新透析. 北京：科学出版社，2001

[15] 陈劲. 技术创新审计：理论框架与中加比较. 科研管理，1997(6)

[16] 陈劲. 创新管理对经典企业管理理论的挑战. 中国机械工程，2003(3)

[17] 陈劲，陈钰芬. 赢在服务创新. 北京：机械工程出版社，2004

[18] 陈劲，童亮，徐忠辉. 移动电话业创新源和领先用户研究. 科研管理，2003(3)

[19] 陈劲，张方华. 社会资本与技术创新. 杭州：浙江大学出版社，2002

[20] 陈劲，郑刚. 创新管理：赢得持续竞争优势. 北京：北京大学出版社，2013

[21] 陈伟. 创新管理. 北京：科学出版社，1996

[22] 陈小洪，李兆熙，金占明，等. 联想发展之路：渐进创新. 管理世界，2000(4)

[23] 陈文安. 创新工程学. 上海：立信会计出版社，2000

[24] 陈向东，胡萍. 技术创新政策特点和效应的国际比较——以中、美、韩、法等国为例. 中国科技论坛，2003(2)

[25] 陈宏辉. 企业利益相关者的利益要求：理论与实证研究. 北京：经济管理出版社，2004

[26] 程源，杨湘玉. 微电子产业演化创新模式的分布规律——改进的 A-U 模型. 科研管理，2003(3)

[27] Cindy Bin. 变革领导力 赫德 PK 卡莉. 世界经理人网站(http://www.ceconline.com/leedership/ma/). 2007-05-23

[28] 丁琳,席酉民,白云涛. 领导行为对员工创新能力支持的作用研究基于西安一高新企业的实证研究. 管理评论,2009(4)

[29] 丁琳,席酉民,张华. 变革型领导与员工创新:领导—下属关系的中介作用. 科研管理,2010(1)

[30] Clayton M Christensen. 创新者的窘境. 胡建桥,译. 北京:中信出版社,2014

[31] 多萝西·伦纳德·巴顿. 知识与创新. 孟庆国,侯世昌,译. 北京:新华出版社,2000

[32] 丹尼斯·卡尔顿,杰弗里·佩罗夫. 现代产业组织. 黄亚钧,谢联胜,林利军,译. 上海:上海三联书店,1998

[33] 谢勒 F M. 技术创新:经济增长的原动力. 姚贤涛,王倩,译. 北京:新华出版社,2001

[34] 范文杰. 苹果的奇迹:乔布斯的领导力. 广东科技,2013(3)

[35] Felix Janszen. 创新时代. 雷华,马乐为,译. 昆明:云南大学出版社,2002

[36] 傅家骥,姜彦福,雷家骕. 技术创新:中国企业之路. 北京:企业管理出版社,1992

[37] 傅家骥. 技术创新学. 北京:清华大学出版社,1998

[38] 傅晓,李忆,司有和. 家长式领导对创新的影响:一个整合模型. 南开管理评论,2012(2)

[39] G. 多西,C. 弗里曼,R. 纳尔逊,等. 技术进步与经济理论. 钟学义,沈利生,陈平,等,译. 北京:经济科学出版社,1992

[40] 郭斌. 产业标准竞争及其在产业政策中的现实意义. 中国工业经济,2000(1)

[41] 郭军灵. 战略技术联盟与我国企业的合作创新. 杭州:浙江工商大学,2003

[42] 郭骁. 创业机会属性对创新绩效的影响:三种领导方式. 理论月刊,2011(6)

[43] 格伦·厄本,约翰·豪泽. 新产品的设计与营销. 韩冀东,译. 北京:华夏出版社,2002

[44] 耿峰. 现代企业创新管理系统研究. 天津:河北工业大学,2002

[45] 顾小伟. 3M 公司的创新战略与文化. 企业改革与管理,2012(12)

[46] 霍伟伟,罗瑾琏. 领导行为与员工创新研究之横断历史元分析. 科研管理,2011(7)

[47] 霍伟伟,罗瑾琏. 领导行为对员工创新的跨层次影响机制研究. 预测,2011(3)

[48] 亨利·切萨布鲁夫,维姆·范哈佛贝克,乔·韦斯特. 开放创新的新范式. 陈劲,李玉芳,谢芳,等,译. 北京:科学出版社,2010

[49] 黄璐. 企业技术标准战略的基本框架. 经济管理,2003(24)

[50] 胡恩华. 企业技术创新能力指标体系的构建及综合评价. 科研管理,2001(4)

[51] 胡树华. 产品创新管理. 北京:科学出版社,2000

[52] 胡金海,马庆国. 高新技术企业与创新系统的互动模式. 科研管理,1998(6)

[53] 华锦阳,陈劲,许庆瑞. 企业创新过程中的界面管理问题成因探析. 科研管理,2000(4)

[54] 华锦阳,张钢. 试论界面管理发展的三个阶段. 科研管理,2000(2)

[55] 何圣东. 非正式交流与企业集群创新能力. 科学学与科学技术管理,2002(6)

[56] James M Utterback. 把握创新. 高建,等,译. 北京:清华大学出版社,1999

[57] James A Fitzsimmons 和 Mona J Fitzsimmons. 服务管理——运作、战略与信息技术. 张金成,范秀成,等,译. 北京:机械工业出版社,2003

[58] 纪利群,王恒山. 知识管理与我国制造业的整合应用. 科学学研究,2004(3)

[59] J M Utterback. 把握创新. 高建，李明，译. 北京：清华大学出版社，1999

[60] 姜岩. 从摩擦走向磨合：谈跨国经营中的跨文化管理. 中国外资，2003(7)

[61] 江辉，陈劲. 集成创新：一类新的创新模式. 科研管理，2000(5)

[62] Joe Tidd, Frank M Hull. 服务创新：对技术机会和市场需求的组织响应. 李靖华，等，译. 北京：知识产权出版社，2010

[63] Joe Tidd, John Bessant, Reith Pavitt. 创新管理：技术、市场与组织变革的集中. 陈劲，译. 北京：清华大学出版社，2002

[64] 鞠芳辉，谢子远，宝贡敏. 西方与本土：变革型、家长型领导行为对民营企业绩效影响的比较研究. 管理世界，2008(5)

[65] 克里斯托弗·弗里德里克·冯·布郎. 创新之战，北京：机械工业出版社，1999

[66] 理查德·L.哈格斯，罗伯特·C.吉纳特，戈登·J.柯菲. 领导学——在实践中提升领导力. 6版. 朱舟，译. 北京：机械工业出版社，2009

[67] 黎常，盛亚. 组织创新的分析范式. 科研管理，2003(1)

[68] 李靖华，盛亚，胡永铨. 服务创新管理：浙江案例. 北京：经济科学出版社，2012

[69] 李靖华，等. 新服务开发的知识转移：前后台视角. 杭州：浙江大学出版社，2014

[70] 李成标，胡树华. 基于产品创新的管理集成及其实施结构体系研究. 南开管理评论，2003(3)

[71] 李晖，丁刚，李新建. 基于家长式领导三元理论的领导方式对员工创新行为的影响. 管理学报，2014(7)

[72] 李晓峰，郭洪仙. 中国零售商业发展趋势分析. 商业经济与管理，2001(8)

[73] 李新春. 企业家协调与企业集群. 南开管理评论，2002(3)

[74] 李万，常静等. 创新3.0与创新生态系统. 科学学研究，2014(12)

[75] 李忆，桂婉璐，刘曜. 家长式领导对双元创新的影响：与企业战略匹配. 华东经济管理，2014(1)

[76] 李正风，曾国屏. 创新研究的"系统范式". 自然辩证法通讯，1999(5)

[77] 理查德·勃兰特(Richard L Brandt). 谷歌小子. 谭永乐，译. 北京：中信出版社，2010

[78] 梁启华. 回头看联想——独具特色的海外发展策略. 新经济，2000(5)

[79] 林春培，庄伯超. 家长式领导对管理创新的影响：一个整合模型. 科学学研究，2014(4)

[80] 林汉川. 中国中小企业发展机制研究. 北京：商务印书馆，2003

[81] 林学达，冯鹏志，林学启. 创新系统软动力学研究纲要. 科学学研究，2002(1)

[82] 刘碧辉. 组织中自我领导对个体创新行为的影响研究. 商场现代化，2013(21)

[83] 蔺雷，吴贵生. 服务创新的四维度. 数量经济技术经济研究，2004(3)

[84] 刘晖，穆利东. 领导信任员工的行为对企业创新的影响探讨. 中国管理信息化，2012(6)

[85] 刘立. 创新系统研究述评. 中国科技论坛，2001(5)

[86] 刘荣. 企业合作创新风险的识别、传导与评估研究. 大连：大连理工大学，2010

[87] 刘文兴，张鹏程，廖建桥. 基于创造自我概念与风险偏好影响的授权领导与创新行为研究. 管理学报，2013(12)

[88] 刘小禹，刘军. 公平与领导理论视角的团队创新绩效研究. 科研管理，2013(12)

[89] 刘友金. 论集群式创新的组织模式. 中国软科学，2002(2)

[90] 刘子安,陈建勋.魅力型领导行为对自主技术创新的影响——机制与情境因素研究.中国工业经济,2009(4)

[91] 柳卸林.21世纪的中国技术创新系统,北京:北京大学出版社,2000

[92] 柳卸林.不连续创新的第四代研究开发——兼论跨越发展.中国工业经济,2000(9)

[93] 陆国庆.衰退产业中企业创新的方向与路径.中国工业经济,2002(9)

[94] 陆菊春,韩国文.企业技术创新能力评价的密切值法模型.科研管理,2002(1)

[95] 罗伯特·G.库伯.新产品开发流程管理,北京:机械工业出版社,2003

[96] 罗伟.企业合作创新理论研究,上海:复旦大学出版社,2002

[97] 罗仲伟,任国良,焦豪,蔡宏波,许扬帆.动态能力、技术范式转变与创新战略——基于腾讯微信"整合"与"迭代"微创新的纵向案例分析.管理世界,2014(8)

[98] 骆品亮,向盛斌.R&D的外部性及其内部化机制研究.科研管理,2001(5)

[99] 吕一博,等.开放式创新生态系统的成长基因——基于iOS、Android和Symbian的多案例研究.中国工业经济,2015(5)

[100] 马智妍,张浠铃.基于授权领导视角的员工创新行为实证研究.市场研究,2014(7)

[101] 迈克尔·波特.竞争战略.陈小悦,译.北京:华夏出版社,2002

[102] 迈克尔·波特竞争论.高登第,李明轩,译.北京:中信出版社,2003

[103] Mark Dodgson,Roy Rothwell.创新聚集——产业创新手册.陈劲,等,译.北京:清华大学出版社,2000

[104] 梅亮,陈劲,刘洋.创新生态系统:源起、知识演讲和理论框架.科学学研究,2014(12)

[105] 毛义华,陈劲.基于合作创新的企业技术能力培育.科研管理,2000(4)

[106] 苗东升.系统科学精要.北京:中国人民大学出版社,1998

[107] 米歇尔·D.迈克马斯特.智能优势:组织的复杂性.王浣尘,等,译.成都:四川人民出版社,2000

[108] 欧阳桃花,胡京波,等.DFH小卫星复杂产品创新生态系统的动态演化研究:战略逻辑和组织合作适配性视角.管理学报,2015(4)

[109] 宁钟.创新管理:获取持续竞争优势.北京:机械工业出版社,2012

[110] 潘静洲,娄雅婷,周文霞.龙生龙,凤生凤?领导创新性工作表现对下属创造力的影响.心理学报,2013(10)

[111] 彭宜新,邹珊刚.创新系统研究方法述评.自然辩证法研究,2002(6)

[112] Pervaiz K Ahmed,等.创新管理:情境、战略、系统和流程.陈劲,等,译.北京:北京大学出版社,2014

[113] 钱肇基.企业战略再造.北京:中国电力出版社,1999

[114] 乔·蒂德,约翰·贝赞特.创新管理:技术变革、市场变革与组织变革的整合(第四版).陈劲,译.北京:中国人民大学出版社,2012

[115] 乔恩·L.皮尔斯,约翰·W.纽斯特罗姆.领导者与领导过程.2版.北京华译网翻译公司,译.北京:中国人民大学出版社,2003

[116] 曲如杰,康海琴.领导行为对员工创新的权变影响研究.管理评论,2014(1)

[117] 曲如杰,孙军保,杨中,司国栋,时勘.领导对员工创新影响的综述.管理评论,2012(2)

[118] 曲如杰,王桢,焦琳,时勘.领导—成员交换关系对研发人员创新的权变影响.科学学

与科学技术管理,2013(7)

[119] 全国企业管理现代化创新成果审定委员会.装备制造企业创新风险管理体系构建与实施——第 16 届国家级企业管理创新成果.北京:企业管理出版社,2010

[120] 任锦鸾,顾培亮.基于复杂理论的创新系统研究.科学学研究,2002(8)

[121] 任锦鸾,陆剑南.复合三链螺旋创新系统模型研究.科学学研究,2003(5)

[122] Saloner G,Shepard A 和 Podolny J M.战略管理.王迎军,汪建新,译.北京:机械工业出版社,2004

[123] 桑辉,盛亚.技术创新审计问题研究.科学学与科学技术管理,2002(5)

[124] 盛亚.技术创新扩散与新产品营销.北京:中国发展出版社,2002

[125] 盛亚.企业创新管理.杭州:浙江大学出版社,2005

[126] 盛亚,等.复杂产品系统创新的利益相关者管理.杭州:浙江大学出版社,2011

[127] 盛亚,茅培华.商业创新研究评述.商业经济与管理,2004(7)

[128] 盛亚,申作青.企业领导学.2 版.北京:高等教育出版社,2012

[129] 石新泓.创新生态系统:IBM Inside.哈佛商业评论(中文版),2006(8)

[130] 司春林.商业模式创新.北京:清华大学出版社,2013

[131] 斯蒂芬·M.夏彼洛.永续创新——变革时代企业求生与制胜蓝图.高颖,陈可,等,译.北京:电子工业出版社,2003

[132] 宋岚 2003.竞争优势的另一种来源——基于市场进入时机的"先行者优势".经济管理,2003(4)

[133] 苏敬勤,等.创新与变革管理.北京:清华大学出版社,2010

[134] 孙孝科,彭刘生.增加商业服务附加值提高顾客满意度.市场周刊,2003(1)

[135] 孙艳.技术创新与战略技术联盟——我国中小企业增加 R&D 能力的分析.科研管理,2002(1)

[136] 唐·泰普斯科特,阿特·卡斯顿.范式的转变——信息技术的前景.米克斯,译.大连:东北财经大学出版社,1999

[137] 陶建宏,师萍,段伟宇.自我领导、组织自尊与员工创新行为关系研究——基于电子通讯制造企业的数据.预测,2014(1)

[138] 滕明慧,汪戎.企业技术创新行为风险的案例研究.企业活力,2008(5)

[139] 田红云,刘芹.国外双能组织理论研究述评及展望.软科学,2014(7)

[140] Ulrich K T,Eppinger S D.产品设计与开发.3 版.北京:高等教育出版社,2005

[141] Vermeulen P A M.金融新服务开发.李靖华,黄秋波,等,译.杭州:浙江大学出版社,2013

[142] W.理查德·斯科特,杰拉尔德·F.戴维斯.组织理论:理性、自然与开发系统的视角.高俊山,译.北京:中国人民大学出版社,2011

[143] 王大洲.企业创新网络的进化与治理:一个文献综述.科研管理,2001(5)

[144] 王德章,王艳红.影响零售业态选择和发展的主要因素.商业研究,2001(7)

[145] 王国进,王其藩.国内外企业技术创新能力评价研究的新进展.科技导报,2004(2)

[146] 王缉慈,等.创新空间.北京:北京大学出版社,2001

[147] 王可.3M 公司:欣赏有创意的员工.http://www.xue163.com/sell/3/33600.html,2009

[148] 王蕾,刘宽虎,宋林辉.基于技术间断的不可逆产品替代陷阱研究.中国工业经济, 2004(7)

[149] 王蔷,任庆涛.扁平化组织的组织模式构架.经济管理,2004(5)

[150] 王群.3M 公司创新机制分析.北京:对外经济贸易大学,2002

[151] 王生辉,张京红.基于核心技术的产品平台创新.经济管理,2004(4)

[152] 王洋等.企业联盟高失败率的原因剖析与对策.科技进步与对策,2002(11)

[153] 王毅.企业技术核心能力增长:以华北制药、长虹为例.科研管理,2002(3)

[154] 王振华.家长式领导对员工创新行为的影响研究.山东社会科学,2014(4)

[155] 汪凌勇.美国布什新政府科技政策与战略.http://www.cas.ac.cn

[156] 吴春波,曹仰锋,周长辉.企业发展过程中的领导风格演变:案例研究.管理世界,2009 (2)

[157] 吴贵生.技术创新管理.北京:清华大学出版社,2000

[158] 吴贵生,李纪珍,孙议政.技术创新网络和技术外包.科研管理,2000(4)

[159] 吴贵生,王毅,技术创新管理.2 版.北京:清华大学出版社,2009

[160] 吴金希.创新生态体系的内涵、特征及其政策含义.科学学研究,2014(1)

[161] 吴金希.从"带土移植"到创建创新生态体系——基于同方威视的探索式案例研究.中国软科学,2015(4)

[162] 吴永忠,关士续 2002.技术创新系统建构观:背景及其含义.自然辩证法通讯,2002(7)

[163] 吴晓波.二次创新的进化过程.科研管理,1995(2)

[164] 吴晓波,郭雯,苗文斌.技术系统演化中的忘却学习研究.科学学研究,2004(3)

[165] 吴涛.技术创新风险管理的方法和策略.科学学与科学技术管理,2000(5)

[166] 吴涛.决策维和逻辑维的技术创新风险二维结构分析模型.科学学与科学技术管理, 2002(4)

[167] 吴涛.考虑决策维和风险维的技术创新风险二维分析模型及案例分析.科学管理研究,2002(4)

[168] 吴秋明.界面设计的"凹凸槽原理".经济管理,2004(6)

[169] 吴德进.产业集群的组织性质:属性与内涵.中国工业经济,2004(7)

[170] 吴彤.自组织方法论研究.北京:清华大学出版社,2001

[171] 吴玲,陈维政.企业对利益相关者实施分类管理的定量模式研究.中国工业经济,2003 (6)

[172] 吴晓波,郭雯,苗文斌.技术系统演化中的忘却学习研究.科学学研究,2004(3)

[173] 吴文华,赵行斌,领导风格对知识型员工创新行为的影响研究.科技进步与对策,2010 (1)

[174] 吴盈莹.技术创新战略管理下的技术创新审计研究.兰州:兰州理工大学,2013

[175] 魏后凯.对产业集群与竞争力关系的考察.经济管理新管理,2003(6)

[176] 魏江.提高企业技术创新能力的支持系统研究.科技进步与对策,2000(9)

[177] 魏江.产业集群——创新系统与技术学习.北京:科学出版社,2003

[178] 魏军.基于 CAS 的企业创新管理系统研究.杭州:浙江工商大学,2003

[179] 魏嵘,杜宁.基于动态能力视角的双元组织路径构建.商业经济与管理,2013(8)

[180] 邬焜,邓波.试论技术创新的自组织机制.自然辩证法通讯,2001(6)

[181] 谢伟.追赶与价格战——中国彩电和轿车工业的实证分析.北京:经济管理出版社,2001

[182] 谢伟,吴贵生,张晶.彩电产业的发展及其趋势.管理世界,1999(3)

[183] 谢伟,吴贵生.技术学习的功能和来源.科研管理,2000(1)

[184] 谢祖裕.关于工商银行的服务创新问题.城市金融论坛,1999(8)

[185] 谢章澍,许庆瑞.论全面创新管理发展及模式.科研管理,2004(4)

[186] 谢科范.技术创新风险的辩证观.自然辩证法研究,1996(7)

[187] 邢怀滨,苏竣.均衡和演化框架下的技术政策比较.科学学研究,2004(5)

[188] 邢以群.存亡之道——管理创新论.长沙:湖南大学出版社,2000

[189] 徐希燕.扁平化与企业效率.经济管理,2004(5)

[190] 徐磊.如何建立有效的界面——关于技术创新界面管理的探讨.经济管理,2002(3)

[191] 徐岩.与"领先用户"一起创新,中国企业家,2011(11)

[192] 许庆瑞.技术创新管理.杭州:浙江大学出版社,1990

[193] 许庆瑞.全面创新管理:理论与实践.北京:科学出版社,2007

[194] 许庆瑞.研究、发展与技术创新管理.北京:高等教育出版社,2000

[195] 许庆瑞,陈劲,郭斌.组合技术创新的理论模式与实证研究.科研管理,1997(3)

[196] 许庆瑞等.研究与开发绩效评价在中国:实践与趋势.科研管理,2002(1)

[197] 许庆瑞,谢章澍.企业创新协同及其演化模型研究.科学学研究,2004(3)

[198] 许庆瑞,郑刚,喻子达,沈威,全面创新管理(TIM):企业创新管理的新趋势——基于海尔集团的案例研究.科研管理,2003(5)

[199] 许国安.系统科学.上海:上海科技教育出版社,2000

[200] 雅基·莫尔.新产品与创新的营销.胡奇英,杜荣,等,译.北京:机械工业出版社,2002

[201] 杨荣.从企业创新系统到创新生态系统:创新系统研究的演变及其比较.科技和产业,2014(2)

[202] 姚明晖,李元旭.包容性领导对员工创新行为作用机制研究.科技进步与对策,2014(10)

[203] 杨雪梅,王勇,许庆瑞.社会技术整合方法与组织创新.科研管理,2003(1)

[204] 叶生,陈育辉.第三种管理模式.北京:机械工业出版社,2004

[205] 佚名.美式创新的领导力推动.商学院,2013(Z1)

[206] 余菁.扁平化组织的信息视角.经济管理,2004(5)

[207] 袁安照,余光胜.现代企业组织创新.太原:山西经济出版社,1998

[208] 远德玉,陈昌曙,王海山.中日企业技术创新比较.沈阳:东北大学出版社,1994

[209] 约翰·齐曼.技术创新进化论.孙喜杰,曾国屏,译.上海:上海科技教育出版社,2002

[210] 约翰·霍兰.涌现——从混沌到有序.陈禹,等,译.上海:上海科学技术出版社,2001

[211] 约翰·霍兰.隐秩序:适应性造就复杂性.晓牧,韩晖,译.上海:上海科技教育出版社,2000.

[212] 云小凤.浅析创新与领导的关系——创新型领导人才出现的条件.荆楚理工学院学报,2010(4)

[213] 臧金娟,李垣,魏泽龙.双元模式选择对企业绩效的影响——基于跨层视角的分析.科

学学与科学技术管理,2012(33)

[214] 张钢.现代企业理论和组织创新研究.科研管理,2001(1)

[215] 张华新.企业创新系统探析.武汉理工大学学报,2002(8)

[216] 张建忠.企业集团——创新、蜕变与成长.北京:社会科学文献出版社,2000

[217] 张雅娴,苏竣.技术创新政策工具及其在我国软件产业中的应用.科研管理,2001(4)

[218] 赵冬梅,李靖华,郭耀煌.论技术创新的人力资源.软科学,1998(1)

[219] 赵放,曾国屏.多重视角下的创新生态系统.科学学研究,2014(12)

[220] 赵峰,刘丽香,连悦.综合激励模型视阈下创新人才激励机制研究.科学管理研究,
2013(7)

[221] 赵富强,洪磊.战略趋同下的战略管理创新.经济管理,2003(9)

[222] 赵晓庆,许庆瑞.企业技术能力演化的轨迹.科研管理,2002(1)

[223] 郑刚,陈劲,刘景江.C 型组织:一种知识经济时代的组织创新.科研管理,2001(5)

[224] 郑英隆,张存,国际互联网环境下我国企业信息集成技术创新模式研究.科技管理研
究,2008(12)

[225] 钟书华.产业界对企业技术联盟的认识.科学学与科学技术管理,2000(3)

[226] 周航,纪岩.商业企业集团技术创新战略分析.理论观察,2000(3)

[227] 周小虎,陈莹.企业家自我效能感对组织集体效能感的影响研究——以变革型领导为
中介变量.第八届(2013)中国管理学年会——组织与战略分会场论文集,2013

[228] 周艳春.关于二元组织模式的研究综述.科技进步与对策,2008(7)

[229] 曾国屏,李正风 1999.世界各国创新系统.济南:山东教育出版社,1999

[230] 曾国屏等.从"创新系统"到"创新生态系统".科学学研究,2013(1)

[231] 庄越,胡树华.现代企业产品创新集成化的原理与方法.科研管理,2002(1)

互联网+教育+出版

教育信息化趋势下，课堂教学的创新催生教材的创新，互联网+教育的融合创新，教材呈现全新的表现形式——教材即课堂。

立方书

轻松备课

分享资源

发送通知

作业评测

互动讨论

"一本书"带走"一个课堂"　教学改革从"扫一扫"开始

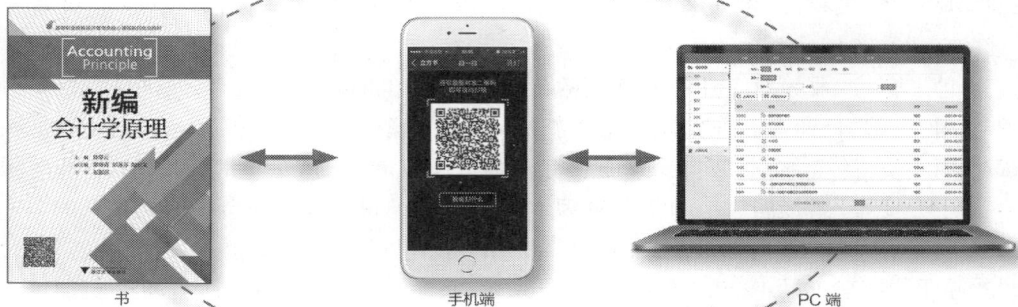

书　　　　　手机端　　　　　PC端

打造中国大学课堂新模式

【创新的教学体验】

开课教师可免费申请"立方书"开课，利用本书配套的资源及自己上传的资源进行教学。

【方便的班级管理】

教师可以轻松创建、管理自己的课堂，后台控制简便，可视化操作，一体化管理。

【完善的教学功能】

课程模块、资源内容随心排列，备课、开课，管理学生、发送通知、分享资源、布置和批改作业、组织讨论答疑、开展教学互动。

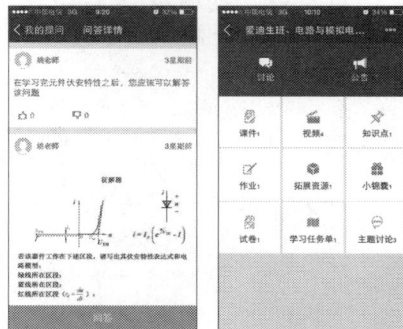

扫一扫 下载APP

教师开课流程 ➡

➡ 在APP内扫描封面二维码，申请资源

➡ 开通教师权限，登录网站

➡ 创建课堂，生成课堂二维码

➡ 学生扫码加入课堂，轻松上课

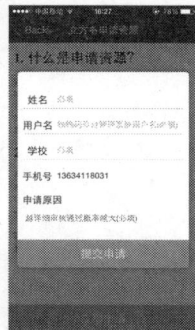

网站地址：www.lifangshu.com

技术支持：lifangshu2015@126.com；电话：0571-88273329